权威·前沿·原创

皮书系列为

“十二五”“十三五”国家重点图书出版规划项目

BLUE BOOK

四川企业社会责任研究报告（2016~2017）

ANNUAL REPORT ON CORPORATE SOCIAL RESPONSIBILITY OF SICHUAN (2016-2017)

主　编／侯水平　盛　毅
副主编／平文艺　蓝定香　陈　杰

图书在版编目(CIP)数据

四川企业社会责任研究报告. 2016～2017 / 侯水平,盛毅主编. --北京:社会科学文献出版社,2017.5
(四川蓝皮书)
ISBN 978-7-5201-0555-2

Ⅰ.①四… Ⅱ.①侯… ②盛… Ⅲ.①企业责任-社会责任-研究报告-四川-2016～2017 Ⅳ.①F279.277.1

中国版本图书馆 CIP 数据核字(2017)第 063371 号

四川蓝皮书
四川企业社会责任研究报告(2016～2017)

主　　编 / 侯水平　盛　毅
副 主 编 / 平文艺　蓝定香　陈　杰

出 版 人 / 谢寿光
项目统筹 / 邓泳红　吴　敏
责任编辑 / 宋　静

出　　版 / 社会科学文献出版社·皮书出版分社(010)59367127
　　地址:北京市北三环中路甲 29 号院华龙大厦　邮编:100029
　　网址:www.ssap.com.cn
发　　行 / 市场营销中心(010)59367081　59367018
印　　装 / 北京季蜂印刷有限公司

规　　格 / 开 本:787mm×1092mm　1/16
　　印 张:20.5　字 数:309 千字
版　　次 / 2017 年 5 月第 1 版　2017 年 5 月第 1 次印刷
书　　号 / ISBN 978-7-5201-0555-2
定　　价 / 79.00 元

皮书序列号 / PSN B-2014-386-4/7

本书如有印装质量问题,请与读者服务中心(010-59367028)联系

版权所有 翻印必究

四川蓝皮书编委会

主　任　李后强　侯水平

副主任　郭晓鸣

编　委　（按姓氏拼音排列）

陈井安　陈　炜　陈　智　陈　映　柴剑锋
达　捷　李明泉　廖冲绪　李　羚　李晟之
平文艺　彭　剑　彭　伟　盛　毅　向宝云
杨　钢　郑泰安　张立伟　郑　鈜　张鸣鸣

摘　要

《四川企业社会责任研究报告（2016～2017）》共分总报告、分类报告篇、专题报告篇和典型案例篇四个部分。总报告总结了2016年以来四川企业社会责任建设的亮点，并按照规范的评估标准对表现优异的国有企业、民营企业和外资企业进行排名比较。分类报告篇分别研究了四川国有企业、民营企业、上市公司和外资企业推进企业社会责任建设的情况。专题报告篇分别研究了四川食品行业、电子商务行业、医疗机构、新闻媒体、烟草行业和社会组织推进企业社会责任建设的情况。典型案例篇收集了中国移动四川分公司、四川九洲集团、四川蓝剑饮品集团、成都建国汽车、宝山企业集团、东亚银行、建川博物馆等企业推进企业社会责任建设的情况。

全书既有理论和实践的总结，也有典型案例的分析，有利于读者了解2016年四川企业社会责任建设的整体情况。

关键词： 四川　企业社会责任　精准扶贫　理论探索

序 言

本书是第四本四川企业社会责任研究报告。2016 年，四川企业认真履行社会责任，有三件大事值得肯定。

一是四川省社会科学院与四川省经信委共同召开了“四川企业社会责任推进会”，进一步推进全省企业社会责任工作。会上发布了“四川企业社会责任指南”和“四川企业履行社会责任评价指标体系”，还邀请了宏达集团、中建三局、乐山电力装饰公司、四川移动、硅宝科技、四川九洲集团、英特尔公司、伊藤洋华堂 8 家企业汇报并展示了其履行社会责任的成果。

二是 2016 年中国西部国际博览会期间，四川省社会科学院与省博览局共同举办了“2016 企业社会责任与教育发展论坛”。论坛邀请政府机构、专家学者和国内外知名企业相关负责人到场，共同探讨“一带一路”背景下企业开展社会责任工作的机制及其对青少年教育发展的作用。伊藤洋华堂、百胜中国、家乐福、英特尔、四川蓝剑等知名企业相关负责人出席论坛，并分享了其在公益慈善、食品安全、科普创新、环境保护等领域开展青少年教育的成功经验。

三是四川省社会科学院企业社会责任研究与评估中心的科研人员，历经一年的时间在英特尔中国成都工厂进行调研，将其成果编著为《英特尔责任密码》一书。该书以讲故事的方式生动形象地展示了英特尔 CSR 实务，对英特尔成都工厂社会责任这一典型案例进行剖析。该书得到了《WTO 经济导刊》社长、主编于志宏和商道纵横总经理郭沛源的一致好评和强烈推荐，在发行后也深受读者欢迎。

上述活动的成功举办，不仅是 2016 年四川省推动企业社会责任建设的亮点，也为四川省社会科学院编制企业社会责任研究报告奠定了实践基础。

2016~2017 年四川企业社会责任研究报告，不仅反映了一年来四川省各企业履行社会责任的具体情况，更重要的是从政府、企业、社会等各个方面对全省企业社会责任推进的情况进行了总结分析，并在此基础上评出了“2016 年四川企业履行社会责任排行榜”。

本书由总报告、分类报告篇、专题报告篇和典型案例篇组成。

总报告主要对 2016 年四川省企业社会责任建设工作亮点进行分析。首先，从省经信委、省工商局、省食药监局以及省环保厅等政府部门的推动情况着手，论述了政府对企业社会责任建设的引导作用。其次，从国有企业、民营企业、外资企业的角度，总结了企业在精准扶贫、环境保护、社区参与和社会责任体系建设方面的突出成绩。再次，四川省社会科学院、四川省工经联、成都市慈善总会等事业单位、社会团体的广泛参与，说明了社会各界对推动企业社会责任建设的积极作用。最后，对表现优异的企业进行评估与排名，评出了“国有企业履行社会责任前 10 名”、“民营企业履行社会责任前 10 名”和“外资企业履行社会责任前 8 名”。

分类报告篇分别研究国有企业、民营企业、外资企业和上市公司履行社会责任情况。首先，分析了 2016 年四川国有企业在环境保护、维护职工权益、抢险救灾、安全生产等方面积极履行社会责任的情况，并着力探讨其在社会捐赠、精准扶贫与脱贫攻坚工作方面的突出贡献。其次，分析了 2016 年民营企业的发展及履行社会责任的情况，指出了民营企业在公益慈善、节能环保、创新发展、关爱社会特殊群体、员工责任、安全生产、诚信守法、消费者责任八大方面的建设成绩，并根据存在的问题和不足提出了对策与建议。再次，从社区参与和发展、环境保护、关爱员工、履行消费者责任等方面对外资企业履行社会责任的情况进行分析，对 2016 年在 CSR 论坛领域涌现的英特尔成都工厂、成都伊藤洋华堂、百胜中国等活跃企业着重论述，并列举了安利特教模拟城市、可口可乐“妈妈家”等典型案例。最后，通过对四川省 106 家上市公司中期报告进行梳理，从对股东及投资者的责任、对消费者的责任、对员工的责任、对环境资源环境和可持续发展的责任、对社区的责任 5 个角度，分析了 2016 年四川省上市公司履行社会责任的情况，指出其存在的问题并提出建议。

专题报告篇主要对四川食品行业、四川电子商务企业、四川医疗行业、四川新闻媒体、四川烟草行业、四川社会组织履行社会责任情况进行分析。首先，分析了四川食品行业的发展现状及其在食品安全、员工发展、绿色环保、教育扶贫等方面履行社会责任的情况。其次，介绍了四川电子商务产业发展概况及其履行社会责任概况，包括在精准扶贫、质量控制、客户体验、创业创新方面的主要履责成绩、经验，并介绍了京东商城和阿里巴巴两个典型案例。再次，总结了2016年四川医疗机构履行社会责任的内容、信息披露、评价体系及报告等相关方面的工作。另外，还介绍了四川新闻媒体在企业社会责任方面做出的显著成绩，包括创建绿色频道、弘扬社会正气、构建现代公共文化服务体系、搭建科技扶贫平台、加快媒体融合、从事公益活动等方面。最后，介绍了成都市的社会组织在承接政府职能转移、化解社会矛盾、创新就业、环境保护、关注弱势群体、推进和谐社会方面发挥积极作用、履行社会责任的情况。

典型案例篇选取了四川蓝剑集团、中国移动四川公司、四川九洲集团、中建三局装饰公司、东创建国、宝山企业集团、建川博物馆、东亚银行等案例，从慈善公益、精准扶贫、绿色环保、员工关爱等方面阐述了其社会责任的履行情况，旨在通过揭示不同企业社会责任建设方面的宝贵经验和实践价值，将企业社会责任的理论与实践紧密结合起来，形成一个“理论－实践－理论”的创新发展过程，为企业社会责任的发展提供更多值得借鉴的经验。

希望通过编制本报告，不仅为四川企业社会责任建设提供指引和示范作用，而且可以将四川的宝贵经验介绍给全国其他省份，以推进企业社会责任的发展。由于资料获取的局限性，本书难免存在一些不足，敬请读者批评指正。

侯水平

2017年3月

目　录

Ⅰ　总报告

Ⅱ　分类报告篇

Ⅲ　专题报告篇

Ⅳ 典型案例篇

皮书数据库阅读使用指南

总 报 告

General Report

B.1
2016 ~2017年四川企业社会责任研究

平文艺　陈 杰　张古月*

摘　要： 在政府、企业及社会的共同推动下，2016 年四川企业社会责任建设蓬勃发展。四川省经信委、四川省工商局、四川省食药监局以及四川省环保厅等政府部门协调合作，在各自职权范围内引导企业建设和完善社会责任机制；国有企业、民营企业、外资企业协同发展，在精准扶贫、环境保护、社区责任和企业社会责任体系建设方面硕果累累；四川省社会科学院、四川省工经联、成都市慈善总会等社会各界协作创新，共同举办西博会“2016 企业社会责任与教育发展论坛”、成都地区 CSR 沙龙、“西部论善”大型慈善论坛等活动，将四川企业社会责任建设引领到一个崭新高度。本报告重点分析

---

* 平文艺，四川省社会科学院企业社会责任研究与评估中心副主任兼秘书长；陈杰，四川省社会科学院金融与财贸经济研究所副研究员；张古月，四川省社会科学院研究生院研究生。

了2016年四川企业社会责任建设工作亮点，并对表现优异的企业进行评估与排名，这将为全省企业履行社会责任起到指引作用。

关键词：四川　企业社会责任　社会责任排行榜

一　政府部门推动四川企业社会责任工作的亮点

四川省委、省政府及相关部门非常重视企业社会责任的建设，一直致力于多个政府职能部门相互协调、共同推进企业的社会责任实践，通过政府各个职能部门引导和监督来推动四川企业社会责任工作。

（一）四川省经信委的推动情况

自2012年首次组织企业参加“中国工业经济行业企业社会责任报告发布会”以来，其在推动四川企业社会责任建设的过程中发挥着组织与牵头服务作用。

为推进企业积极开展社会责任建设，搭建四川省企业社会责任报告发布平台，提高企业的社会责任意识和能力，宣传四川省企业社会责任的履责行为，树立良好的企业形象，四川省经信委自2013年起与四川省社会科学院合作，每年组织召开“四川省企业社会责任报告发布会”，激励企业发挥社会责任的主体作用，推广优秀企业的案例，共同研究编制了《四川企业社会责任指南》，并对企业的社会责任报告进行评估，不断开创四川企业社会责任发布工作的新局面；此外，从2014年起，与四川省社会科学院合作，每年发布四川企业社会责任蓝皮书。

2016年8月26日，四川省经信委组织召开了“绿色创新、开放共享”四川省企业社会责任推进会，发布了《四川企业社会责任指南》和“四川企业履行社会责任评价指标体系”。四川省经信委副主任翟刚致辞表示，为进一步推进全省企业社会责任工作，要坚持把学习借鉴国际先进经验与立足省情结合，坚持把推进企业社会责任建设和贯彻执行国家有关法律和政策文件结合，坚持把发挥政府、中介和社会作用与落实企业主体责任结合，坚持把全面推进与分类分步实施结合。

环境保护方面。省经信委负责全省工业和信息化领域的节能降耗、清洁生产和资源节约与综合利用工作，推进解决工业化与生态环境协调发展中的重大问题，还专门设置了环境和资源综合利用处，负责循环经济发展、资源综合利用、应对气候变化及低碳经济发展等工作，并在2015年3月发布的《2015年四川省工业节能减排指导意见》中指出，在经济发展新常态下，四川省将以工业绿色低碳循环发展为导向，加快推进工业绿色低碳转型升级，目标是单位工业增加值能耗下降3%、水耗下降5%、工业固废综合利用率提高3个百分点，淘汰落后产能企业不少于300家，大力强化四川省的生态环保工作。

（二）四川省工商局的推动情况

在推进企业社会责任的过程中，四川省工商局主要负责市场主体发展、市场监管和消费者权益保护等方面的工作。

在促进市场主体发展方面，四川省工商局根据省委、省政府安排，组织了四川省促进非公企业建立现代企业制度的培训，以推动民营企业建立科学、有效、适应市场经济规律的现代企业制度。2016年12月，在四川民营企业的“诚信守法企业”示范创建评审中，全省首批139家民营企业顺利通过“诚信守法企业”验收。

在市场监管方面，四川省工商局查处公用企业限制竞争和垄断行为案件121件，案值3304万元。四川省工商、税务部门联手清理省本级长期停业未经营企业，对无正当理由超过6个月未开业的或者开业后自行停业连续6个月以上的公司吊销营业执照。2016年12月，四川省工商局在全省启动白酒、钢铁市场专项整治行动，严厉打击白酒、钢铁行业“傍名牌”行为和商标侵权行为。

网络市场监管方面，自 2016 年 5 月下旬以来，四川省工商局在全省范围内组织开展了“2016 网络市场监管专项行动”，集中查处了一批违法案件，成效显著。四川省工商局针对四川网络市场现状，因地制宜地细化九大专项行动净化网络市场，并组织开展网络商品质量抽查检验，以加强网络交易商品质量监管，净化网络交易环境。

消费者保护方面。仅 2016 年上半年四川省工商局共受理消费者投诉 6.6 万余件，为消费者挽回经济损失 4000 余万元，并召开全省消费维权业务工作会，旨在进一步提升消费纠纷调解效能，加强消费维权制度建设，强化维权网络体系，以大数据促监管提升消费维权精准度；加大商品和服务质量整治力度，着力提高全省消费环境满意度；同时强化监管执法能力，提升工商队伍素质水平。

在推进企业社会责任发展的进程当中，“红盾春雷行动”作为四川省工商局连续 4 年着力打造的一块金字招牌，在维护市场公平竞争秩序方面具有强大影响力。四川省各级工商和市场监管部门围绕行政执法，在经济新常态下做强做优“红盾春雷行动”；围绕消费维权，在新形势下做大做实“红盾春雷行动”；围绕信用监管，在新任务下做细做深“红盾春雷行动”；围绕机构合并，在新体制下做精做新“红盾春雷行动”①。

“红盾春雷行动 2016”期间，四川全省工商和市场监管部门立案查处各类案件 14559 件，同比增长 122%；案值 25047.89 万元，同比增长 126%。其中，在已结案的案件中，处罚金额 10 万元以上的为 118 件，同比增长 103%；网络案件 419 件，同比增长 381%。省工商局挂牌督办案件 12 件，移送司法机关案件 136 件。消费申诉方面，受理和处理消费者申诉举报 23540 件，发出消费警示 2729 条，为消费者挽回经济损失 2932.5 万元。②

（三）四川省食药监局推动情况

四川省食品药品监督管理局（简称“四川省食药监局”）一年来深入宣

① http：//www.scaic.gov.cn/zwgk/xwdt/tpxw/201605/t20160520_ 29325.html.

② http：//www.scaic.gov.cn/zwgk/xwdt/tpxw/201605/t20160520_ 29325.html.

贯新食品安全法，积极参与监管和新法解读、地方政策配套工作，陆续出台了多项地方配套性法规：2016年3月17日，四川省食药监局印发了《四川省食品药品安全舆情监测与处置办法》；5月16日，四川省食药监局印发了《四川省食品经营许可管理实施办法》（川食药监发〔2016〕70号）；6月1日，四川省食药监局印发了《关于调整食品生产许可审批权限的公告》（2016年第19号）；11月25日，四川省食药监局印发了《四川省食品药品安全严重违法失信者惩戒暂行管理办法》。

2016年，四川省食药监系统还实施了食品安全战略，按照“四个最严”和“四有两责”要求，着力构建严密高效的食品生产经营监管体系；推进重大改革，强化全程监管，坚决防范行业性、系统性安全风险，重点做了四个方面工作。一是围绕主线，加大新食品安全法宣贯力度。采取多种形式学好法，利用多渠道宣传好法，立足本职执行好法。二是把握机遇，稳步推进改革创新工作。深化食品生产许可改革，做好放、收、变。有序推进食品经营许可制度改革，确保两证合一顺利实施。全面推进食品生产企业风险分级监管，提高监管工作科学性、有效性。积极探索特殊食品监管方式方法。三是严格监管，有效落实企业主体责任。严格落实日常检查和监督两项职责，着力规范引导食品生产经营行为，大力提升食品安全监管工作能力水平。四是明确导向，扎实开展重点治理行动。突出重点品种、重点问题、重点区域，深入开展食品行业共性问题对策研究，针对食品生产经营领域的突出问题和风险隐患，开展专项整治。

监督企业产品质量方面。四川省食药监局深入省医院“医疗器械检测机构业务用房改造项目”和“食品安全检（监）测能力建设项目”两个在建项目现场，实地检查项目安全生产状况，查阅相关工程资料，召开座谈会，了解项目进展情况。西博会期间，省、市、区三级食品药品监管部门承担食品安全保障工作和打击假冒伪劣综合执法工作，坚持热情服务，严格监管，圆满完成西博会保障任务。2016年10月，四川省食药监局食品流通处和餐饮服务处相关人员赴遂宁、巴中督查农村义务教育营养改善计划、景区食品安全和农村食品安全治理等工作情况。11 月，四川省食药监局与省教育厅组成联合督察组，赴资阳市安岳县督查学校食堂食品安全工作。

（四）四川省环保厅推动情况

2016 年，四川省环境保护厅（简称“四川省环保厅”）正式公布了 268 家试点企业 2015 年度的环境信用评价结果，约 85% 的参评企业被评为环保诚信企业和环保良好企业，38 家企业被列为环保警示企业；2 家企业被列为环保不良企业。2016 年，四川省环保厅还对 21 个市（州）的 835 家企业开展企业环境信用评价，并把 545 家国有控股企业和 23 家危废处置企业全部纳入。

2016 年 8～11 月，四川省环保厅对 28 个省级环保区域（流域）污染治理资金项目开展绩效评价与专项核查，并在此基础上，形成了最终的省级环保区域（流域）资金项目绩效评价和专项核查报告。通过本次重点区域（流域）污染防治等部分资金项目绩效评价和现场核查，四川省环境保护对外交流合作中心掌握了相关项目实施和资金使用情况，分析了相关专项资金项目执行过程中存在的不足，提出了进一步完善资金管理和提升资金使用效益的建议，对提高四川省环保资金使用绩效、促进污染防治与自然生态保护工作开展起到积极的推动作用。

2016 年 9 月下旬至 12 月底，四川省环保系统组织开展为期 100 天的环保大检查大执法“百日攻坚行动”，继续保持对环境违法行为高压严打态势，改变环境执法偏软、偏弱的局面。自行动开展以来，全省已办理环境行政处罚案件 745 件，处罚款 3600 余万元，严厉打击了环境违法行为，取得了显著成效。“百日攻坚行动”的实施具有重要意义，“百日攻坚行动”既是运用法律武器向污染宣战、切实解决各类环境违法行为的有力举措，也是贯彻省委省政府决策部署、推进环境质量改善、维护群众切身环境权益的重要抓手，还是全面提升环境监管执法水平的迫切需求。

四川省环保系统以此次行动为契机，不断探索新思路、新机制，运用新手段、新办法，积极推行“五个转变”，扎实建立常态长效机制，加快构建“四个从严”（从严环境监管、从严整改问题、从严传到压力、从严执纪问责）新格局。一是推动监管思路实现从“督企”到“督政、督企并举”转变；二是推动监管方式实现从“单打独斗”到“齐抓共管”转变；三是推动监管手段实现从“松散粗放”到“智能高效”转变；四是推动监管过程实现从“锦衣夜行”到“公开透明”转变；五是推动监管对象实现从“被动守法”向“自觉守法”转变。

二　2016年四川企业履行社会责任工作亮点

作为企业社会责任的实践主体，四川各大企业从精准扶贫、环境保护、社区责任和体系建设方面推动企业社会责任的发展。

（一）企业履行精准扶贫责任情况

作为“十三五”时期国家扶贫攻坚工作的重要实施方略，精准扶贫必须构建政府和社会力量有机结合的新机制。2016年，四川各大企业将“精准扶贫”作为企业社会责任的重要内容大力推进，切实做到“六个精准”，成为2016年四川企业推动企业社会责任发展的一大工作亮点。

1. 国有企业履行精准扶贫责任情况

国有企业作为国民经济发展的中坚力量，对践行精准扶贫的战略举措具有重要的推动力量。四川省能源投资集团有限责任公司旗下的四川金鼎产融控股有限公司，拟在2016～2020年帮扶通江县实施城乡建设用地增减挂钩试点项目，累计投资约20亿元，带动约100个行政村实现整体脱贫。项目实施后，将在项目区建成约250个新农村聚居点，帮助上万户农户易地搬迁脱贫，新增耕地面积及整理城乡建设用地增减挂钩节余指标近万亩。

华西集团组建了华西集团技术指导队帮助凉山州雷波县加快推进精准脱

贫住房建设工作，并在宜宾筠连县实施精准扶贫项目——援建“华西·五凤新村幼儿园”。四川信托充分利用信托制度优势，通过增加扶贫项目信贷投放、提供金融咨询服务、建立公益慈善基金、搭建高校贫困生实习平台、开展智力扶贫活动、推进公益慈善信托等多种方式、多种渠道实施金融精准扶贫。四川信托还与甘孜州康定市建立了结对帮扶机制。泸州老窖把扶贫开发的重点放在产业培育上，一手抓精准扶贫，一手抓产业推动，探索出“六位一体”的扶贫开发模式。

2. 民营企业履行精准扶贫责任情况

民营企业是精准扶贫的重要力量。四川不少民营企业，如开元集团、科伦集团、红旗连锁等高度关注精准扶贫，采取实际行动，助力扶贫攻坚大计。

2015 年 10 月，全国工商联、国务院扶贫办和中国光彩会发起“万企帮万村”精准扶贫行动，开启了全国非公企业和人士参与扶贫工作的新篇章。四川民营企业响应号召，在四川省工商联和各市州工商联的组织下积极参与“万企帮万村”活动。到 2016 年 8 月初，全省共有 113 个商（协）会、28300 家民营企业，通过各种方式参与精准扶贫行动，累计捐资捐物约 1.2 亿元，签署各类产业投资项目约 106 亿元。①

2016 年 7 月 19 日，“万企帮万村·光彩凉山行”活动在四川省西昌举行，科伦药业积极参加活动，与金阳县签订了村企结对帮扶共建协议，并捐赠善款 30 万元，捐赠仪器设备合 350 余万元。2016 年 10 月 12 ~ 15 日，成都杭州商会所属会员企业 30 余家开展了“万企帮万村·精准扶贫阿坝行”活动，为阿坝州相关学校和医院捐赠了价值 310 余万元的教育用品和医疗设备。

四川开元集团因地制宜，注重发挥贫困地区的主体作用，通过以农助农方式，树立了造血式扶贫的典范。红旗连锁先后与甘孜州丹巴县、江油市政府、阿坝州政府、巴中市政府等进行战略合作。2016 年，公司响应省

① 《四川省民营企业“万企帮万村”助力精准扶贫》，环球网，2016 年 8 月 11 日。

贸促会、四川国际商会扶贫号召，积极行动，成功签约。成都蛟龙港始终秉承“致富思源、富而思进、扶危济困、共同富裕、义利兼顾、德行并重、发展企业、回馈社会”的光彩精神，积极参加捐资助学、救济贫困等活动。

3. 外资企业履行精准扶贫责任情况

四川外资企业不仅为四川经济做出了巨大贡献，还积极履行社会责任，在精准扶贫方面做出突出贡献。在汶川大地震和芦山强烈地震后，家乐福国际基金会联合四川扶贫基金会共同发起了“家乐福农民技能培训暨创业扶持项目”，家乐福先后捐赠共计400万元，帮助灾区人民恢复生活和生产。

英特尔公司成都工厂除了为四川贫困山区的学校捐赠电脑和无线网络设备外，还对推荐的女教师进行电脑和英语强化训练，再由乡村女教师给乡村孩子上英语课和计算机课。

（二）履行环境保护责任情况

环境资源与企业生产经营活动密切相关，企业经营必然会对环境资源产生影响，因此，企业必须对环境承担责任。根据全球契约（Global Compact）的规定，企业应对环境挑战未雨绸缪；主动加大对环境保护承担的责任；鼓励无害环境技术的发展与推广。[①]“十三五”规划纲要明确提出了“五大发展理念”，其中绿色发展是十分重要的理念之一，与企业社会责任密切相关。企业应在环境保护、节能降耗、绿色运营等方面有所作为，减少对生态环境的负面影响，为实现绿色发展做出应有的贡献。

四川国有企业在推动环境保护方面发挥着率先垂范的作用。2016年，攀钢集团有限公司、中国华电集团四川分公司、国电大渡河流域水电开发有限公司、泸州老窖集团有限责任公司等都在环保方面建树颇丰。例如，攀钢坚持创新驱动绿色发展理念，积极开展科技攻关、工艺优化工作，强化二次

① 任荣明、朱晓明：《企业社会责任多视角透视》，北京大学出版社，2009。

能源回收，推动节能技术改造项目，不断改善生产环境，积极发展循环经济，使能耗持续下降。截至2016年7月，攀钢累计吨钢综合能耗633.5公斤，比2016年目标值下降了4.5公斤。攀钢通过一系列工作推进，2016年上半年节能创效达2900余万元。

四川民营企业认真贯彻绿色发展理念，积极履行环境保护责任，取得显著成效。高宇化工坚持低碳绿色发展道路，将履行环境保护责任与企业循环经济生态产业链的发展规划结合起来。据统计，通过发展循环经济推进绿色低碳发展，高宇化工工业废水重复利用率达95%以上，尾气回收率达99%，固体废弃物基本转化为生产原料实现循环再利用。[①] 成都置信集团“将置信生活方式植入银川”，在银川西沙窝深耕荒漠，打造三沙源国际生态文化旅游度假区，将现代旅游产业、现代观光农业、文化教育产业以及城市综合配套带进这片曾经荒凉的土地。

一些民营企业不仅自己坚持绿色运营、履行环境保护责任，而且将绿色环保理念传播给下游企业和扶贫对象，用实际行动去影响周围的人和事，体现了高度的社会责任感。四川开元集团在对布拖县实施产业扶贫的同时，引导农户走“绿色生态农业”的发展道路，实现可持续发展。

外资企业普遍重视环境责任的履行，将绿色环保作为企业重点披露的内容之一。四川现代汽车有限公司大力研发确保车辆高效、节油、可靠的技术，在确保安全性的同时，又能实现节能环保。丰田汽车也不断践行“可持续发展的汽车社会”的理念，推出了名为“MIRAI”（未来）的燃料电池车，并于2014年11月实现了量产。

英特尔将“关爱地球”纳入企业战略，一直致力于成为履行环境保护责任的领导者。为强化环境保护责任、推行绿色运营，英特尔成都工厂建立了完善的能源管理体系和政策，在生产环节注重节能控制。同时，公司为积

---

① 《高宇化工成为邛崃首家纳入全国碳排放权交易企业》，四川高宇集团有限公司，2016年9月13日。

极宣传提升节能意识，还在员工中设立节能团队，保证公司的能源管理可持续发展，并取得国际能源管理体系 ISO50001 认证。

2016 年 3 月 19 日，成都伊藤洋华堂积极参与“地球一小时”活动。当天，成都伊藤洋华堂各门店还举行了相关的活动。

（三）履行社区责任情况

2016 年，四川企业通过项目的形式参与公益事业，为社区公益事业进行持续的关注和帮助，助力提升社区生活质量，这是本年度企业社会责任推进工作的又一大亮点。

“妈妈家”社区公益项目是在可口可乐全球 520 计划的支持下，由中国妇女发展基金会、四川省妇联、四川省妇女发展基金会、可口可乐中国共同发起的。第一个“妈妈家”于 2014 年 3 月 6 日正式落户成都市青羊区苏坡街道中坝社区，到 2016 年 6 月，四川省已建立了 4 个“妈妈家”，并计划在四川犍为县再建两个“妈妈家”。“妈妈家”平均每年为超过 5 万名社区妇女提供学习和发展的平台，为很多留守妇女增加了收入，使其找到了社区的归属感，重拾自信。

2016 年 4 月 21 日，成都康华社区发展中心与 Intel 成都公司合作举行“Intel 世界地球日 · 云桥湿地中小学自然体验创意大赛”。中小学生通过自己参与环保志愿服务的亲身体验，拍摄照片，培养了环保意识。英特尔建立了完备的志愿服务体系，注重培育志愿文化，贡献社区发展。英特尔尤其重视搭建跨界合作平台，利用自身的技术优势扶持公益组织的发展，扩大志愿服务的影响力。

家乐福自 1995 年进入中国以来，一直支持各种公益项目。为了持续关注留守儿童身心健康，为其提供力所能及的读书及游戏设施，并对留守儿童进行教育和陪伴，家乐福启动了“儿童快乐家园”的公益项目。2016 年，第四所家乐福“儿童快乐家园”在贵州省惠水县断杉镇定理村正式启动，家乐福相关负责人走访了留守儿童家庭，并为其赠送礼物。“儿童快乐家园”公益项目已初见成效，家乐福还将继续实施该项目，并计划在三年内在中国建立八个“儿童快乐家园”，让更多的留守儿童感受到关爱与呵护。

成都伊藤洋华堂通过开展“中日文化交流周”、设立奖学金对当地大学日语系优秀学生进行奖励、对卖场所在地社区进行清扫等形式，建立与社区居民的融洽关系。2016年11月4日，该公司邀请了蒲江成雅小学的25名小学生来参加西博会。成雅小学是成都伊藤洋华堂定向捐赠的友爱小学之一，伊藤洋华堂一直关注这所学校的发展和孩子们的成长，累计捐款超过30万元。

从2016年开始，百胜中国陆续在全国百座城市开展上千场活动，为更多的青少年及家长开展食品安全教育。2016年5月13日，全国青少年食品安全宣传教育专项活动在首都师范大学正式启动，该活动是全国青少年健康与安全“进校园、进社区”百千万工程系列内容之一，百胜中国是此次活动的唯一协办企业。活动旨在全面提升青少年的食品安全意识，引导广大青少年积极参与实施食品安全战略。2016年9月24日，百胜中国又协助中国青少年发展服务中心和食安在线网举办健康与安全“进校园、进社区”百千万工程食品安全宣传教育专项活动。

2016年10月12日，四川凉山州布拖县的布拖中学举行了青少年科普系列活动启动仪式，近200名青少年参加了仪式，这些同学来自布拖中学、布拖县民族小学、布拖县特木里小学。此次活动由四川省青少年科技活动中心组织，中国科学院科学出版社成都分社、英特尔产品（成都）有限公司、北京赛恩传媒等机构参与。

百事公司进入中国以来，始终秉持“百事公司的承诺”，致力于人类的可持续发展，积极为社区的发展做贡献。其中，“百事营养行动”项目是百事公司于2015年底启动的公益项目，旨在持续推进中国中西部地区青少年营养改善行动。2016年7月29日，在由南方周末主办的第八届中国企业社会责任年会上，百事公司因在经济、管理、合规、环境和社区发展等多方面的卓越表现，位列“世界500强在华贡献排行榜”第七。

（四）企业社会责任体系建设情况

2016 年，四川各企业在企业社会责任体系建设方面取得了丰厚成果。通过政府部门、企业及社会团体、社会对企业社会责任的不断推动，企业对社会责任的认识不再只停留在慈善公益的层面，而是开始逐步建立消费者责任、环境责任、员工责任、社区责任、政府责任、慈善公益责任等全方位的企业社会责任体系。

“四川省企业社会责任报告发布会”的举办，对促进企业建立定期发布责任报告的机制、建立完善的社会责任体系具有重要作用。四川省工经联发布企业社会责任实践的交流报告、成都企业社会责任（CSR）沙龙系列会议的举办以及“西部论善”大型慈善论坛的举行，让更多企业和社会组织对企业社会责任的基本理念和责任体系有了更深刻的认识，对促进企业社会责任的体系建设产生了积极的影响。

四川国有企业在企业社会责任体系建设中处于领先地位，除了在社会捐赠、环境保护、维护职工权益、抢险救灾、安全生产等方面积极履行社会责任外，国有企业履行社会责任的亮点之一是结合脱贫攻坚工作的需要，积极深入开展精准扶贫，有的国有企业紧密结合自身行业特点推动脱贫攻坚工作，实现了履行社会责任与企业发展的融合。

四川外资企业将企业社会责任理念和可持续发展要求融入企业战略和日常运营中，建立了一套保证企业以负责任的方式运营的管理体系，有专门的 CSR 机构和负责人，建立了定期发布责任报告的机制，建立了完善的社会责任信息披露机制等，这些企业社会责任体系建设方面的经验值得借鉴。

三　2016年社会组织推动四川企业社会责任工作亮点

企业社会责任的发展，除了政府部门的指导和企业自身的践行外，也离不开社会组织各方面力量的大力推动。2016 年，四川省社科院、四川西部扶贫资源开发中心、四川省工业经济联合会、成都市慈善总会等社会各界的通力协作，以及成都地区 CSR 沙龙、“西部论善”大型慈善论坛的举行，是四川企业社会责任工作的又一大亮点。

（一）四川工经联对企业社会责任的推动情况

四川省工业经济联合会（简称“四川省工经联”）始终以促进四川省工业经济发展为己任，紧紧围绕省委、省政府“工业强省”发展战略，深入调查研究，积极建言献策，立足当好政府的参谋和助手，切实搭建政府与企业、行业与企业、企业与社会的桥梁，起到服务政府、服务企业、服务社会、传递信息的作用，为促进全省工业经济健康有序发展和企业社会责任的建设做出了突出的贡献。

四川省工经联自 2013 年起一直承办“四川省企业社会责任报告发布会”，还于2014 年组织了四川省企业社会责任报告编制的培训活动，邀请北京的社会责任建设工作专家来川授课，专门系统地讲述了编制企业社会责任报告的规范、案例、要领。这一活动受到了参加培训企业的代表的热烈欢迎。来自省内 36 家企业的 72 名代表参加了培训。

2016 年，四川省工经联承办了“绿色创新、开放共享”2016 四川省企业社会责任推进会，进一步推进全省企业社会责任工作。在推进会上，宏达集团、中建三局、乐山电力装饰公司、四川移动、硅宝科技、四川九洲集团、英特尔公司、伊藤洋华堂 8 家企业相继汇报、展示了近年来履行社会责任的成果。

四川省工经联持续发布企业社会责任实践的交流报告，截至发稿前，已经在其官网上发布了英特尔（中国）、中建三局装饰、乐山电力、成都硅宝科技公司等 6 家企业的实践交流报告①，并联合四川省社会科学院企业社会责任研究与评估中心对中国东方电气集团、四川九洲电器、成都伊藤洋华堂等企业的社会责任报告进行点评。四川省工经联还积极组织企业参加“中

---

① http：//www. scgjl. org/article. php？ cid = 12&vt = 1&topage = 1.

国工业经济行业企业社会责任报告发布会”，开展企业社会责任理论研究和学术交流活动，协助有关单位开展多种形式的经济协作。积极为四川省工业行业协会、地方工经协会（联合会）和工业企业服务，对联合会的成员单位进行指导、组织和协调，促进行业间、地区间、企业间的横向经济联合与企业社会责任建设。

（二）四川省社会科学院对企业社会责任工作的推动情况

1. 西博会“2016企业社会责任与教育发展论坛”

2016 年 11 月 4 日，四川省社会科学院、四川省博览事务局联合主办了“2016 企业社会责任与教育发展论坛”，该论坛是第十六届中国西部国际博览会的专项活动。论坛上，四川省社会科学院侯水平院长充分肯定了我国诸多学者在企业社会责任领域的研究，并指出这些研究对青少年教育发展方面具有突出的作用。

中国工经联企业社会责任促进中心主任王晓光教授在题为“关心青少年成长，履行社会责任”的演讲中，从中外企业社会责任的现状及存在的问题、“一带一路”背景下企业开展社会责任工作的机制、CRS 未来发展的三大趋势等方面对企业的社会责任进行剖析。

此外，成都伊藤洋华堂总经理樋口昭先生从 CSR 的历史发展及现状出发，讲述了中国企业社会责任的趋势及青少年的教育问题。百胜中国、家乐福、英特尔、四川蓝剑等知名企业相关负责人出席论坛，并分享了其在食品安全、科普创新、环境保护等领域开展青少年教育的成功经验。

2.《英特尔责任密码》的出版

《英特尔责任密码》是四川省社会科学院企业社会责任研究与评估中心的科研人员历时一年在英特尔成都工厂的调研成果。该书对英特尔企业社会责任这一典型案例进行了科学解剖，以讲故事的方式将英特尔 CSR 事务生动形象地展示在读者的面前，并为其他企业 CSR 的建设与发展提供了的可借鉴的创新经验。

英特尔在CSR的发展中，始终把“创新”和“责任”贯彻到企业管理的过程中，一贯坚持“技术创新－管理创新－责任创新－社会创新－教育创新－持续创新”的运营战略，并形成了以下创新价值：一是社会责任思想观念的创新；二是社会责任管理体制机制的创新；三是社会责任落实制度的创新；四是社会责任“生态圈”建设的创新；五是社会责任运作方法的创新。其中，社会责任“生态圈”的概念是英特尔在践行CSR过程中的首创理论。

《英特尔责任密码》的出版，改变了研究CSR的书籍多停留在理论层面的现状，该书以一家企业、一个工厂社会责任的实践为切入点，将英特尔CSR与中国社会同步发展的创新实践娓娓道来。该书不仅得到了英特尔公司的充分肯定，也得到了《WTO经济导刊》社长、主编于志宏和商道纵横总经理郭沛源的强烈推荐。

（三）四川西部扶贫资源开发中心、四川省扶贫基金会栋梁工程分会的推动情况

四川西部扶贫资源开发中心、四川省扶贫基金会栋梁工程分会（以下简称“开发中心”或“栋梁工程”）是四川省扶贫和移民工作局主管的社会扶贫开发社会组织，紧紧围绕四川“脱贫攻坚、精准扶贫”的有关部署开展社会扶贫工作，主要针对“栋梁工程”“立德树人工程”“百工技师工程”“农业产业扶贫”“产业投资扶贫开发”五大板块开展业务。其中，“栋梁工程”“立德树人工程”“百工技师工程”三大教育扶贫项目均被纳入四川省委、省政府社会扶贫重点实施项目之列。

“栋梁工程”以“品学兼优且家庭贫困”的学子为对象，以“一对一”的经济资助、跟踪培养、就业创业成业扶持为手段，引导他们在成长成才的同时回报社会。目前，已经累计募集社会扶贫资金超过5亿元，资助的学生超过14万人次。

“立德树人工程”主要以贫困地区乡镇中小学校及学生、老师为主要援助对象，提供各类中华优秀传统文化校本教育综合服务。自2015年11月启

动该项目以来，该工程先后将巴中市通江县实验小学、通江县沙溪镇中心小学、南江县赶场镇中心小学、雅安市天全县远发栋梁小学四所学校作为项目实验学校，全面实施中华优秀传统文化校本课程综合服务，截至2016年11月，受益人数达到3680人。

“百工技师工程”是四川省面向全国推出的“首创精准扶贫项目”，通过“精准培养+精准就业+精准脱贫”，有效阻止贫困代际传递和返贫。开发中心联合川内职业技术院校，选择符合条件的建档立卡贫困户中的初高中应届毕业生、初高中毕业后两年内的往届生、县（市、区）在校职校生为援助对象，免费提供全程优质职业技术教育培训机会，首批在全省70余个贫困县（市、区）中录取了870名学生。

“家乐福农民技能培训暨创业扶持项目”是栋梁工程联合家乐福共同发起的赈灾扶贫项目。自2009年起，先后实施了“绵阳关帝土鸡项目”“玫瑰花技能培训项目”“羌绣技术培训项目”“安岳科学养兔项目”“雅安市荥经县天麻种植项目”5个子项目。2016年主要开展了以下三个子项目。①雅安市天全县山葵种植项目，实现总产值1300万元左右。②雅安市荥经县天麻种植项目，实现总产值220万元左右，户均增收7000余元。③通江县空山黄牛养殖项目，实现总产值近3900万元。

开发中心还以“政府+市场+扶贫”为核心，创新推出了“产业投资扶贫开发”新模式。2016年，开发中心与各大企业合作构建了“社会资本资源库”和“项目运营资源库”，并与相关咨询机构进行顾问咨询合作，建立PPP和其他投融资项目资源合作共享平台，初步形成了“产业投资扶贫开发”的“投融建”产业联盟。目前，汉源县及荥经、通江、南江等县已经推荐“产业投资扶贫开发”项目50余亿元。

（四）成都地区企业社会责任沙龙系列会议

成都企业社会责任（CSR）沙龙是一个开放性的平台，主要致力于搭建企业社会责任交流与推动平台、汇聚企业社会责任的力量、携手助力企业更好地履行社会责任、促进企业可持续发展、推动形成CSR联盟。活动以开放报名的形式邀请企业、专家学者、社会组织参与，共同探讨CSR，推动社会发展。跨界合作，汇聚责任的力量。成都公益慈善联合会、四川省社会科学院企业社会责任研究与评估中心、成都市慈善总会作为沙龙的主办方，负责沙龙的组织和实施工作。

成都地区CSR沙龙自2015年成立以来，已圆满举办9期活动，累计近300位来自企业、NGO、基金会、媒体、高校等代表参与了系列活动；累积影响力覆盖全国多家机构，影响近千位企业社会责任和公益从业人士。通过每次沙龙不同主题的分享，更多的企业和社会组织对企业社会责任的基本理念和专业知识有了更深刻的认识。

表1　成都地区CSR沙龙活动概况

举办时间	主题	主要内容
2015年5月11日	灾后重建与企业社会责任	启动成都市慈善总会急难救助专项基金，并正式启动成都市慈善总会、成都公益慈善联合会急难救助基金平台项目； 杨钟仁先生分享了英特尔的社会创新之旅； 发布四川企业社会责任蓝皮书和CSR60问
2015年5月29日	公益项目设计	对社会组织更好地对接企业的公益项目进行探讨； 桂浩先生分享相关公益项目设计的理念； 吴元兵先生分享公益项目设计理念、基本要素
2015年7月29日	扶贫济困与企业社会责任	社会各界分享在扶贫济困以及帮助儿童成长方面的成就和努力； 郭虹主任分享"扶贫济困与企业社会责任"； 荣道清先生分享了成都市慈善总会扶贫济困类项目； 陈济沧主任分享扶贫基金会济困类项目
2015年9月13日	中国非公募基金会发展论坛	张红总经理分享"行走的文化"； 李海总监分享"专业化公益"； 平文艺研究员做"四川大企业社会责任的现状与评估"中国非公募基金会的现在及未来主题演讲
2015年11月17~18日	公益人幸福密码研习会	针对公益人所进行的两天的体验式教学培训 为幸福密码公益电影筹集了公益基金
2015年12月7日	比尔及梅琳达·盖茨基金会成都分享会	李一诺女士分享比尔及梅琳达·盖茨基金会的运作情况以及履行企业社会责任的概况

续表

举办时间	主题	主要内容
2016年3月23日	2016成都地区第一期CSR沙龙	荣道清先生回顾2015年在成都地区举办的六期CSR沙龙； 可口可乐(四川)公司介绍了“妈妈家”的社区公益项目概况； 郭沛源博士发布了《2016年中国企业社会责任十大趋势》报告
2016年5月5日	急难救助，助推企业可持续发展	企业在急难中如何应对、在救助中如何促发展； 顾林生院长分享“日本企业在急难救助中的应对之道”； 百胜餐饮(成都)公司分享“百胜集团的‘捐一元’项目”； 成都市慈善总会介绍成都市急难救助平台
2016年6月21日	探讨儿童关爱与企业社会责任	安利集团介绍“儿童、环境、志愿者”项目； 安利公司介绍其CSR项目团队设计创新项目的成功案例； 各界人士探索企业如何承担起自身的社会责任

资料来源：根据网络相关报道整理。

（五）“西部论善”大型慈善论坛

2016年9月28日，由中国慈善联合会、四川省民政厅指导，四川省慈善总会、成都市民政局主办的“西部论善”大型慈善论坛活动在成都举行。该论坛以“尚善之都，善行天下”为主题，以“善举汇蓉城，爱心耀天府”为口号，旨在从“慈善+”的角度，突破传统的公益方式，将慈善、互联网与商业、教育等不同领域进行融合。

此次“西部论善”主要致力于搭建交流平台，汇聚商业、互联网等领域的力量，携手助力公益慈善事业更好发展，建立良性的公益慈善事业的指向标。论坛邀请世界500强企业、知名基金会、西部省市部分慈善会及慈善机构等开展分享会。

论坛上，中国慈善联合会执行秘书长彭建梅介绍了“福彩有爱·急难有助”——中国福利彩票急难救助金项目。中国福利彩票发行管理中心党委副书记兼纪委书记董天夫，中国慈善联合会副会长兼秘书长王爱平，四川省民政厅副巡视员荀兴元，成都市人民政府副秘书长覃文林，成都市慈善总会常务副会长、成都市民政局副局长刘永昌，郑州慈善总会常务副会长兼秘书长王万民共同宣布项目正式启动。

“西部论善”分为主论坛和三大平行分论坛。当天上午进行主论坛活动，中国慈善联合会执行秘书长彭建梅以“慈善创新——西部慈善的机遇”为主题发表了演讲。她谈到“西部善、中国善”“慈善不仅是物质，慈善更是心、是精神、是文化”等深入人心的理念。中国慈善联合会慈善信托委员会常务副主任李宪明演讲的题目是“慈善信托——《慈善法》下慈善信托解读”，从慈善信托概念、特点等方面全面解读了慈善信托。瑞士银行慈善基金会中国项目总监高广深从洛克菲勒家族的案例出发讲解并传播了“家族慈善”的意义。

下午的平行论坛分别以“改革创新，合作共赢”、“创新 · 发展”慈善信托大型研讨会、“慈善创新”为主题。参与平行论坛的有来自外省的慈善总会代表、律师代表、信托公司代表以及公益慈善组织代表等，他们以“慈善”为核心，结合自己所处的领域及职业专长，与现场嘉宾分享和对话。

在下午进行的三大平行论坛中，来自北京、广州、陕西、兰州、重庆、贵州、贵阳、郑州、西安等地慈善总会、慈善组织机构，以及四川省内各地市州慈善总会、组织机构的代表们，齐聚一堂，共话慈善。来自四川省慈善总会、广州市慈善会、郑州慈善总会以及成都市慈善总会的代表分别做了主题演讲，重庆市慈善总会、陕西省慈善协会、贵阳市慈善总会、兰州市慈善总会、遂宁市慈善总会以“创新发展，合作共赢”为主题展开对话。

四　2016年四川企业履行社会责任排名情况

（一）评估标准

企业社会责任评价标准是指为反映和度量企业运营利益相关方，如企业整体、消费者、内部组织、员工个人、经营环境、政府等之间的关系及建立健康和谐社会秩序而承担相应责任的评估指数体系。[①] 该体系必须具有可直接测量性、现实指导性、客观性、创新性等特征。

本报告沿用了2016年蓝皮书企业社会责任评价体系评价指标，有关企业社会责任评价体系的指标具体包括8个一级指标和32个二级指标（见表2）。

表2　企业社会责任评价指标及其权重

对利益相关方责任	核心要素	权重	对利益相关方责任	核心要素	权重
1. 对消费者的责任	1.1 产品/服务安全	70	5. 对合作伙伴的责任	5.1 互利合作	50
	1.2 产品/服务信息	60		5.2 相互促进	30
	1.3 顾客满意	70		5.3 共享发展	40
	1.4 服务创新	40	6. 对投资方的责任	6.1 治理结构	40
2. 对环境的责任	2.1 环境管理	50		6.2 责任管理	40
	2.2 生态维护	70		6.3 信息披露	30
	2.3 资源和能源管理	40		6.4 文化理念	50
	2.4 污染物管理	60	7. 对政府的责任	7.1 纳税	50
3. 对员工的责任	3.1 劳动合同	60		7.2 反腐倡廉	20
	3.2 员工权益(法定权利保障)	30		7.3 社会稳定	30
	3.3 安全生产	40		7.4 宏观政策	30
	3.4 员工福利(进修等)	50	8. 对慈善公益的责任	8.1 慈善捐助	50
	3.5 沟通协调机制	30		8.2 抗震减灾	40
4. 对社区的责任	4.1 就业岗位	40		8.3 扶危济困助学	30
	4.2 社区建设	30		8.4 公益事业	20
	4.3 社区和谐	50		8.5 民生事业	50

资料来源：侯水平、盛毅主编《四川企业社会责任研究报告（2013～2014）》，社会科学文献出版社，2014，第54页。

根据前述指标体系，我们采取多层次权重分析方法，确定了7个等级企业社会责任评价标准。具体标准如表3所示。

① 侯水平、盛毅主编《四川企业社会责任研究报告（2013～2014）》，社会科学文献出版社，2014，第28页。

表 3　星级标准及评价

星级	星级图示	星级评价
五星级	★★★★★	完全符合体系要求
四星半级	★★★★☆	几乎符合体系要求
四星级	★★★★	大部分符合体系要求
三星半级	★★★☆	半数以上符合体系要求
三星级	★★★	一些方面符合体系要求
两星半级	★★☆	个别符合体系要求
两星级	★★	缺少体系要求的相关实践

资料来源：侯水平、盛毅主编《四川企业社会责任研究报告（2014～2015）》，社会科学文献出版社，2015，第 21 页。

（二）2016年四川企业履行社会责任排行榜

在上述企业社会责任评价指标及星级评估标准体系下，我们根据“2016 年四川和成都百强企业名单”选取了 100 家企业作为评估样本，通过企业社会责任报告（可持续发展报告）、企业年报、企业官方网站等途径，评选出“四川国有企业履行社会责任前 10 名”“四川民营企业履行社会责任前 10 名”“四川外资企业履行社会责任前 10 名”，并按照星级及指标体系进行了排名。

表 4　国有企业履行社会责任前 10 名排行榜

企业名称	消费者	环境	员工	社区	合作伙伴	投资方	政府	慈善公益
1 五粮液	★★★☆	★★★☆	★★★☆	★★★☆	★★★☆	★★★☆	★★★☆	★★★☆
2 华西集团	★★★☆	★★★☆	★★★★	★★★☆	★★★☆	★★★☆	★★★	★★★☆
3 中国移动	★★★	★★★☆	★★★☆	★★★	★★★☆	★★★☆	★★★☆	★★★☆
4 九洲电器	★★★☆	★★☆	★★★★	★★★	★★★	★★★	★★★★	★★★
5 长虹电子	★★★	★★★☆	★★★★	★★★☆	★★★☆	★★☆	★★★☆	★★★☆
6 泸州老窖	★★☆	★★★☆	★★★★	★★★☆	★★★	★★★☆	★★★	★★★☆
7 中国电信	★★★☆	★★★☆	★★★★	★★	★★★☆	★★★	★★★	★★★☆
8 四川航空	★★★☆	★★★☆	★★★☆	★★★	★★★	★★☆	★★☆	★★★☆
9 四川新华	★★★☆	★★★	★★★☆	★★★	★★★	★★★☆	★★☆	★★★
10 中航工业	★★☆	★★☆	★★★	★★★	★★★	★★★	★★☆	★★★

表 5　民营企业履行社会责任前 10 名排行榜

企业名称	消费者	环境	员工	社区	合作伙伴	投资方	政府	慈善公益
1 新希望	★★★★	★★★☆	★★★☆	★★★☆	★★★★	★★★★	★★★	★★★☆
2 通威集团	★★★★	★★★☆	★★★★	★★★☆	★★★☆	★★★☆	★★☆	★★★☆
3 科伦实业	★★★☆	★★★☆	★★★☆	★★★	★★★☆	★★★☆	★★★☆	★★★☆
4 蓝光投资	★★★☆	★★★	★★★★	★★★☆	★★★	★★★☆	★★★★	★★★
5 红旗连锁	★★★★	★★★☆	★★★☆	★★★★	★★★☆	★★★	★★★☆	★★★☆
6 富临实业	★★★	★★★☆	★★★★	★★★☆	★★★	★★★☆	★★★	★★★☆
7 四川蓝剑	★★★☆	★★★☆	★★★★	★★☆	★★★☆	★★★	★★★☆	★★★
8 伊利乳业	★★★☆	★★★☆	★★★☆	★★★	★★★	★★★	★★☆	★★★☆
9 铁骑力士	★★★☆	★★★	★★★☆	★★★☆	★★★	★★★☆	★★☆	★★★☆
10 开元集团	★★★	★★☆	★★★	★★★	★★★☆	★★★	★★☆	★★★

表 6　外资企业履行社会责任前 8 名排行榜

企业名称	消费者	环境	员工	社区	合作伙伴	投资方	政府	慈善公益
1 英特尔	★★★☆	★★★★	★★★☆	★★★☆	★★★☆	★★★☆	★★★☆	★★★★
2 伊藤洋华堂	★★★★	★★★☆	★★★★	★★★★	★★★☆	★★★☆	★★★	★★★★
3 安利	★★★☆	★★★☆	★★★	★★★☆	★★★☆	★★★☆	★★★☆	★★★☆
4 百胜中国	★★★☆	★★★☆	★★★★	★★★☆	★★★	★★★	★★★☆	★★★☆
5 家乐福	★★★★	★★★☆	★★★★	★★★☆	★★★☆	★★☆	★★★☆	★★★★
6 百事可乐	★★★	★★★☆	★★★	★★★☆	★★★	★★★★	★★★	★★★☆
7 可口可乐	★★★	★★★☆	★★★☆	★★★	★★★	★★★☆	★★★	★★★☆
8 拉法基水泥	★★☆	★★☆	★★★☆	★★★	★★★	★★★☆	★★☆	★★☆

资料来源：根据政府部门、企业、社会团体公开的信息及合作伙伴提供的相关资料进行分析整理，主要来源于政府部门官网、企业网站及网络平台、企业社会责任报告、相关媒体报道等。由于资料获取的局限性，本表可能会存在一定程度的偏差，敬请谅解。

分类报告篇

Topical Reports

B.2
四川国有企业社会责任报告

谢春凌*

摘　要： 2016年，四川国有企业在社会捐赠、环境保护、维护职工权益、抢险救灾、安全生产、精准扶贫等方面积极履行社会责任。社会捐赠、精准扶贫与脱贫攻坚工作紧密结合成为2016年四川国有企业履行社会责任的亮点，同时，四川国有企业对安全生产也非常重视。但是，2016年，四川国有企业履行社会责任也存有一些不足，需要进一步完善和改进。

关键词： 四川　国有企业　社会责任　脱贫攻坚

* 谢春凌，经济学博士，四川省社会科学院人事处副处长，副研究员，主要研究方向为世界经济、国际经贸、区域经济。

一　2016年四川国有企业发展概述

四川国有企业为四川经济发展做出了巨大贡献，地位重要。以占全省百强企业超过60%的成都市为例，在2016年成都100强企业中，国有企业有46家、民营企业有43家、中外合资企业有11家。其中，国有企业的营业收入占45.8%的份额，实现人均营业收入137.73万元。由此可见，国有企业在四川经济发展中仍然占据重要地位。

（一）四川国有企业改革持续深化

四川出台了《四川省省属国有企业负责人经营业绩考核试行办法》，按照企业职责定位与经营状况，将除国有文化企业外的省属国有企业分为竞争性企业、功能性企业，并考虑企业发展阶段和行业特点，确定不同考核重点，实行差异化考核，将考核结果同企业负责人激励约束紧密结合，即业绩升、薪酬升，业绩降、薪酬降，并将考核结果作为职务任免的重要依据。①

（二）四川国有企业效益持续提升

2015年，四川省地方国有企业资产规模快速扩张，营业收入、经营效益出现回升势头，4132家国有企业资产总额为37259.27亿元，归属于母公司的所有者权益11829.91亿元，同比分别增长16.09%和14.97%；实现营业总收入5517.03亿元，同比增长6.03%，全年实现利润395.72亿元，同比增长12.39%；全省地方国有企业保值增值率为102.25%，同比上升0.49个百分点，全省地方国有企业净资产收益率为2.44%，成本费用利润率为7.31%，同比分别上升0.07个和0.37个百分点。2016年上半年，四川省地方国有企业资产规模、营业收入继续保持较快增长势头，利润大幅提升。2016年4月，全省地方国有企业资产总额为37929亿元，同比增长16%，

① 吴璟：《省属国企负责人经营业绩考核办法调整》，2016年10月25日。

所有者权益13119亿元，同比增长12.5%，实现营业收入1730亿元，同比增长15.8%，实现利润170亿元，同比增长56.4%，完成固定资产投资475亿元，同比增长36.5%。[①] 四川省地方国有企业资产规模、营业收入、经营效益、利润出现较快增长在很大程度上得益于四川国有企业改革力度的加大，法人治理结构的继续完善，劳动、人事、分配三项制度改革的持续深化，产权多元化的大力推进；国有企业的积极性、能动性被进一步调动，活力被进一步激发。

二　2016年四川国有企业社会责任建设

（一）社会捐赠

1. 中国石油西南油气田公司

2016年4月，中国石油西南油气田公司开展了第二批自愿结对捐助四川省九龙县贫困学生活动，全部40名贫困学生的结对捐助人都得到落实。这次"一对一"自愿结对助学活动，受资助的贫困学生有40名，都来自西南油气田公司精准扶贫定点帮扶村——四川省九龙县乌拉溪乡石头沟村，自愿认捐的83名中石油员工与其建立结对关系，资助其顺利完成学业。

2016年4月8日，西南油气田川西北气矿携手共青团江油市委、江油滴水公益，到江油市云集乡小学为留守的山村孩子们送去温暖的礼物——"彩虹盒子"。志愿者发放了装有一件雨衣、一双雨鞋、两双棉袜、一条围巾、一双小手套、一套文具用品、一个小水杯的画着彩虹的简易书包——"彩虹盒子"，共计214个。

2. 中石化四川销售有限公司

2016年8月18日，由达州市民政局、达州市慈善会和中石化四川销售有限公司共同主办的"中石化四川销售有限公司千万爱心助学行动"启动，

① 四川省政府国有资产监督管理委员会网站，http：//www.scgz.gov.cn/。

这是中石化四川销售有限公司为了帮助达州优秀贫困学子圆大学之梦而拨出1000万元专款开展的专项助学行动。该行动从2012年开始共分5年进行，每年200万元。爱心善款分别按每人5000元、4000元、3000元的标准总共救助了2424名达州贫困学子。

3. 中国水利水电第五工程局有限公司

2016年新年伊始，中国水利水电第五工程局有限公司白鹤滩泄洪洞项目部志愿者代表一行6人到巧家县小河镇普谷村小学，向云南省巧家县普谷村小学捐赠了22000元爱心物资。其中，价值18000元的衣服、鞋子、书包共60套，价值2000元的球类运动设施，价值2000元的文具用品。

2016年6月1日，中国水利水电第五工程局有限公司白鹤滩泄洪洞项目部为公司“精准扶贫”对象——四川省金阳县尔觉西乡甲谷村的中心校和幼儿园的孩子们送去了校服650套，同时还送去了篮球、足球、羽毛球拍、乒乓球拍、跳绳、彩色铅笔、文具盒等体育和学习用品。

4. 雅砻江流域水电开发有限公司

2016年5月30日至6月3日，两河口建设管理局牵头组织两河口水电站参建单位分别走进两河口水电站及库区的小学，通过“两河口爱心基金”开展“结对帮扶献爱心、企地共建创和谐”活动。管理局组织17家参建单位分别到普巴绒乡中心小学、亚卓乡中心小学、瓦多乡中心小学以及呷拉乡中心小学，为孩子们送去了价值3万元的书包等文具用品及优秀学生奖学金。

5. 中国中铁二局集团有限公司

2016年，在尼泊尔新年来临之际，城通公司尼泊尔引水隧道项目部向当地的4所小学、初中、高中学校学生捐赠了25个足球、15个排球、10套羽毛球拍和100个羽毛球等价值近6万卢比的体育用品。

6. 中国华电集团四川分公司

2016年3月21日，中国华电集团四川分公司泸定公司员工将捐出的400余件衣物送达成都市义工联，工作人员通过捐赠的方式把这些衣物送到凉山甘洛县的贫困家庭。

7. 成都中电实业发展有限公司

成都中电实业发展有限公司在三台县开展捐资助学活动，从2006年开始至今已连续坚持11年。

8. 四川省交通投资集团有限责任公司

四川省交通投资集团有限责任公司党委于2016年2月26日上午在集团公司本部组织开展了向阿坝州阿斯久村和凉山州宜坡薯觉村捐款的活动。共有109名员工参加了此次活动，募集捐款34940元。

9. 四川成渝高速公路股份有限公司

2016年2月26~29日，四川成渝高速公路股份有限公司本部及所属各单位开展了向阿坝州阿斯久村和凉山州宜坡薯觉村募捐活动。共有3132名职工参加本次活动，募集捐款153860.5元。

2016年9月23日，成渝公司的团员青年们来到交投集团精准扶贫点凉山州昭觉县尼地乡，将公司募集捐赠的1000多册图书送到尼地乡中心小学，在学校设立了约20平方米的“善道书屋”。

10. 四川信托有限公司

2016年1月30日，四川信托锦绣慈善基金启动仪式在四川成都举行，正式启动了由四川省慈善总会与四川信托联合发起设立的“四川省慈善总会·四川信托锦绣慈善基金”。

2016年5月28日，四川信托前往北京盛基艺术学校，看望和慰问了学校的孤儿学生，将筹集的善款及物资捐给学校。

11. 泸州老窖集团有限责任公司

泸州老窖集团有限责任公司筹集2071.96万元资金用于合江县榕山镇回洞桥村岩上湾至甘雨镇的干道建设，专项捐资147万元用于改善村里贫困家庭的住房条件等。

2016年4月，泸州老窖股份有限公司与古蔺县龙山镇向田村签订了捐资建设党群服务中心意向协议书、帮扶向田村养殖基金意向协议书。泸州老窖股份有限公司为向田村捐助50万元建设党群服务中心，泸州老窖股份有限公司为向田村捐助30万元设立帮扶养殖基金。

2016年8月24日，泸州老窖股份有限公司举行了第十届“国窖助学”助学金捐赠仪式，此次泸州老窖继续资助14名大学生。2016年是“国窖助学”活动的第十年，十年来，泸州老窖销售系统的员工累计捐赠240万元的助学资金，帮助100名优秀的贫困学子完成学业。

（二）环境保护

1. 攀钢集团有限公司

2016年，攀钢坚持创新驱动绿色发展理念，积极开展科技攻关、工艺优化工作，强化二次能源回收，推动节能技术改造项目，不断改善生产环境，积极发展循环经济，使能耗持续下降。截至2016年7月，攀钢累计吨钢综合能耗为633.5公斤，比2016年目标值下降了4.5公斤。

攀钢钒通过强化节能项目管理，推动节能降耗工作深入开展。该公司热轧板厂通过重点专项节能项目与生产组织优化并重，降低吨钢综合能耗。攀成钢加强用能管控和推进节能项目，2016年上半年吨钢综合能耗较2015年降低了5.2公斤标煤。攀长特通过一系列工作推进，2016年上半年节能创效达2900余万元。

2. 中国华电集团四川分公司

2016年，木里河公司组织开展了流域鱼类人工增殖放流，在立洲电站库区、俄公堡电站库区、卡基娃电站库区分设三个放流点，共计放流四种鱼类30万尾，其中短须裂腹鱼20万尾，四川裂腹鱼4万尾，细鳞裂腹鱼4万尾，鲈鲤2万尾，规格为4~6厘米和8~12厘米两种。

2016年4月26日，泸定公司完成2016年春季鱼类增殖放流工作，这次共放流了10万尾大渡河特有经济鱼类，其中齐口裂腹鱼苗种7万尾，重口裂腹鱼3万尾，规格均为10~15厘米。

3. 国电大渡河流域水电开发有限公司

2016年8月30日，国电大渡河流域水电开发有限公司在瀑布沟、深溪沟水电站库区举行2016年度珍稀鱼类增殖放流活动，将55.5万尾人工繁育的珍稀鱼苗放归大渡河。这次活动放流了四川省重点保护鱼类重口裂腹鱼苗种3万尾、鲈鲤2万尾、稀有鮈鲫10万尾，长江上游特有鱼类齐口裂腹鱼、中华倒刺鲃、长吻鮠、长薄鳅、白甲鱼等苗种40.5万尾。

4. 泸州老窖集团有限责任公司

2016年9月20日，由泸州老窖股份有限公司牵头的863计划“绿色循环固体发酵工艺系统优化与集成”重点课题通过了国家科技部现场验收。课题围绕全产业链的固体发酵工艺系统优化，开发原料高效处理、微生物功能强化、工艺过程优化、废弃物高值化加工等技术，同时通过以上技术的系统集成与优化，建立了白酒、酱油、食醋等典型固体发酵食品的产业示范，实现了固体发酵产业的高效、低耗、安全、清洁生产，为固态酿造产业绿色、循环、高效发展做出重要示范。

（三）和谐劳动关系，维护职工权益

1. 攀钢集团有限公司

2016年4月15～16日，攀钢举行了第二十一届职工乒乓球比赛，共有来自攀钢各单位的17支代表队200多人参加了这次比赛。

2016年6月1日，攀钢集团有限公司深入攀钢钒炼钢厂、轨梁厂及钛业公司钛冶炼厂，看望慰问了奋战在一线的干部职工，并送去了茶叶、绿豆、板蓝根、风油精、葡萄糖粉剂等物品。

2016年9月，攀钢钒举行了为期7天的第四届职工男子篮球赛，进行了23场激烈比赛，来自该公司13家单位的运动员参加了比赛。

2. 中国华电集团四川分公司

2016年4月，瓦屋山（雅安）公司在瓦屋山电站营地举行了“炫舞青春”职工排舞大赛。

2016年5月，中国华电集团公司四川公司开展了首届人力资源管理技能竞赛，来自基层企业的67名人力资源从业人员参加了竞赛。

2016年5月31日，内江发电厂举行了消防技能比武竞赛。来自该厂所属白马电厂、高坝电厂、工程公司、多经公司和相关职能部门的72名选手进行了比赛。

2016 年 6 月，攀枝花分公司工会积极组织开展了“送清凉”到班组活动，将菊花、金银花、莲子心、枸杞子、酸梅粉、冰糖等防暑降温冲剂、饮品送到了班组。

2016 年 7 月 4～5 日，四川华电杂谷脑水电开发有限责任公司举行了 2016 年职工羽毛球比赛，赛事共设男单、女单和混双三个比赛项目。

3. 中国水利水电第五工程局有限公司

2016 年 4 月 26 日，中国水利水电第五工程局有限公司举行了 2016 年职工广场舞大赛，来自公司的 12 支代表队参加了比赛。

2016 年 9 月，中国水利水电第五工程局有限公司举办了第三届“电建杯”职工篮球大赛，来自公司 14 家单位的 12 支代表队参加了比赛。

4. 中国水利水电第七工程局有限公司

2016 年，中国水利水电第七工程局有限公司多家公司在“三八”节组织各种活动，关注女职工合法权益。多家公司在春节开展“送温暖”活动，慰问困难职工。

2016 年 5 月 4～5 日，六分局团委、工会组织各在建项目青年职工在乐山市开展了以“弘扬五四精神，展现青春活力”为主题的篮球比赛，共有 4 支代表队参赛。

2016 年 5 月 10 日，彭山片区工会举行了“水电七局彭山片区职工羽毛球比赛”，共有一分局、四分局、五分局、技校、安装分局和夹江水工机械公司 6 支代表队参赛。

2016 年 6 月 12～13 日，安装分局组织分局机关以及物业、检修、基础、国际等中心的职工前往成都进行了健康体检。

5. 中国水利水电集团第十工程局有限公司

2016 年 5 月 10 日，中国水利水电集团第十工程局有限公司三分局成彭汉彭路改造项目部开展了夏季“送清凉”活动，活动中，项目工会和团支部深入生产一线，向员工发放了清凉饮品和防暑药品。

6. 中国中铁二局集团有限公司

2016 年 7 月 28 日，中国中铁二局集团有限公司到厦门地铁项目开展

"夏送清凉"慰问活动，为厦门片区一线职工、民工送上了藿香正气液、王老吉、菊花茶等清凉饮用品。

7. 中国中铁八局集团有限公司

2016年9月27~29日，中铁八局举行了第四届职工篮球赛，15支队伍参加了这次赛事。

8. 中国化学工程第七建设有限公司

2016年春节，中国化学工程第七建设有限公司在对公司困难职工情况进行摸底调查、核实汇总的基础上，对困难职工及退休人员进行了慰问，共慰问困难职工及退休人员190名，共计发放慰问金11.86万元。

9. 西南化工研究设计院有限公司

2016年9月，西南化工研究设计院有限公司工会为公司及昊成公司的所有职工持续购买了医疗互助保险，职工参保率达100%。

10. 中国市政工程西南设计研究总院有限公司

2016年，中国市政工程西南设计研究总院有限公司在春节期间举办了新春游园活动，在"三八"节期间举行了登山活动。2016年，中国市政工程西南设计研究总院有限公司还举行了第六届"活力西南院"乒乓球比赛，18支队伍参加了比赛。2016年6月1~3日，中国市政工程西南设计研究总院有限公司工会举办了建院60周年系列活动之"猜灯谜喜迎院庆，增智慧共创未来"竞猜活动，共计200余名员工积极参与了竞猜。

11. 成都中电实业发展有限公司

2016年1月8日，成都中电实业发展有限公司工会举办了"迎新年"职工运动会，运动会设踢毽子、两人三足、跳绳、乒乓球等比赛项目，公司本部员工共34人参加了比赛。

12. 四川华西集团有限公司

2016年6月2~3日，四川华西集团有限公司举办了"华西建设者杯"第二届职工乒乓球赛，共有集团省内18家单位的近170名职工乒乓球爱好者报名参加了比赛。

在2016年度"送清凉"活动中，四川华西集团有限公司工会累计发放板蓝根、夏桑菊、藿香正气液、毛巾等防暑降温物品40余万元，通过各种形式慰问项目73个、职工1661名、农民工11324人。

13. 四川成渝高速公路股份有限公司

2016年3月8日，四川成渝高速公路股份有限公司组织本部全体女职工在锦城湖公园开展了“三八”节长跑比赛活动。

2016年3月17日，四川成渝高速公路股份有限公司举行了2016年“成渝金融杯”羽毛球比赛，公司本部及各子公司、分公司共12支代表队参赛。

2016年7月28日，由四川成渝高速公路股份有限公司团委主办，中路公司团支部承办的2016年“中路杯”乒乓球比赛举行，11支代表队参加了比赛。

14. 中国中铁八局集团有限公司

2016年8月，中国中铁八局集团有限公司工会启动了本年度“金秋助学”活动，按照每人1000~4500元的标准对困难职工子女给予了适当的资助。集团公司各级工会组织先后为80余名家境贫寒的职工子女共计发放助学金23.9余万元。

15. 中国华电集团四川分公司

2016年，中国华电集团四川分公司理县公司工会和团总支开展了“六·一”慰问活动，公司工会和团总支共慰问建档困难职工3人，向他们的子女赠送了学习文具、课外书等。

（四）抢险救灾

1. 国网四川省电力公司

2016年2月13日晚至14日，川东北地区突降大雪，巴中、达州等地部分供电线路因大雪积压造成断线和停电，灾情发生后，国网四川省电力公司立即启动应急预案，迅速指挥集结抢险人员和车辆奔赴受灾地点开展抢修作业，停运的电网设备及停电客户全部恢复了供电。

2016年9月5日凌晨2时，绵阳市北川羌族自治县陈家坝太洪村因暴雨发生大面积塌方，阻断河流形成堰塞湖。9月8日0时，绵阳市北川羌族自治县陈家坝乡都贯河堰塞湖正式泄流，在抢险现场，国网绵阳供电员工全

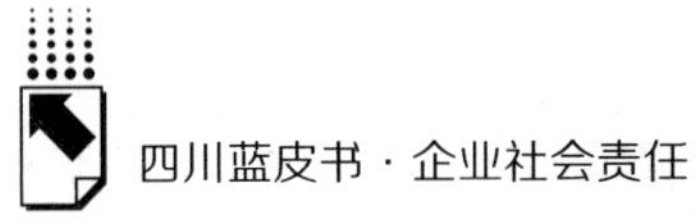

力保障了电力供应。

自2016年9月18日起，攀枝花市境内普降暴雨，部分乡镇引发了泥石流、滑坡、塌方等一系列暴雨次生灾害，国网攀枝花供电公司全面组织，全力应对，确保人身、电网安全，迅速启动应急响应机制，第一时间组织抢修队伍赶到现场投入抢修一线，全力抢修受损线路，组织相关人员对沿岸线路设备进行逐个排查，及时隔离受损客户，并加强重点设备监控，强化隐患处置，确保其余设备无异常。运检、安监等部门赶赴现场制定抢修方案，并派出人员携带无人机奔赴一线，对灾区线路杆塔及基础情况进行全方位巡查，准确提供了现场受灾情况。

2. 中国中铁二院工程集团有限责任公司

2016年6月27日中午，受大雨影响，渝怀铁路核桃园车站内K287+550～+630段路基滑坡，导致渝怀铁路全线停运。中铁二院立即组成抢险应急小组开赴现场，抢险应急小组抵达险情地段后，进入塌方现场查看，并立即根据现场情况拟定抢险方案。7月1日，渝怀铁路K287水害抢险工作全部完成，线路重新恢复了通车。

3. 四川华西集团有限公司

2016年初，华西集团组织精兵强将参与了深圳光明新区滑坡事故的抢险工作。

4. 四川成渝高速公路股份有限公司

2016年1月18日，蒲江县寿安工业园区成都华高生物制品有限公司发生爆炸。事故发生后，大量伤员经成雅高速路运往蒲江县人民医院进行救治。成雅分公司立即启动应急预案，在蒲江站迅速开启了生命应急救援通道。

（五）安全生产

1. 攀钢集团有限公司

2016年，攀钢着力推进安全标准化作业，要求各生产性质的单位制订安全标准化作业推进计划和方案，并报安全环保部。在推进过程中，按照“作业依据可靠、职工掌握、现场刚性执行”的要求落实到位。

2016 年 7 月 26 日，攀钢在攀钢钒炼铁厂化产作业区精笨工序开展了危险化学品泄漏事故应急救援演练。

2016 年，攀钢钒强化安全管理，结合安全生产形势，按照“有形式、有氛围、有实效”的原则，修编形成了《相关方安全管理办法》；加强了日常安全管理检查、曝光、考核，督促各管理层级抓好安全管理工作的有效落实，制定下发了《攀钢钒公司人力资源优化配置特殊时期安全环保管控工作方案》。

2016 年，西昌钢钒开展了职工安全卫生消防应急知识竞赛，针对雨季期间防洪防汛、防地质灾害及防有毒有害介质伤害等方面，重点组织开展了应急预案演练活动；以“强化安全发展观念，提升全民安全素质”为主题编发了《班组五分钟》安全专刊，强化安全生产普法宣传，提高职工安全意识；举办了作业长、班组长抓好班组安全管理和安全生产隐患排查治理培训班，点检员安全管理培训班。

2016 年，攀长特全面梳理本级管理中安全工作落实情况，分析工作不落实的原因，制定改进措施，明确整改责任；在班组层面，利用周安会，以“反违章、查隐患”为重点开展“落实安全措施从我做起”大讨论，反思工作落实中存在的问题，增强遵章守纪意识，提升本质化安全水平。

2016 年，汽运公司加强车间级制度的落实，并针对运输突发事件的处置进行了重点演练。根据自身运营特点，要求各车间必须按照公司关于车间安全管理的制度要求开展相关工作，主要包括“车间安全生产领导小组月例会”“车间周安全生产调度会”“领导及管理人员值班制度”等 15 项车间级制度的执行与落实。组织开展了“酸车运输途中泄漏应急处置”“白灰罐车罐内作业突发事件应急处置”“油库突发事件应急处置”演练活动。

2. 中国华电集团四川分公司

2016 年 4 月 28 日，中国华电集团四川分公司在广安公司举行了 2016 年安全生产应急预案演练暨安全生产现场座谈会。

2016 年 5 月 25 日，内江发电厂工会举办了消防业务知识培训，重点讲授了消防灭火的规范和消防器械的使用，提高了员工紧急处置突发火灾和有效灭火的能力。

在全国第十五个“安全生产月”活动中，攀枝花分公司紧紧围绕“我的安全我负责、企业的安全我们负责”活动主题，结合实际，集中开展了多种形式、富有实效的安全生产系列活动。珙县公司围绕国家“强化安全发展观念，提升全民安全素质”活动主题和华电“我的安全我负责，企业的安全我们负责”活动主题，以举行安全签名、学习事故快报、开展隐患排查等形式开展安全生产月活动。

2016 年 6 月 7 日上午，内江发电厂组织有关人员 30 余人在白马电厂 220KV 网控进行了全厂综合应急预案及人身伤亡、设备事故专项应急预案现场实战演练。

3. 中国水利水电第七工程局有限公司

2016 年，水电七局重视安全生产，多家公司在 2016 年 6 月开展安全生产月活动。其中，夹江公司按照上级单位的要求，结合夹江公司实际，有组织、有计划地在全公司范围内开展 2016 年安全生产月各项活动。

4. 中国水利水电集团第十工程局有限公司

2016 年，在全国第十五个“安全生产月”中，水电十局高度重视安全生产，认真开展安全生产月活动。

5. 中国化学工程第七建设有限公司

2016 年 8 月 10 ~ 13 日，中国化学工程第七建设有限公司举办了安全生产“三类人员”培训，公司领导、分公司领导、海内外项目负责人及安全管理人员共 191 人参加了培训。

6. 四川省煤炭产业集团有限责任公司

2016 年，根据行业特点，四川省煤炭产业集团有限责任公司各公司高度重视安全生产，开会进行部署，狠抓落实。

（六）精准扶贫

1. 四川省能源投资集团有限责任公司

2016 年 1 月 15 日，屏山县锦屏镇万涡村电网改造工程经过为期 2 个月的努力实现合闸送电，新建10KV线路12.7公里，400V及以下线路27公里，新增变压器13台，总投资350万元。此次电网改造升级的完成，为推动当地产业发展、群众脱贫致富奔小康提供了电力保障。

2016年5月30日，四川金鼎产融控股有限公司与通江县签署了《通江县城乡建设用地增减挂钩试点项目战略合作框架协议》。根据协议约定，能投金鼎拟在2016～2020年帮扶通江县实施城乡建设用地增减挂钩试点项目，累计投资约20亿元，带动约100个行政村实现整体脱贫。项目实施后，将在项目区建成约250个新农村聚居点，帮助上万户农户易地搬迁脱贫，新增耕地面积及整理城乡建设用地增减挂钩节余指标近万亩。

2. 四川华西集团有限公司

2016年，华西集团召开了雷波县易地扶贫搬迁技术干部援助工作座谈会，省安装公司与十二公司两家单位各抽调技术骨干人员5名，组建了华西集团技术指导队帮助凉山州雷波县加快推进精准脱贫住房建设工作。

华西集团在宜宾筠连县实施了精准扶贫项目——援建“华西·五凤新村幼儿园”，幼儿园为全框架结构，地上2层，建筑面积380平方米，有4间教室，1间办公室，1间厨房和卫生间及活动场所。幼儿园于2016年7月竣工交付，满足了100名当地小孩同时就近上学的迫切愿望。

3. 四川信托有限公司

2016年，四川信托充分利用信托制度优势，通过增加扶贫项目信贷投放、提供金融咨询服务、建立公益慈善基金、搭建高校贫困生实习平台、开展智力扶贫活动、推进公益慈善信托等多种方式、多种渠道实施金融精准扶贫，为贫困企业、贫困学校、贫困家庭、贫困学生提供信贷、物资和资金捐助。

四川信托积极发挥金融优势，鼓励业务部门根据公司制定的扶贫方案，通过直接贷款、收费权、收益权等多种形式增加对贫困区县的信贷投放，引导社会资金流向贫困区县。业务部门根据贫困地区经济发展的要求，结合扶贫对象的地域特色、产业特色及其现有社会经济发展水平，为其“量身打造”个性化信托服务产品。四川信托还特别优化信贷投放项目，通过对农业机械项目及农业开发项目发放贷款，着力支持贫困地区的特色农业发展。截至2016年二季度末，四川信托对88个贫困区县投放的资金存量规模为21.92亿元，涉及甘孜州理塘县、南充蓬安县、广安邻水县、凉山州盐源县、乐山马边县、阿坝藏族羌族自治州九寨沟县等多个贫困地区。

四川信托还与甘孜州康定市建立了结对帮扶机制，并于2016年6月3日与康定市签署了“金融扶贫合作协议”，双方将通过教育捐赠、贫困户帮扶、金融咨询宣传、人才支持等方面的合作，促进贫困地区农业产业发展，实现创业带动就业。

4. 泸州老窖集团有限责任公司

2016年7月13~15日，泸州老窖股份有限公司组织精准扶贫村——古蔺县龙山镇向田村的4个病种共8名因病致贫人员到西南医科大学附属医院进行了体检和复检工作。

泸州老窖一手抓精准扶贫，一手抓产业推动，积极探索“基金+市场+龙头企业+合作组织+农户+基地”六位一体的扶贫开发模式，把扶贫开发的重点放在产业培育上。泸州老窖还通过农旅有机结合开发叙永县“山水画稿·问道丹山”旅游扶贫项目，项目预计投资99亿元。

（七）其他社会责任

1. 中石化四川销售公司

2016年2月14日，中石化四川销售公司有关人员前往成都武侯区长寿苑社区看望慰问了残疾人。

2. 中国电建成都勘测设计研究院有限公司

2016年7月，中国电建成都勘测设计研究院有限公司团委组织开展了“逐梦计划”，10名实习生开展了实习工作。

3. 四川九洲电器集团有限责任公司

2016年3月11日，九洲集团积极与绵阳市红十字中心血站联系，组织了11个团支部51名青年志愿者无偿献血。据统计，这次献血总量达9000多毫升，并采集了几十名志愿者的造血干细胞标本。

三　2016年四川国有企业履行企业社会责任简评与展望

2016 年，四川国有企业除了在社会捐赠、环境保护、维护职工权益、抢险救灾、安全生产等方面积极履行社会责任外，其履行社会责任的亮点之一是结合脱贫攻坚工作的需要，积极深入开展精准扶贫，有的国有企业紧密结合自身行业特点推动脱贫攻坚工作，实现了履行社会责任与企业发展的融合。其中，四川省属国有企业表现得特别明显。四川国有企业对安全生产特别重视，在全国第十五个“安全生产月”中开展了多种形式的活动，采取各种措施力保实现安全生产。

但是，2016 年，四川国有企业履行社会责任仍存在一些不足。例如，尽管加大了安全生产的力度，但仍发生了一些安全事故，如 2016 年 5 月 23 日，攀钢钒能动中心发生了煤气中毒工亡事故。

环境保护也需要继续加强。2016 年 3 月，四川省环境保护厅对企业自行监测信息公开情况的通报显示四川长虹电器股份有限公司监测方案内容不完善、不规范。6 月通报显示华电四川发电有限公司内江发电厂未落实数据公开整改要求。7 月通报显示东方电气集团东方电机有限公司监测方案内容不完善、不规范，中昊晨光化工研究院有限公司、神华四川能源有限公司江油发电厂未落实数据公开整改要求，中国石化达州天然气净化有限公司数据未公开或公开不及时、不完整。

国有企业社会责任的履行与企业效益紧密联系，企业只有实现效益的提升，才能更好地履行社会责任。随着国有企业改革的持续深化，国有企业的效益将进一步得到提高，这将有力地推进国有企业履行社会责任。脱贫攻坚力度的加大也将促使国有企业以此为切入点加大履行社会责任的力度。

由于时间和资料有限，报告并未完全展现出 2016 年四川国有企业履行社会责任的全貌，挂一漏万在所难免。报告所采用的资料大多来源于企业自身、企业网站、相关媒体报道等，一并表示谢意。

B.3
四川民营企业社会责任报告

王 晋*

摘　要：　四川民营企业的社会责任建设成效明显，主要包括参与精准扶贫、注重节能环保、引领技术进步、关爱社会特殊群体、培养工匠精神、诚信守法、提升产品服务质量八个方面。同时，四川民营企业也存在对企业社会责任的科学内涵理解不够、企业社会责任管理缺乏、个别企业违法失信等问题。为此，应加强有关企业社会责任的宣传和交流、加强企业社会责任管理、加大对违法失信企业的监管惩戒。

关键词：　四川　民营企业　社会责任

一　四川民营企业现状及履行社会责任概况

（一）四川民营企业发展现状

近年来，四川出台十余项优惠政策促进民营经济发展，使四川省民营企业呈现较好的发展态势。尤其是在行政审批制度改革方面，四川省加大了改革的力度，取得了显著效果。2015 年省政府累计公布取消、调整和下放行

* 王晋，硕士，四川省社会科学院经济研究所副研究员，主要研究企业社会责任、工会与职工权益保护。

政审批项目等事项397项。[①] 四川省还完善信息服务体系，开通了民营经济政策信息平台，建成了全省小微企业名录系统，初步建立起民营经济信息共享机制。此外，四川省还在民营企业信贷和改革创新等方面给予资金支持，提振民营经济士气。这些举措为民营企业发展提供了良好的平台，促进了四川民营经济的蓬勃发展。截至2016年上半年，四川省实有民营企业超过80万家，注册资本超过3.5万亿元，呈现较大幅度的增长，这也使四川省的企业数首次超过100万家。并且，四川涌现了一些有全国影响力的大企业，红旗连锁和蓝润集团新上榜2016年民营企业500强。

当然，我们也应看到，尽管四川民营企业数量增加很快，但是在全国有竞争力的大型民营企业还相对较少。根据全国工商联发布的2016年民营企业500强榜单，上榜的四川企业仅为13家，而浙江省入围的企业达134家，江苏省为94家，四川与民营经济发达省份相比，差距巨大。而且，在上榜的13家企业中，有9家排名下降，其中1家竟下降了129位。从入围企业结构来看，企业主要还是集中在重化工、重资产行业，在新兴行业领域并没有突破。总之，四川民营企业的规模和质量与发达省份比还存在明显差距。具体上榜情况如表1所示。

表1　2016年中国民营企业500强公司四川省上榜企业情况

单位：万元

序号	500强排名	企业名称	所属行业	营业收入总额
1	35	新希望集团有限公司	农业	6824439
2	60	通威集团有限公司	农副食品加工业	5321078
3	78	科创控股集团有限公司	医药制造业	4674444
4	97	四川宏达(集团)有限责任公司	有色金属矿采选业	4055914
5	101	四川科伦实业集团有限公司	医药制造业	3920979
6	110	四川蓝光投资控股集团有限公司	房地产业	3717922

① 《四川实有企业数突破100万户》，新浪网，http：//news. sina. com. cn/c/2016－09－28/doc－ifxwermp4091002. shtml，2016年9月28日。

续表

序号	500强排名	企业名称	所属行业	营业收入总额
7	123	四川蓝润实业集团有限公司	房地产业	3381460
8	129	四川德胜集团钒钛有限公司	黑色金属冶炼和压延加工业	3288253
9	242	成都蛟龙港	综合	1910502
10	287	攀枝花钢城集团有限公司	废弃资源综合利用业	1650934
11	331	金光实业(集团)股份有限公司	黑色金属冶炼和压延加工业	1481194
12	385	四川省乐山市福华农科投资集团	化学原料和化学制品制造业	1298136
13	500	成都红旗连锁股份有限公司	零售业	1041874

（二）四川民营企业履行社会责任概况

随着民营经济的迅速崛起，四川民营企业参与社会责任活动的积极性显著提高，社会责任建设取得长足进步。当然，我们也应看到，与国有企业和外资企业相比，民营企业履责水平还有一定的差距，与发达省市民营企业相比也有不少距离，企业社会责任建设任重道远。

1. 注重企业社会责任的宣传，推广意识增强

2016年，成都地区开展了多场CSR沙龙和论坛，参加的企业既有国有企业，也有外资企业，还有民营企业。蓝剑集团、硅宝科技、地奥集团、宏达集团、腾讯等民营企业积极参加CSR沙龙和论坛活动，并且都围绕本公司的企业社会责任工作进行了宣讲，交流了经验，提升了社会各界对企业社会责任的认知，推动了成都地区企业社会责任建设，取得了较好的社会效果。

2. 关注企业扶贫、绿色发展等热门议题

要实现全面小康，脱贫绕不过去。当前，精准扶贫已进入攻坚阶段，必须构建政府和社会力量有机结合的新机制，而民营企业是精准扶贫的重要力量。那种单纯依靠政府财政的扶贫方式已经不能适应新时期扶贫工作的需要，而政府、社会、市场共同推进的模式正成为新趋势。民营企业参与扶贫，不仅仅是开展公益的慈善事业，同时也能通过在贫困地区建立开发扶贫项目，开发资源，培育产业。[①] 四川不少民营企业，如开元集团、科伦集团、红旗连锁等高度关注精准扶贫，采取实际行动，助力扶贫攻坚大计。此外，还关注绿色发展等热门议题，体现了对国家大政方针的敏感性。

3. 注重将履行社会责任与公司主业结合

企业履行社会责任并不是要求企业一定要开展新的工作，更不是要求企业都去做公益慈善，而是要求企业对生产中对社会和环境所产生的影响承担责任，这就强调企业履行社会责任要结合企业主业，将社会责任融入企业的日常经营管理中。四川省领先企业都能将责任意识和行动融入企业的生产经营中，实施可持续发展战略。如蓝剑集团作为食品企业，将食品安全与卫生作为核心议题；蓝光集团将房屋品质作为首要责任等。这些企业将履行社会责任与自己的生产经营业务结合起来，抓住了关键性议题，有利于企业履责的可持续性。

4. 关爱社会特殊群体，促进包容性发展

对老年人、留守儿童，甚至服刑人员等特殊群体的关爱，体现了一个社会的成熟和包容性。四川部分民营企业已开始关注这些特殊群体，为他们提供帮助。四川福华集团专门成立针对服刑、刑释人员及其子女的基金，为其生活就业提供帮助，帮助刑释人员回归社会，促进了社会的和谐稳定。置信集团大力发展养老产业，为老年人提供适宜养老的居家环境，提高了社会的幸福指数。大多数人在特定情形下都会成为少数人，关爱社会上的少数人就是关爱多数人，关爱我们自己。四川民营企业对少数特殊人群的关爱彰显了企业公民精神，是企业社会责任理念的升华。

5. 社会责任意识还不够，社会责任管理相对滞后

整体而言，四川民营企业社会责任意识还不够强，社会责任管理更显得滞后。较多的企业，包括部分上榜的大企业对社会责任的认识还停留在慈善

① 李成刚：《民营企业是精准扶贫的重要力量》，中国社会科学网，http：//ex. cssn. cn/glx/glx_dgs/201608/t20160803_ 3148133. shtml，2016 年 8 月 3 日。

公益层面，缺乏系统科学的认识。很多企业的官网没有社会责任栏目，即使有，也就是做慈善公益，对企业社会责任的认识有较大的片面性。相当多的企业没有专门的企业社会责任管理部门，对企业社会责任重视不够。另外，除少数大企业外，很多企业没有发布企业社会责任报告的惯例，与国有企业和外资企业差距明显。

二　四川民营企业社会责任建设的成效

四川民营企业在搞好生产经营的同时，也注重履行对利益相关方的责任，勇于担当。它们参与精准扶贫，承担公益慈善责任；提升产品质量，注重消费者责任；实施绿色运营，贯彻绿色发展理念；秉持共享发展理念，关爱员工；注重技术研发，实施创新发展；等等。总之，四川民营企业社会责任建设取得了积极成效，社会反应良好。

（一）参与精准扶贫，承担公益慈善

公益慈善指企业通过捐款或非现金方式为慈善机构或公益慈善事业做贡献。在国际企业实践中多使用“社区参与和发展”（Community Involvement and development）这一概念，强调企业与社区的互动，推动社区生活质量的持续提高。ISO26000 就专门有社区参与和发展这一主题，具体包含社区参与、教育和文化、就业创造和技能开发、社区投资等议题。扶贫攻坚战略关系社会稳定大局，事关小康社会建设大计，是公益慈善的重要体现。而广大民营企业是我国扶贫事业中不可或缺的重要力量。

2015 年 10 月，全国工商联、国务院扶贫办和中国光彩会发起了“万企帮万村”精准扶贫行动，开启了全国非公企业和人士参与扶贫工作的新篇章。四川民营企业响应号召，在省工商和各市州工商联的组织下积极参与“万企帮万村”活动。据统计，自全省“万企帮万村”精准扶贫行动开展以来到 2016 年 8 月初，全省共有 113 个商（协）会、28300 家民营企业，通过各种方式参与精准扶贫行动，累计捐资捐物约 1.2 亿元，签署各类产业投

资项目约106亿元。①

四川三州地区是贫困人口较为集中的区域，阿坝州就是集“老、少、边、穷、病、灾”于一体的特殊类型连片贫困地区，是精准扶贫重点关注的区域。2016年10月12~15日，成都杭州商会所属会员企业30余家开展了“万企帮万村·精准扶贫阿坝行”活动，为阿坝州相关学校和医院捐赠了价值310余万元的教育用品和医疗设备（若尔盖县医院获赠了价值100万元的彩超仪器），这使2000余名学生家庭直接受益，2万余名学生可以阅读爱心图书，获得知识，无数病友可使用爱心医疗设备，获得呵护关爱。

科伦药业一直秉承“科学求真，伦理求善”的企业宗旨，多年来热心公益事业，积极践行社会主义核心价值观，累计为公益慈善事业提供的捐助超过1亿元。2016年7月19日，“万企帮万村·光彩凉山行”活动在四川省西昌举行，科伦药业作为四川省民营企业代表积极参加活动，与金阳县签订了村企结对帮扶共建协议，并捐赠善款30万元，捐赠仪器设备合350余万元。

扶贫攻坚是一项艰巨的系统工程，需要精心谋划，长期坚持，既扶贫又扶志，既输血又造血。四川开元集团因地制宜，注重发挥贫困地区的主体作用，通过以农助农方式，提升其发展能力，树立了造血式扶贫的典范，获得了省领导的充分肯定。开元集团把住房建设和农业产业基础建设作为紧迫任务来抓，通过企业自投加金融众筹方式，在布拖县九都村统一规范标准，通过科学化、规模化设施建设，夯实产业发展基础。在产业培育方面，开元集团因地制宜，挖掘文化资源，进行品牌打造。通过旗下的九州社稷品牌机构进行包装，加大对布拖“乌洋芋”的宣传，使布拖县的马铃薯成为具有个性化和辨识度的地方品牌，成为凉山州优质土豆的代名词。另外，通过开元集团的帮助，布拖四黑（黑猪、黑羊、黑鸡、黑牛）养殖在提升品质化、树立品牌化方面也取得了良好的效果，实现了订单化、规模化养殖。2016年8月7~10日，省委副书记刘国中率督导组赴凉山州布拖县开展脱贫攻坚

① 《四川省民营企业“万企帮万村”助力精准扶贫》，环球网，2016年8月11日。

蹲点督导，对开元集团因地制宜开展的特色产业打造和品牌推广，表示了高度的肯定。

2016 年 5 月 9 日下午，省贸促会、旺苍县人民政府和红旗连锁三方签署战略合作协议，以“帮扶旺苍脱贫解困”为目标，搭建“旺苍农特产品产销联合平台”，促进革命老区经济发展，带动贫困群众增收致富。[①] 红旗连锁热心慈善公益事业，积极参与精准扶贫工作，先后与甘孜州丹巴县、江油市政府、阿坝州政府、巴中市政府等进行战略合作。此次，公司响应省贸促会、四川国际商会的扶贫号召，积极行动，成功签约，作为四川重要的商贸企业，红旗连锁此举将对全省商贸届精准扶贫工作起到很好的促进作用。会上，四川省妇联主席吴旭宣布四川省妇女发展基金会“三八红旗手”关爱公益基金正式成立。这只基金是全国首只以“三八红旗手”称号命名的公益冠名基金。此前，2016 年 3 月 8 日，红旗连锁董事长曹世如还以个人名义向四川省妇女发展基金会“三八红旗手”关爱公益基金捐赠人民币 100 万元，定向用于开展四川精准扶贫公益活动，体现了企业家对精准扶贫工作的重视和支持。

2016 年 9 月 27 ~ 28 日，成都蛟龙港管委会主任黄玉蛟陪同双流区委书记周先毅等领导赴甘孜州巴塘县，就双流区对口支援巴塘建设工作进行专题调研。在调研巴塘中心敬老院过程中，成都蛟龙港管委会主任黄玉蛟向该敬老院捐赠了 50 万元爱心资金。成都蛟龙港多年来积极履行社会责任，为消除贫困、促进社会和谐做出了积极贡献，公司努力践行“致富思源、富而思进、扶危济困、共同富裕、义利兼顾、德行并重、发展企业、回馈社会”的光彩精神，积极参加捐资助学、救济贫困等活动，为光彩事业贡献了力量。

（二）注重节能环保，助力绿色发展

企业的生产经营必然会利用环境资源，依赖环境资源，不可避免地会对自然环境造成一定的影响，因此，也就要求企业对环境承担责任。根据全球

① 《精准扶贫　红旗连锁助力旺苍革命老区产业发展》，红旗连锁官网，2016 年 5 月 10 日。

契约（Global Compact）的规定，企业应对环境挑战未雨绸缪；主动加大对环境保护承担的责任；鼓励无害环境技术的发展与推广。[①] “十三五”规划纲要明确提出“五大发展理念”，其中绿色发展是十分重要的理念之一，与企业社会责任密切相关。企业应在环境保护、节能降耗、绿色运营等方面有所作为，减少对生态环境的负面影响，为实现绿色发展做出应有的贡献。

四川民营企业认真贯彻绿色发展理念，积极履行环境保护责任，取得显著成效。2016 年 5 月 20 日，经四川省发改委检查，四川省高宇化工有限公司顺利通过四川省发改委组织的碳排放核查，并成为邛崃首家纳入全国碳排放权交易企业。近年来，高宇化工坚持低碳绿色发展道路，将履行环境保护责任与企业循环经济生态产业链的发展规划结合起来，实现了社会效益与经济效益双丰收。据统计，通过发展循环经济推进绿色低碳发展，高宇化工工业废水重复利用率达 95% 以上，尾气回收率达 99%，固体废弃物基本转化为生产原料实现循环再利用。[②] 高宇化工在节能环保上，采取主动思维，通过技术创新、淘汰落后产能，实现了良性发展，将环保责任变为绿色发展的契机。公司成功实施了硫酸生产系统技改、磷铵生产系统技改、合成氨压缩工段技改升级、合成氨节能技改、“三废”治理技改创新等项目，关停了 10 多套落后设备和高污染、高消耗的装置，有效地降低了环境风险，成功新建了宇阳科技公司、新型建材公司等资源综合利用企业，实现了技术设备上的升级换代。高宇化工还特别注重运用技术创新手段来进行节能减排。据了解，在“三废”治理与资源综合利用上，高宇化工通过技术创新，将 CNII 过滤器应用在净化工艺上，使净化污酸处理后达到工艺回用要求，进行循环使用，全年节约水资源 800 万吨，COD 减排 160.88 吨，SS 减排 283.75 吨，氟化物减排 58 吨；通过增加一段转化器，外加两级氨法回收装置，尾气吸收率达 99.99% 以上，废气减排可达 80% 以上，全年减排二氧化硫 375 吨；生产产生的氢氮气通过回收装置，一是管输至宇阳科技公司生产有机硅催化

① 任荣明、朱晓明：《企业社会责任多视角透视》，北京大学出版社，2009。

② 《高宇化工成为邛崃首家纳入全国碳排放权交易企业》，四川高宇集团有限公司官网，2016 年 9 月 13 日。

剂，二是作为生产液氨的原料进入产业链循环利用。[①]

成都置信集团将环境保护理念融入企业的主业中，走出了一条现代企业的绿色发展道路。近年来，置信集团走入银川西沙窝，深耕荒漠，打造三沙源国际生态文化旅游度假区，将现代旅游产业、现代观光农业、文化教育产业以及城市综合配套带进这片曾经荒凉的土地，“将置信生活方式植入银川”。集团秉持“先造环境，再造城”的理念，项目确定后，并未急于进行工程建设，而是投资数亿元进行生态环境改造，经过环境治理，达到“碧波荡漾、芳草茵茵”的效果。目前项目整体已初现轮廓，一期项目已进入销售阶段。

部分民营企业不仅自己坚持绿色运营、履行环保责任，而且将绿色环保理念传播给下游企业和扶贫对象，用实际行动去影响周围的人和事，体现了高度的社会责任感。四川开元集团在对布拖县实施产业扶贫的同时，引导农户走“绿色生态农业”的发展道路，实现可持续发展。集团在布拖县加强生态农资使用宣传，进行农业技术培训，引导农户保护耕地，科学种植，确保当地农产品绿色生态，实现农业经济的健康发展。

企业履行环境保护责任，一方面可能节能降耗，降低成本；但另一方面，进行三废处理等环境治理工程则可能需要加大环保投入，增加企业成本。经济效益和社会效益发生冲突、当前利益和长远发展出现矛盾的时候，就是对企业伦理的考量，也是对企业家眼光和胸怀的检验。福华集团董事局主席张华创业之初就提出“环保先行，不在环保上省一分钱”，在环境保护上持续高额投入，每年拿出销售收入的3%投入环保事业，如在“三废”方面，投入6700万元用于污水处理厂建设，在草甘膦母液的资源化利用和处理方面更是投入高达2.1亿元。2015年12月，“2015中国经济高峰论坛暨第十三届中国经济人物年会”上，福华集团获“中国经济绿色环保单位”殊荣。这是对集团建设环境友好型、资源节约型企业的最好肯定。同时，

① 《高宇化工成为邛崃首家纳入全国碳排放权交易企业》，四川高宇集团有限公司官网，2016年9月13日。

2016 年中国民营企业 500 强榜单中，福华集团以 1298136 万元的营业收入总额位列第 385，比 2015 年度上升 89 位，实现了社会效益和经济效益的双丰收。

（三）引领技术进步，实施创新发展

党的十八届五中全会提出，坚持创新发展，必须把创新摆在国家发展全局的核心位置，不断推进理论创新、制度创新、科技创新、文化创新等各方面创新，让创新贯穿于党和国家的一切工作，让创新在全社会蔚然成风。明确将创新发展作为“五大发展”理念之一，表明创新发展在党内得到高度认同。企业作为市场主体，也是科技创新的主要力量，理应担当起这一重要的社会责任。企业作为市场主体，只有不断变革创新，才能占据市场，获取利润，才能更好地履行对员工、消费者和社区的社会责任。一个企业不能创新发展，就很难在市场上立足，也就谈不上贡献社会、承担责任了。

四川民营企业坚持创新发展，在技术革新方面取得了长足的进步，获得了社会各界的肯定。2016 年 7 月 7 日，四川省科技奖励大会暨系统推进全面创新改革试验工作会议在成都召开，共有 268 个项目获得四川省政府“科技进步奖”，龙蟒集团的“硫 – 磷 – 钛联产法钛白粉清洁生产新工艺”等 34 个项目获得“科技进步一等奖”。龙蟒集团发挥以新市基地为中心的硫磷钛化工基地作用，通过科技创新不断推进技术改造、产品开发和节能降耗，取得了显著成效。集团还与国内知名专家和其创新团队建立了长期合作关系，确定了科研项目、人才培养、成果转化、学术交流等方面的合作，推进了高层次创新性科技人才的培育，提升自主创新能力。此外，龙蟒集团还实施全面创新战略，在经营、管理等各个环节鼓励全部员工积极参与创新活动，确保企业实现创新发展。

2015 年 5 月 4 日，在绵阳市纪念“五四运动”96 周年会议上，富临集团的富临精工 VVT 项目研发项目组荣获绵阳市“青年文明号创新团队”称号。近年来，VVT 项目研发团队将创新创造和增产增效相结合，取得了骄人成绩。2014 年公司实施的上海通用 C13 项目和 B15 项目 VVT 顺利上量，申请发明专利4项、实用新型专利2项，并实现年产值千万元。

高宇化工坚持走自主创新之路，先后成立了“高宇化工·建材专家委员会”“高宇·成都市企业技术中心”“四川高宇科学技术协会”“高宇院士（专家）创新工作站”等机构，实施科技创新，取得了丰硕成果。公司现已获得国家专利技术10项、新产品研发6项、新建项目11项、重大技术攻关3项（其中国家重点攻关课题1项），形成了公司“磷·硫·氮”三条循环产业链相互毗邻、优势互补的闭环式循环经济产业圈。

福华集团先后投入了2.1亿元用于草甘膦母液的处理攻关，终于有重大斩获，在草甘膦生产和草甘膦母液处理方面获得授权专利27项，使福华在行业里处于技术领先地位。2014年，福华在草甘膦母液处理技术上获得4项发明专利，即高温氧化分解有机物、常温氧化分解有机物、低温结晶回收磷酸氢二钠和盐回收工艺。该项目也荣获省级科技成果鉴定，被评为2014年工业和信息化部工业清洁生产示范项目。福华还因此获得了国家财政850万元的预算补贴，成为全国草甘膦行业里首家获得这项殊荣的企业。此外，2016年5月26日，福华通达公司“甘氨酸法草甘膦循环技术开发及产业化应用研究”科技成果顺利通过评审鉴定。根据专家鉴定意见，福华通达公司的草甘膦母液分级回收集成技术等5项技术成果具有技术创新性，并处于国内领先水平。这是对福华集团创新能力的又一次肯定。

2016年10月18日，在成都市总工会成立90周年暨2016年成都市职工技术创新成果颁奖大会上，科伦药业自主研发的多腔输液袋（专利号：ZL201310421828.X）荣获由成都市总工会、成都市科学技术局联合颁发的2016年成都市职工技术创新成果特等奖。[①] 这是科伦药业继“可立袋”产品之后，又一个创新产品，多项技术获得国家专利授权。多腔输液袋能够同时存储几种不同的输液药品，且能单独成为一体，使用时用力挤压就可内部混匀使用，该产品在保证用药安全无误、防止院内感染的同时，还便于运输

① 《科伦药业多腔输液袋荣获2016年成都市职工技术创新成果特等奖》，科伦集团官网，2016年10月19日。

和携带，能满足野外作战和抗灾急救的需求，具有安全性、实用性、环保性、经济性等明显优势。

技术需要创新，也需要对成果的保护，如果忽视对科研成果的保护，放任侵权行为，势必会打击技术创新的积极性，民营企业对此应加以重视。地奥集团非常注重创新成果的保护，建立和完善知识产权管理体系。集团按照《企业知识产权管理规范》的要求，确立了知识产权管理的战略规划、目标和方针，建立了系统科学的知识产权管理体系。2015 年 4 月，集团知识产权管理体系接受了第三方机构现场评审认证，经过严格评审，顺利获得了中知（北京）认证有限公司颁发的《知识产权管理体系认证证书》，这标志着集团在知识产权规范化管理、知识产权的运用、知识产权风险防范等方面迈上了新台阶。地奥集团是首批国家知识产权示范企业，也是四川省首批知识产权贯标企业，其在追求创新的同时，也非常注重创新成果的保护，不断完善知识产权管理体系，成为四川省首批通过贯彻实施《企业知识产权管理规范》（国家标准 GB/T29490－2013）认定的企业，其知识产权管理水平走在了国内前列。

蓝光英诺立志成为 3D 生物打印的拓荒者，公司以提升人类生命质量为使命，努力研发 3D 生物打印技术。蓝光英诺自主研发干细胞生物墨汁技术，结合 3D 打印技术，使人工制造个性化生物器官成为可能。2015 年 10 月 25 日，蓝光英诺成功发布具有完全自主知识产权全球首创 3D 生物血管打印机，并提交 41 项专利保护申请、87 个商标挖掘申报。

（四）关爱社会特殊群体，助力包容性发展

包容性发展（inclusive development）的概念可以追溯到社会排斥理论和诺贝尔经济学奖得主 Amartya Sen 的福利经济学理论，前者始于 20 世纪 60 年代西方国家对贫困以及剥夺概念的探讨，后者关注个人生存和发展能力，关注公平、正义等问题，关注人类福利的增长。[①] 包容性发展理论尤其关注

① 吴晓波、姜雁斌等：《包容性发展理论解读》，《世界经理人》杂志 2011 年 7 月 7 日。

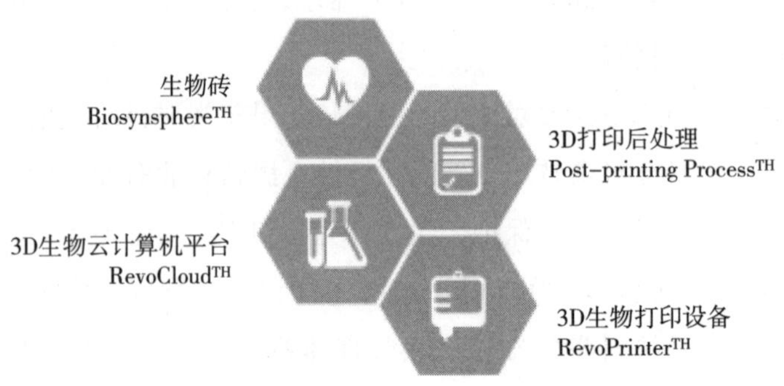

图1　蓝光英诺无支架3D生物打印体系四大领先技术

资料来源：《蓝光发展2015社会责任报告》，蓝光集团官网，2016年10月31日。

社会排斥现象，强调社会的发展成果应当惠及所有人群，尤其是社会弱势群体等特殊人群，如吸毒者、罪犯、乞丐、残疾人等边缘人群也不能被排斥在外。企业作为社会就业的提供者、社会财富的创造者，有能力，也有责任关照社会特殊人群，促进包容性发展。

2016年6月1日，福华集团董事局主席张华受聘成为四川监狱管理局首届特邀执法监督员，接受了省监狱管理局有关负责人颁发的“聘书”和“工作证”。他将与其他16位特邀执法监督员一道，围绕监狱刑罚执行、教育改造、狱政管理等重要执法环节开展执法监督。早在2014年，福华集团就开始投身特殊人群的关爱工作，集团出资200万元，与四川省锦江监狱联合发起成立“四川省福华更生扶助基金会”，用于对服刑、刑释人员的就业创业救助帮扶和教育培训工作，尤其注重对在押人员子女入学、刑释人员就业创业等的相关扶助。谈到慈善公益，公众更多的是关注助学、扶贫，企业也往往将捐助的重点放在这些方面，但实际上关爱服刑人员及其子女也是一大善举，有助于服刑人员回归社会，降低犯罪率，促进社会稳定，减少社会排斥现象。

随着人口老龄化进程不断加快，老年人对健康、环境等的要求越来越高，普通的小区设施已无法满足养老需求。积极发展新型养老社区、构筑更适合养老的生态环境是政府的职责，也是企业的社会责任，尤其房地产企业更是义不容辞。早在 2011 年置信集团就开始涉足养老地产，成立了和思康健公司，作为置信集团旗下医养产业的领军企业。公司建有养老服务、健康管理、医院管理和社区医疗四大业务板块，形成了爱立康、臻熙、亲睦家和医家颐四大服务品牌，众多实体项目相继投入运营，包括社区连锁诊所、社区健康小站、亲睦家养老服务中心、臻熙体检中心、置信鹭湖健康公寓等。置信集团已经形成了一套完善的养老产业运作模式，在成都养老产业界具备了较大的影响力。和思康健还提出了“无边界置信养老生态圈”的理念，旨在根据老年人的不同需求构建一站式的养老服务体系，并形成服务的闭环、机构的闭环、资源的闭环和资本的闭环（见图 1）。2016 年 6 月 29 日，置信和思康健与中铁信托、正置投资签署了医养产业项目投资合作协议，标志着和思康健 50 亿元医养产业布局战略正式启动。置信集团还将启动昆明、重庆、三亚等地的养老机构，以跨越式发展的态势在国内扩构项目，争取到 2019 年，管理养老床位 1 万床以上，并进入国内专业养老机构投资运营商第一阵营，彰显了置信集团的养老雄图。

近年来，留守儿童逐渐成为社会关注的群体，留守儿童问题也越发引起人们的重视。不少爱心企业也将关爱留守儿童作为其慈善公益的重点。2016 年 1 月 8 日，第三届四川青年公益行大会在西南民族大学举行，“1 亿元川商留守儿童援助基金”正式启动，蓝剑集团现场捐赠 1000 万元。蓝剑集团是“1 亿元川商留守儿童援助基金”的发起企业，该基金于 2015 年 12 月 18 日正式成立，是第一只以整个四川商界为主体的公益基金。为让基金发挥最大效用，管理方将发起一系列留守儿童援助行动，包括帮助留守儿童就学、对留守儿童进行心理辅导、帮助留守儿童家庭创业等。

（五）培养工匠精神，共享发展成果

劳动者是企业最重要的利益相关方之一，维护和保障职工权益是企业社

图 2　无边界置信养老生态圈

资料来源：《50 亿投资医养产业，置信集团蓄势再掘养老市场》，置信亲睦家官网，2016 年 6 月 12 日。

会责任的核心内容。企业要履行的社会责任内容很多，包括遵守商业道德、推行安全生产、确保职业健康、保护劳动者的合法权益、保护环境、保护弱势群体、支持慈善事业等。但要求企业履行所有的社会责任是不现实的，从利益相关者的角度来看，企业履行社会责任是有层次性的。一是基本社会责任，包括对股东负责和善待员工；二是中级社会责任，包括对消费者负责，服从政府领导，搞好与社区的关系和保护环境；三是高级社会责任，包括积极慈善捐助和热心公益事业。[①] 可见，善待员工是基本的商业伦理，国际上许多社会责任标准，都把员工权益作为重要的内容，如 SA 8000 的核心内容就是维护劳动者权益。

在我国，员工权益保护也越来越受到关注。员工权益保护是中国企业应当履行的重要社会责任。随着时代的发展和人类文明的进步，企业履行对员工的责任，不仅要保障劳动者的工资、社保基本权益，更要关注员工的劳动

① 陈迅、韩亚琴：《企业社会责任分级模型及其应用》，《中国工业经济》1995 年第 5 期。

尊严、生活品质的提升等发展权益，要让劳动者共享发展成果，是共享发展理念在劳动关系领域的重要体现。四川的领先民营企业在确保员工基本权益的同时，注重员工技能培训，为员工发展提供良好的平台，体现了共享发展的理念。

2016 年 8 月 16 日，四川港宏风神汽车销售有限公司陈武荣获由交通运输部、中华全国总工会颁发的“爱岗敬业汽修工楷模”荣誉称号及证书。该荣誉的评选程序严格。经过历时大半年的层层评定，全省仅 3 个人获得了相关荣誉。殊荣的获得既是员工刻苦钻研、提升自身的专业技能结果，也得益于港宏公司的用人理念。四川港宏风神汽车销售有限公司一直秉承“用心为人，喜悦于心”的用人理念，强化员工素质教育，注重员工专业技能的提升，为员工职业发展提供了良好的平台，培育了大批行业人才。2016 年 7 月 23 日，为提升售后服务意识和贴膜技师操作技能及工艺水平，港宏集团举办了“港宏杯”首届贴膜比武大赛。各品牌店选手经过现场的近距离观摩，进行了一对一的交流学习，提升了自身的技能水平，体现了港宏集团对员工的高度责任感（见图 3）。

图 3　“港宏杯”首届贴膜比武大赛

资料来源：《“港宏杯”首届贴膜比武大赛圆满落幕》，港宏汽车官网，2016 年 8 月 4 日。

除技能培训外，管理才能的培训也不容忽视，对有管理潜质的员工如果进行一定的培训，将有助于培养他们的管理能力，为其今后走上管理岗位提供条件。2016 年 10 月 9 日，成都硅宝科技开展了“2016 年第三季度主题培训”。公司邀请了中山大学企业管理研究所特聘研究员陈玉国，为 80 余名企业高层管理者、中层干部及骨干员工进行了为期一天的专题培训。培训以“从专业走向管理”为主题，引导学员明确管理角色定位，强化管理意识，实现从业务能手到管理高手的转变。近年来，硅宝科技大力创新培训载体，通过聘请专业培训团队授课、组织户外拓展等培训方式，植入先进管理理念，开拓了干部职工的视野，为员工发展提供了良好的平台，提升了公司的整体管理水平。

2016 年 10 月 18 日，四川省人力资源和社会保障厅、四川省总工会、四川省工商业联合会等单位联合召开“全省构建和谐劳动关系暨全面治理拖欠农民工工资问题电视电话会议”。会上，科伦药业等 10 家公司被授予了“四川省模范劳动关系和谐企业”奖牌。这一称号是对科伦药业履行员工责任的充分肯定。科伦药业一直坚持“以人为本、共享企业发展成果”的理念，严格依法规范用工，保障员工的合法权益，注重员工培训，为员工成长创造条件。2016 年 9 月，科伦药业安岳分公司开展了“我心目中最优秀的技术骨干”公开评选活动，共有 12 名员工获得分公司“我心目中最优秀的技术骨干”的光荣称号，并得到表彰奖励。评选表彰活动是对优秀员工的肯定，也是一种激励和鞭策。2016 年 9 月 22 日，科伦药业仁寿分公司召开了 2016 年精英训练分享会，共有 60 人参加了此次分享会，包括近期入职大学生、班组长和分公司部门负责人等。分享会加深了参会人员对科伦文化的理解，使他们受益匪浅，为今后的工作提供了精神动力。

无论是整个国家，还是作为个体的公司都需要精益求精、持之以恒的工匠精神。造就“大国工匠”需要本人发挥主观能动性，坚持不懈地努力，也需要国家和单位创造必要的条件。德胜钒钛公司用“工匠精神”做精做强钒钛主业，用“务实降本，提高收入待遇”的承诺激励员工，在行业发展形势严峻的情况下，保证了部分一线员工的收入不降反升。公司领导提出，“公司的第一产品是人，逆势发展靠的是精益求精、持续创新的‘工匠精神’”。[①] 2016 年 9 月 25 ~ 28 日，四川省总工会、四川省经信委等单位承办的“2016 四川省焊接技术对抗表演赛”在成都市技师学院举行，德胜钒钛公司胡敏参演的“板对板仰位焊 4G”项目获得三等奖。这是对胡敏个人技能的褒奖，也是对德胜钒钛公司人才理念的认可，是对公司倡导“工匠精神”理念的肯定。

（六）注重安全生产，营造安全文化

按照 CSR 的相关理论，安全生产事关劳动实践中的“工作中的健康与安全”，关系到劳动者人身安全与健康，涉及职工的基本权益。同时，因为企业处在一定的自然和社会环境中，安全生产还关系到环境安全和社区稳定。2015 年天津滨海新区爆炸事故，为企业安全生产敲响了警钟。习近平总书记在事故发生后，3 天内两次做出重要指示，针对企业的安全责任，他要求各生产单位要强化安全生产第一意识，落实安全生产主体责任，加强安全生产基础能力建设，坚决遏制重特大安全生产事故发生，强调了企业的安全主体责任，并且提出安全生产能力的重要概念。

安全生产重在预防，进行安全教育、提高职工的安全意识就显得尤为重要。2016 年 4 月 20 日，福华通达化工事业部召开“3 · 16 金路树脂中毒事故”警示教育会议。各车间负责人提出，目前公司安全管理上还存在一些漏洞，包括进罐作业检测走过场、高空作业未实施应急演练、应急预案未落实到个人、非正常检修作业时无检修方案等，作业人员存在凭经验作业，应急措施、分工责任不明确等问题。针对存在的这些问题，与会人员提出了许多宝贵整改意见，如督查大队、环安人员进入车间检查时，必须有车间人员陪同；检修作业时进行交底工作后，如果在施工过程中出现新的问题，必须立刻停止检修，并立即修订检修方案等。这次安全警示教育会，强化了安全意识，细化了安全管理，加强了公司的安全工作。除了加强安全教育外，福

① 王晶：《“工匠精神”铸就德胜品牌》，《乐山日报》2016 年 5 月 16 日。

华集团还加强安全制度建设，使安全生产有了制度的保障。福华建立了一整套全员参与的安全环保工作管理机制，从干部到职工都被纳入安全管理体系。公司组建了“安全生产委员会”和“环境保护委员会”，由公司董事局主席任主任，委员会实行“谁主管谁负责”“一岗双责”的原则，工作范围覆盖公司每个员工。福华集团还创新管理思路，每年制定安全环保责任目标，并分解至每个管理人员和基层员工，公司与之签订安全环保责任书。公司将安全环保责任与员工的切实利益挂钩，培养了职工安全建设的自觉性和主动性。

运输企业的安全生产建设不仅关系到企业自身的安全，更事关公众的生命财产安全，其安全管理具有特殊的重要意义。2016 年 9 月，公安部、交通运输部和国家安全监管总局联合发文对 2015 年度“道路运输平安年”活动成绩突出的单位进行了表彰，富临集团下属的成都富临长运集团有限公司因在专项活动开展期间工作扎实获得“成绩突出运输企业”殊荣。富临长运坚持将安全生产放在首位，加强安全管理，逐渐摸索出具有自身特色的管理办法。公司在车辆管理、营运线路管理、营运过程管控、驾驶员管理等方面形成了一套富有特色的安全管理模式。尤其值得一提的是，公司在 GPS 监控管理等方面的做法在四川省甚至全国道路运输行业得到推广，这是对富临长运安全管理的最好认可。通过长期有效的安全管理，富临长运安全事故逐年下降，富临长运 2015 年更是在事故次数、死亡人数指标上创下了历史最佳控制水平。

2016 年 4 月 13 日，10 万吨/年环氧乙烷深加工项目职业病危害控制效果（竣工验收）专家评审会在石达化学公司召开。评审会由成都市安全生产监督管理局行政审批处主持，成都市安监局领导、彭州市安监局领导、职业卫生评审专家、评价机构代表出席，公司安全环保与工程部相关人员代表公司参加了评审会。经过现场检查和报告审核，评审组专家对石达化学公司开展的职业危害控制措施和管理给予充分肯定，并同意石达化学公司 10 万吨/年环氧乙烷深加工项目职业病危害控制评价报告及职业病防护设施竣工验收通过，为公司项目的安全、环保验收打下了坚实的基础，体现了公司对员工健康安全高度负责的态度。

硅宝科技将安全建设落实到生产经营的各个环节，建立了完善的安全管理制度。2015 年，公司新制定了《安全责任事故奖惩细则》《安全隐患排查整改制度》《安全生产先进单位评比办法》等 10 项规章制度，完善和规范了各项安全管理制度，使之更科学、更具有操作性。此外，公司还新建立了“危化品库房处置预案”“硅宝重大事故处置预案”“丝印车间处置预案”“实验室事故处置预案”“炭黑车间处置预案”等预案，规范了企业安全生产事故应急管理，提高了处置安全生产事故能力。除进行常规的安全制度建设外，公司还举行了应急演练，提高了员工的应急能力。2015 年，公司仍将应急处置能力和突发事故自救作为培训重点，进行应急疏散演练 4 次、义务消防队训练 4 次，使公司义务安全员熟悉各自技能、具备处置初期突发事件的能力，公司的这些训练达到了检验预案、评估效果、锻炼队伍、提高应急能力的目的。①

（七）诚信守法，树立良好形象

诚信对于企业来说至关重要，“市场经济是法治经济，也是道德经济”。②“人无信不立，政无信不威，商无信不兴”，在现代市场经济条件下，诚信已成为企业最珍贵的名片，是企业重要的无形资产，而失信则意味着危机。可以说，诚信是企业最基本的价值观，也是企业社会责任的基础内容。企业脱离诚信经营，要它履行其他社会责任，也根本无从谈起。个别企业的违法失信行为归根到底还是缺乏社会责任感。因此，应不断强化社会责任理念，树立守法诚信的基础责任观，一个企业首先做到守法诚信才是真正有社会责任感的企业。那种认为做公益慈善才是履行社会责任，甚至认为只要自己多捐些钱，就可以违法经营、制假贩假的思想是极为有害的。企业要推进信用基础制度建设，加强信用管理，树立正确的企业价值观。同时，国家也

---

① 《硅宝科技：2015 年度社会责任报告》，巨潮资讯网，2016 年 3 月 19 日。

② 黎友焕：《中国企业社会责任研究》，中山大学出版社，2015。

要加强和完善征信体系建设，共同保障市场健康有序运行。

守法是一个企业的道德底线，如果一个企业连守法合规都做不到，就更谈不上履行其他社会责任了。习近平同志指出，“守法经营，这是任何企业都必须遵守的一个大原则。公有制企业也好，非公有制企业也好，各类企业都要把守法诚信作为安身立命之本，依法经营、依法治企、依法维权”。[①]总之，守法和诚信是企业安身立命的根本，也是企业应当遵循的最基本的商业道德。

2015 年 12 月 4 日，经四川省民营企业“诚信守法企业”示范创建活动评审专家组评审验收后，对拟确定为四川省 2015 年度诚信守法示范企业的 139 家民营企业予以公示。经过公示，最终选定了 137 家民营企业成为四川省 2015 年度诚信守法示范企业。根据泸州市工商局的消息，泸州市有四川科瑞德制药有限公司、四川王氏集团有限公司、泸州市天府酒厂有限公司、佳乐集团公司、泸州赖公高淮酒业有限公司、泸州巴蜀液酒业（集团）有限公司 6 家民营企业被确定为 2015 年度“四川省诚信守法示范企业”。这次活动由省依法治省领导小组办公室、省工商局联合发起，经过各地推荐候选企业，由评审专家组严格审核，程序严格，颇具权威性。

2016 年 6 月 27 日，国家工商总局印发《工商总局关于公示 2014～2015 年度“守合同重信用”企业的公告》（工商市字〔2016〕118 号），公布了 2014～2015 年度全国“守合同重信用”企业名单，四川省高宇集团有限公司上榜。高宇集团已连续 14 年荣获四川省“守合同重信用”企业荣誉，这次上榜全国“守合同重信用”企业名单，是集团的又一次提升与突破。多年来，高宇集团恪守“诚信经营、信誉至上”的经营理念，悉心培育诚信经营文化，积极倡导“先做人，后做事”的核心价值观。集团认真抓好《合同法》《产品质量法》《消费者权益保护法》等法律的学习，引导职工树立诚信意识。集团还强化了内控体系建设，加强合同管理，在科学化、标

① 习近平：《毫不动摇坚持我国基本经济制度 推动各种所有制经济健康发展》，新华网，2016 年 3 月 9 日。

准化、流程化方面狠下功夫。一方面，加大对合同签订前的风险评估；另一方面，强化对合同履行的监管，为防范企业信用风险构筑了“防火墙”，确保企业合同履约率达 100% 。

（八）提升产品服务质量，注重消费者体验

根据利益相关方理论，消费者是关系企业生存和持续经营不可或缺的第一层级利益相关方。《联合国保护消费者准则》《ISO9000 产品质量国际标准》《跨国公司行为准则》等对消费者责任都做了规定，如《跨国公司行为准则》第八项就是与消费者权益相关的条款。[①] 根据相关的社会责任标准，对消费者的责任具体包括公平营销、真实公正的信息和公平的合同行为，保护消费者健康与安全、可持续消费，向消费者提供安全、可靠的产品或服务，消费者信息保护与隐私等。

四川民营企业高度重视对消费者的责任，将消费者视为最重要的利益相关方，着力提高产品服务质量，注重消费者体验，取得了积极成效，为广大消费者提供了大量优质产品和服务。蓝剑饮品集团本着对消费者高度负责的态度，坚持“我们只销售健康”的经营理念，率先通过 ISO22000 食品安全管理体系、ISO9001 质量管理体系、HACCP 体系认证。集团还先后获得了“中国食品工业质量效益奖”“中国饮料行业信得过企业”“中国饮料行业节水优秀企业”“国家级守合同重信用企业”“质量信用 AAA 级证书”“四川省质量管理先进企业”等荣誉。集团新近研制的唯怡 9 果原浆，郑重向消费者承诺不添加任何香精防腐剂、食品添加剂等物质。2016 年 6 月 2 日，“四川企业社会责任研究报告”课题组一行数人，调研了位于什邡市的四川蓝剑饮品集团有限公司，公司对卫生要求极为严格，参观车间前，公司要求参观者穿“白大褂”，戴头套、鞋套，不会因为我们是访客而有丝毫“优待”。课题组进到车间后，看到车间整洁有序，地面一尘不染，花生等干果

---

① OECD Guidelines for Multinational Enterprises, http: //www. oecd. org/corporate/mne/oecdguidelinesformultinationalenterprises. htm.

统一用蓝色罐子装着，每个罐子上放有统一的产品状态标识牌，并且每个罐子上面都贴有白色的标签，标签上标注有品名、编号、净重、日期等信息。从这些细节点滴可以看出公司对食品卫生的管理还是非常严谨的，蓝剑获得的各项荣誉并非偶然。

2016 年 6 月 24 日，新希望集团的天香乳业的新厂竣工投产仪式在河北省保定满城区新兴产业园区举行。这是新希望集团为满足消费者更低温、更新鲜、更健康升级的需求而投产的新项目，可为京津冀地区的消费者提供优质巴氏鲜奶和低温酸奶。新希望集团准确把握市场脉动和消费者需求，积极践行新希望乳业“向高端，聚低温，树新鲜”的发展战略，着力为消费者提供更优质、更丰富的新鲜产品。为确保产品到达消费者的“最后一公里”安全无忧，在巴氏奶最重要的冷链环节采用全保障系统，工厂还完成了 GPS、BDS、SAP 信息化建设，达到全程数字化把控，使工厂成为华北区域智能化程度最高的工厂之一。此外，天香乳业在新厂区内建立了牛奶体验馆，耗资达 300 万元，以提升消费者体验，使消费者切身体验鲜奶从牧场到工厂、从工厂到卖场的全过程，增加了消费的趣味性。

随着人们生活水平的提高，消费者对产品服务的品质要求越来越高。随着商品的消费逐渐从实用型向舒适型转变，人们对住宅的需求也是如此。根据有关机构的统计，人们对住宅刚需户型的需求比例在降低，对改善型的需求比例却在提高。蓝光地产顺应市场变化，以满足消费者对更高品质生活的向往为已任，将 2016 年确定为改善型产品战略元年和品牌战略元年。集团强化管理措施，积极提升工程质量及服务品质。2016 年 4 月 23 日，蓝光在金沙遗址举办了“雍锦王府”产品发布会。“雍锦王府”坐落于金沙百仁，属于豪宅产品，标志着蓝光转型改善型产品迈出了战略性一步。此前蓝光推出的“COCO 系”“蓝光生活家系统”“蓝途计划”“i5 生活平台”可能侧重于满足市场刚需，如今落地的“雍锦王府”和“雍锦阁”更侧重于满足业主更高品质的要求，迎合消费者对美好生活的向往。

2016 年 3 月 30 日，在苏州举行的 2016 中国消费市场发展年会上，圣迪乐村再次位列 2015 年度鲜蛋市场占有率第一，这是其继 2012 年、2013 年、2014

年后第四次荣膺第一，蝉联四连冠，也是鸡蛋品牌中第一个连续四年获得第一的蛋品企业。[①] 此前，圣迪乐村还荣获“2015 年度中国农业领袖品牌”称号。这代表了消费者对圣迪乐鸡蛋品质的长期信赖。2001 年圣迪乐村创立，一直致力于为消费者提供安全优质的鸡蛋。公司制定了蛋品行业的“SDL 标准”，成立蛋品科研实验室，由专业研发人员研究蛋品营养与风味、蛋鸡营养搭配、食粮检测、蛋品营养检测等。为给大众提供营养安全的鸡蛋，公司创立了一体化的全产业链模式，坚持在种鸡、食粮、喂养、洁净加工、追溯等环节都自建自营。公司在江西丰城、四川梓潼、湖北黄石、安徽合肥、河北沧州等地自建七大养殖基地，自育种鸡，通过沙门氏菌净化、动物营养抗病技术，达到母鸡健康、鸡蛋安全的目的，从而确保每枚鸡蛋的安全与品质。

三　四川民营企业履责中存在的问题及对策

（一）存在的问题与不足

尽管四川民营企业社会责任建设取得了许多可喜的成绩，但也存在明显的不足，与四川经济社会的发展尚存在一定的差距，与国有企业和外资企业相比也有不小的距离。具体而言存在以下问题。

1. 对企业社会责任的科学内涵理解不够

相当一部分民营企业对企业社会责任的认识还是停留在慈善公益层面，甚至有些干脆认为履行社会责任就是捐钱。浏览许多民营企业的官网（包括不少大型民营企业），或者没有企业社会责任专栏，或者有也全是慈善公益的内容，对消费者责任、员工责任、环境责任、供应链责任等内容都没有涉及，观念中认为这些都不是企业社会责任的内容。对企业社会责任概念的理解存在较大偏差，科学的认识尚未建立。

---

① 《圣迪乐村鸡蛋连续 4 年全国市场占有率领先》，四川圣迪乐村生态食品股份有限公司官网，2016 年 10 月 30 日。

2. 企业社会责任管理缺乏

要将企业社会责任理念和可持续发展要求融入企业战略和日常运营中，必须建立一套保证企业以负责人的方式运营的管理体系，如有专门的 CSR 机构和负责人，建立定期发布责任报告的机制，建立完善的社会责任信息披露机制等。但遗憾的是，许多民营企业，包括不少知名的大企业都没有建立企业社会责任管理制度，缺乏专门的企业社会责任部门，没有定期发布社会责任报告的制度，对责任沟通、责任战略等概念也并不知晓，可以说，除少数领先企业外，大部分四川民营企业责任管理意识是严重缺乏的，远不能适应企业社会责任建设的需要。

3. 个别企业违法失信

四川省大部分民营企业能够诚信守法、合规经营，但是少数企业，尤其是少数中小民营企业存在违法失信的情况。违法失信不仅可能有损消费者、员工的人身财产权，还可能损害商业伙伴或竞争对手的利益，扰乱市场秩序，可以说，违反了起码的商业伦理。2016 年，四川省南江宏益矿业有限公司由于“其他”原因，被四川省巴中市工商局列入严重违法失信企业名单，并已在全国企业信用信息公示系统公示。[①] 2016 年 10 月 14 日，四川省安监局公布 2016 年第一批省级生产经营单位安全生产不良记录“黑名单”，宜宾市筠连县蒿坝回龙煤业有限责任公司和达州市达县昌隆工贸有限公司达昌煤矿上了“黑名单”。达州市达县昌隆工贸有限公司达昌煤矿存在擅自启封密闭，增加采掘作业点组织生产，通风系统不完善、不可靠等违法违规行为。宜宾市筠连县蒿坝回龙煤业有限责任公司存在擅自在回采工作面回风巷上部布置作业点，且在残采点未形成通风系统时仍组织生产作业等违法违规行为。这些行为不仅违反了法律法规的强制性规定，而且对员工的人身安全缺乏起码的责任感，是严重违法的商业伦理的行为，应当受到相应的制裁和舆论的谴责。

① 《全国 6 家企业被列入严重违法失信企业名单》，四川省巴中市工商行政管理局官网，2016 年 10 月 19 日。

（二）对策建议

1. 加强有关企业社会责任的宣传和交流

相当多的企业，包括大型民营企业对企业社会责任缺乏科学的理解和认识，主要还是在于对企业社会责任有关话题讨论和交流不足，每年参与交流的企业毕竟是少数。将来要坚持举行企业社会责任沙龙，并适当扩大沙龙的影响力，通过报纸、微信等平台加以推广。此外，每年举行几次企业社会责任的研讨会，邀请企业和高校科研机构参加。

2. 加强企业社会责任管理

企业首先应认识到企业社会责任管理的重要性，让企业意识到要将社会责任融入日常运营中，使企业社会责任工作具有可持续性，常态化，就必须建立一套管理体系，保证企业以负责任的方式运营。在此基础上，企业应设置相应的机构，安排一定的人员负责此项工作，并安排必要的经费开支，这样才能真正建立企业社会责任管理体系。

3. 加大对违法失信企业的监管惩戒力度

个别民营企业之所以敢于违反法律，无视信用，主要还是对企业监管惩戒不够，违法失信的成本太低。应加大惩戒力度，运用经济、舆论等手段，加以制裁或谴责，让违法失信企业无处容身。善于利用互联网等现代传媒手段对违法失信企业进行监督，加强和完善征信体系建设，让信用有瑕疵的企业和个人遭到市场的淘汰。

展望未来，四川民营企业社会责任建设还任重道远，需要社会各界长期奋斗，通力合作，共同提升。同时，我们也满怀希望，有领先企业的引领带动，有 CSR 同仁的呼吁推进，有政府的组织倡导，企业社会责任工作就会前景光明、梦想成真。

B.4 四川外资企业社会责任报告

王 晋*

摘 要： 随着四川省经济外向度的提高，四川外资企业对四川经济社会的贡献日益突出，但在企业社会责任建设方面整体表现尚佳。在社区参与和发展、环境保护、关爱员工、履行消费者责任等方面亦有良好的表现。2016年，四川还涌现了英特尔成都工厂、成都伊藤洋华堂、百胜中国、安利四川公司等CSR论坛领域的活跃企业，推动了四川地区企业社会责任建设。

关键词： 四川 外资企业 社会责任

一 四川外资企业及其社会责任履行概况

（一）四川对外经济与外资企业发展概况

2016年，四川继续加强招商引资工作，成功引进了美国伯克希尔－哈撒韦公司和日本永旺集团等外资巨头，到2016年5月，进驻四川的世界500强企业已超过300家，达到301家。其中，境外世界500强企业已有221家落户四川。根据有关分析，四川最近十余年引进境外世界500强企业呈现"加速度"的发展态势。2000年以前，四川累计引进境外世界500强

* 王晋，硕士，四川省社会科学院经济研究所副研究员，主要研究企业社会责任、工会与职工权益保护。

企业36家，2001～2015年累计新增183家，平均每年引进12家以上。[①] 从投资规模看，英特尔产品（成都）有限公司、四川一汽丰田汽车有限公司、鸿富锦精密电子（成都）有限公司3家境外世界500强投资企业投资总额超过10亿美元，其中鸿海精密投资的鸿富锦精密电子（成都）有限公司投资总额为28.5亿美元。

外商投资的领域也越发广泛，涉及批发和零售业，租赁和商务服务业，制造业，信息传输、软件和信息技术服务业，住宿和餐饮业，房地产业等。从对省会成都的统计来看，外商设立的批发和零售业企业最多，达到1929家，另外，设立的租赁和商务服务业、制造业企业也较多，分别达到1671家和796家（见图1）。从具体投资来源来看，分布也更加广泛。以省会城市成都为例，投资来源国/地区包括中国香港、中国台湾、美国、日本、德国、法国、韩国、加拿大、澳大利亚等。其中设立法人企业家数排名前三的是中国香港1044家（注册资本216亿美元）、中国台湾265家（注册资本5.4亿美元）、美国248家（注册资本11.6亿美元）。

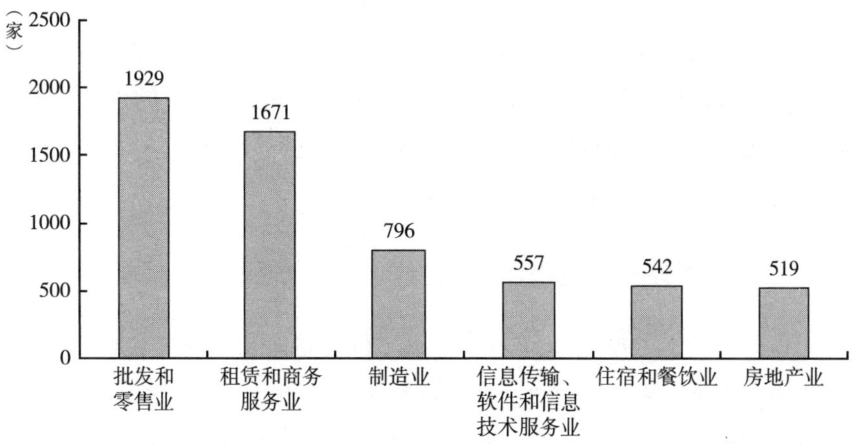

图1　成都外商投资行业排名前六情况

资料来源：《成都市2015年外资市场主体发展报告》，成都全搜索新闻网，2016年3月2日。

① 《超300家世界500强企业落户四川　稳居中西部第一》，四川日报网，2016年5月24日。

随着外资企业数量的增加，其对四川省经济发展的贡献也越发突出，以进出口为例，根据四川省商务厅的统计，2016 年 1 ~9 月，外商投资企业累计实现出口 1075565 万美元，尽管同比下降了 7.2%，但占比上升了 10.5 个百分点，达到 54.5%，远超国有企业的 10.6% 和其他企业的 34.9%；从进口来看，外商投资企业实现进口额达 151447 万美元，同比增长 27.8%，占比达 71.0%，远超国有企业的 11.9% 和其他企业的 17.2%，而上年同期为 61.4%。总之，从以上数据可见，外资企业在四川经济生活中的重要地位。

当然，我们也要看到，尽管四川外资企业数量增长较快，但是外资企业的规模和质量还有待提升，除劳动密集型企业鸿富锦精密电子（成都）有限公司人数众多外，其他外资企业规模还比较小。而且，世界著名的跨国公司虽然也投资四川，但是往往看重四川较低的人工成本，并将其作为制造基地，鲜有将研发中心设在四川的。但这也表明，四川外资企业发展还有很大的空间。

2016 年 5 月，国家发改委公布了《成渝城市群发展规划》，提出成都要以建设国家中心城市为目标，明确了成都的国家中心城市地位，为成都的进一步国际化提供了政策支撑。同年 7 月，第三次二十国集团（G20）财长和央行行长会议在成都举行，标志着成都和四川对外开放水平的进一步提升。这些利好政策和事件必将进一步提高成都和四川的外向度，四川外资企业的数量会进一步增加，质量会进一步提升。

（二）四川外资企业履责概况

四川外资企业不仅为四川经济做出了巨大贡献，而且积极履行社会责任，实施社会责任本土化战略。四川涌现了英特尔、伊藤洋华堂、安利、百胜中国等领先企业。它们在关爱员工、慈善公益、管理供应链、履行消费者责任等方面发挥了引领作用，推动了四川地区的社会责任建设。概括起来，四川外资企业履行社会责任呈现以下特点。

1. 依托公益项目，经营慈善事业

与一般国内企业做慈善公益不同，外资企业往往通过项目的方式，来经营公益慈善事业。做公益项目，不仅需要投入资金，更重要的是需要组织和经营，需要持续跟进，长期坚持。例如，英特尔的四川乡村女教师培训项目，英特尔不仅为四川贫困山区的学校捐赠电脑和无线网络设备，而且对推荐的女教师进行计算机和英语强化训练，再由乡村女教师给乡村孩子上英语和计算机课。在这类项目中，英特尔并不是捐赠了钱或物品就完成任务了，而是长期持续地跟进，通过持之以恒地付出，这样才能取得好的效果。再如安利对西部贫困地区的“春苗营养计划”和百事公司“母亲水窖”项目等，也都是通过项目的形式，来做公益慈善，不但需要投入资金，而且需要人力、技术和情感的投入和付出，需要长期跟进和坚持。

2. 强调员工沟通，助力员工发展

四川外资企业十分注重与员工的沟通，将与员工沟通视为关爱员工的重要方式。不少外资专门企业有与劳动者进行思想交流的部门或渠道，保障沟通畅通。如成都伊藤洋华堂专门成立了“员工相谈室”，接受员工咨询，并负责组织公司领导与员工参与的员工交流会，以实现公司理念的全员公有。公司董事长、总经理除了日常巡场时与员工干部交流外，还定期参加员工交流会。交流会不但促进了员工与领导及员工之间的交流，而且还达到了快速为员工排忧解难的目的，使劳动关系更加和谐。此外，英特尔的“卞哥信箱”通过电子邮箱渠道建立了员工与总经理之间联系的纽带，取得了较好的效果。

3. 聚焦核心议题，强化商业伦理

根据利益相关方理论，企业在生产经营过程中，涉及多个利益相关方，企业在实行自身盈利的同时，要兼顾利益相关方的利益。利益相关方涉及顾客、员工、股东、政府、社区、环境等。也就是说，企业履行的社会责任涉及多方面。但是，同时，我们也要看到，企业的利益相关方也是有层级和主次之分的。比较有代表性的“三个中心圈层”理论，就主张企业履行社会责任分为内圈层、中圈层和第三圈层，不同的圈层对企业的要求是不同的。因此，企业进行社会责任建设并不是要平均花费人力、物力，甚至不要求每个企业在任何发展阶段都要面面俱到地去履行社会责任，而是应该根据企业自身的特点，结合自身的主业，有重点、有针对性地去做。例如，丰田中国在社会责任报告中就将公司涉及的企业社会责任议题分为三个层次——高实质性议题、中实质性议题和低实质性议题，其中，高实质性议题就包括管理废弃物、减少废水排放、提供安全的汽车产品等。可见，丰田认为安全产品的提供和对污染的控制是其可能对利益相关方影响最大的，也是其最重要的核心议题。

4. 增进社区交流，促进中外友谊

随着全球化进程的加快，越来越多的跨国公司开展跨国经营，跨国公司的海外社会责任问题被高度关注。跨国公司在海外面临完全不同于母国的法律、宗教和文化习俗差异，社会责任实践必须根据这些差异进行相应调整。跨国公司在中国运营必须实施一定程度的本土化战略：尊重中国的法律法规，加强与所在社区的交流，增进与东道国人民的友谊，只有这样才能营造有利于外资企业发展的氛围。如成都伊藤洋华堂公司就非常注重与所在地社区建立良好的关系，通过开展“中日文化交流周”、设立奖学金对当地大学日语系优秀学生进行奖励、对卖场所在地社区进行清扫等形式，建立与社区居民的融洽关系，促进中日友好。

5. 实施责任采购，强化供应链管理

责任采购要求企业将社会责任的理念和要求全面融入企业采购的全过程，不仅要求企业的采购交易行为本身是负责的，而且要求企业所采购的产品和服务是符合社会责任标准的。这对企业的供应链管理提出了更高的要求，需要对合作伙伴进行社会责任审查与监督。责任采购包括两大部分的内容——企业对处于供应链上的所有供应商履行社会责任的要求以及企业在采购交易过程中自身的社会责任履行要求，其中前者我们称之为供应链责任，后者我们叫作责任交易。[①] 如宜家除制定了采购家居产品要求外，对供应商的最低工资、工资条件和加班费等方面提出了要求外，还实施供应链审计，对采购量较大或可能危害环境和员工安全的供应商进行审计。

---

① 责任采购，百度百科，2016 年 11 月 8 日。

6. 积极参加 CSR 论坛，推动地区责任建设

2016 年成都地区举办了多场 CSR 沙龙和企业社会责任论坛，尤其是举行了 2016 年四川省企业社会责任推进会和企业社会责任与教育发展论坛，其中企业社会责任与教育发展论坛是作为 2016 年西部博览会的分论坛而举行的，规格高、影响力大。而英特尔（中国）成都公司一直是沙龙和论坛的积极推动者，为论坛的成功举办做出了突出贡献。安利四川分公司、成都伊藤洋华堂、百胜中国、可口可乐、家乐福、丹马士成都公司等一直是热心参与者，为论坛提供了有力的支持。这些公司在论坛上发布年度社会责任报告，倡导企业社会责任理念，弘扬志愿者精神，为论坛增加了国际元素，注入了新活力，提高了 CSR 论坛的质量和影响力，推动了四川地区企业社会责任建设。

二　四川外资企业社会责任建设主要成绩

四川外资企业注重在东道国地区的社会责任履行，其将在母国的责任理念和责任管理引入运营地，并结合运营地的特点，将社会责任本土化，推动了所在地区的企业社会责任建设，取得了较好的成效。在对消费者责任、员工责任、环境责任、政府的责任、供应链管理等方面，都有所建树，取得了良好的责任绩效。

（一）对员工的责任

劳动者作为企业财富的创造者，是企业重要的利益相关方。国际上许多有影响力的社会责任标准都将履行对员工的社会责任作为重要的披露内容。如 SA8000 的主要议题就是劳工保护，涉及工资、工作时间、劳动健康与安全等方面。此外全球报告倡议组织 G4、ISO2600 等国际标准都将劳动权益作为重要议题，劳动权益是企业必须对外披露的重要内容。四川外资企业除确保员工的基本权益外，还特别注重员工的本土化、多元化和平等性，努力构建多元平等的劳资关系，为员工的发展扫除障碍。

2016年10月28日，家乐福全球欢庆，庆祝首个“家乐福国际员工多样化日”。在中国近70个城市，家乐福举办了“员工多样，家乐多福”的图片与摄影展览。[①] 来自家乐福（中国）各门店的40位员工参加了此次庆祝会。“多样化”是家乐福的核心策略，公司对不同国籍、不同性别、不同年龄、不同教育背景的员工，一视同仁，给予同样的关爱和职业规划。家乐福的管理层中，就有从收银员、理货员、保安等基层员工中提拔起来的。家乐福还重视女性员工的发展，推出了女性领导者项目，为女性员工的培训和晋升提供了良好的平台。据统计，家乐福（中国）的女性员工的比例超过60%，女性干部比例超过40%。在日常工作中，家乐福为女性员工平衡家庭与工作提供了一定便利，设立“妈咪小屋”，帮助她们规划会议和出差时间。家乐福还特别关注残疾人就业，与国际劳工组织签署了关于保障残疾人士职业需求与发展的承诺函，努力为残疾人提供公平就业的机会。根据相关资料，在中国，家乐福雇用的残疾员工将近1000名。

2016年2月，40岁的中国籍女性黄亚美担任成都伊藤洋华堂有限公司副总经理，成为继金晓苏之后的又一位中国籍女性高管。成都伊藤洋华堂历来坚持人才本土化战略，重视启用中国籍干部的提拔任用。自2006年起，公司的高级管理人员主要由本土人才担任。同时，伊藤洋华堂还十分重视女性管理人才的培养。零售行业女性员工较多，伊藤洋华堂不仅为女性员工提供特殊的劳动保护措施，而且为女性员工的晋升提供通道，使之逐步成为公司的骨干力量，如今伊藤洋华堂的女性管理干部占总数的70%左右。2014年5月，成都伊藤洋华堂首位女性总经理金晓苏，成为伊藤洋华堂在中国任命的中国籍最高职位人员。除总经理外，本部的本部长、多个门店的店长等重要领导岗位均由女性担任。此外，伊藤还有多位女性荣获“三八红旗手”“省女职工建功立业标兵”等荣誉称号。女性在伊藤发挥着越来越重要的作用。

① 《家乐福欢庆国际员工多样化日并举办摄影展览》，中国日报中文网，2016年11月1日。

表 1　成都伊藤洋华堂高级管理人才本地化进程

时间	进程
2008 年	公司任命首位中国籍店长
2009 年 3 月	成都伊藤洋华堂第一位中国籍董事，日籍高管全面转为教练，由中国高管担当所有店铺店长和职能部门的部长
2012 年 2 月	公司任命了第一位中国籍副总经理，同时新增了 2 位中国籍董事
2014 年 5 月	成都伊藤洋华堂成立以来第一位中国籍总经理金晓苏上任，高级管理干部中，中方干部超过 90%
2016 年 2 月	40 岁的中国籍女性黄亚美担任成都伊藤洋华堂有限公司副总经理

资料来源：《2015 成都伊藤洋华堂社会责任报告》及华西新闻网，2016 年 11 月 10 日。

2016 年 5 月 12 日，全国总工会机械冶金建材工会栾樾副主席到访四川一汽丰田汽车有限公司，为品质管理部颁发全国“工人先锋号”奖牌，这是对四川一汽丰田品质管理部团队敬业精神的肯定。丰田品质管理部共有 150 名员工，团队上下齐心发挥工匠精神，精益求精，以突破现状、挑战品质新高度为目标，不断强化专业技术，加强质量管理，项目攻关取得显著进展，自动化水平不断提高。团队在 2015 年的工作中，各项品质指标都达到历史最好水平，为公司赢得了荣誉。四川一汽丰田汽车有限公司高度重视对员工的社会责任，将员工视为企业发展的重要利益相关方，将企业发展与员工成长深深地融合在一起。企业注重员工发展，重视员工培训，除了公司内部的培训外，还有计划地选派员工参加各种研讨会，优秀员工还有机会到日本丰田本部进行 ICT（Intra - Company Transferee）研修。除了理论学习外，公司还强调“现地现物”实践精神，鼓励员工进行现场学习，培养员工解决实际问题的能力。通过 OJT（在岗培训）、向前辈学习、企业文化学习等方式，让员工提高职业技能，培养员工的敬业精神。公司还通过鼓励轮岗的方式，引导员工向复合型人才发展，通过岗位轮换培养的大批多能工能够胜任不同的岗位工作。

2016 年 9 月 3 日，都江堰拉法基水泥有限公司开展了“员工子女及家属工厂开放日”活动，活动旨在加强与一线员工的联系，丰富员工家庭生活，同时也让员工和家属感受都江堰拉法基企业文化。本次活动共有近 40

名孩子及家长参与，公司副总经理陶志茂和 HR 经理李翔也参加了活动（见图 2）。活动日当天还成立了“都江堰拉法基宣传小使者团”，请孩子们继续回家讲述和宣传都江堰拉法基。拉法基公司关注员工发展，重视员工关爱工作，将员工视为公司的财富。公司认为员工的专业技能、能动性、发展潜力、灵动性、创造性和创业精神是公司成功的关键。公司提倡在尊重、信任、对话的基础上建立和谐人际关系；公司提倡个人的创造性，同时也主张团队合作；公司注重培养员工的责任感，积极应对激励性的挑战，在磨砺中成长。公司还把员工健康和安全放在至关重要的位置。2015 年 7 月，都江堰拉法基作为注重安全生产的典型企业被中央电视台报道。报道对公司的安全管理予以充分肯定，认为公司实行的工作许可清单制度和作业风险管控机制是切实有效的。作为水泥企业，职业病防治也是社会的焦点，公司重点对包装机插袋工位进行收尘改造，改善作业环境，取得了良好效果。

图 2　都江堰拉法基员工子女及家属工厂开放日活动

资料来源：《未来之星——都江堰拉法基员工子女工厂开放日》，大不六网，2016 年 11 月 11 日。

（二）社区参与和发展

由于国外企业较少直接使用“公益慈善”这一概念，因此，我们此处采用国际上通行的用法——社区参与和发展，这一用语更强调企业对社区事务的参与，主张各利益相关方持续关注社区生活质量的提高。显然，这与传统慈善公益行为的捐款捐物不同，这更提倡对社区公共事务的持续关注。国际标准 ISO26000 涵盖了企业社会责任的七个核心主题，其中就有社区参与和发展，包含七个具体的议题，并提出了七个方面的主体要求。这是基于对社区参与和发展理念的领悟，四川的外资企业更多的是通过项目的形式参与公益事业，对社区公益事业进行持续的关注和帮助，助力提升社区生活质量。

2016 年 9 月 19 日，第四所家乐福“儿童快乐家园”在贵州省惠水县断杉镇定理村正式启动，家乐福相关负责人走访了留守儿童家庭，并为其赠送礼物。根据相关报道，此前，家乐福“儿童快乐家园”已先后在北京、上海和合肥落成。家乐福自 1995 年进入中国以来，一直支持各种公益项目。为持续关注留守儿童的身心健康，为其提供力所能及的读书及游戏设施，并对留守儿童进行教育和陪伴，家乐福启动了“儿童快乐家园”的公益项目，基金会于 2015 年出资 100 万元用于“儿童快乐家园”的建设。除了为儿童购置图书、乐器、玩具等外，为方便留守儿童与父母视频聊天，“儿童快乐家园”还特别添置了电话、电脑等通信设备，让留守儿童感受亲情和关爱。此外，“儿童快乐家园”还为孩子们提供教育和咨询等服务。“儿童快乐家园”公益项目已初见成效，家乐福还将继续实施该项目，并计划在三年内在中国建立 8 所“儿童快乐家园”，让更多的留守儿童感受到关爱与呵护。

2016 年 11 月 4 日，在成都召开的中国西部国际博览会进入第二天，在世纪城新国际会展中心迎来了一群特殊的客人，他们是来自蒲江成雅小学的 25 名小学生。成雅小学是成都伊藤洋华堂定向捐赠的友爱小学之一。6 年来，伊藤洋华堂一直关注这所学校的发展，关心孩子们的成长，累计捐款超过 30 万元。此次这 25 名小学生是受伊藤之邀来参加西博会。伊藤中国总代表、成都伊藤洋华堂董事长三枝富博和成都伊藤洋华堂总经理樋口昭先后亲自来到现场，与孩子们交流互动。这些孩子此前都没参观过西博会，有些甚至还没有到过成都市区。通过这次活动，孩子们开拓了眼界，还获得了相关

的食品安全知识，上了生动的一课。2008 年成都伊藤洋华堂通过成都市教育基金会，对成都周边相对贫困地区的 6 所小学进行资助。公司不仅提供资金帮助这些学校改善校舍和教育设施，而且通过组织夏令营活动、邀请学校参加伊藤职工运动会等形式，帮助偏远地区的学生开阔视野，帮助其成长。

2016 年 5 月 13 日，全国青少年食品安全宣传教育专项活动在首都师范大学正式启动，百胜中国作为此次活动唯一协办企业，全面配合并支持活动。该活动是全国青少年健康与安全“进校园、进社区”百千万工程系列内容之一，活动旨在全面提升青少年的食品安全意识，引导广大青少年积极参与实施食品安全战略。活动将通过创建青少年食品安全教育体验基地，开展形式多样的食品安全知识宣教。从 2016 年开始，该活动陆续在全国百座城市，开展上千场活动，为更多的青少年及家长服务。食品安全教育需要科学与理性，需要社会各方的支持和参与，作为企业公民，理应有所担当。作为知名的餐饮企业，百胜中国勇于担当，助力食品安全宣传教育专项活动，并希望餐厅和养殖基地能成为青少年食品教育体验基地，使青少年增长食品安全知识。作为有社会责任感的餐饮企业，百胜中国对推动食品安全教育的行动并未停歇，而是一直在路上。2016 年 9 月 24 日，百胜中国又协助中国青少年发展服务中心和食安在线网举办健康与安全“进校园、进社区”百千万工程食品安全宣传教育专项活动，走进上海市的社区，让孩子们在享受必胜客餐厅美食的同时，获得了食品安全、营养健康的新知识。

2016 年 10 月 12 日，四川凉山州布拖县的布拖中学举行了青少年科普系列活动启动仪式，近 200 名青少年参加了仪式，这些学生来自布拖中学、布拖县民族小学、布拖县特木里小学。此次活动由四川省青少年科技活动中心组织，中国科学院科学出版社成都分社、英特尔产品（成都）有限公司、北京赛恩传媒等机构参与。英特尔产品（成都）有限公司教育项目经理徐俊鸿女士和公司的 7 名志愿者为布拖孩子们带来基础 STEM 课程，给孩子们带来了前所未有的感受。公司还将他们编印的生活准则赠予学校，以培养孩子们的责任感。英特尔建立了完备的志愿服务体系，注重培育志愿文化，促进社区发展。英特尔还尤其重视搭建跨界合作平台，利用自身的技术优势扶持公益组织的发展，扩大志愿服务的影响力。2015 年是英特尔进入中国的第 30 年，英特尔提出员工志愿行动倡议，呼吁更多的员工参与志愿服务队伍，将志愿服务精神带入新的高潮。

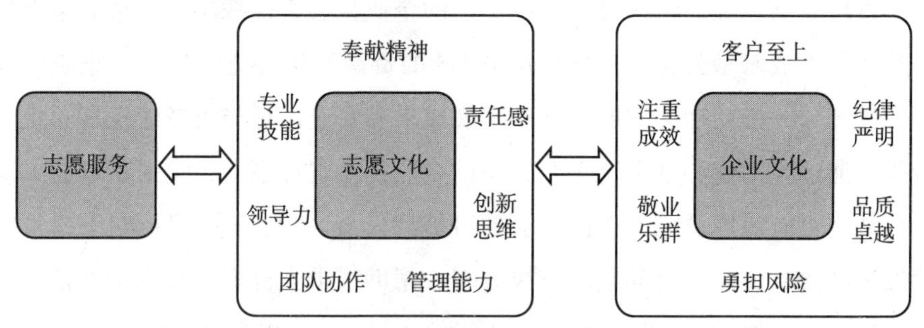

图 3　英特尔志愿文化体系

资料来源：《2014～2015 英特尔中国企业社会责任报告》，英特尔中国官网，2016 年 11 月 12 日。

2016 年 7 月 29 日，在由《南方周末》主办的第八届中国企业社会责任年会上，百事公司因在经济、管理、合规、环境和社区发展等多方面的卓越表现，位列“世界 500 强在华贡献排行榜”第七。百事公司进入中国以来，始终秉持“百事公司的承诺”，致力于人类的可持续发展，积极为社会做贡献。其中，“百事营养行动”项目是百事公司于 2015 年底启动的公益项目，旨在持续推进中国中西部地区青少年营养改善行动。项目启动后，即向中国扶贫基金会捐资 100 万元。云南省昭通市的贫困小学生成为首批受益者，项目启动以来，1600 多名贫困小学生获得了 13 万份桂格营养早餐。同时，他们还获得了相关的营养知识，得到了相关的培训。据报道，自项目启动以来，“百事营养行动”对昭通市的 200 名教师和厨房工作人员的营养卫生知识培训，使该地区贫困状况得到了改善。2016 年 9 月 20 日，百事公司大中华区（百事公司）宣布再次向中国扶贫基金会捐赠 70 万元，捐款来自百事公司大中华区员工的捐赠以及百事基金会的配比资金，以持续推进中国中西部地区青少年营养改善行动；捐赠仪式结束后，还聘请了营养专家在项目学校进行了营养知识宣教活动，并进行了“学校食堂供餐安全及营养知识”

培训，以培养贫困学生的健康意识，丰富其营养知识，促进青少年健康成长。

2016 年，根据宝马集团发布的“全新第一战略”，以及公司最新的企业社会责任战略，宝马再次升级了在中国的企业社会责任战略，从慈善捐助性公益升级为战略型公益，充分利用 BMW 的资源和核心竞争优势，重点关注两大领域——推动社会发展、共享发展成果和安全出行与可持续发展；宝马希望，通过宝马爱心基金这个全方位的企业社会责任平台，全面带动各方参与，从而更有效地贡献于中国社会的可持续发展。① 宝马集团长期秉持可持续发展理念，关注社会问题的解决方案，帮助需求人群提升知识和技能。宝马集团全面升级“BMW 童悦之家儿童关爱计划”，与全国的经销商和车主联合，为贫困地区的孩子们创造平等快乐的成长环境。另外，宝马还开展“华晨宝马质量教育公开课”，帮助青少年学习相关的汽车知识和质量安全内容。该公益项目于 2013 年启动以来，已使超过 5000 名中小学生受益。此外，宝马集团还升级了“BMW 中国文化之旅”活动，开始注重中国传统文化的创新性保护与传承。

（三）环境责任

随着全球资源短缺与环境污染问题的日益加剧，企业环境责任作为企业社会责任的重要内容，越来越受到人类社会的高度关注。企业必然在一定的环境中进行生产经营，要消耗一定的资源，不可避免地对周围环境产生影响。“环境问题除了纯粹由自然力产生的自然灾害以外，其他都是伴随着国民经济和社会发展而产生的，与人类各种经济活动有着密不可分的关系。”② 因此，企业不能对环境问题熟视无睹，而应当承担对环境的责任。四川外资企业普遍重视环境责任的履行，将绿色环保作为企业重点披露的内容之一，在履行环境责任方面发挥了表率作用。

① 《宝马在中国企业社会责任战略与实践》，凤凰网，2016 年 10 月 14 日。

② 黎友焕：《中国企业社会责任研究》，中山大学出版社，2015。

2016 年 10 月 27 日，创虎重卡节油精英挑战赛决赛在四川现代资阳工厂举行。来自全国的十余名节油先锋在本次激烈的赛事中一决高下。最终西安选手刘小影以百公里油耗 12.37 升的成绩，夺下了节油王者的称号。节油精英挑战赛，不仅是对选手驾驶技能、操控水平的挑战，更是对创虎重卡节油性能的全面考验。此次赛事彰显了创虎卓越的节油性能与一流的品质。四川现代汽车有限公司为确保车辆高效、节油、可靠，在研发方面投入了大量资源和精力，在确保安全性的同时，又能实现节能环保，还能获得更多利润。四川现代在研发中从动力总成、各项节油技术，到空气动力学外观等，都将节油作为重要的环节予以考虑，彰显了创虎在节油方面的出色水平。

2016 年 4 月 21 日，Intel 成都公司与成都康华社区发展中心合作举行“Intel 世界地球日 · 云桥湿地中小学自然体验创意大赛”。中小学生们通过自己参与环保志愿服务的亲身体验，拍摄照片，培养了环保意识。英特尔产品（成都）有限公司自 2012 年启动了“云桥湿地”公益项目，2013 年 7 月该项目已经延伸到了成都的 9 所中小学，200 多名同学到云桥湿地亲身体验。该项目主要开展植被保护及恢复、湿地内设施维护和修缮、河道清理、生物多样性数据等方面的工作，不仅美化了环境，而且宣传了英特尔的环保理念。多年来，英特尔一直将“关爱地球”纳入企业战略，致力于成为环境责任的领导者。为强化环境责任，推行绿色运营，英特尔成都工厂建立了完善的能源管理体系和政策，在生产环节注重节能控制。同时，公司为积极宣传、提升节能意识，还在员工中设立节能团队，保证公司的能源管理可持续发展，并取得国际能源管理体系 ISO50001 认证。在实现环境策略和目标的过程中，英特尔还注重员工的参与。公司通过“学习 - 行动 - 分享”模式，帮助员工更好地理解可持续发展议题、目标。英特尔还将环境绩效与员工薪酬挂钩，从一线员工到首席执行官，英特尔将所有员工的部分薪酬与环境绩效挂钩，促进了环境目标的实现。

2016 年 3 月 19 日 20：30 ~ 21：30，“地球一小时”再次引发全球城市、企业和个人的自愿参与，为地球的可持续未来祈福。成都伊藤洋华堂积极参与此项活动，20：30 ~ 21：30，伊藤洋华堂各店铺卖场照明关闭 1/3，后场照明关闭1/2。19日当天，成都伊藤洋华堂各门店还举行了相关的活动。在建设路店，小朋友利用废旧报纸、旧杂志、易拉罐、旧衣服等旧物材料，做成手工制作的衣服、饰品等创意作品（可由家长辅助完成作品），发挥想象力，变废为宝。让他们从小养成废弃物再利用的好习惯，减少污染和浪费。伊藤洋华堂坚持可持续发展之路，严控物流，节能缓堵。2011年在远离市区的龙泉驿区成立了统一配送中心，由供应商直接供货给统配中心，再统一分送到每个店铺，通过提升物流系统效率，店均减少送货车辆50%，并有效地缓解了店铺周边的交通拥堵，降低了城市噪音污染，减少了碳排放。为降低碳排放，统一配送中心还购买了箱式电动货车逐步取代柴油货车。此外，统配中心仓库的建造选用了保温性材料，减少了电能损耗和化学用品的使用；仓库屋顶使用了自然采光带，减少了灯源的使用。近年来，虽然伊藤统配供应商逐年增加，但整体送货车辆有所减少，物流中的二氧化碳排放量也呈逐年降低的趋势（见图4）。

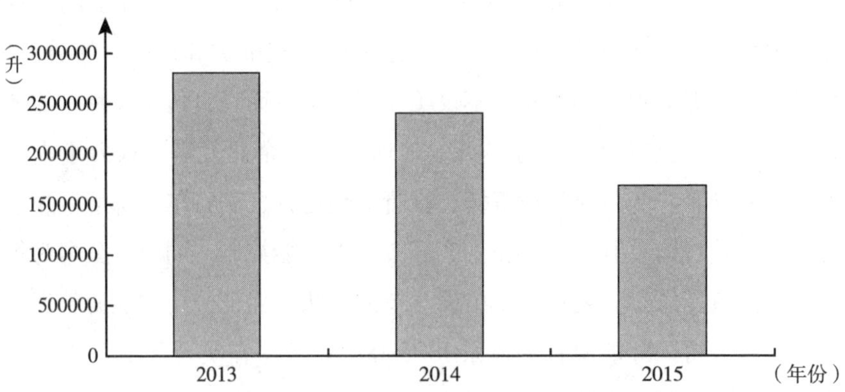

图4　成都伊藤2013～2015年物流中二氧化碳排放量

资料来源：《2015成都伊藤洋华堂社会责任报告书》，成都伊藤洋华堂有限公司官网，2016年11月12日。

2016年11月，丰田汽车公司首次披露了纯电动汽车生产的具体计划，丰田计划到2020年建立较为完善的纯电动汽车批量生产体系。据悉，目前丰田公司已朝这一目标着手准备，并计划在2017年初设立一个专门负责纯电动汽车设计和研发的部门。近年来，丰田汽车提出“造环保车，与地球环境友好相处”的发展理念，推出了燃料电池车，并于2014年11月，实现了量产，将其命名为“MIRAI”（未来），于12月正式上市销售。该燃料电池车具备行驶过程中不排放二氧化碳和环境负荷物质的优势，同时，又具备与汽油发动机车同等便利性的特点，与丰田“可持续发展的汽车社会”的理念是契合的。为推广环保理念，推进汽车领域环保事业发展，2015年，丰田公司向社会无偿分享了5000多项燃料电池相关专利和约70项氢站相关专利的使用权。为促进燃料电池车研发，丰田还与合作伙伴实施了燃料电池巴士的实证实验，并共同发表联合声明，宣布对氢气供应与利用技术研究联盟所属加氢站提供运营经费支援，以便更多的公司参与氢气供应活动，从而尽快为消费者创建服务更好、更便捷的加氢基础环境。

2015年9月16日，宝洁公司宣布计划在2020年前将公司旗下设施的绝对温室气体排放量降低30%。这表明宝洁在降低温室气体排放量、减少对气候的影响而持续努力方面又迈出了重要一步。宝洁公司长期以来致力于减少影响气候变化的温室气体排放，采取多个措施，以实现可再生能源方面的承诺。2015年6月5日，宝洁中国公司联合中华环境保护基金会共同发起的“宝洁中国先锋计划”正式启动。[①] 该项目通过“在行动中学习”的方式，支持大学生环保社团发展，促进社团专业能力提升，以为中国环保事业培养人才。宝洁公司还加入由气候组织发起的RE100行动，以联合和支持致力于100%使用可再生能源的、有影响力的企业。为加强与业界其他企业的合作，公司还加入“可再生能源企业买家准则”和“气候变化美国企业承诺行动”，并以身示范，鼓励其他企业也加入环保行动。此外，宝洁公司还积极加入由世界自然基金会赞助的“碳减排先锋计划”，以促进业界领先的公司携手合作，共同应对气候变化的步伐。在实践方面，宝洁在华各工厂实施绿色运营，全面节能降耗，取得了良好绩效。宝洁北京厂通过实施环境保护四部落实法，努力减少污染源，取得了良好的环保成效；宝洁黄埔厂，

① 《年终专稿：三大盘点，让你秒懂宝洁的2015》，宝洁官网，2016年11月13日。

在设计安装环节就采取节能措施，并在生产线上建立能源管理体系，每年减少电力消耗400多万KWH；宝洁天津厂通过水处理工艺改进，使先进的废水处理系统可以对40%的废水进行重复再利用，将水消耗量和废水排放量大幅减少；宝洁成都厂对噪音控制不合格的排放点以及潜在超标的排放点进行整改，投入资金达150万元，最终使所有结果达到国家Ⅲ级排放标准，同时达到宝洁全球环境保护标准要求。

（四）对消费者的责任

根据企业社会责任的相关原理，消费者是组织提供产品和服务的对象，是受组织决策和活动影响最大的利益相关方之一，也是影响组织可持续发展的最重要的利益相关方之一，因此，组织必然要对消费者负责任。[①] 国际上许多重要的企业社会责任标准，如《联合国保护消费者准则》、《跨国公司行为准则》、ISO26000、《ISO9000产品质量国际标准》等对消费者责任都做了规定。其中，ISO26000将组织对消费者问题作为七大社会责任核心主题之一。该标准还规定了组织宜处理的七大消费者议题，包括保护消费者健康和安全，公平营销、真实公正的信息和公平的合同实践，可持续消费，消费者服务、支持及投诉和争议处理，消费者信息保护与隐私，基本服务获取，教育和意识。此外，该标准还规定了组织处理消费者问题宜遵循的总体要求，包括坚持满足消费者基本需求、坚持尊重消费者隐私权、坚持预防性措施等原则。四川外资企业坚持顾客至上理念，将消费者视为事关企业生存与发展、具有重要战略性意义的利益相关方，在产品的安全性、创新性上下功夫，注重产品品质和客户体验，在积极履行消费者责任的同时，创造良好的市场价值，并最终提升居民的生活质量，推动社会进步。

2016年11月4日，2016企业社会责任与教育发展论坛在成都世纪城国际会议中心举行，该论坛由四川省社会科学院、四川博览事务局联合主办，是第16届中国西部国际博览会的专项活动之一。论坛上，百胜中国控股有

① 李伟阳、肖红军：《ISO26000的逻辑》，经济管理出版社，2011。

限公司川渝黔滇市场公共事务副总监陈娟以“食在百胜，安享未来”为题，围绕食品安全问题做了公司社会责任建设的分享。作为著名的餐饮企业，百胜中国始终将食品安全和质量作为头等重任，从供应商选择、物流配送、员工培训等各环节都建立起严格的管理措施，建立起一套行之有效的食品安全管理体系。百胜中国采用全球统一的供应商追踪、评估和认可系统，通过审核供应商对百胜标准的执行情况，对其进行评估和选择。在对供应商进行评估时，通过采取飞行检查、抽检重点产品等多种措施，对其实施严格的绩效考评，建立淘汰机制，以确保供应链环节的安全稳定。此外，公司还定期给供应商进行培训，帮助其提升管理能力。在物流系统管理方面，百胜中国在国内建立了18个物流配送中心，实施严格的原料验收、贮存与配送管理。这些物流配送中心设施一流、管理规范，实行每天24小时运营。在餐厅营运管理环节，百胜中国建立了先进的餐厅营运操作标准系统，涉及原料贮存、清洁消毒、食物烹制规程、炸油品质管理和现场检测、废弃油脂管理及个人卫生等具体操作。为确保餐厅有效执行操作标准，保持高效营运能力，公司还建立了完善的培训与稽核系统，对员工进行严格的食品安全培训，对餐厅进行食品安全审核。此外，百胜中国还编写并发布了《百胜中国食品安全政策白皮书》，并经再版和修订已较为完善，以正式和严肃的方式向公众说明百胜中国所采取的食品安全方面的政策措施，以更好地接受政府和社会的监督。

2016年11月3日，成都伊藤洋华堂受邀在第16届中国西部国际博览会上参展。作为成都零售业的标杆，伊藤洋华堂颇具创新地将菜园搬进西博会现场，用VR技术展示伊藤安全安心食品的生产基地，在展场生动诠释“看得见的放心”。参观者通过VR眼镜可以身临其境地查看成都伊藤“看得见的放心”蔬菜基地全景、伊藤品质面包加工全景、精肉加工全景。伊藤希望通过这些安全健康食品的展示，倡导更积极健康的生活方式。作为国际知名的零售企业，伊藤历来视消费者为最重要的利益相关方，将顾客置于公司组织架构的顶层。公司建立了完善的品质监督管理体系，通过建立食品的可追踪系统、鲜度管理、物流中的保险措施、品质监督员制度等，确保了食品的安全和商品品质。伊藤特别注意倾听顾客的声音，每日进行顾客之声的收集，每周进行汇总，再通过董事会全体会议资料在内部分享后，要求各部、各店根据顾客的意见、建议进行改善，并对改善的情况进行公示。伊藤还设立了顾客相谈室，专门对顾客的意见、建议进行系统的整理、分析和追踪。公示每年还举行顾客恳谈会，通过与顾客面对面的直接沟通，收集对卖场商品、设备设施、待客服务等多方面的意见和建议。通过这些举措，伊藤赢得了成都地区消费者的信任，如今“伊藤”已成为品质生活的代名词。

2016 年 10 月 29 日，家乐福旗下的家优鲜产品库尔勒香梨推广会暨全国“特别的爱给特别的梨”公益活动在家乐福上海万里店成功举办。[①] 这也标志着库尔勒香梨正式加盟家乐福“家优鲜”品牌体系，成为“家优鲜”在中国的第六个认证商品。据悉，库尔勒香梨作为“家优鲜”项目的新认证产品，家乐福对其全程可追溯的生长过程进行了全方位的监测，通过生产过程全记录确保香梨的新鲜及其完整的可追溯性。此前，四川攀枝花凯特芒果通过“家优鲜”质量体系认证，并已上市。长期以来，家乐福（中国）致力于为消费者提供安全健康的食品。“家优鲜”是家乐福全球可追溯农产品品牌，为从源头打造健康安全美味的高性价比产品，要求产品全程使用至少 70% 的有机肥，并提倡手工除草，无生产调节剂，无采摘后化学保鲜，全程 100% 生产记录追踪，从果园到超市无中间商。该项目在惠及消费者的同时，也能帮助农业生产者增强农产品市场竞争力。该项目自 2014 年 9 月引入中国以来，已成功启动琯溪蜜柚、赣南脐橙、栖霞富士苹果、四川攀枝花凯特芒果等农产品。

2016 年 11 月 8 日，四川首家安利体验服务中心亮相南充，这标志着安利在四川南充开启了全新的体验时代。服务中心有产品体验、品牌推广、资讯沟通、线上购物等设施，可以使顾客一站式体验安利产品，增强顾客的生活融入感，增强情感联结，通过这种切实的体验环境，让顾客享受安利所倡导的品质生活，让更多的人被安利打造的美好生活所吸引。安利店铺按规模

---

① 《家乐福积极发展家优鲜品牌　举办库尔勒香梨推广会》，新浪网，2016 年 11 月 1 日。

不同，分为旗舰体验馆、体验馆、体验店、体验服务中心四个等级，安利体验实体店一改传统意义的店铺模式，集购物、体验、休闲、交流、学习于一体，给客户以全新的体验，让其感受安利产品带来的美好品质生活。2015年11月，安利旗舰体验馆在成都试营业，是继上海、深圳之后的第三家体验馆。体验馆除具备购物、产品展示等常规功能外，还内设有家居科技体验区、雅姿功能教室、纽崔莱健康测试区、数码区等功能区域，还有健身房和咖啡广场等场所，为人们提供了一站式的全方位生活体验（见图5）。截至2016年11月，安利在全国建立了包括4家旗舰体验馆在内的共48家体验实体店。

图5　安利成都体验馆大堂

资料来源：《安利旗舰体验馆昨日亮相蓉城》，网易，2016年11月12日。

（五）促进地区经济发展

严格说来，该部分应放在社区参与和发展主题中讨论，因为根据ISO26000等国际社会责任标准，社区参与和发展包括了社区参与、教育和文化、就业创造和技能开发、财富与收入创造、技术开发与获取、健康、社会投资七项主题，其中第五项“财富与收入创造”与国内讨论的“地区经济发展”密切相关。但是，促进地区经济发展在中国国内明显与社区参与、教育和文化等议题不同，前者更像个“经济问题”，后者是个更偏向“社会”的话题。因此，在国内的话语体系中，将“促进地区经济发展”作为一个单独的主题来讨论更为适宜。

2016 年 7 月 19 日，西门子宣布对成都项目再次增资，预计到 2019 年西门子在成都的两期项目总投资将超过 10 亿元，借助升级后的独立法人公司，为四川制造业转型升级提供样板和经验。[①] 2011 年，西门子公司根据与成都高新区签署的投资协议，在成都建立数字化工厂，即西门子工业自动化产品成都生产研发基地，该基地是西门子在德国本土外的首家数字化工厂。到 2013 年 9 月，西门子成都工厂顺利建成投产，工厂经过几年的发展，尽管员工不到 500 人，但年产自动化产品超过 250 万件，平均每分钟生产 6 件产品，而缺陷率不到十万分之一，同时准时交付率达到 98.8%，达到国际一流水平。经过此次增资，待项目二期竣工，建筑面积将约为 5.1 万平方米，成都工厂可实现年产可编程逻辑控制器 400 万台、人机界面 50 万台的生产能力。此前的 2016 年 4 月，西门子还和四川工业科技学院签署协议，在四川德阳共建四川装备智能制造应用创新中心，培养数字化工厂所需技术工人。

2016 年 3 月 24 日，宜家成都二店——宜家成华商场开业，这使成都成为继北京、上海之后，第三座拥有“双宜家”的中国大陆城市。据悉，宜家成华店共计 4 层，拥有 67 个风格迥异的展间，营业面积达 37000 平方米，能提供超过 9000 种美观实用的家具和家居用品，能为市民提供贴近生活的家居解决方案。该商场建筑规模、产品种类都远超高新店。另外，新店开业后，两家商场将实行商品通退通换制度，体现“两个商场、一个宜家”的特点。根据相关消息，宜家城南商场销售额仅次于北京和上海，宜家已经成为成都乃至整个西南地区市民最喜爱的家居商城品牌。宜家进入成都 9 年来，带动了成都城南新南商圈的发展，丰富了市民生活，活跃了地方经济。

① 《西门子为何把最先进工厂建在成都?》，新华网，2016 年 7 月 24 日。

如今，逛宜家已经成为成都市民的一种生活方式。可以预估，宜家二店的开业，不仅能给该市市民带来更多的生活体验，也有望推动成都城北区域的商业发展。

2016 年，总投资 21 亿元的一汽大众成都基地四期扩能项目正式投产，一汽大众成都工厂产能再添 15 万辆，接近 80 万辆。2016 年一汽大众有望实现 68 万辆的产量，新增 3 款改款新车。在一汽大众“龙头”的带动下，成都龙泉驿 2016 年的整车产量将突破百万辆，又上一个新台阶。一汽大众成都工厂位于成都经济技术开发区，占地总面积 2000 亩，员工目前已经超过 1 万名，是一汽集团西南发展战略的重要组成部分。2009 年 5 月，一汽大众成都分公司成立，到 2011 年 10 月 13 日，一期、二期工程建成投产。2011 年 7 月，一汽大众又启动了轿车三期工程项目，并于 2013 年 1 月 16 日建成，分公司产能达 45 万辆。2014 年 4 月，成都分公司四期项目启动，总投资 40 亿元，规划产能 15 万辆，已于 2015 年 11 月投产，成都分公司规划产能已达 60 万辆。一汽大众在四川发展七年来，四次增资，目前成都分公司的产量已占一汽大众全公司产量的 1/3。同时，作为四川地区最大的整车制造基地，一汽大众成都分公司带动了当地的汽车产业发展，如今，龙泉驿区已聚集大众、丰田、沃尔沃、一汽、吉利、东风神龙等 10 家整车企业，博世、江森、德尔福等 290 余家零部件企业。2015 年，该区整车产量达到 92 万辆，汽车全产业链产值实现 1412 亿元，名列全国十大汽车生产基地。

三　典型案例

（一）安利特教模拟城市

如何教育一群患有自闭症、脑瘫、唐氏综合征等重度智力障碍的儿童，让他们提高自理能力，为其将来融入社会奠定基础？面对这样一个课题，2011 年 12 月 20 日，安利公司启动了“安利特教模拟城市”项目，启动仪式在成都市成华区特殊教育学校正式举行，该项目由四川省教育厅、安利公益基金会主办，四川省红十字会、共青团成都市委员会、成都市残疾人联合会等共同协办，旨在有效提高特殊儿童的生活适应能力和社会融合能力。

乘坐公交车、超市购物等这些在普通人看来非常平常的活动，对有重度智力障碍的儿童却很有难度，例如，可能这些孩子还没有坐上公交车，公交车就已经开走了。而这些孩子最终要走出去，进入社会。为此，安利和学校设想把城市搬到学校，把外面的世界搬进去，让孩子们慢慢学习、适应，再进入社会。“安利特教模拟城市”已开展了“城市一角”“毕业季”“快乐成长训练营”“快乐手工坊”四季，四季都各有特色。第一季的活动是“城市一角”，把城市的医院、警察局、街心花园等搬到学校，志愿者活动都是围绕学校教学展开的，假如某月的主题是医院，那么这一个月的教学都是围绕医院展开的，比如教孩子怎么去挂号，怎么去拿药，如何认识药，受伤了应该如何处理等，一个月以后，将进行一个医院场景的模拟，设有挂号台、诊断室、听诊器等，孩子们将学到的知识进行一个实际的运用和演练。等孩子们掌握了这些生存技能，并能够融会贯通的时候，志愿者就将孩子们真正带到医院去实地体验。除医院外，志愿者还会模拟警察局、超市、厨房等，让孩子们真正学到生活的技能，以减轻家庭和社会的负担。

第二年，安利又开展了“毕业季”主题的活动。特殊教育学校的部分同学要毕业了，如何让他们顺利地找到工作，学校和志愿者能够为孩子们做些什么？安利基于模拟城市的理念又开展了“毕业季”的一系列活动。安利教孩子如何去应聘，如何介绍自己，如何写简历等。这些活动是与课堂教学结合的，开展“小鬼当家”“第一份工资”“我要竞聘”等活动。例如，“第一份工资”活动，老师会告诉孩子们如果你完成了一件事情，老师就会给他发一份“工资”，教育孩子们只有你努力了，你才能拿到工资，否则是不会得到报酬的。学校还引导他们第一份工资如何用，是否应该给爸爸妈妈买份礼物等，有位同学的爸爸喜欢喝啤酒，他就拿第一月的“工资”给爸爸买了啤酒。孩子们在活动中不仅学会了生活的技能，还学会了如何去爱别人。孩子们快毕业的时候，志愿者还带他们去“职业世界”，让他们体验空姐、警察、厨师、消防员等职业，在模拟城市中使孩子们实现梦想，最终把他们送到社会上去。

第三年，安利开展了“快乐成长训练营”的活动。2015 年，恰逢全国的特奥会在四川举行，这是属于特殊人群、特殊儿童的体育盛会，孩子们很想参加，但是，这样的盛会不是每个孩子都能参加的。因此，安利又把特奥会搬到学校里面来，为孩子们举行了一场微型特奥会。老师们为这样一场特奥会做了许多准备，教会了孩子们许多比赛本领。特奥会开始后，举行了隆重的开幕式，孩子们进行了精彩的比赛，玩得很开心。这一年还举办了一场特殊的音乐会，所有的节目都是由志愿者们自编自导的，他们跟老师一起带着孩子们准备了一年时间，教孩子们打鼓、奏乐等，耐心教他们一些技能、技巧，经过艰苦的努力，他们终于练会了。最后，志愿者和孩子们举行了隆重的音乐会，孩子们穿着盛装，非常开心。

第四季的活动是“快乐手工坊”。做手工能活动双手，对于孩子们的康复很有好处，并且因为孩子们走入社会后，绝大多数可能去工厂做些手工，所以“快乐手工坊”的活动对他们很有意义。第一个月，教孩子们做中国国旗，孩子们也认识了国旗，受到了教育。随后，每个月安利的志愿者都到特殊学校去教孩子们做手工，2016 年端午节，志愿者将孩子们做的手工进行义卖，孩子们也很有兴致地参与了义卖，“快来看看，这是我做的手工”，每件东西 10 ~ 30 元，虽然他们用袜子做的布娃娃等东西并不精美，但是还是得到了爱心人士的大力支持，半天就募集了 4000 元钱善款。志愿者把这些善款送给孩子们，作为端午节的礼物。

“安利特教模拟城市”项目的开展受到了社会的关注，也得到了社会的肯定，获得了共青团中央、民政部、中国志愿联合会颁发的“中国青年志愿服务项目大赛银奖”、第六届四川省青年志愿服务优秀组织的称号。安利将一如既往，将爱心传递下去。

（二）可口可乐：营建“妈妈家”，推动社区可持续发展

2016 年 5 月 15 日，可口可乐公司可持续发展部丘文浩与中国妇女发展

基金会创业办项目专员和四川省妇女发展基金会的工作人员及中国新闻周刊的3名记者一行数人来到乐山调研，在采访乐山“妈妈家”工作开展情况后，对乐山“妈妈家”工作表示肯定，认为乐山“妈妈家”的工作有特色、有创新。乐山共有两个“妈妈家”，各有特色。乐山沙湾区绥山社区“妈妈家”更注重助残济困，他们帮扶残疾人做手工，贴补家用。还创新成立了“流动妈妈家”，组建了一支义工队伍，到农村开展帮扶，非常有特色。县街社区“妈妈家”更注重妇女创业，搭建创业平台。

2015年5月28日，乐山市沙湾区绥山社区、市中区县街社区两个“妈妈家”社区发展和服务中心建立。虽然成立时间很短，但其已成为妇女创新创业的孵化平台，通过这个平台，受益妇女在技能、素质上都有所提高，不少妇女开始自己开微店，做微商，增加了收入。2016年5月24日，绥山社区“妈妈家”的义工们又来到沙湾区嘉农镇沫东坝村，为“妈妈家”的特殊学员、16岁的农村瘫痪女孩罗亚丽传授手工串珠的制作方法。连续数周，义工们都要抽空到罗亚丽家，教她串珠制作技巧。罗亚丽很快便学会了串珠的制作方法，她编织的金鱼、蜻蜓、娃娃等串珠饰品栩栩如生，精致可爱（见图6）。义工们还将她制作好的串珠饰品带回“妈妈家”售卖，非常受欢迎，第一次就卖了500元，目前，义工们希望为罗亚丽开一家网店，以帮助她自食其力。

“妈妈家”是在可口可乐全球“520计划”的支持下，由中国妇女发展基金会、四川省妇联、四川省妇女发展基金会、可口可乐中国共同发起的创新性社会公益项目。2012年，可口可乐公司在全球创立了“520计划”，希望通过技能培训、经济资助和导师支持等措施，为妇女就业发展提供帮助，公司承诺在2020年前为全球500万名妇女提供学习和发展的机会。2014年3月6日，第一个“妈妈家”在四川省成都市青羊区苏坡街道中坝社区正式投入使用，到2016年6月，四川省已建立了4个“妈妈家”，并计划在四川犍为县，再建两个“妈妈家”。“妈妈家”为社区妇女提供了学习和发展的平台，为更多留守妇女增加了收入，使其找到了社区的归属感，重拾自信。

图 6　罗亚丽展示自己制作的串珠

资料来源：《“妈妈家”力量大》，四川新闻网，2016 年 5 月 26 日。

B.5 四川上市公司社会责任报告*

何 飞 谢晓婷 李 雪**

摘 要: 本报告通过对四川106家上市公司2016年中期报告的梳理，从上市公司对股东及投资者的责任、对消费者的责任、对员工的责任、对环境资源和可持续发展的责任、对社区的责任五个角度分析了2016年四川上市公司履行社会责任的现状和特点，指出了其存在的问题，并提出建议。

关键词: 四川 上市公司 企业社会责任

企业社会责任（Corporate Social Responsibility）由J. Maurice. Clark在《改变中的经济责任的基础》中首次提出，但企业社会责任的定义由Howard R. Bowen在《商人的社会责任》中指出，即“商人的社会责任就是商人按照社会的目标和价值观去确定政策、做出决策和采取行为的义务”①。企业社会责任是企业在追求利润最大化过程中应承担的社会责任，包括对股东及投资者的责任、对消费者的责任、对员工的责任、对环境资源和可持续发展的责任、对社区的责任五个部分。随着企业经营社会和法制环境的变化，上市公司履行企业社会责任的意识不断加强，并将其作为促进企业可持续发展的重要手段。

---

* 本报告上市公司范围为在上海证券交易所和深圳证券交易所的A股上市公司；主要资料来源为：一是四川106家上市公司的2016年中期报告；二是106家上市公司的官网信息；三是报纸、网络等新闻媒体的公开报道资料。

** 何飞，四川省社会科学院经济所副研究员；谢晓婷，四川社工会科学院研究生；李雪，四川省社会科学院研究生。

① Howard R. Bowen，《商人的社会责任》，经济管理出版社，2015。

一　四川上市公司的发展现状及特点

（一）数量稳居中西部第一

截至2016年6月，四川省在上海证券交易所和深圳证券交易所共有106家上市公司，比上年同期增加4家。总数位居中西部第一，比中部地区拥有上市公司最多数量的湖北省多出11家，是地处西部拥有43家上市公司的重庆市的2.47倍。从表1可以看出，2016年四川省与湖北省上市公司增加最多，高于中西部其他省份，这意味着四川省已经成为中西部地区经济发展的重点区域。

表1　中西部省份上市公司数量

单位：家

序号	省份	2016年上市公司数量	2015年上市公司数量	数量增加值
1	四　川	106	102	4
2	湖　北	95	88	7
3	安　徽	92	93	-1
4	湖　南	85	85	0
5	河　南	74	71	3
7	新　疆	46	43	3
6	陕　西	44	42	2
9	重　庆	43	44	-1
8	吉　林	41	42	-1
10	山　西	38	39	-1
11	江　西	36	36	0
13	广　西	36	35	1
12	黑龙江	35	35	0
14	云　南	32	30	2
16	甘　肃	29	27	2
15	内蒙古	25	27	-2
17	贵　州	22	21	1
18	宁　夏	12	12	0
19	西　藏	12	11	1
20	青　海	12	10	2

资料来源：根据同花顺信息系统数据整理。

（二）区域分布聚集明显

从区域分布看，四川省内 106 家上市企业集中分布在成都市及周边地市：成都市上市公司达 63 家，是名副其实的中西部资本市场“第一城”，绵阳市（8 家）、遂宁市（5 家）、宜宾市（4 家）、德阳市（4 家）、自贡市（3 家）、泸州市（3 家）、乐山市（3 家），依次位列前 8，而阿坝州、凉山州、广安市、攀枝花市、内江市、眉山市、雅安市、资阳市各 1 家，巴中市、达州市、广元市、甘孜州暂无。

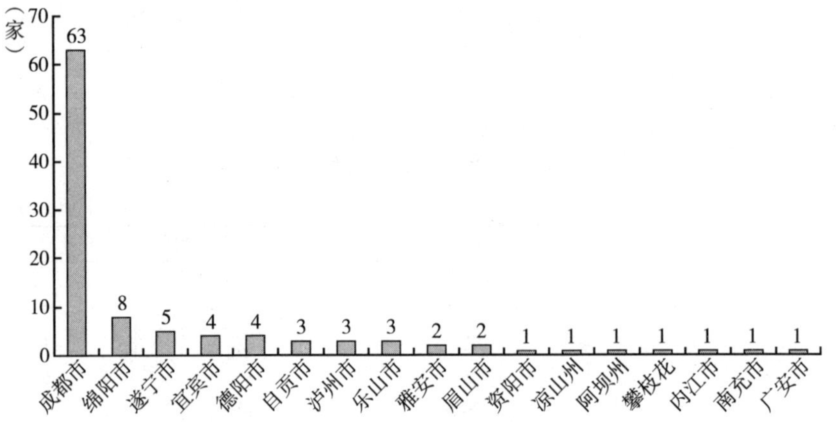

图 1　四川上市公司地域分布

资料来源：根据同花顺信息系统数据整理。

（三）传统行业占比较高

2003 年，四川省 62 家上市公司大多分布在制造业、热电供应、水力等行业，即大多数上市公司从事传统行业，而截至 2016 年 6 月底，根据同花顺信息系统统计数据，四川省 106 家上市公司分布在 20 个行业中，呈现分布面广、分布点集中的特征。其中，位列第一的仍然是制造业，紧随其后的是信息技术行业和化学制品行业，均为 13 家。

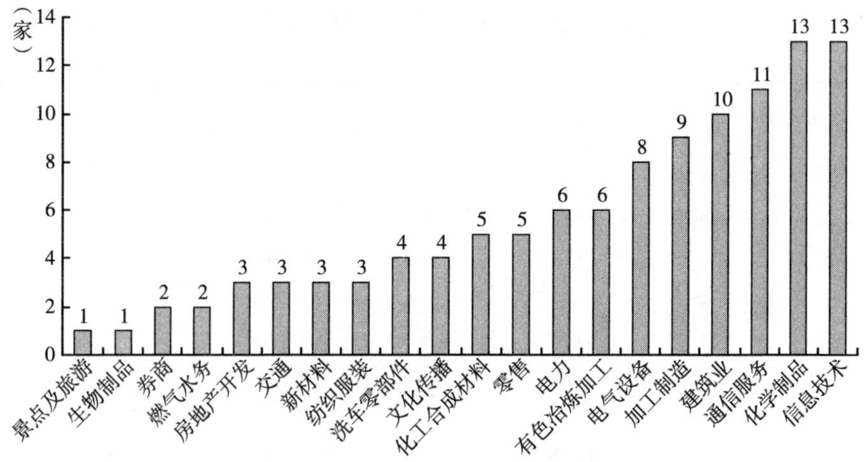

图2　四川上市公司行业分布

资料来源：根据同花顺信息系统数据整理。

（四）经济下行压力显现

四川省106家上市公司的2016年中期报告数据显示，2016年1～6月，106家上市公司实现总营业收入2439.01亿元，为地方经济发展做出了重要贡献。营业收入排名前三的依次是四川长虹、新希望和中铁二局，相应营业收入分别为327.75亿元、277.89亿元和206.20亿元，合计811.84亿元，相较于上年同期下降2.7%。此外，2016年上半年营业收入超过百亿元的企业共6家，较上年减少了1家。与2015年同期相比，营业收入排名前十的企业有4家营业收入减少，这与当前的经济大环境密不可分。值得注意的是，禾嘉股份2016年1～6月营业收入大涨，强势进入前十。

（五）整体发展态势良好

据106家四川省上市公司的2016年中期报告、同花顺信息系统等相关资料，2016年上半年，四川省106家上市公司中有76家公司被评为三星及以上的星级，其中，23家公司被评为二星级，7家公司被评为一星级。股票

表 2　营业收入排序前十位的上市公司

单位：万元

排名	代码	名称	星级	2016 年上半年营业收入	较 2015 年同期增加值
1	600839	四川长虹	★★★	3277484	292094
2	000876	新希望	★★★★	2778907	-170907
3	600528	中铁二局	★★	2062046	-349300
4	600875	东方电气	★★	1821961	1467
5	600039	四川路桥	★★★	1567380	496595
6	000858	五粮液	★★★★★	1325564	204023
7	600961	阳煤化工	★★	947847	-58057
8	600438	通威科技	★★★★	696109	56156
9	600093	禾嘉股份	★★★★	681653	663556
10	000629	*ST 钒钛	★	587501	-28680

资料来源：根据 106 家上市公司 2016 年中期报告数据整理。

评星评级是同花顺金融研究中心以第三方（如上市公司）提供的财务数据为基本依据，采用了盈利模型、财务分析、EVA、NPV 和 P/E 等多种国际上成熟的分析方法对其进行分析，旨在简单、实用、快速地认识每家公司。星级的高低表示企业经营状况的优劣，星级为 4 星和 5 星的个股大多为绩优蓝筹股，2 星和 1 星的股票一般表明企业经营中存在的问题较多。结合表 2、表 3 可以看出，星级评定与营业收入情况基本吻合，星级评定排名靠前的公司在营业收入方面的表现也非常突出。

表 3　2016 年上半年星级评定排序前十位的上市公司

排名	代码	名称	星级
1	002749	国光股份	★★★★★
2	000858	五粮液	★★★★★
3	000568	泸州老窖	★★★★★
4	002466	天齐锂业	★★★★★
5	300432	富临精工	★★★★★
6	002773	康弘药业	★★★★★

续表

排名	代码	名称	星级
7	600131	岷江水电	★★★★★
8	300127	银河磁体	★★★★★
9	300019	硅宝科技	★★★★★
10	300470	日机密封	★★★★

资料来源：根据同花顺信息系统数据整理。

净利润方面，四川省 106 家上市公司在 2016 年 1 ~ 6 月创造净利润 144.11 亿元。其中，五粮液 2016 年上半年创造净利润 38.87 亿元，位居第一；新希望以净利润 14.31 亿元、川投能源以净利润 13.97 亿元分列第二、第三位。与 2015 年同期相比，五粮液、天齐锂业和四川长虹表现亮眼，均实现了 5 亿元以上的增长，尤其是四川长虹凭借其良好的业绩表现，实现了"扭亏为盈"，进入前十。与此同时，川投能源、国金证券和鹏博士有不同幅度的下降，其中，国金证券跌幅最大。净利润排前十位的上市公司如表 4 所示。

表 4　净利润排序前十位的上市公司

单位：万元

排名	代码	名称	星级	2016 年上半年净利润	较 2015 年同期增加值
1	000858	五粮液	★★★★★	388681	58928
2	000876	新希望	★★★★	143071	27257
3	600674	川投能源	★★★	139700	-14027
4	000568	泸州老窖	★★★★★	111242	9094
5	002466	天齐锂业	★★★★★	74680	70582
6	601107	四川成渝	★★★★	67545	11928
7	600109	国金证券	★★	63795	-59548
8	000598	兴蓉环境	★★★★	47024	3433
9	600839	四川长虹	★★★	46192	65280
10	600804	鹏博士	★★★★	40413	-1394

资料来源：根据 106 家上市公司 2016 年中期报告数据整理。

税收方面，根据四川省上市公司2016年中期报告数据，1~6月106家上市公司共缴纳所得税41.35亿元。其中，缴纳所得税超过1亿元的上市公司共7家，分别是五粮液、泸州老窖、天齐锂业、国金证券、四川成渝、四川长虹和茂业商业。与2015年同期相比，国金证券、兴蓉环境和新希望在所得税方面有所下降；从星级判定上也可以明显看出，国金证券目前发展相对较慢。

表5　所得税纳税额排序前十位的上市公司

单位：万元

序号	代码	名称	星级	2016年上半年所得税	与2015年同期增加值
1	000858	五粮液	★★★★★	129635	23169
2	000568	泸州老窖	★★★★★	37513	8808
3	002466	天齐锂业	★★★★★	26596	16136
4	600109	国金证券	★★	22084	-17780
5	601107	四川成渝	★★★★	16918	3424
6	600839	四川长虹	★★★	14563	2429
7	600828	茂业商业	★★★★	11067	9164
8	600093	禾嘉股份	★★★★	9607	9368
9	000598	兴蓉环境	★★★★	9490	-1261
10	000876	新希望	★★★★	9043	-2396

资料来源：根据106家上市公司2016年中期报告数据整理。

2016年上半年，中国GDP增长约为6.7%，整体经济呈现稳定运行态势，超过全年预期目标的阈值下限，但从季度GDP走势判断，当前我国经济仍处于稳步增长的发展阶段。受国内整体经济的影响，四川省经济运行虽处在合理区间，但下行压力仍然较大。在此背景下，四川省上市企业的数目虽有增加，但增长速度明显放慢。

二　2016年四川上市公司企业社会责任建设

（一）对股东及投资者责任

1. 总述

股东是企业的出资人，而股东权利是实现股东利益的法律保证，尊重股东权利并保障股东权利的实现是企业履行对股东及投资者责任的基础，也是企业的最基本义务。为履行对股东及投资者的责任，四川省上市公司努力提升经营管理水平，加强规范运作，增强公司透明度，提高公司盈利能力，为企业实现长足发展而努力。

根据四川省106家上市公司的2016年中期报告、同花顺信息系统等相关资料，2016年上半年，106家上市公司中有85家公司实现了盈利，净利润总额为169.61亿元；其中，21家公司处于亏损状态，亏损总额为25.49亿元。从基本每股收益指标来看，排在前三位的是国光股份、五粮液和泸州老窖，分别为1.38元、1.02元和0.79元；从加权平均净资产收益率指标来看，排在前三位的是天齐锂业、台海核电和印纪传媒，分别为21.52%、18.26%和15.15%。

表6　106家上市公司基本每股收益排序

单位：元

排名	代码	名称	星级	基本每股收益
1	002749	国光股份	★★★★★	1.3817
2	000858	五粮液	★★★★★	1.0240
3	000568	泸州老窖	★★★★★	0.7933
4	002466	天齐锂业	★★★★★	0.7587
5	300502	新易盛	★★★	0.7100
6	300470	日机密封	★★★★	0.6800
7	000155	*ST川化	★★	0.6500
7	002366	台海核电	★★★	0.6500
9	300471	厚普股份	★★★	0.4010
10	603027	千禾味业	★★★★	0.3807
11	000876	新希望	★★★★	0.3400
11	002777	久远银海	★★★★	0.3400
13	600674	川投能源	★★★	0.3173
14	300432	富临精工	★★★★★	0.3100
15	600644	乐山电力	★★★★	0.3069
16	300463	迈克生物	★★★★	0.3000
16	600804	鹏博士	★★★★	0.3000
18	002422	科伦药业	★★★	0.2700

续表

排名	代码	名称	星级	基本每股收益
19	000810	创维数字	★★★★	0. 2699
20	002773	康弘药业	★★★★★	0. 2652
21	002798	帝王洁具	★★★	0. 2500
22	600131	岷江水电	★★★★★	0. 2450
23	002143	印纪传媒	★★★★	0. 2400
24	600093	禾嘉股份	★★★★	0. 2280
25	601107	四川成渝	★★★★	0. 2209
26	300414	中光防雷	★★★★	0. 2191
27	300440	运达科技	★★★★	0. 2120
28	600109	国金证券	★★	0. 2110
29	002357	富临运业	★★★★	0. 1988
30	600828	茂业商业	★★★★	0. 1944
31	300425	环能科技	★★★★	0. 1904
32	002258	利尔化工	★★★	0. 1900
33	600779	水井坊	★★★★	0. 1865
34	002630	华西能源	★	0. 1621
35	000598	兴蓉环境	★★★★	0. 1600
35	300127	银河磁体	★★★★★	0. 1600
37	600979	广安爱众	★★★★	0. 1555
38	002190	成飞集团	★★★	0. 1488
39	300362	天翔环境	★★★	0. 1486
40	600101	明星电力	★★★★	0. 1470
41	300467	迅游科技	★★★★	0. 1200
42	600039	四川路桥	★★★	0. 1189
43	300019	硅宝科技	★★★★★	0. 1136
44	000888	峨眉山 A	★★★★	0. 1127
45	600438	通威科技	★★★★	0. 1122
46	600839	四川长虹	★★★	0. 1001
47	600391	成发科技	★★	0. 1000
48	002246	北化股份	★★★★	0. 0900
49	300434	金石东方	★★★★	0. 0876
50	002497	雅化集团	★★★	0. 0830
51	300101	振芯科技	★★★★	0. 0803
52	002697	红旗连锁	★★★	0. 0800

续表

排名	代码	名称	星级	基本每股收益
53	002023	海特高新	★★	0.0700
54	600702	沱牌舍得	★★★	0.0687
55	300022	吉峰农机	★★	0.0628
56	002253	川大智胜	★★★★	0.0600
57	000801	四川九洲	★★★	0.0592
58	300366	创意信息	★★★★	0.0551
59	600528	中铁二局	★★	0.0525
60	002539	云图控股	★★★	0.0520
61	002651	利君股份	★★★	0.0500
61	300092	科新机电	★★	0.0500
61	300492	山鼎设计	★★	0.0500
64	000757	浩物股份	★★★	0.0400
64	600378	天科股份	★★★	0.0400
64	601208	东材科技	★★★	0.0400
64	603077	和邦生物	★★★	0.0400
68	000790	泰合健康	★★★	0.0389
69	600353	旭光股份	★★★	0.0377
70	600558	大西洋	★★★	0.0320
71	600137	浪莎股份	★★★	0.0310
72	000593	大通燃气	★★★	0.0220
73	000935	四川双马	★★	0.0200
73	300249	依米康	★★★	0.0200
75	002628	成都路桥	★★★	0.0194
76	300028	金亚科技	★★★	0.0187
77	000628	高新发展	★	0.0167
78	000510	金路集团	★★★	0.0136
79	600331	宏达股份	★	0.0124
80	002259	升达林业	★★★	0.0118
81	600466	蓝光发展	★★★★	0.0087
82	002272	川润股份	★★	0.0086
83	600505	西昌电力	★★★★	0.0068
84	600880	博瑞传播	★★★	0.0054
85	000586	汇源通信	★	0.0030
86	000710	天兴仪表	★	-0.0109

续表

排名	代码	名称	星级	基本每股收益
87	600733	S 前锋	★★	-0.0210
88	000509	华塑控股	★★	-0.0298
89	603333	明星电缆	★★★	-0.0344
90	600678	四川金顶	★★	-0.0484
91	002480	新筑股份	★★	-0.0648
92	000731	四川美丰	★★	-0.0761
93	002629	仁智股份	★★	-0.0800
94	002268	卫士通	★★★	-0.0880
95	600321	国栋建设	★	-0.0900
96	000629	*ST 钒钛	★	-0.0974
97	000693	ST 华泽	★★	-0.0980
98	002386	天原集团	★★★	-0.1000
99	002312	三泰控股	★★★	-0.1300
100	600875	东方电气	★★	-0.1500
101	600139	西部资源	★★★	-0.1750
102	000803	金宇车城	★★	-0.1800
103	600961	阳煤化工	★★	-0.1941
104	600793	宜宾纸业	★★	-0.2084
105	000835	长城动漫	★★	-0.2968
106	000912	泸天化	★★	-0.3121

资料来源：根据 106 家上市公司 2016 年中期报告数据整理。

表 7　106 家上市公司加权平均净资产收益率排序

单位：%

排名	代码	名称	星级	加权平均净资产收益率
1	002466	天齐锂业	★★★★★	21.52
2	002366	台海核电	★★★	18.26
3	002143	印纪传媒	★★★★	15.15
4	600644	乐山电力	★★★★	15.12
5	600131	岷江水电	★★★★★	12.76
6	000810	创维数字	★★★★	12.26
7	002749	国光股份	★★★★★	11.90
8	300432	富临精工	★★★★★	11.59
9	000568	泸州老窖	★★★★★	10.30

续表

排名	代码	名称	星级	加权平均净资产收益率
10	300022	吉峰农机	★★	9.58
11	603027	千禾味业	★★★★	8.80
12	000858	五粮液	★★★★★	8.59
13	300463	迈克生物	★★★★	7.97
14	600828	茂业商业	★★★★	7.89
15	600674	川投能源	★★★	7.39
16	000876	新希望	★★★★	7.37
17	600804	鹏博士	★★★★	7.07
18	002773	康弘药业	★★★★★	6.92
19	600779	水井坊	★★★★	6.82
20	300502	新易盛	★★★	6.62
21	002777	久远银海	★★★★	6.32
22	002357	富临运业	★★★★	6.26
23	300019	硅宝科技	★★★★★	5.66
24	000598	兴蓉环境	★★★★	5.59
25	002258	利尔化工	★★★	5.40
26	300414	中光防雷	★★★★	5.38
27	600438	通威科技	★★★★	5.37
28	300101	振芯科技	★★★★	5.32
29	601107	四川成渝	★★★★	5.25
30	300127	银河磁体	★★★★★	4.99
31	002697	红旗连锁	★★★	4.90
32	600979	广安爱众	★★★★	4.87
33	600093	禾嘉股份	★★★★	4.47
34	300470	日机密封	★★★★	4.38
35	002798	帝王洁具	★★★	4.10
36	002630	华西能源	★	3.99
37	300440	运达科技	★★★★	3.96
38	300471	厚普股份	★★★	3.90
39	600109	国金证券	★★	3.82
40	300467	迅游科技	★★★★	3.77
41	600839	四川长虹	★★★	3.75

续表

排名	代码	名称	星级	加权平均净资产收益率
42	600039	四川路桥	★★★	3. 70
43	002497	雅化集团	★★★	3. 56
44	002422	科伦药业	★★★	3. 44
45	002246	北化股份	★★★★	3. 31
46	000888	峨眉山 A	★★★★	3. 09
46	300425	环能科技	★★★★	3. 09
48	300434	金石东方	★★★★	3. 06
49	000757	浩物股份	★★★	3. 00
50	002190	成飞集团	★★★	2. 98
51	000790	泰合健康	★★★	2. 83
52	000801	四川九洲	★★★	2. 69
53	002651	利君股份	★★★	2. 51
54	600101	明星电力	★★★★	2. 48
55	300092	科新机电	★★	2. 24
56	600353	旭光股份	★★★	1. 96
57	603077	和邦生物	★★★	1. 93
58	300028	金亚科技	★★★	1. 89
59	600391	成发科技	★★	1. 84
60	002539	云图控股	★★★	1. 72
61	600378	天科股份	★★★	1. 62
62	600558	大西洋	★★★	1. 55
63	002023	海特高新	★★	1. 52
64	300492	山鼎设计	★★	1. 30
65	300362	天翔环境	★★★	1. 26
66	600528	中铁二局	★★	1. 25
67	300249	依米康	★★★	1. 23
68	601208	东材科技	★★★	1. 17
69	000510	金路集团	★★★	1. 10
70	002253	川大智胜	★★★★	1. 06
71	600702	沱牌舍得	★★★	1. 03
72	300366	创意信息	★★★★	0. 92
73	000593	大通燃气	★★★	0. 88

续表

排名	代码	名称	星级	加权平均净资产收益率
74	002259	升达林业	★★★	0.79
75	000628	高新发展	★	0.74
76	600137	浪莎股份	★★★	0.69
77	000935	四川双马	★★	0.60
78	002628	成都路桥	★★★	0.55
78	600331	宏达股份	★	0.55
80	002272	川润股份	★★	0.31
81	000586	汇源通信	★	0.29
82	600505	西昌电力	★★★★	0.25
83	600466	蓝光发展	★★★★	0.24
84	600880	博瑞传播	★★★	0.17
85	603333	明星电缆	★★★	-1.21
86	000710	天兴仪表	★	-1.41
87	600875	东方电气	★★	-1.49
88	002386	天原集团	★★★	-1.63
89	000731	四川美丰	★★	-1.67
90	002480	新筑股份	★★	-1.83
91	600733	S 前锋	★★	-1.90
92	002312	三泰控股	★★★	-2.73
93	002268	卫士通	★★★	-2.85
94	000693	ST 华泽	★★	-4.33
95	600321	国栋建设	★	-5.01
96	002629	仁智股份	★★	-5.40
97	600961	阳煤化工	★★	-7.71
98	000629	*ST 钒钛	★	-10.37
99	600139	西部资源	★★★	-11.99
100	000803	金宇车城	★★	-21.07
101	000155	*ST 川化	★★	-23.96
102	000912	泸天化	★★	-27.94
103	000835	长城动漫	★★	-31.81
104	000509	华塑控股	★★	-52.33
105	600678	四川金顶	★★	-86.04
106	600793	宜宾纸业	★★	-56.15

资料来源：根据 106 家上市公司 2016 年中期报告数据整理。

上市企业对政府履行的社会责任包括依法纳税、合理经营、将企业经营状况向社会披露等。截至 2016 年 6 月，四川省 106 家上市企业均发布了“半年报告”，但其中有 24 家企业存在罚款和滞纳金支出。

表 8　有罚款及滞纳金支出的上市公司

单位：万元

排名	代码	名称	星级	罚款及滞纳金支出
1	600875	东方电气	★★	4066.40
2	600466	蓝光发展	★★★★	494.22
3	600961	阳煤化工	★★	375.44
4	000876	新希望	★★★★	229.67
5	603333	明星电缆	★★★	220.65
6	600528	中铁二局	★★	215.62
7	600438	通威科技	★★★★	78.53
8	002466	天齐锂业	★★★★★	60.99
9	600839	四川长虹	★★★	50.10
10	300432	富临精工	★★★★★	46.75
11	600678	四川金顶	★★	22.00
12	000803	金宇车城	★★	16.00
13	000629	*ST 钒钛	★	14.55
14	002628	成都路桥	★★★	13.18
15	600804	鹏博士	★★★★	12.21
16	000858	五粮液	★★★★★	2.25
17	600101	明星电力	★★★★	2.08
18	300022	吉峰农机	★★	1.60
19	002749	国光股份	★★★★★	0.35
20	600733	S 前锋	★★	0.17
21	600321	国栋建设	★	0.07
22	002253	川大智胜	★★★★	0.05
23	600137	浪莎股份	★★★	0.02
24	600353	旭光股份	★★★	0.01

资料来源：根据 106 家上市公司 2016 年中期报告数据整理。

2. 案例

公司法规定股东享有股东身份权、参与重大决策权、选择监督管理者、资产收益、知情权、关联交易权、主持股东临时会议权、决议撤销权、退出权以及诉讼和代位诉讼权十项权力。[①] 作为公司的出资人或投资人，上市公司对股东及投资者的责任不仅表现在经营管理的透明化，更在于对信息的及时准确披露。例如，升达林业在《2016 年半年度报告》中披露了股份变动及股东情况，表明了股东股份变动原因以及变动比例；披露了限售股份变动情况，包括本期解除限售股份数、限售股份增加数、限售原因等；同时说明了股东数量及持股情况、控股股东以及实际控制人变更状况。此外，升达林业积极回报投资者，不仅公开披露经营管理的相关文件，更是严格按照证监会相关政策法规加大了对股东和投资者的保护力度。与此同时，升达林业还发布了四川升达林业产业股份有限公司坚决以实际行动维护资本市场稳定发展的倡议书，并定期发布《升达人报》等。这些信息充分说明升达林业对股东履行社会责任的严谨态度。

（二）对公益慈善的责任

1. 总述

2016 年，四川省上市公司积极支持社会慈善公益事业，有些企业已经将社会公益事业作为企业发展战略的重要层面。106 家上市公司的 2016 年中期报告显示，2016 年 1 ~6 月，有 37 家上市公司有对外捐赠支出，占比 34. 91%，对外捐赠总额为 2606. 70 万元，较 2015 年同期增加了 2. 14 倍。对外捐赠金额排名前三的是康弘药业、五粮液和新希望，分别为 618. 58 万、584. 00 万和 485. 57 万元，占 37 家总捐赠金额的 64. 76%。

2. 案例

（1）康弘药业将社会公益纳入企业战略

社会公益是社会责任的重要组成部分，也是目前上市企业运用最多的履

① 中国证券监督管理委员会：《新公司法下股东的十项权力》，http：//www. csrc. gov. cn/pub/sichuan/xxfw/tzzsyd/200701/t20070111_ 90100. htm。

表 9　106 家上市公司对外捐赠金额排位

单位：万元

序号	代码	名称	星级	对外捐赠
1	002773	康弘药业	★★★★★	618.58
2	000858	五粮液	★★★★★	584.00
3	000876	新希望	★★★★	485.57
4	000568	泸州老窖	★★★★★	311.00
5	600109	国金证券	★★	191.18
6	300463	迈克生物	★★★★	116.20
7	600644	乐山电力	★★★★	48.29
8	600466	蓝光发展	★★★★	36.02
9	002422	科伦药业	★★★	21.62
10	000912	泸天化	★★	20.71
11	000888	峨眉山 A	★★★★	20.35
12	000935	四川双马	★★	19.79
13	002466	天齐锂业	★★★★★	19.55
14	600438	通威科技	★★★★	17.36
15	002253	川大智胜	★★★★	10.73
16	002386	天原集团	★★★	10.19
17	300019	硅宝科技	★★★★★	10.05
18	002628	成都路桥	★★★	10.00
19	002630	华西能源	★	8.84
20	600839	四川长虹	★★★	7.00
21	600039	四川路桥	★★★	5.86
22	000510	金路集团	★★★	5.00
22	002023	海特高新	★★	5.00
24	600674	川投能源	★★★	4.00
25	600331	宏达股份	★	3.10
26	002651	利君股份	★★★	3.07
27	300092	科新机电	★★	3.00
28	300022	吉峰农机	★★	2.35
29	002258	利尔化工	★★★	2.30
30	300425	环能科技	★★★★	2.04
31	600979	广安爱众	★★★★	1.57
32	002697	红旗连锁	★★★	0.80

续表

序号	代码	名称	星级	对外捐赠
33	300414	中光防雷	★★★★	0.50
34	000731	四川美丰	★★	0.47
35	600793	宜宾纸业	★★	0.39
36	000155	*ST 川化	★★	0.20
37	603027	千禾味业	★★★★	0.04

资料来源：根据106家上市公司2016年中期报告数据整理。

行社会责任的方式。康弘药业作为一家集研发、生产、销售和服务于一体的现代化医药企业，其将研发创新和社会责任作为企业战略的两个不可分割的支点，正如企业宗旨“康平盛世，弘基众生”所言的，康弘药业秉承“共建美好家园、共创辉煌人生、共筑健康人间”的文化理念，在创造经济效益的同时兼顾社会责任，从1998年为“抗洪救灾”捐赠药品至今，康弘集团不断加大在社会公益方面的投入，包括社会救助、扶贫救济、捐资助学、参与公益宣传活动等。2016年4月，康弘药业举办“朗视界　沐光明”慈善晚宴，旨在为眼底病患者提供药物（朗沐）援助；5月，康弘药业作为主创方，通过公益微电影《我是你的眼》呼吁关注老年人健康；6月，康弘药业作为“一带一路”创新驱动助力工程——大型公益诊疗活动的重要支持者，不仅出资出力，更是将公益诊疗落实到基层。诸多事例都表明，康弘药业用实际行动践行了一个医药企业对社会公益的责任。

（2）蓝光发展将公益作为企业发展的应有之义

“经济发展的最终目的是让人们生活得更加幸福，企业发展的最终目的是让我们身边的社会更加文明。”这是蓝光发展对其企业社会责任的最佳诠释，也是蓝光发展在践行公益的座右铭。自2001年至今，蓝光发展累计捐款超过2亿元，资助近万人，组织公益慈善主题活动上千次；旗下的蓝光助学基金是中国房地产界两只官方认可的助学基金之一，捐建蓝光中学、牵手乡村教师、捐建图书馆、在高校设立奖（助）学金，为中国教育做出巨大贡献。此外，由高校学生、战略合作伙伴、员工、业主、政府以及公益组织组成的“蓝光志愿者”团队，是蓝光发展践行公益和拥有良好群众基础的彰显。与其同时，以“互联网 +”为技术支持、以助学和志愿者为支撑的“蓝光全民公益平台”展示了全民参与、线上线下同步开展的蓝光新公益模式，也是蓝光承担社会责任的充分体现。

（三）对消费者的责任

1. 总述

在市场经济背景下，消费者是企业生产的产品和提供的服务的购买者，也是决定企业生死存亡的关键。因此，充分保障消费者的合法权益、履行对消费者的责任是经济社会健康发展的必要条件。2016 年，四川省上市公司在生产经营活动中，秉持依法经营、诚信经营的理念，高度重视消费者权益的保护，为其提供高质、安全的服务体验，并满足客户不同的消费需求，践行尊重消费者及维护消费者合法权益的企业社会责任。

2. 案例

千禾味业用实际行动践行“让消费者安心”。“做放心食品，酿更好味道”是千禾味业的核心理念，也是千禾味业对消费者负责的直接表现。作为一家老牌酿造企业，千禾味业采用高原水、井底盐、非转基因粮食，运用独特的专利技术为消费者酿造安全放心的美味食品，保障了消费者的权益。为让消费者食用更放心的千禾食品，千禾味业不仅成立了研发基地，注重科研开发，而且举办了多次文化节，向消费者面对面咨询意见，在研发、销售、售后等多环节同时践行“让老百姓满意”。

（四）对环境保护和可持续发展的责任

1. 总述

环境是企业生存和发展的前提条件。企业作为社会公民中的重要一员，对资源和环境的可持续发展负有不可推卸的责任，而企业通过技术革新不仅可以减少生产活动各个环节对环境可能造成的污染，也可以降低能耗，节约资源，降低企业生产成本，提升企业竞争力。2016 年，四川省上市公司通过提升技术、研究开发新产品和新方案等方式，积极履行环境保护责任，并利用公开活动号召社会大众提高环境保护责任意识，这对推动四川省生态文明建设起到了积极的推动作用，体现出良好的示范引领作用。

2. 案例

（1）宏达集团积极践行绿色环保发展模式

荣获 2015 年中国企业社会责任“企业卓越奖”的宏达集团，用自己的实际行动诠释了“宏则龙腾沧海，达则兼善天下”的企业使命，恪守了“重人品人才，重竞合共赢，重品牌创新，重环境服务”的核心价值观。宏达集团注重社会公众形象，将文化建设作为企业履行社会责任的精神指导，一方面，积极参与社会公益事业，如设立青年创业基金、实施“宏达安生工程”、建设“宏达新村”等；另一方面，发展“科学采选、精细加工、综合提取、回收利用”的产业模式，走绿色可持续发展道路。

（2）天齐锂业将环保作为企业经营发展前提

2016 年 10 月 18 日，遂宁市射洪县环保局对天齐锂业进行了抽查，射洪县环保局环境监测执法大队副队长杜虎丘说：“天齐锂业各项环保指标已达到国家环保法律法规标准，做到了达标排放，此次天齐锂业专门安排环保资金，停产进行环保设施升级改造并主动约请相关部门进行指导，这种负责任的做法值得县内其他企业学习”。天齐锂业以“让环保扎根现在，用绿色昭示未来”为企业的发展理念，坚持绿色环保经营的发展新思路。环保局询问公司发展情况，公司总经理刘卫东说：“注重环境保护，既是对国家五大发展理念的践行，也是上市公司的社会责任，更是公司长远发展的需要。作为射洪本土企业，射洪天齐锂业有限公司始终坚持走绿色发展之路，把企业的社会责任牢牢扛在肩上，在射洪经济社会发展中贡献力量。”

（3）科伦药业坚持“环保优先，永续发展”

坚持“环保优先，永续发展”理念的科伦药业，一直致力于提高环保技术，倡导绿色发展。近年来，公司备受瞩目的巨无霸项目——总投资达 65 亿元、占地面积 1219 亩的“伊犁川宁生物技术有限公司万吨抗生素中间体建设项目”，仅环保配套投入就占总投资的20%以上，并委派300名员工负责治污。科伦药业董事长刘革新表示，“我们的火车晚点了，这是因为变轨，变轨的意思就是我们必须进入新的绿色GDP的发展轨道，引领新的行业发展”。①

（4）环保理念贯穿北化股份员工日常

2016年6月5日是第45个世界环境日，中国的主题为“改善环境质量，推动绿色发展”，北化股份受泸州市环保局邀请，参加了在大梯步文化广场举行的“六·五”世界环境日纪念宣传活动，现场设立了四川北方硝化棉股份有限公司宣传点，悬挂宣传条幅并向过往行人发放环境保护宣传手册及宣传单。此外，北化股份还组织泸州、西安分公司张贴主题宣传画，并在分公司开展主题宣传活动。与此同时，泸州、西安分公司还计划在6月，组织开展环保宣传教育培训，进一步提高企业员工的环保意识。通过此次“六·五”世界环境日的宣传，北化股份向公众介绍了公司的环保工作理念和取得的成效，进一步提升了北化股份的公众形象。

（五）对员工的责任

1. 总述

员工是企业创造价值的基础，是企业的核心竞争力。上市公司所采取的高福利、灵活绩效考核等都是为提高员工满意度进而提高员工劳动效率的措施。上市公司为员工提供契合个人职业发展需求的培训、人性化的管理制度、合适的岗位、具有市场竞争性的薪酬、弹性工作方式等都是对员工履行社会责任的表现。

2. 案例

（1）宏达集团为员工“夏日送清凉”

2016年6月中旬，全国各地都进入高温“烧烤”模式，这引起了宏达

---

① 《科伦药业建川宁项目“中国药谷”蓄势待发》，中国经济网，http：//finance. china. com. cn/industry/medicine/zyqy/20150605/3161644. shtml。

股份管理层的高度重视。为保障职工的身体健康，四川宏达股份有限公司启动了“夏日送清凉”活动，统一购买并下发了藿香正气液、茶叶、白糖、冰糖、风油精等夏季防暑降温用品，将关爱送到每一位依然坚守岗位、用汗水确保公司生产经营顺利进行的员工身边。

（2）科伦药业与员工共享发展成果

2016年10月27日，四川科伦药业股份有限公司公布2016年限制性股票激励计划的激励对象名单，整个名单涉及8名高级管理层人员，每人获得14.5万股股票；304名中级技术人员及管理人员，平均每人获得2.05万股股票。四川科伦药业股份有限公司与员工分享发展成果，以实际行动感恩员工。

（3）美丰化工用企业文化凝聚员工

2016年9月22日，四川美丰化工股份有限公司举行了主题为“奉献美丰、携手前行”的第四届文化节，该文化节是公司企业文化建设的嘉年华。本届文化节包含全民健身活动、文化活动、文化论坛交流三大部分，共持续了3个月时间，在德阳、绵阳两大主赛区，美丰职工及家属持续感受到了“运动美丰、青春美丰、活力美丰”的魅力。文化是企业的发展之魂，员工是企业的发展之本，举办文化节是传承美丰精神、凝聚美丰力量的重要载体，是繁荣企业文化、构建和谐关系的重要举措，旨在坚持弘扬“一本四基”的美丰文化理念，努力营造积极进取、充满活力的文化氛围，不断增强企业凝聚力、向心力，坚定打赢转型升级攻坚战的决心，锐意进取，攻坚克难，奋力实现“十三五”发展良好开局。

（4）兴蓉股份重视鼓励员工创新

随着集团发展步伐的加快，集团对人才储备、技术储备和企业文化塑造提出了更高的要求。2016年，成都市兴蓉环境股份有限公司对下属成都市第一污水污泥处理厂（简称“污泥厂”）丁宇带领的汪敏、杨程等12名同志组成的技改小组按贡献大小分别进行了表彰奖励。该技改小组经过精心钻研，反复试验，制定出“污泥湿法脱硫系统改造”的方案，并顺利安装完成后成功投入运行，该项目的成功运行，不仅降低了药耗和成本，实现了风机引增合一，减少了故障点，同时还能实现能源再利用，预计每年节约成本

1000 万元，大大提高了企业的经济效益。此项奖励有利于集团“崇尚知识”“尊重人才”“鼓励创新”企业文化氛围的形成，使知识观念、人才理念、创新意识深入人心。

三　四川省上市公司履行企业社会责任的困境

投资商、消费者偏好那些在社会责任领域表现良好的企业，企业利益相关者希望通过企业披露的社会责任相关信息了解企业目前发展状况，甚至对企业未来发展潜力做出初步评估而做出是否进行品牌消费或者投资的决定。作为一个经济组织，企业在追求经济效益的过程中势必会履行法律责任、道德责任以及慈善责任，而这些责任的履行以及披露可以为企业带来税收减免、品牌形象提升、销售额上升等效益，进而为其获得投融资、提升经济社会效益等做出贡献。尤其对上市企业而言，企业社会责任的履行和披露对其经济效益有直接影响，但就目前而言，四川省 106 家上市公司在履行社会责任方面存在困境。

（一）企业对履行社会责任认识不足

上市公司常常将履行社会责任与提高公司的市场价值挂钩，认为“履行社会责任有助于企业经营改善”“披露社会责任报告有助于公司股票上涨”，这种认识的不足具体表现在以下几个方面：一是部分上市公司对股东和投资者重视程度不够，个别上市公司甚至没有对其股东和投资者做到信息透明化；二是部分上市公司将履行社会责任看作公关、获得政策优惠等的手段，不能正确认识履行社会责任是其获得可持续发展的战略支撑之一；三是部分上市公司将履行社会责任看作捐款捐物，甚至看作经济负担，当遭遇企业经济效益下滑或者危机时往往选择不履行；四是部分上市公司忽视对员工履行的责任，部分企业在追求经济效益最大化的过程中形成了不利于员工身心健康的隐形文化，如加班、恶性竞争等；五是部分上市公司将履行社会责任简化为慈善公益而忽略了其他方面。尽管四川省 106 家上市公司都在履行企业社会责任，但大多数企业对社会责任的履行只限于对政府、股东、消费者和慈善公益的责任，对员工和环境可持续发展履行的社会责任不足。此外，上市公司对履行社会责任重视程度不足还表现在对企业社会报告的撰写上，大多数上市公司并未将履行社会责任放在企业经营同等重要的位置，往往通过年报的形式简单呈现当年企业在社会责任方面的贡献，而不对此进行分析。

（二）企业缺乏履行社会责任的环境

学者研究表明，就目前而言，企业履行社会责任并不能显示出其与不履行社会责任的企业间产品和服务的差别，即企业履行社会责任转化为企业的竞争优势需要更长的时间，在某种程度上，履行社会责任甚至会给企业增加额外的负担，对企业经营产生负效应。然而，上市公司履行社会责任并将之披露与其股票以及投资者股东对其预期是呈正相关的，因此，对上市公司而言，履行社会责任对其经营活动有重要正效应。四川省是国家重点贫困县的聚集省，也是国家精准扶贫的重点省，这在一定程度上导致川内部分上市公司履行社会责任时紧跟政策方向而忽略市场环境，片面地进行公益捐款捐物以履行对社区的责任。此外，四川省 106 家上市公司履行社会责任并将之披露发布“上市公司社会责任报告”的公司占比少于 30%，这一比例远远低于北京、上海等一线城市，其最重要的原因之一在于四川省内暂时未形成相应的市场环境。

（三）缺乏利益相关者的参与

企业履行社会责任实际上是对其利益相关者履行相关责任，而利益相关者的有效参与有助于提高企业履行社会责任的效率、增加企业的透明度、提升企业的品牌效应并创造新的价值。但就目前而言，大多数上市公司在履行社会责任过程中缺乏与消费者、员工甚至投资者的沟通，往往采用捐款捐物等方式，不能有效对接利益相关者。企业对政府的责任是遵纪守法，但部分企业在经营过程中存在偷税漏税、行贿受贿等违法行为；企业通过向投资者提供真实可靠的经营信息履行对投资者和股东的责任，但有些企业不仅不能保障股东权益，甚至做出侵害投资者利益的经营行为；员工作为企业的内部消费者和企业创造价值的重要资本，企业要切实为员工提供适宜的工作环境、与其岗位和绩效相匹配的薪酬，但一些企业为追求销售额而加大员工工作量或者与员工形成负的心理契约，甚至导致员工身心受损。此外，对消费者履行的社会责任是提供高质量的适价的商品和服务，但食品安全、价格虚高等现象时常发生；企业对环境资源的社会责任在于其经营发展是以不损害环境为代价的，但一些企业，尤其是传统的制造业企业对环境造成了难以弥补的破坏；企业对社区（社会）的责任往往通过企业的慈善公益来进行，但目前大多数企业对慈善的理解狭隘，甚至将之作为公关或者获得政策红利的手段。企业在履行社会责任过程中存在一系列问题的重要原因在于相关的利益相关者被企业排斥，企业只根据自身发展战略来选择性地履行相应责任，这种单向的社会责任履行方式势必难以将所有利益相关者纳入考虑范围，进而导致侵害他人利益现象的发生。

四　改善四川省上市企业履行企业社会责任的对策建议

澈力木格认为，中国企业发展的趋势有四个。一是社会责任概念和议题逐渐明确并得以统一；二是企业社会责任会不断渗透到政治、经济、社会发展等全方位、各领域；三是企业将履行社会责任纳入企业管理的一部分，将社会责任管理战略化；四是企业将大力吸收国内外先进经验从而使社会责任履行更加国际化。对四川省上市企业而言，改善其履行社会责任现状既要考虑国际、国内形势，也要考虑自身特点，具体可从以下几方面着手。

（一）加快对上市公司履行社会责任的立法建设

“无规矩不成方圆”，法律法规在现代社会扮演的不仅仅是约束角色，更多的是起指导作用。上市公司作为股份有限公司的主要组成部分，其具有明确的法律约束性，尽管目前国内的《劳动法》《公司法》《证券法》《上市公司治理准则》《上市公司社会责任指引》《关于加强上市公司社会责任承担工作通知》等相关法律法规对上市公司履行社会责任有所规定，但目前尚没有法律强制规定上市企业必须披露其社会责任。因此，一套完善的社会责任信息披露法律法规是企业快速披露自身社会责任的保障。

（二）加强政府监管作用

企业在整个经营过程中与政府密切相关，政府一方面是企业经营活动的政策指引者，另一方面又是企业经营行为的监督者。在企业履行社会责任过程中，政府既是既得利益者，又是企业履行社会责任的指导者和评估者。在上市公司整个经营过程中，政府的正确引导、严密监管必不可少。

（三）加快社会责任报告披露进程

企业社会责任报告旨在向公众披露企业在一定时间内对整个社会做出的贡献，例如，对税收的贡献、对消费者使用合格产品以及享受高效服务的贡献、对环境保护的贡献等。加快引导上市企业披露企业社会责任报告有助于企业获得可持续发展。一方面，企业社会责任报告是企业披露自身在经济、社会、环境等多方面的绩效的途径，进而让利益相关者了解企业在一定时间内经营状况和未来的发展潜力；另一方面，企业社会责任报告的披露有助于企业内部经营管理的透明化，缩小企业灰色地带。此外，上市公司对社会责任的理解多处于宏观层面，其社会责任报告往往重形式轻内容。因此，加快上市公司社会责任报告的规范披露是应有之义。

（四）加强媒体和社会的监督作用

媒体作为第五种力量，其形成的公众舆论往往能起到法律难以匹及的约束作用和社会规范作用。在上市公司履行其社会责任的时候，媒体要做到监督，既要对正面效益予以赞扬，也要对负面效应敲响警钟，而这种来自媒体的监督与关注在上市公司履行社会责任方面起到积极促进作用，例如，提高其捐助的可能性、降低违法经营行为发生的概率。因此，加大媒体对上市公司的监督，理性引导舆论对其产生自觉履行社会责任的压力，使企业合理平衡履行社会责任和追求经济效益之间的关系，对提高上市企业履行社会责任效率和获得持续增长有重要作用。

（五）加快上市企业内部改革

四川省 106 家上市公司中有相当的比例是由国有企业转制而来的，其内部治理结构还延续着传统国有企业的既定设置，例如，股东大会流于形式、企业实际经营者（职业经理人）与股东存在利益冲突等。为保障利益相关者的权益，上市公司首先应充分发挥董事会的作用，将董事的意见纳入企业经营决策中；其次，要设置社会责任委员会，制定相关的体制机制，将企业管理人员履行社会责任的决定纳入其绩效考核，并制定行之有效的指标评价体系；再次，要完善内部规章制度，严格按照相关法律法规，结合企业实际制定以不损害利益相关者权益为前提的规章制度；最后，企业要以企业战略为导向，将履行企业社会责任放在与获得经济效益同等重要的位置，并循序渐进地调整企业履行社会责任相关细则。

参考文献

李正：《企业社会责任与企业价值的相关性研究》，《中国工业经济》2006 年第2 期。

姜启军：《企业社会责任和企业经济绩效的关系分析》，《生产力研究》2007 年第 22 期。

澈力木格：《中国企业社会责任发展的趋势是什么?》，企业社会责任中国网，http：//www. csr－china. net/html/CSRguanli/20150420/2959. html。

徐莉萍、辛宇、祝继高：《媒体关注与上市公司社会责任之履行——基于汶川地震捐款的实证研究》，《管理世界》2011 年第 3 期。

专题报告篇

Special Reports

B.6
四川食品行业社会责任报告

何祖伟*

摘　要：当前，四川食品行业仍处在重要的发展机遇期，随着政府支持力度的持续加大，相关法律法规的不断完善，四川食品行业形态转型升级逐步加快，经济规模持续扩大，食品企业履行社会责任总体上体现出较好水平，但是，食品企业在履行社会责任工作方面仍然存在不足。

关键词：四川　食品行业　社会责任

一　2016年四川省食品行业发展现状

2016 年以来，面对国际环境复杂严峻、国内稳增长压力加大的宏观经

---

* 何祖伟，硕士，四川省社会科学院企业社会责任研究与评估中心助理研究员。

济形势，四川省食品行业认真贯彻落实省委、省政府稳增长决策部署，积极推进供给侧结构性改革，着力加快传统经济转型和新经济培育，四川省食品工业经济运行保持在合理区间，呈现总体平稳、稳中有进、稳中有好的发展态势。

（一）政策支持力度不断加大

四川省继续加大对食品行业的扶持力度，陆续发布了《关于2017年中小微企业发展专项资金项目申报工作的通知》《关于促进四川省中小微企业创新创业服务联盟健康发展的通知》《关于申报2016年工业转型升级〈中国制造2025〉重点项目的通知》《关于做好2016～2017年度中小企业经营管理领军人才培训工作的通知》《关于开展2016年省“专精特新”中小企业培育申报工作的通知》《关于举办四川省食品饮料产业专题研讨班的通知》《关于成立“互联网+四川制造”平台工作推进小组及推荐企业入驻“互联网+四川制造”平台的通知》等文件。这些专项文件，对整个食品产业的人才培养、资金支持、行业规范引导、产业升级、国际接轨等方面给予了大力支持，给四川食品行业的健康发展提供了积极有利条件。

（二）产业形态转型升级逐步加快

随着我国总体经济的发展、人民生活水平的提高，消费由生存型向健康型、享受型转变；由吃饱、吃好向安全、健康、食品消费多样化转变。由消费带动生产转变、产业结构调整。新技术、新材料、工业4.0与“互联网+”对全行业的带动示范作用显著增强，我国食品工业正在开始新一轮的产业转型升级。2015年8月，四川省被列为国家系统推进全面创新改革试验区域之一，四川省迎来了转变经济发展方式的重大历史性机遇。2015年12月底，四川省委出台了《全面创新改革驱动转型发展的决定》，2016年6月，国家又批复了《四川省系统推进全面创新改革试验方案》，为全省产业转型升级提供了良好契机。四川食品行业借此东风，积极融入、实施高端装备创新研制、智能制造、工业强基、绿色制造、军民融合等一大批重大工程，推动工业化、信息化深度融合，争创“互联网+四川制造”和智能制造试点示范，加快实施企业触网行动，推进“设备换芯”“生产换线”“机器换人”，四川食品产业转型升级逐步进入快速发展轨道。2016年四川食品产业的变化主要表现在以下三方面。一是产业集中度不断增加；二是高新技术的广泛应用，促进了行业的技术进步；三是大型食品企业开始向全产业链进军，从源头掌控产品安全质量的能力逐步提高。

（三）经济规模持续扩大

食品饮料产业是四川第一大传统产业，2015年产值规模超过8000亿元，占到工业总量的1/5，对工业经济平稳健康发展有着重要的支撑作用①。2016年前三季度，四川规模以上工业增加值同比增长7.9%，增速比全国平均水平高1.9个百分点。1~8月，规模以上工业企业实现主营业务收入25744.5亿元，同比增长7.1%；实现利润总额1388.7亿元，增长7.4%，工业利润呈逐月回升态势，全省41个大类行业中，利润总额前3位的依次是酒、饮料和精制茶制造业148.1亿元，酒、饮料和精制茶制造业依然是全省工业利润的主要来源。前三季度，四川实现社会消费品零售总额11108.9亿元，同比增长11.5%，增速比全国平均水平高1.1个百分点。从热点商品看，粮油、食品、饮料、烟酒类零售额同比增长19.8%。②

（四）商业模式迅速转变

首先，更加重视品牌建设，由于产品同质化、企业竞争不断加剧以及经营成本的不断抬升，四川食品产业正在遭受成本上升和利润下降的双重挤压，“四川制造”已经丧失低原料价格、低劳动力成本的竞争优势，这倒逼四川食品产业必须更加重视品牌的建设和推广，才能摆脱以依靠“同质化、

---

① 《四川食品产业加快创新驱动发展》，搜狐新闻网，http：//mt.sohu.com/20160725/n460964167.shtml。

② 《2016年前三季度四川经济形势新闻发布稿》，四川省统计局官网，http：//www.sc.stats.gov.cn/tjxx/zxfb/201610/t20161020_221597.html。

价格战”为主的终端竞争。其次，拥抱“互联网+”，近年来，在食品零售环节，电子商务显示出巨大的发展潜力，线上平台已成为发展速度最快的分销渠道。在为消费者提供更多选择的同时，这一发展趋势也对物流、仓储、存货管理等供应链的各个环节都提出了新的要求。越来越多的四川食品品牌，正在逐渐实现商品零售由线下到线上的转型。最后，新技术、新材料的运用，使四川食品工业从降低生产成本、优化流程、提高产品竞争力等方面进行突破，从而催生新的商业模式。

（五）相关法律法规不断完善

2016年7月13日，国家食品药品监督管理总局发布了《网络食品安全违法行为查处办法》（国家食品药品监督管理总局令第27号），为加强网络食品安全监督管理、保证食品安全提供了法律保障。同时，2016年是新食品安全法实施一周年之际，一年来，四川省深入宣贯新食品安全法，积极参与监管和新法解读，配合地方政策配套工作，陆续出台了多项地方配套性法规。

3月17日，四川省食品药品监督管理局印发了《四川省食品药品安全舆情监测与处置办法》。

5月9日，四川省人民政府办公厅印发了《四川省加快推进重要产品追溯体系建设实施方案》（川办函〔2016〕78号）。

5月16日，四川省食品药品监督管理局印发了《四川省食品经营许可管理实施办法》（川食药监发〔2016〕70号）。

6月1日，四川省食品药品监督管理局印发了《关于调整食品生产许可审批权限的公告》（2016年第19号）。

11月3日，四川省食品安全委员会办公室印发了《关于加强冷冻食品贮存和运输环节食品安全监督管理工作的指导意见》（川食安办〔2016〕55号）。

9月26日，备受关注的《四川省食品小作坊、小经营店及摊贩管理条例（草案）》也提交四川省第十二届人大常委会第二十八次会议第一次全体大会进行第二次审议。

二　2016年四川省食品行业社会责任履行情况

（一）深耕食品安全，履行对消费者责任

民以食为天，食以安为先。作为食品企业，食品安全是企业首要的社会责任，同时也是企业安身立命之根本，保障食品安全，企业才有存在的价值。

2016 年 3 月 12～13 日，为贯彻新希望股份公司对食品安全工作的相关要求，提升食品从业人员的食品安全意识，安全环保部联合法务部举办了食品安全专场培训，股份公司下属相关各运营单元的经营主要负责人，食品生产、品控及销售负责人，以及安全环保部、法务部等的同事 140 余人，另有各相关单位 400 多人通过视频参会，线上、线下近 600 人参加了此次培训。据悉，本次培训是股份公司迄今规模最大、授课专家领域涉及面最广的一次食品安全培训，本次培训切实提高了参训学员的食品安全知识水平，增强了参训学员的法律意识和责任意识，进一步提升了参训学员的食品安全责任意识。

2016 年 3 月 20 日，酒类质量安全联合研究基地揭牌仪式在泸州市中国白酒产品交易中心举行。酒类质量安全联合研究基地由国家固态发酵工程中心、中国食品发酵研究院、国家食品质量检测中心、全国食品发酵标准化中心、国家酒检中心、国家酒类包材检测中心、泸州老窖股份有限公司联合成立。未来，基地将充分利用组建单位在科研、技术、检测、生产、质量等方面的优势，致力于原辅材料、生产过程、成品质量安全潜在风险源及控制措施等酒类产品质量安全方面的系统研究；通过对分析检测技术的研究及应用，充分制定、实施相应的质量安全标准，确保酒类产品的质量安全。基地作为行业质量安全中心，旨在为行业树立质量安全标杆，推动行业健康发展。据悉，该基地将落户泸州老窖，并在每年中国国际酒业博览会期间发布《泸州老窖质量安全白皮书》。

2016年6月5日，新希望六和公司在“全国儿童食品安全守护行动”启动仪式上宣布，新希望六和与中国儿童少年基金会达成五年战略合作计划，设立“新希望六和儿童食品安全教育基金”。双方将携手开展全国儿童食品安全守护行动这一大型公益项目，推动儿童食品安全知识在全国范围的普及推广，倡导更多的企业共同关爱儿童健康成长。据了解，“新希望六和儿童食品安全教育基金”将主要用于为儿童食品安全知识在全国的普及行动提供支持，通过发放食品安全资源包、食品安全主题绘本，开设移动体验营等多种方式，深入家庭、社区和学校，开展食品安全教育活动，普及儿童食品安全和营养健康知识。

2016年6月25日，四川省吉香居食品有限公司为进一步提高全员安全意识、全面推进和提升公司安全管理工作，召开了安全生产大整顿暨安全生产月启动会。公司董事长丁文军、总经理汪维龙等公司高层领导出席会议，全公司1000余名员工悉数到场参会。同时，为进一步改善节能降耗管理、强化安全生产工作，公司安全生产管理办公室、动力科还组织召开了冻库节能降耗、安全操作和应急处理培训会。培训后员工反馈此次培训及时、实用性强，增加了安全知识，提升了应急处置技能。

2016年9月，经过严苛的认证审核，成都希望食品有限公司顺利通过了HACCP体系认证。HACCP认证证书的顺利通过，不仅标志着该企业对食品质量管理的重视，同时也标志着成都希望食品有限公司提升了参与国际市场竞争的话语权，这也为公司进一步拓展国际市场增加了筹码。HACCP即危害分析及关键点的控制。HACCP体系目前已成为国际上共同认可和接受的食品安全保证体系，该体系是通过分析食品生产的各个环节，有针对性地对各个关键环节实施严格监控，从而实现从“农场”到“餐桌”任何环节的食品安全卫生质量的有效控制。为此，成都希望食品有限公司下大力气，全方位提升食品安全管控，最终得到相关部门的认可，顺利通过了HACCP体系认证。

2016年10月17日，四川省吉香居食品有限公司召开了信息化质量体系平台运行推进会。信息化质量体系平台的建立，改变了之前的全手工建单模式，在很大程度上提高了员工的工作效率。同时，在平台实施过程中，物联网应用的加入，使电子数据实现了多方位采集，让整个生产过程管控更加智能化、科学化，尤其对于公司产品追溯体系的完善升级，有着极大的促进作用。该平台的成熟运行，将会在一定程度上为公司的质量、营销以及财务等诸多管理提供快捷的依据。

根据中食联盟（北京）认证中心安排，外审专家于2016年10月25~26日对郎酒进行了为期两天的酒类产品质量认证现场检查，围绕公司产品质量、食品安全管理水平、产品可追溯性、各个环节的控制能力（HACCP、GMP、GHP、ISO9000）等方面开展了检查，同时对公司认证产品进行了抽样，实施理化指标等级鉴定及感官品评。通过检查，外审专家一致认为，公司质量、食品安全管理全过程较好地体现了领导作用与全员参与，食品安全监督方案详细、切实可行，生产全过程制定的工艺文件、作业指导书可操作性强，质量、食品安全管理体系建设有序开展，这些确保了产品认证后持续保持其等级水平，满足认证要求，郎酒顺利通过了酒类产品质量认证现场检查工作。

2016年11月7日，四川省吉香居食品有限公司2016年下半年生产改善提案发布会在中央礼堂召开。发布会主题为“认真实践，敢想敢做，必有收获”，会议旨在通过优秀员工上台分享提案的方式鼓励大家从细节中发现创新，在实践中进行拓展、实现改善。董事长丁文军、生产工厂总经理汪维龙、生产副总兰恒超出席发布会，1000余名生产员工参加了此次发布会。提案内容主要围绕安全、质量、效率、节约、设备改进等方面展开。

（二）贴心关爱员工，构建和谐企业

企业和员工是利益共同体、成长共同体、价值共同体和命运共同体，企业只有在日常工作和生活中，关心、关爱员工，不断以正能量鼓励员工，才能真正实现“心往一处想，劲往一处使”，才能不断提高队伍的凝聚力和战斗力，为企业的发展贡献力量。

2016年1月22日，随着冬天的脚步来临，气温一次次降低，为给员工

送去冬日的温暖、改善大家生活、活跃团队氛围，洪雅美好食品有限公司组织员工开展了“全羊暖宴”活动。

3月8日，为庆祝一年一度的“三八”国际劳动妇女节，高金公司于当天下午在公司伊山郡举行了相关的庆祝活动。整个活动涵盖了游戏、知识问答、互动交流、晚餐等环节，这次庆祝活动既表达了公司对女性同胞的关心，同时也增进了员工相互的了解，拉近了相互的距离。

3月21日上午晨会，“苏安虎劳模工作室”授牌仪式在徽记总部举行。徽记总部、成都工厂全体行管参加授牌仪式，副总经理李长江先生、工会主席毕守英女士为工作室授牌，成都工厂厂长谭保索先生对工作室成立表示祝贺。

4月6日，为弘扬企业文化，奖励在过去一年里表现突出的员工，吉香居公司组织2015年度优秀员工赴厦门鼓浪屿土楼旅游参观。来自不同部门的10个优秀员工及优秀管理者，参加了为期五日的“海上花园”之旅。

5月，为了感谢品品各位家人辛勤的付出和努力的工作，四川品品食品有限公司举办了益智益脑的一系列趣味活动。丰富了品品家人的文化生活，增进了大家的互相了解，增强了团队意识。

为增强员工体质、活跃公司氛围、践行“有家就有新希望”的企业文化，6月5日，南充新希望公司组织近40名员工开展行走18公里的户外徒步活动。

6月14~15日，四川省吉香居食品有限公司组织全体后勤员工“登玉屏、游柳江”。

7月16日，为丰富广大员工的业余生活，本着“锻炼身体，加强交流，促进友谊”的宗旨，四川省吉香居食品有限公司篮球队和千禾公司篮球队举行了一场精彩纷呈的篮球比赛。此次篮球友谊赛，不仅为两家公司青年员工的业余生活增添了乐趣，促进了健康向上的企业文化建设，还充分展现了青年员工勇于进取、奋发向上、团结协作的精神风貌。

为弘扬积极向上的企业文化，丰富员工业余生活，展现员工个人风采，让员工在紧张繁忙的工作之余一展歌喉、放松身心，8月4日，南充新希望公司卡拉 OK 大赛正式唱响。此次活动通过微信抢红包、大众评审投票等环节让台上台下共同参与，乐在其中，更享受活动的乐趣；同时也展示了公司员工的才华和风采，体现了员工积极向上的精神风貌，更进一步加强了新老员工之间的沟通和交流，增强了员工的凝聚力和向心力。

8 月 8 日，徽记集团迎来 15 岁生日。全体徽记总部、成都工厂家人与华隆、徽记南溪、徽记豆匠家人代表欢聚一堂，以生日庆典及趣味运动会的形式，共同庆祝成功、分享喜悦。

在国庆假期即将结束之前，为丰富员工生活，营造公司温馨、团结的气氛，提高员工凝聚力，加强团队建设，南充新希望公司于 10 月 7 日在青山湖举办了户外烧烤活动，与员工共同庆祝国庆节。

（三）注重绿色环保，推动企业可持续发展

2016 年 1 月 16 日，世界环保大会组委会宣布“绿色低碳发展变革力峰会暨国际碳金奖 2015 年度盛典”在北京举行。本次峰会由国际节能环保协会（IEEPA）和联合国工业发展组织（UNIDO）、联合国教科文组织（UNESCO）联合主办，以“思想引领低碳变革，创新驱动绿色发展”为主题，旨在传播低碳理念，寻找经济环境可持续发展、绿色低碳最佳表现企业。白酒巨头五粮液也因其积极推动“绿色与创新、变革与发展”，提名“中国绿效企业最佳典范奖”并应邀参加。

6 月 6 日，“举手做环保，清净在源头”，徽记环保站启动仪式在总部举行。总部行管、成都工厂全体员工、慈济志工共同参与并见证了这一庄严时刻。

9 月 12 日，四川省环保厅网站发布《四川省 2015 年度企业环境信用初评结果公示》，2015 年，省环保厅根据环保法律法规规定，按照国务院、省政府和环保部、国家发展改革委、中国人民银行、中国银监会四部门要求，对成都、攀枝花等 11 市（州）环保局筛选上报的企业名单进行了综合评审，四川沱牌舍得酒业股份有限公司获评“环保诚信企业”。

10 月 26 日，郎酒厂组织开展环保目标管理基础要求及实际操作培训，

辖区各部门环保员及环保相关人员共计 41 人参加培训。此次培训从规范、统一环保目标、指标分解及日常监督检查运行管理入手，结合实例讲解了危险废物的规范管理、环保合规性评价及环境风险管控。据了解，近年来，郎酒厂不断加大环保投入，污染治理能力和水平得到显著提高，环保事业取得显著成效，得到国家、省、市环保部门的高度认可。密集地环保投入，显著提升了污染治理能力和水平；通过引入专业团队严格管理，为污染物稳定达标排放建立内部制度环境，从而获得了从污染大户到治理标兵转变的底气和资本。

10 月 28 日，洪雅美好食品有限公司积极响应洪雅县委县政府号召，主动参加当地组织的“专注绿色发展，建设天府花园”万人植树主题活动。长期以来，公司积极推动内部绿化，努力打造花园式工厂，还积极在政府的倡导下参与植树绿化活动，专人照管公司内部及周边植被，在当地树立公司乐于为民做好事的良好形象。

10 月 29 日，全国第十三届绿色食品展在西安举行，此时正值绿色食品协会成立 25 周年，农业部、国家绿色食品协会在会上，对 2300 多家绿色食品企业中具有特殊表现的 100 家示范企业进行了授牌，农业部副部长陈晓华为获奖企业颁牌。四川五丰黎红食品有限公司是其中之一。据悉，“全国百家绿色食品示范企业”，是按照《全国绿色食品示范企业评选办法》和公开、公正、公平的原则，经推荐、审核、专家评审、网上公示等程序，从全国绿色食品企业及省级以上农业产业化龙头企业中评出的。

（四）捐资助学，关注教育事业

2016 年 5 月初，新希望六和正式启动了“六・一”大型公益活动。5 月 14 日，新希望六和开展了“用脚步丈量美好”公益徒步活动，召集世界各地的爱心人士，为公益徒步献出爱心，当天全世界累计徒步约 2000 万步，合 1 万公里，所得奖励全部捐献给孩子们，用于添置教学用具与用品；5 月 19 日，发出爱心倡议书，孩子们 55 个心愿即刻被认领完毕。5 月底，两支爱心小分队为雅安新希望六和八步小学与巴中通江县牟家坝新希望六和小学送去满载爱心的电子钢琴和“六·一”礼物，圆了孩子们的心愿，并与孩子们共庆“六·一”儿童节。

5 月 11 日，郎酒集团红花郎成都商超助梦小分队来到雅安市石棉县迎政乡博爱小学，将价值 5 万元的教学物资捐赠给学校师生，帮助他们进行灾后重建，鼓励祖国的“小花朵”健康成长。为雅安学子筑梦搭桥。

2016 年 5 月 11 日，在市关工委、市总工会、市残联以及各界爱心人士的共同见证下，高金公司正式启动“点滴汇聚明天，高金与您同行”的爱心捐赠活动。作为一家民营企业，从公司成立起，高金就恪守“爱心回馈社会”的慈善理念，主动履行社会责任，全程参与和支持扶贫帮困、爱心助学、利民公益活动等各项公益慈善事业。近年来，四川高金实业集团有限公司积极参与和推动“文化教育·爱心帮扶”关注特殊儿童成长、关心下一代成长的慈善公益活动，用自己的行动践行着一家公众企业的社会责任。

8 月 23 日上午，沱牌舍得集团员工子女升学奖励暨扶困助学金颁发仪式在公司圆厅二楼会议室举行。71 名沱牌舍得学子受到奖励，5 名困难员工子女获得助学金资助。

8 月 24 日上午，泸州老窖股份有限公司举行第十届“国窖助学”助学金捐赠仪式。2016 年是“国窖助学”活动的第十年，这次泸州老窖继续资助 14 名大学生，助力完成他们的大学梦想。十年来，泸州老窖销售系统的员工累计捐赠 240 万元的助学资金，帮助 100 名优秀的贫困学子完成学业。泸州老窖倾情教育，积极捐资助学。据统计，自 2008 年至今累计捐资 4.8 亿元，先后捐资重建了在汶川地震中严重受损的绵阳安县泸州老窖永盛学校、雅安芦山县飞仙关中心校；捐建了泸州老窖天府中学、古蔺县向阳小学、广安思源学校、巴中南江县兴马乡小学等 20 余所学校。除发起“国窖助学”外，泸州老窖还连续 12 年参加“栋梁工程”扶贫助学行动，设立“泸州老窖奖学金”“泸州老窖金教鞭奖”，助力学子成长成才。

11 月 18 日，“汇聚大爱，愿望成真——玖玖爱 24 小时愿望面馆公益行动”在北京拉开帷幕。活动当天，四川玖玖爱食品有限公司走进北京黑桥村红旗小学，为在校学生送去了 500 箱玖玖爱六粮面，在寒冷的冬日给孩子们带去了快乐与温暖，并对辛苦奋战在教学一线的教师们表示了诚挚的问候与关怀。

（五）扶贫济困，热心慈善公益

2016 年 1 月 8 日，为响应国家“大众创业、万众创新”的号召，四川省委省政府、共青团四川省委联合发起的以“创业创新，公益同行”为主题的 SYE 青年创业嘉年华暨第三届四川青年公益行活动在西南民族大学举行，在大会上，“1 亿元川商留守儿童援助基金”正式启动，基金发起企业蓝剑集团现场捐赠 1000 万元，彰显了慈善榜样的力量。据了解，该基金是在 2015 年 12 月 18 日四川杰出川商颁奖典礼上，由蓝剑集团董事长郭一民倡议成立的。

泸州老窖始终以龙头企业为带动，以合作组织为纽带，以基础建设为兜底，一手抓精准扶贫，一手抓产业推动，积极探索“基金 + 市场 + 龙头企业 + 合作组织 + 农户 + 基地”六位一体的扶贫开发模式，把扶贫开发的重点放在产业培育上，走出了一条农业产业化扶贫开发新路子。下一步泸州老窖拟通过农旅有机结合开发叙永县“山水画稿 · 问道丹山”旅游扶贫项目，项目预计投资 99 亿元。下半年拟捐资 50 万元扶持回洞桥村、向田村农业，推进养殖扶贫。泸州老窖始终高度重视精准扶贫工作，“有人出人，有钱出钱，有力出力”，做到了“人员到位、资金到位、措施到位”，帮扶工作取得了较好的成效。

2016 年 4 月 10 日，泸州老窖公司通过向古蔺县龙山镇向田村捐资建设党群服务中心、捐助设立帮扶养殖基金、发放贫困户养殖鸡苗等活动，帮助古蔺县龙山镇向田村改善风貌，帮扶结对贫困户实现脱贫致富。活动期间，党委书记、董事长刘淼代表泸州老窖股份有限公司与向田村签订了捐资建设党群服务中心意向协议书、捐助设立帮扶向田村养殖基金意向协议书。随后，党委书记、董事长刘淼代表泸州老窖股份有限公司为向田村捐助 50 万元建设党群服务中心，党委副书记、总经理林锋代表泸州老窖股份有限公司为向田村捐助 30 万元设立帮扶养殖基金。泸州市扶贫基金会会长梅兴岗则代表四川省扶贫基金会泸州市分会为向田村贫困户捐助鸡苗1200只。

5月5日，泸州市扶贫开发协会第四届二次会员代表大会在南苑会议中心召开。全市各区县扶贫开发协会、乡镇分会和村级互助会代表共300余人参加了会议。在本次大会的捐赠活动中，泸州老窖股份有限公司党委副书记江域会受泸州老窖集团、泸州老窖股份有限公司、华西证券股份有限公司、泸州市商业银行的委托，向泸州市扶贫基金会捐赠3100万元，定向用于10个村的精准扶贫工作。会上还表彰了在扶贫工作中做出突出贡献的优秀会员、优秀爱心人士。泸州市扶贫开发协会副会长、泸州老窖股份有限公司党委办主任刘立新，被评为十佳优秀会员。

7月26日凌晨，四川省九寨沟县双河乡甘沟村发生特大泥石流。灾情发生后，成都希望食品有限公司在第一时间将赈灾物资送抵双河乡现场，政企联合，共同抗灾救险。随后，公司马上启动应急预案：在不干扰当地赈灾计划的前提下，希望食品的员工同九寨沟县民政局慈善分会接洽，捐赠出包括火腿肠、帐篷等在内的慰问物资5万元左右。除了提供物资方面的支持，成都希望食品还特地派遣志愿者于27日出发，赶往九寨沟，送去爱心帮扶。

10月13日，2016年“扶贫日”四川系列活动暨社会扶贫工作推进会在成都召开。泸州老窖股份有限公司凭借在扶贫事业上的突出贡献，荣获首届“四川十大扶贫爱心组织”称号，公司党委书记、董事长刘淼代表公司接受表彰。多年来，泸州老窖始终坚持“天地同酿　人间共生”的企业哲学，怀揣着“树高千尺不忘根”的感恩之心，以实际行动回报家乡，在教育、医疗、农业、道路建设等各方面投入人力、物力，真正起到了地方龙头企业的带头作用。

根据市委、市政府的安排部署，泸州老窖股份有限公司对古蔺县龙山镇向田村进行精准扶贫，公司党委书记、董事长刘淼对口帮扶向田村特困户罗爽小朋友一家。罗爽小朋友2016年5岁，出生在一个贫困的11口之家。小罗爽3岁的时候不慎摔倒，头皮损伤后出现抽搐、口吐白沫、意识丧失的现象，被诊断为癫痫，之后频繁发作至今。7~8月，公司组织罗爽到西南医科大学附属医院开展深度检查并成功进行了脑部手术治疗；小罗爽的病情得到缓解，他目前正处于康复期。术后，公司领导先后到医院看望小罗爽，代表公司送上慰问品和慰问金，鼓励小朋友树立信心、配合治疗，争取早日康复。7月13～15日，公司还组织古蔺县龙山镇向田村的8名因病致贫人员到西南医科大学附属医院进行体检和复检工作，开展爱心行动。经过前期对向田村41户贫困户走访了解、汇总和分析，发现8户家庭中人员因病致贫较重。这次公司安排这8名病人到西南医科大学附属医院体检和复检，帮助他们找准病因，便于后续治疗。

9月20日，五粮液集团公司党委书记、董事长唐桥率公司全体高管，冒雨来到兴文县范家村，深入贫困户家中，对范家村建卡贫困户进行结对帮扶。集团公司总经理、股份公司董事长刘中国主持召开了座谈会。据悉，五粮液集团公司不仅选派优秀干部到兴文县挂职，重点开展扶贫攻坚工作，还在招聘用工、产业扶持等方面，给予范家村政策倾斜。

9月29日上午，泸州老窖股份有限公司党委书记、董事长刘淼，党委副书记、纪委书记、工会主席江域会，泸州市扶贫基金会副会长彭文富，泸州市红十字会综合处处长胡坤等一行，在古蔺县龙山镇党委书记兰锋等陪同下，共赴古蔺县龙山镇向田村，举行了向向田村贫困户发放养殖猪仔、捐赠衣物暨认购农副产品仪式。仪式上，刘淼书记、江域会副书记先后代表公司认购贫困户养殖的土鸡116只和鹅10多只，共计1.2万元，发放了6万余元的养殖猪仔，向公司援建的向阳小学发放了学习用品230套。

10月25日，“新希望六和爱心小分队”再次启程。这是“暖冬行动”第三季，此行第一站便是壤塘县。爱心小分队还带上暖冬物资——棉被、四件套、电热毯、火腿肠、香辣酱等，翻山越岭、长途跋涉，来到壤塘蒲西乡。与此同时，小分队还通过政府，再次为黑水县提供了捐助。

（六）合作共赢，帮扶上下游产业

2016年2月27日，徽记集团2016年供应商战略发展大会在成都市锦苑宾馆举行。来自全国各地的原辅料、包装包材、生产运输物流设备的供应商与徽记集团一起，共商战略发展合作大计。会上，徽记集团为2015年度优质供应商颁发了奖杯与荣誉证书。供应商代表高度赞赏并认可公司企业文化，并分别就未来合作的意见、建议等问题进行了沟通交流。据了解，2015年徽记集团积极推进供应商分级制度、供应商评审制度，建立质量安全信用等级和采购物资终身责任制，在严把产品质量关上取得了一定成效。

2015年3月20日，在通威集团，通心粉社区正式上线，通心粉社区是一个以“手指点一点、养鱼我全管”为宗旨，依托移动互联网打造的为水产养殖户、经销商、技术专家、养殖投入品厂商服务的水产行业互动交流平台。2016年8月29日，粉丝正式突破80万，继续成为中国农牧行业最大、发展最为迅速的第一网络社交平台。2016年，围绕鱼病、鱼价、技术、卖鱼等各养殖重要环节，社区重点打造了APP、鱼价通、客户通等应用产品，为粉丝提供了更精准、快捷的行情咨询、技术答疑等服务。2016年，通心粉社区已为养殖户解答技术问题5000余项，4000多名通威一线市场人员共提供鱼价资讯达35000多条。目前，通心粉社区日均活跃粉丝数量近30万人。经过一年半的发展，通心粉社区不仅带动了一大批水产人加入互联网大军，关注科学养殖、智能化养殖和现代化养殖，还为其提供了展示新时代水产人精神风貌的最好平台。

3月22日，泸州老窖2015~2016年度经销商表彰暨营销会议在泸州奥体中心隆重召开。2000余名经销商齐聚一堂，共同见证了这场以“心力量新征程”为主题的营销大会，分享了过去一年厂商协力共创佳绩的硕果与荣誉。在表彰环节，130多家经销商及个人凭借在过去一年里在厂商互动、品牌建设、市场拓展、消费者培育等方面的突出贡献，受到了荣誉表彰。

3月30日，在全国水产技术推广总站、中国渔业协会、中国水产学会、中国水产科学研究院、中国科学院水生生物研究所的指导下，通威传媒联合《中国渔业报》、《南方农村报》、著名品牌营销机构以及全国水产行业知名苗企，在四川成都·通威国际中心成功举办了“2016中国水产种苗创新发展论坛”。论坛上，通威股份水产工程中心主任、成都通威水产种苗有限公司总经理郭富华宣读了“把好水产养殖第一关”倡议书，此次倡议，旨在整合行业资源，促进交流合作，打造水产良种推广创新平台，提升全行业水产优质苗种整体形象与影响力，同时树立行业标杆品牌，发掘市场共赢机遇，深入探讨种苗行业的突破与创新，推动行业又好又快发展。

三 2016年四川食品行业社会责任总结和展望

（一）总结

食品产业涉及畜牧业、种植业、化学工业、机械装备制造业、交通运输业、产品批发零售业、餐饮业等许多行业，是四川国民经济的支柱产业，对GDP的贡献巨大，同时，食品安全和人民生命健康息息相关，是基本的民生问题和重大的经济问题。因此，食品行业的社会责任履行情况备受全社会的高度关注。

2016年，四川食品行业在履行社会责任方面取得了显著进步，社会责任作为一种经营理念在企业中逐渐得到认可，部分规模以上食品企业的社会责任文化初步形成，社会责任生态链初步搭建，社会责任意识显著增强，但是，根据四川省工业经济联合会和四川省社会科学院企业社会责任评估与研究中心共同编制的《四川企业社会责任指南》，对四川食品行业社会责任履行情况进行对标分析，笔者发现，社会责任理解不到位，社会责任体系不健全，企业社会责任报告内容披露不够清晰、完整，对不同利益相关者责任的界定不明确，社会责任履行方式单一等问题仍然在食品企业中普遍存在，因社会责任履行不够而带来的食品安全问题时有发生。

（二）对策建议

1. 履行好食品安全的企业主体责任

食品安全是食品企业社会责任的主要内容。企业在经营运作中应十分注重社会责任的实践，在追求利润的同时也不能忽视在社会上建立自己良好的企业形象，积极主动履行社会责任。

2. 拓展社会责任披露渠道

社会责任公开披露的信息越充分，越全面，越是能够反映企业对社会责任的重视。建议四川食品企业尽可能在公开渠道披露企业履行社会责任的完整内容，有条件的企业可以根据相关标准编制社会责任报告。

3. 系统履行企业社会责任

建议四川食品行业在履行社会责任的同时，更加具有前瞻性地制订公司社会责任的远期规划和目标，更加系统性地贯彻实施，通过专注顾客需求，深耕企业品质，差异化经营和创新发展，引领消费潮流，赢得消费者的长期信赖和支持。

B.7

四川电子商务企业社会责任报告

王　晋*

摘　要：　近年来，四川电子商务发展迅速，电商在为四川经济发展做出重要贡献的同时，其社会责任问题也引起了关注。电商企业在参与精准扶贫、助力大众创业、助推地方经济发展、助推新农村建设等方面做出了特殊贡献，具有独特优势，但同时电商也存在产品质量低、虚假促销、违法炒信、偷逃税收等突出问题。因此，必须加强法制建设，完善征信体系，加强电商行业自律，进一步提高四川电商企业的履责水平。

关键词：　四川　电商企业　社会责任

一　四川电子商务发展概况

四川省将电子商务作为五大新兴先导型服务业之首，2015 年，四川省人民政府制定了《四川省电子商务发展三年（2015 ~ 2017 年）行动计划》，力争到 2017 年，将四川发展成为全国电商应用水平最高、集聚程度最高和市场规模最大的地区之一，使之具有国际竞争力和区域辐射力。随着四川经济的发展，2015 年以来，四川电子商务发展呈现发展规模大、发展速度快、知名企业多、农村电商市场繁荣等特点。具体分析如下。

---

* 王晋，硕士，四川省社会科学院经济研究所副研究员，主要研究企业社会责任、工会与职工权益保护。

（一）发展规模较大

根据四川省电子商务大数据中心提供的数据，2015 年 1 ~9 月，四川电子商务交易额达 12029 亿元，位居全国各省（区、市）第 6，进入全国第一梯队；四川电子商务网络零售额为 1298 亿元，位列各省（区、市）第 9。随着电子商务的繁荣，电商企业也不断增多，据统计，到 2016 年上半年，全省电商企业总数为 38.6 万家，其中，个人网商近 12 万家，零售网商 22 万家。并且，全省已培育 5 家国家级示范企业、3 家国家级示范基地，拥有电子商务平台上市企业 17 家。四川已成为中西部电商实力最强、市场规模最大的区域。

（二）发展速度较快

四川省电子商务大数据中心提供的数据显示，2015 年 1 ~9 月，全国网络零售总额增速为 37.95%，而以四川为龙头的西南地区增速达 38.7%，超过传统的东部发达地区（见图 1）。2016 年上半年，四川电子商务交易额达 9629.54 亿元，同比增长 26.13%。其中网络零售额突破千亿元，达 1089.13 亿元。

表 1　2015 年 1 ~9 月全国七大区域网络零售平均同比增长率

单位：%

区域	包含省(区、市)	同比增长率
西南地区	四川、重庆、贵州、云南、西藏	38.70
华中地区	河南、湖北、湖南	38.09
西北地区	陕西、甘肃、青海、宁夏、新疆	37.16
华南地区	广西、广东、海南	36.99
华东地区	上海、山东、江苏、安徽、江西、浙江、福建	36.35
华北地区	北京、天津、河北、山西、内蒙古	35.42
东北地区	辽宁、吉林、黑龙江	34.09

资料来源：《2015 年 1 ~9 月全国电子商务整体交易及走势——网络交易额排名》，四川省电子商务大数据中心，2016 年 11 月 19 日。

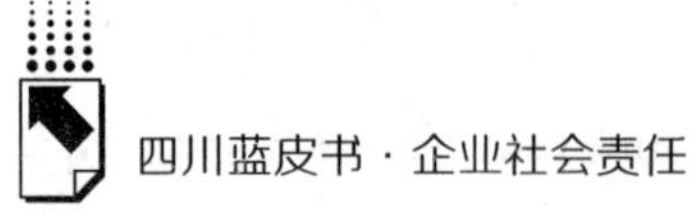

（三）引进知名企业多

近年来，四川已有阿里巴巴、京东、苏宁、聚美优品等30余家领军企业在成都设立区域总部。中国家具电商领军企业的雅堂控股集团还在2016年将总部从深圳迁到成都，入驻四川天府新区。此外，当当全国第二总部项目已落户天府新区。京东集团在成都建立物流基地，该基地成为全国6大物流平台之一，京东还在成都建立了京东研究院，成为其在北京之外的第一大研发中心。四川已有约80%的全国网络零售100强企业入驻，全球及国内主要快递品牌均在四川设立区域总部，四川已成为中西部地区知名电子商务企业聚集最多的省份。

（四）农村电商市场繁荣

2015年5月22日，四川省人民政府制定了《四川省促进农村电子商务发展的实施意见》，充分发挥政府与市场的合力作用，加快电子商务在四川农村的推广应用，取得了显著成效，电商加快向农村渗透。电子商务与脱贫攻坚深度结合，农村电商成为四川最亮眼的板块——2016年1~7月，农村电商实现网络零售额233.21亿元，交易规模排名全国第四。[①] 据统计，2016年第一季度，四川省培育涉农电商企业达2500家，农村新增网店2.5万家，农产品网络零售额23.74亿元，农村电商直接创造就业岗位13.9万个。此外，据中国淘宝村大会消息，截至2016年8月底，全国共发现1311个淘宝村，其中，四川郫县涌现了林湾村等三个淘宝村。

（五）与电商发达省份比差距巨大

根据中商情报网的资料，2016年第一季度，全国电子商务交易额排名前十的省份是广东、浙江、江苏、山东、上海、河北、四川、北京、河南和湖北。其中，四川省占比为5.6%，而排名第一的广东省和第二的浙江省，

---

① 《2016四川电商十强县出炉》，四川新闻网，2016年11月6日。

占比分别高达 13.7% 和 11.7%（见图 2）。从淘宝村的数量看，四川与发达省份的差距更大。根据阿里研究院和阿里新乡村研究中心共同发布的《中国淘宝村研究报告》的数据，截至 2016 年 8 月底，全国共发现 1311 个淘宝村，其中，浙江多达 506 个，广东有 262 个，江苏有 201 个，山东、福建及河北的淘宝村也较多，均在 90 个以上，这 6 个省份的淘宝村数量占全国的 97%，而四川省仅有 3 个。

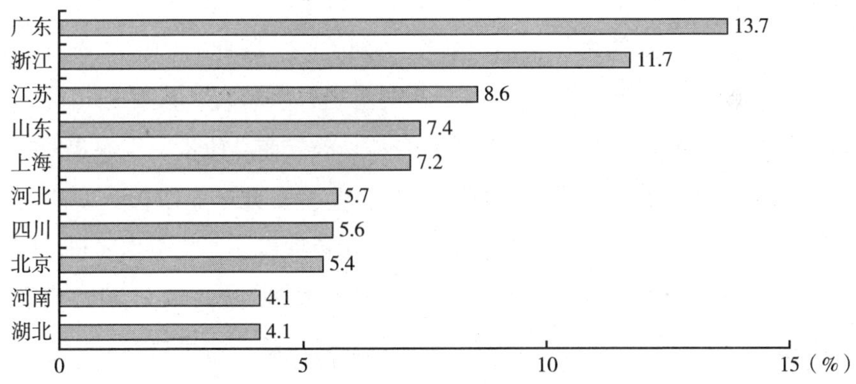

图 1　2016 年第一季度全国电子商务交易额占比排名前十省份

资料来源：《2016 年一季度全国各省市电子商务交易额排名》，中商情报网，2016 年 11 月 27 日。

总之，四川电子商务发展迅速，发展规模较大，基本属于第一阵营，但与电商发达的浙江、广东等省份相比还有较大差距，四川电商发展还有很大的成长空间。

二　四川电子商务企业社会责任建设简况

（一）成绩与经验

随着四川电子商务产业的迅速发展，电子商务企业的社会责任问题也被提上议事日程。电子商务企业的社会责任建设与实体企业既有相同之处，也

有不同之处。近年来，四川电子商务企业结合自身行业特性，积极推动社会责任建设，在确保产品质量、提升客户体验、助力精准扶贫、解决社会就业、促进新农村建设等方面取得了长足的进步，为四川经济社会的发展做出了重要贡献。具体表现在以下几方面。

1. 加强质量管控，确保货物品质

对于网上购物，消费者对货品的质量最为关注。由于网上购物与在实体店消费有较大的差异，消费者不与电商企业直接接触，没有在实体店消费那种体验，因而对商品是否“正品行货”特别关注。因此，提供品质有保障的商品，确保“正品行货”是电商企业的首要社会责任。入驻四川的苏宁易购、京东集团等知名电商，加强质量管控，确保商品质量。京东集团公司通过整体团队协调质控工作，在每条业务线上又安排专业质控人员进行落实，逐步形成了统一领导、分类把关的矩阵式管理模式。京东集团自主开发的“商品质量管理系统”，通过对交易和评论数据的分析，达到对在售商品进行风险评估和筛查的目的，提前发现潜在质量风险。通过对商品质量的管理，确保了商品的质量，取得了消费者的信任。苏宁易购对进货渠道进行严格把关，并实行平台首问责任制。针对通过苏宁平台售出的货物和服务，出现任何问题均由苏宁首问负责，按照法律法规对消费者予以先行赔付。对涉及的假货问题，苏宁主动邀请政府相关管理部门或司法机关介入，对源头厂商进行责任追溯，确保消费者的权益。此外，亚马逊致力于成为中国消费者购买高品质国际正品的首选平台，丰富国际高品质商品的数量和品种，让消费者尽享美好品质生活。

2. 提升消费体验，传递时尚生活理念

由于电商强调企业利用互联网与外部发生交易与合作，消费者不能身临其境感受店铺的真实状态，因此在消费体验方面与在实体店消费难以比拟。故提升消费体验是电商企业面临的一大挑战，如果电商企业能在消费体验方面做出积极改进，将有助于满足客户的需求，也能在销售上取得主动。2015年9月25日，四川首家苏宁易购云店落户春熙路，这标志着零售模式的重大变革。该店是苏宁O2O模式的升级店铺，融合了线上、线下渠道，设置了场景式体验区，能够将线下体验和线上销售结合起来，有效地提升了消费者体验。苏宁易购云店设置了四大功能模块——特色零售模块、智慧服务模块、主题体验模块、休闲娱乐模块，不仅能满足顾客的商品体验，还能实现购物休闲等增值服务。该店仅保留约50%的电器经营面积，且电器经营区被改造为360°场景式体验区，展现客厅、卧室及厨房等真实的生活场景。同时设置有儿童乐园、咖啡店、PPTV以及海外购服务区等，为消费者增加了购物乐趣，同时传递了健康、时尚的生活理念。

3. 创新合作模式　助力精准扶贫

电商扶贫指的是电子商务扶贫开发，就是将今天互联网时代日益主流化的电子商务纳入扶贫开发工作体系，作用于帮扶对象，创新扶贫开发方式，改进扶贫开发绩效的理念与实践。[①] 近年来，各级政府高度重视电商扶贫工作，出台了优惠政策和指导意见，加大了电商扶贫工作力度。2014年，国务院扶贫办将“电商扶贫”正式纳入扶贫的政策体系；2015年，又将“电商扶贫”作为“精准扶贫十大工程”之一开始实施；2016年，国务院扶贫开发领导小组办公室印发《关于促进电商精准扶贫的指导意见》，加快实施电商精准扶贫工程。2016年，四川省启动10个省级电商精准扶贫试点县，同时，四川省已有37个县市入围国家级电子商务进农村综合示范县。相比传统的扶贫方式，电商扶贫更强调市场的作用，有其独特的优势。电商扶贫以市场为导向，为偏远的贫困农村打开市场大门，让扶贫对象参与市场经营活动。电商扶贫不仅能扶贫，还能创造就业机会，提供创业契机。因此，可以说，电商扶贫契合了扶贫开发的根本出发点，是一种真正的“造血式扶贫”，有利于精准扶贫战略的真正落实。在川的京东集团、苏宁云商、国联控股、开元集团等积极参与四川地区的电商扶贫，使四川贫困地区的百姓因电商受益，推进了四川的精准扶贫工作。

4. 助力“大众创业、万众创新”

现代电子商务因其独特的优势，已经成为“大众创业、万众创新”的

---

① 林广毅、康春鹏：《精准扶贫战略下的电商扶贫》，新华网，2016年5月17日。

新引擎。电子商务借助互联网平台，能够打破信息垄断，突破地域和技术的限制，降低创业创新门槛，使人人都可能成为创业创新的主体，使小微企业逐渐成为创业创新的生力军。四川正深入实施“全企入网、全民触网、电商示范”三大工程，大力发展电子商务，促进电商就业。随着四川电子商务的迅速发展，电子商务容纳的就业人数也不断增加，电子商务已经成为四川人就业创业的重要渠道。根据统计，四川网民已超过3330万人，电商直接就业人数达200余万人，而间接带动就业更是超过800万人。不仅仅是就业，电商的发展还激发了四川青年的创业致富的梦想。2016年4月16日，在四川南充市五星小学，为竞逐“阿里巴巴农村淘宝合伙人”的33个席位，1600多名来自南充市顺庆区各乡镇的考生参与了竞争。农村淘宝合伙人是阿里巴巴集团三大战略项目之一，为了服务“三农”，帮助农民创业，公司计划在3～5年内投资100亿元，建立1000个县级服务中心，成立10万个镇服务站，充分发挥电子商务优势，突破交通、资讯等的障碍，实现“农产品进城”和“网贷下乡”的双向流通。

5. 促进四川发展，贡献地方经济

随着四川电子商务的快速发展，其已成为四川经济发展的重要引擎，对四川经济发展的贡献越发显著。2014年，四川电商突破万亿元交易额，而到2016年上半年，四川电商交易额已达9629.54亿元，其中，网络零售额1089.13亿元，相当于同期全省社会消费品零售总额的15%左右。网络零售渗透率可以衡量地方的产业实力和电商活跃度，2016年上半年，四川网络零售率在全国排名第九，属一梯队。以成都经济区为例，2016年上半年，该区域网络零售渗透率达63.29%，处于领先地位。川西北经济区也达到52.17%。电子商务不仅对宏观经济有重要贡献，也深刻影响着人们的生活方式。如今，上京东商城购物，逛淘宝商城，到亚马逊购书，已经成为四川青年的一种生活方式。而“双11”购物狂欢节，更已成为中国电子商务行业的年度盛事。根据天猫官方公布的数据，截至2016年11月11日1时，2016年“双11”全球狂欢节四川省交易额为16.16亿元，位居全国各省（区、市）第7（见表1），其中四川郫县位列

2016年“双11”全球狂欢节消费县第6，成为进入消费10强县中唯一的西部县。①

表2　2016年天猫“双11”全球狂欢节各省（区、市）交易额排序

单位：亿元

排序	省份	交易额	排序	省份	交易额
1	广　东	41.80	17	广　西	7.53
2	浙　江	33.16	18	陕　西	7.44
3	江　苏	31.94	19	云　南	6.87
4	上　海	28.41	20	天　津	5.82
5	北　京	21.30	21	山　西	5.44
6	山　东	16.25	22	黑龙江	5.22
7	四　川	16.16	23	贵　州	5.11
8	湖　北	14.8	24	吉　林	4.02
9	福　建	14.27	25	内蒙古	3.78
10	湖　南	12.66	26	新　疆	3.54
11	河　南	12.41	27	甘　肃	2.88
12	安　徽	10.78	28	海　南	2.15
13	辽　宁	9.84	29	宁　夏	1.03
14	河　北	9.12	30	青　海	0.60
15	江　西	8.68	31	西　藏	0.37
16	重　庆	7.89			

资料来源：《天猫双11各省（区、市）交易额排行榜（大数据）》，中商情报网，2016年11月11日。

6. 促进农民就业创业，助推新农村建设

电子商务不仅对城市经济有重要影响，深刻改变着城市居民的生活方式，而且对新农村建设有着重要作用，对农民就业创业有重要意义。电子商务对农产品的市场开拓和农业产业结构调整有重要意义。它有利于农产品与国际市场接轨，改变了传统的贸易方式，提高了农产品的市场份额，能有效降低各种成本，提高农产品的市场竞争力，全面提升农业经济效益。根据中国国际电子商务中心发布的《中国农村电子商务发展报告（2015～2016）》，

① 《天猫双11各省（区、市）交易额排行榜（大数据）》，中商情报网，2016年11月11日。

2015 年农村网购市场规模达 3530 亿元，预计 2016 年全年将达 6475 亿元，电子商务让农村焕发出新的活力，引起了各地方政府的高度重视。近年来，四川省大力发展农村电子商务建设，加强农村消费、农资供应、村民服务、农村“双创”、农产品上行五个领域的建设，在开拓农村消费市场、推动农民创业就业等方面取得了积极成效。据统计，四川农村电商在全省网络零售中的占比超过 20%，高出全国平均水平 10 个百分点。据报道，四川的国家级、省级电子商务进农村综合示范县共 37 个，并产生了一批农村电商企业。目前，四川已有上规模的农村电商服务企业 59 家，比如仁寿的“赶场小站”、理县的“阳光绿源”等，对农产品上行起到了很大的推动作用。[①] 不仅如此，这些企业还在一定程度上解决了农村人口的就业问题，为其中一些人创业提供了平台，这些企业中涌现出一批农村电商创新创业、脱贫致富带头人。

（二）存在的主要问题

1. 产品质量有待提升

尽管部分知名电商加强了质量管控，为货品质量提供了一定保障，但就整体而言，电商的产品质量问题还比较严峻，相对实体经销商引发的关注度更高，还有很大的提升空间。根据国家工商总局 2016 年 10 月公布的网络交易商品质量专项抽检情况，网络交易总体不合格商品检出率高达 34.6%，其中大多数为内在质量不合格。抽检涉及淘宝、京东商城、天猫、苏宁易购、国美在线、当当网、亚马逊中国、易迅网、1 号店、唯品会等国内市场主要电商平台上交易的商品。涉及手机、插头插座、转换器、电风扇、电磁炉、行车记录仪、儿童玩具、儿童安全座椅、成人服装、箱包、卫生巾等日常消费品，共计抽检商品 503 批次。在 503 批次商品中，4 批次商品为“三无”产品，2 批次商品经生产厂家确定为假冒商品，有效送检样品为 497 批次。检出的 172 批次质量不合格商品中，内在质量不合格的约占 93%，仅

---

① 《四川：农村电商的困境与突围》，凤凰网，2016 年 7 月 11 日。

标志和说明不合格的约占 7%。[①] 电商的产品质量问题引发了人们对电商的质疑，也屡遭一些国外机构的批评，正如互联网专家方兴东所指出的，“电商平台是假冒伪劣集中的受益者”。因此，电商平台的商品质量亟须提高，电商的整体形象也亟须改善。

2. 虚假促销现象较为严重

价格促销是电商吸引流量、刺激消费的常用办法，如果依法进行，讲究诚信，本身无可厚非。但是，近年来，某些电商在利益驱使下，进行虚假促销，蒙骗消费者。2016 年 3 月，第三方购物软件惠惠购物助手发布了《315 网购价格“上当”报告》，报告揭露了消费者网购中常见的先涨后降、虚假折扣、先涨再满减、明升暗降、频繁折扣五大价格促销陷阱，提醒消费者不要被电商的价格陷阱所蒙蔽。如某知名电商平台玩“价格猫腻”，某款洗衣机的价格标示为“原价 2098 元，活动价 1598 元”，而该商品在促销前的原价实际仅为 1198 元，活动促销价反而高于原价。这实际上违背了市场交易的诚信原则，属于欺骗消费者的行为。电商虚假促销不仅有违诚实信用原则，有损消费者的利益，而且扰乱了政策的市场秩序，破坏了公平竞争环境，也不符合企业社会责任的相关要求。

3. 违法炒信违反诚信原则

信用炒作又叫“刷钻”“刷信誉”“刷信用”“互拍”“群拍”“炒作信用度”，是指在淘宝、拍拍、有啊等购物网站中，买、卖双方以抬高信用为目的，或双方在无实际成交的情况下做出“满意”“好评”评价的行为。[②] 随着电商发展逐步壮大，“刷好评”“刷信誉”等信用炒作行为也逐渐蔓延开来，已成为阻碍电商健康发展的毒瘤。2016 年“双 11”前夕，阿里巴巴、京东、腾讯、58 同城、滴滴出行、百度糯米、奇虎 360、顺丰速运 8 家公司公开第一批炒信黑名单。名单包括有炒信行为已被平台清退的企业和招聘刷单手的企业两类，涉及 14 家企业，其中有 1 家为四川本地企业。具体

① 《网络交易商品质量专项抽检：不合格检出率 34.6%》，新华网，2016 年 10 月 9 日。

② 信用炒作，百度百科，2016 年 11 月 30 日。

炒信名单如表2所示。电子商务是以诚信为基础的商业体系，不良电商的违法炒信行为是对电商信用体系的毁灭性破坏，必须予以严惩。

表3　2016年公布的第一批炒信黑名单

有炒信行为已被平台清退的企业	招聘刷单手的企业
①清河县奔洋绒毛制品有限公司 ②清河县迎客松羊绒制品有限公司 ③清河县飞腾羊绒制品有限公司 ④南京成数科技有限公司	①广州文贝贸易有限公司 ②广州盘古电子科技有限公司 ③上海堪迪网络科技有限公司 ④温州乔日电子商务有限公司 ⑤哈尔滨市道里区优彩广告设计室 ⑥广州疯狂贸易有限公司 ⑦成都亿恒照明工程设计有限公司 ⑧广州滨沐贸易有限公司 ⑨杭州美代电子商务有限公司 ⑩河南图图和妮妮网络科技有限公司

资料来源：《无耻商家　第一批炒信黑名单公开：4家电商公司刷单被清退》，百家号网，2016年11月20日。

4. 偷逃税收破坏公平环境

近年来，电商的纳税问题引发了社会的高度关注。与实体店铺相比，网络购物“不开发票、不用上税”几乎成为一种潜规则。很多网上商店不在工商部门注册、无法被纳入税收征管范围；有些原本是正常登记注册的企业，却在线上通过自然人身份开店逃税，电商平台正成为一些不良商家逃税的新工具。目前我国尚未出台专门针对电商纳税的法律法规，但是，根据现行法律法规，商家只要有业务收入就应缴纳税款，而无论是线上还是线下。例如，网上的企业卖家需缴纳增值税和企业所得税，而个人卖家也应当承担增值税和个人所得税等纳税义务。因此，根据现行法律精神，就纳税义务而言，电商与实体店本质上并无区别，电商如果不缴纳税款就是一种偷逃税行为。如今，电商纳税问题已引起社会的高度关注，它关乎社会公平和行业健康发展，关系到国家法制建设，意义重大。部分电商偷逃税款的行为，是对实体商家的极大不公，也是对其他依法纳税的电商企业的不公，破坏了公平竞争的环境。为此，以京东集团、苏宁云商集团、吉利集团为代表的知名企业呼吁对电商实施全面规范的征税，以实现公平的市场环境。

（三）对策建议

总体而言，四川电商企业社会责任建设成效显著，取得了长足进步，但是存在的问题也较为突出，尤其在诚信守法方面尚需大力提升。为此，提出以下对策建议。

1. 加强法制建设，将对电子商务的管理纳入法制化轨道

近年来，四川电子商务发展迅速，在给人们生活带来便利的同时，也存在不少问题，给人们生活带来一定的困扰。这些问题的出现带有一定的必然性，是电子商务发展过程中的必经阶段，而法律制度具有相对滞后性。因此，必须完善相关的法律制度，对电子商务加强管控，将其纳入法制轨道，建立公平的市场环境。为此，在立法方面，应加强对电子商务的立法，减少法律“盲区”，在电子商务的各个环节都做到有法可依；在执法方面，应加大执法力度，对电商的违法行为应进行坚决打击，不能姑息纵容，防止出现“劣币驱逐良币”的效应。2016 年 12 月 27 日，《中华人民共和国电子商务法（草案)》经过全国人大常委会首次审议后，向全社会公布，并征求意见。此前，四川部分电商企业已参与了在成都举行的草案修改讨论，为电商立法做出了应用的贡献。

2. 建立、完善电商征信体系

在强化法律硬手段的同时，也应配合“软规制”对电商企业加以引导。应建立全国联网的信用信息平台，将电商企业纳入信用系统，对违法失信行为及时进行曝光，让违法失信企业无处容身。建立“炒信”黑名单制度，提高了“刷单”组织者、参与者的违法成本，坚决斩断遏制刷单产业利益链。信用体系的建设是一项复杂的系统工程，需要政府部门、企业、消费者和媒体等相互协调、相互配合、相互监督，既需要技术力量的支持，也需要道德和法制的支撑、保障，只有多方共同努力才能实现数据互联互通和数据共享。

3. 加强电商行业自律

除了通过法律手段加强对电商企业的监管外，电商的行业自律也非常重要。在现行法律体系和征信体系不完善的情况下，电商的社会责任履行在较大程度上要依靠电商企业的自律行为。但是依靠单个企业的自律毕竟效果不明显，故建议建立电商的行业自律体系，通过行业自律体系的建设，督促个体企业履行社会责任。在具体形式上，可采用电商公约的形式，加强行业自律。2014 年 10 月，京东、当当、小米网、亚马逊（中国）等十余电子商务企业在北京联合签署发布《网络零售行业加强商品质量管理自律公约》（以下简称《公约》），呼吁电商企业加强质量控制，维护互联网零售秩序。这是电商企业加强行业自律的重要体现，公约的影响力和约束力有待进一步扩大，让更多的电商参与公约、遵守公约。

4. 提倡契约精神，强化责任意识

电子商务企业本质上与其他实体企业一样，都是重要的市场主体，都应具有市场契约精神，积极履行社会责任。电商和实体企业只是具体形态不同，在企业社会责任履行方面，并无实质性区别。电商在实现商品价值、创造利润的同时，也应关注各利益相关方的利益，承担相关的社会责任。具体而言，电商应注重产品质量、提高服务水平，履行对消费者的责任；保护员工合法权益，让员工共享发展成果；依法纳税、诚信经营，承担对政府的责任；提倡节能环保，履行对环境的责任；参与社区建设，承担公益慈善责任；等等。同时，电商也应意识到社会责任既是一种担当和义务，也是重要的竞争力。在电子商务领域，信用是电商的生命力，失去信用的电商就没有了立足的根基。而诚实守信就是对消费者的重要责任。因此，只有强化责任意识，加强责任建设，才能提升电商的核心竞争力。

三　四川电商企业履责典型案例

（一）京东集团：推广电子发票，呼吁公平征税

京东集团从 2012 年就开始推广电子发票，至今已经 4 年时间。相比

纸质发票，电子发票能为电商企业节约成本，简化报销流程。近年来，京东集团为推广电子发票、规范纳税做了不少工作。早在 2013 年 6 月 27 日，京东集团就开出全国第一张电子发票；2013 年 12 月，京东集团在华东区推进电子发票的应用；2014 年 6 月，京东集团在西南区推行电子发票；2014 年 9 月，电子发票在华南区和华中区也得以应用。如今，京东集团的电子发票范围已扩大到全国各省（区、市）。2015 年 11 月 26 日，国家税务总局发布《关于推行通过增值税电子发票系统开具的增值税电子普通发票有关问题的公告》（国家税务总局公告 2015 年第 84 号），决定自 2015 年 12 月 1 日起，在全国推行增值税电子发票系统。这使电子发票具备了同纸质发票相同的功能，电子发票将同样可以报销入账。2015 年 12 月 3 日下午，京东完成了全国首例电子发票开具、报销、入账的整个流程。

此外，京东集团还为实现税收公平做了许多努力。首先，京东集团以身作则，主动纳税。京东集团副总裁蔡磊在接受《中国税务报》的采访时谈道，“现在，京东集团的每一笔交易数据都会自动传到税务机关，税务机关甚至比京东集团的财务更快地知道其每天的销售额”。[①] 其次，京东集团还与工商执法部门合作探索，共同完善工作机制，对涉及的偷税漏税等案件依法移交执法部门处理，追究商家违法责任。最后，京东集团还积极呼吁对电商企业实现全面规范征税。面对部分电商的偷税漏税问题，认为对电商全面规范征税关乎市场公平问题，并主张对电商征税不存在技术问题，建议加快推进。此外，京东集团还积极参与立法研讨，呼吁创造公平的电子商务环境。2016 年 12 月 17 日，京东集团派员参加了四川省社会科学院法学所等单位联合举办的“电子商务法”立法研讨会，研讨会在成都金河宾馆举行，会上京东集团呼吁打击不正当竞争行为，规范电子商务市场秩序，并现场向主办方提交了书面修改意见。

京东集团推广电子发票和推动公平税收的行为，固然有其自身利益

① 张剀：《京东集团：对电商征税关乎公平》，红网，2016 年 8 月 22 日。

的考量，但更多地体现出一家大型电商企业应有的责任和担当，有助于推动税收体系的规范化、正规化建设，促进税收公平，维护正常的商业秩序。

（二）阿里巴巴：农村淘宝践行电商扶贫

2014 年 10 月，阿里巴巴集团发布了农村战略，启动“农村淘宝千县万村计划”，即用 3～5 年时间，启动 100 亿元资金投入 1000 个县的 10 万个行政村，用于当地电子商务服务体系建设，帮助受益人群脱贫致富。至 2016 年上半年，阿里巴巴通过农村淘宝项目已经在全国 29 个省份近 400 个县（包括 94 个国家级贫困县和 95 个省级贫困县）的 1.8 万个村建立起了“互联网 +”服务体系，招募了 2 万余名合伙人或淘帮手。[①] 阿里巴巴的农村战略不仅为贫困地区建立起新经济形态所需的基础设施，如物流等，而且为农村消费者带来了便捷实惠的消费品，丰富了农村市场，还为当地人们带来了互联网意识，为农村经济的可持续发展提供了条件。

2015 年 5 月，阿里巴巴农村淘宝威远项目启动，这是阿里巴巴集团“农村淘宝千县万村计划”在四川的首个试点县，标志着集团在四川农村电子商务发展上，迈出了重要的一步。据悉，阿里巴巴集团与威远县在 4 月 21 日达成合作协议，随后仅用 17 天时间，就建成了 1 个县级“农村淘宝服务中心”、3 个村级服务站，到 2016 年 3 月，威远县已建成 46 个村级服务站，覆盖全县近一半的村组，销售本地产品达 3000 万元，为村民代购金额 1500 万元。阿里巴巴电商平台为威远县扶贫惠民注入了新的活力，为全县经济发展提供了新的契机。今后阿里巴巴还将建设更多的村级服务站，培养更多电商人才，让农产品进入城市市场，让网上商品下乡。2016 年，在阿里巴巴举办的首次春耕节上，威远县荣登本地招商上行四川榜首，其中，威远正威公司的“正威牌”复合肥通过村淘服务站销售到四川的其他地市州，销售量已达 1000 吨。

---

① 张瑞东：《阿里巴巴的“互联网 + 扶贫”实践》，中国扶贫在线，2016 年 10 月 25 日。

图 2　春耕惠农肥料通过威远村淘服务站销售

资料来源：《威远县农村淘宝电商上行荣登四川榜首》，新华网四川频道，2016 年 3 月 16 日。

B.8
四川医疗机构社会责任报告

周述言 何祖伟*

摘 要： 医疗卫生事业是民生和社会保障领域的重要一环。近年来，随着社会责任理论的不断发展与完善，医疗机构的社会责任也越来越受到全社会的广泛关注。2016 年四川医疗机构积极承担和履行社会责任，在构建和谐医患关系、促进医患沟通、关心员工生活、保障员工权益、慈善公益、服务全民健康、创新服务方式、提高服务能力方面做了很多有益的创新尝试，也取得了良好的社会效果和经济效益。

关键词： 四川 医疗行业 社会责任

医疗卫生事业是民生和社会保障领域的重要一环。医疗机构的服务能力是衡量一个国家医疗卫生事业发展水平的主要标志。医疗机构，是指依法定程序设立的从事疾病诊断、治疗活动的卫生机构的总称。[①] 从机构类别上看，医院、卫生院是我国医疗机构的主要形式，此外，还有疗养院、门诊部、诊所、卫生所（室）以及急救站等，共同构成了我国的医疗机构。从机构性质上看，分为公立机构和民营机构。从机构层级上看，分为综合和专科医院、基层医疗卫生机构以及专业公共卫生机构等。

---

* 周述言，成都市第一人民医院主治医师；何祖伟，四川省社会科学院企业社会责任研究与评估中心助理研究员。

① 《医疗机构管理条例实施细则》总则第一章第二条指出，条例及本细则所称医疗机构，是指依据条例和本细则的规定，经登记取得《医疗机构执业许可证》的机构。

近年来，随着社会责任理论的不断发展与完善，医疗机构的社会责任也越来越受到全社会的广泛关注。基于此，笔者对2016年四川医疗机构社会责任的建设内容、信息披露、评价体系及报告等相关方面进行了系统的回顾和梳理，并展望了该领域进一步的发展方向。

一 四川医疗机构发展现状

2016年8月19日，在全国卫生与健康大会上，习近平总书记深刻论述了推进健康中国建设的重大意义、工作方针、重点任务，从实现民族复兴、增进人民福祉的高度，把人民健康放在优先发展的战略地位。2016年10月，中共中央、国务院印发了《“健康中国2030”规划纲要》，将医疗卫生事业的发展提到了前所未有的高度。要实现全民健康，需要全方位的综合保障，其中一个重要的方面就是医疗机构所提供的医疗服务保障。

四川省作为全国人口大省，医疗服务需求量大。同时，四川也是一个医疗资源不足，城乡差异、区域差异大的省份，四川既有四川大学华西医院这样综合实力在全国排名第二的优质大型医院，也有革命老区、贫困山区的中小型医疗机构。据统计，截至2015年末，四川省医疗卫生机构共有80029家，其中医院1940家（民营医院1205家），基层医疗卫生机构76208家；医疗卫生机构床位数48.9万张，卫生技术人员47.3万人，其中执业医师14.9万人，执业助理医师3.3万人，注册护士19.1万人。妇幼保健机构201家，执业医师和执业助理医师0.5万人，注册护士0.8万人；乡镇卫生院4508家，执业医师和执业助理医师3.3万人，注册护士2.3万人。[①] 全省三甲医疗机构共有67家（成都23家），其中综合医院33家，中医医院17家，专科医院13家，妇幼保健院4家。[②] 目前，全省卫生人员已达到64.76万人，居全国第4位。其中，卫生技术人员占73.01%，乡村医生和卫生员

① 四川省统计局：《2015年四川省国民经济和社会发展统计公报》，http：//www.sc.stats.gov.cn/sjfb/tjgb/201602/t20160225_201907.html。

② 四川省卫生计生委：《四川省“十二五”医疗服务体系现状及发展情况》，2016。

占10.88%，其他技术人员占3.10%，管理人员占4.75%，工勤技能人员占8.26%。[①] 全年医疗机构总诊疗44612.2万人次，其中医院诊疗15991.6万人次（民营医院2458.1万人次），基层医疗机构诊疗27158.1万人次；出院1542.9万人，其中医院1040.2万人（民营医院229.9万人），基层医疗机构452.3万人；县域内住院率达到90.2%。新型农村合作医疗制度覆盖全部涉农县（市、区）。住院费用实际补偿比例提高到63.5%。基层医疗卫生机构基本药物网上采购率为100%。法定传染病报告发病率连续9年低于全国平均水平。孕产妇死亡率、婴儿死亡率和5岁以下儿童死亡率持续下降，分别降至21.68/10万、7.8‰、8.92‰。[②]

2016年8月，四川出台了《关于促进社会办医加快发展的实施意见》，要求各地切实破除阻碍社会办医的体制机制障碍和政策束缚，加快推进四川省社会办医疗机构成规模、上水平发展，不断满足人民群众多样化、多层次医疗卫生服务需求。鼓励社会力量直接投向省内资源稀缺及满足多元需求服务领域，举办二级以上妇儿医院、康复医院、老年病医院、护理院等医疗机构，以及第三方医学检验机构等新型业态。

总体来说，2016年，四川省医疗机构基础设施条件得到进一步改善，医疗服务能力全面提升，医疗服务体系建设成效明显，但医疗资源总量不足、优质资源短缺、质量不高、结构与布局欠合理、大型公立医院单体规模过大、社会办医规模偏小等问题依然突出。

二　2016年四川医疗机构履行社会责任情况

医疗机构作为我国医疗卫生服务主体，肩负着为人民群众提供基本医疗服务和公共卫生服务的重担，承担着坚持和维护公益性的责任。本文以利益

① 《国家卫生计生委专题发布会之四川省医改情况》，http：//www.scwst.gov.cn/xx/xwfb/201611/t20161124_12481.html。

② 四川省统计局：《2015年四川省国民经济和社会发展统计公报》，http：//www.sc.gov.cn/10462/10464/10465/10574/2016/2/26/10370879.shtml。

相关者理论为基础，以四川省工业经济联合会和四川省社会科学院企业社会责任评估与研究中心共同编制的《四川企业社会责任指南》为依据，从以下几个方面梳理了2016年四川省医疗机构社会责任建设情况。

（一）和谐医患关系，促进医患沟通

随着信息化的不断发展，病人对快速、便捷的就医体验的需求不断增加，华西医院为提高患者满意度，不断通过各种渠道优化患者服务，不断探索新思路、新方法，目前，已逐步实现由现场结算向移动结算转变，人工结算向“互联网+”结算转变，2016年以来，陆续开通了自助机缴费、华医通APP网络缴费，实现了网银、微信、支付宝等多种方式支付。

2016年初，华西医院疼痛科从病人的实际需要出发，不断改进和完善电子健康宣教内容，进一步开展疼痛科住院患者健康教育信息化建设。内容主要从患者的角度出发，解答患者比较关心的问题，同时详细讲解疼痛科常见疾病的治疗与康复锻炼，让患者了解和参与其中。患者的住院体验也得到明显改善。

1月7日，四川省人民医院老年病房启动了以“关爱老人，从睡眠开始”为主题的睡眠管理团体心理辅导活动，辅导活动由“自我睡眠认知”、“睡眠技巧学习”与“学习心得分享”三个环节组成。

1月24日下午，华西医院心理卫生中心在病房大厅举行了一年一度的新春联欢会。此次联欢会由护理组长叶应华负责组织，病房所有医护人员共同协助举办。心理卫生中心全体医护人员及患者、家属100余人参加了联欢会。

1月25日，四川省人民医院新津分院开展了以“春节慰问送温暖，服务回访暖人心”为主题的关爱活动。活动由分院领导带领医院相关部门、科室负责人到2014~2015年长期生病住院的10名老患者及9名对医院有过投诉或医疗纠纷的患者家中进行了回访慰问，向他们送去新春祝福并聆听他们对医院的声音。

2月2日，在新春佳节来临之际，华西医院封闭式管理模式的精神科急重症监护病房（PICU）为病房里一些因病住院而不能回家团聚的患者举行了2016年医患新春联欢会。全体医护人员及患者、家属共70余人参加了联欢会。让这些患者感受到节日的氛围及温暖。

2016年2月，为切实解决出院病人换药不便问题，更好地体现“以患者为中心”的护理服务理念，深化优质护理服务内涵，华西医院上锦骨科病房开通了“出院患者换药绿色通道”。自绿色通道开通以来，患者真正感受到了医院全面、持续的优质护理服务，对此举给予了一致好评。

4月27日，为了使广大的糖尿病患者学习并掌握糖尿病运动的原则，将运动融入生活的点点滴滴，华西医院内分泌代谢科联合运动康复科举办了“奔跑吧，糖友”运动主题活动，内分泌代谢科、运动康复科相关医护人员以及90余名糖尿病患者参加了此次活动。

7月23日，华西医院温江肺癌中心18床病员的家属万某突然呼吸困难、头晕、全身发麻及四肢无力。刚接夜班的护士立即监测血糖并通知值班医生及住院总部及时对其进行救助，通过及时抢救，患者家属病情得到了控制。

从9月8日起，为了免去市民看病挂号排长队的就医难题，成都市第一人民医院正式启用微信预约挂号服务，让前来看病就医的市民享受到更加方便、快捷的医疗服务。目前，患者只需关注“成都市第一人民医院”微信服务号，便可享受医院逐渐推出的便捷医疗服务。据悉，随着“成都市第一人民医院”微信服务号的不断升级，今后患者除了可以预约挂号、门诊缴费外，还能轻松在公众号上体验到候诊查询、报告查询、缴纳住院预交金、就诊引导等其他更加便民的服务，进一步提升了就医效率，改善了就医体验。

9月13日下午，为了让科室的病友及家属度过一个欢乐的中秋节，华西医院头颈部肿瘤科联合医务社工开展了“中秋大联欢——浓情满月”的庆中秋活动，吸引了约25名病友及家属参加。本次活动不仅活跃了病友们的病房气氛，同时也让病友及家属感受到了来自社会的关爱和温暖，受到了病友及家属的一致好评。

10 月 5 日下午，华西医院心脏大血管外科联手成都市妇女儿童中心丁丁剧场，邀请国庆期间仍在住院的先心病患儿和家属以及部分先心随访病友群里的患儿及家属观看“雨果狂想曲”话剧表演。

10 月 11 日上午，华西医院门诊党支部组织开展了患者“就诊咨询与指导”主题活动，旨在为患者提供办卡、预约挂号、就诊、入院办理及日间手术办理流程的一站式咨询服务，减少门诊患者因流程办理不熟悉来回奔波、滞留医院的情况。本次活动累计为 873 名患者提供了门诊就诊、入院预约、日间手术流程等指导与咨询，为 256 名患者现场指导华医通手机 APP 的下载和使用等。活动结合实际，着眼提升服务质量和水平，改善患者就医体验，展现党员同志始终贯彻以患者为中心的理念，受得了患者的好评。

10 月 21 日是华西医院感染科患者李婆婆 95 岁的生日，在这个特殊的日子里，李婆婆的家人和感染科医护人员共同为她庆祝生日，并送上了温暖的祝福，祝愿她能早日康复。这次生日会让患者及家属切身感受到安全、信任、尊重和关爱，帮助患者树立战胜病魔的信心，得到患者及家属的一致好评。

11 月 3 日，为了将“以人为本”“做有温度的医疗”的理念落实到优质护理中，经科室医护人员 3 个多月的筹备，华西医院胸部肿瘤科党支部和团支部联合策划了首届“肿瘤患者才艺展”活动。科室党支部书记、科室护士长、成都抗癌协会爱心乐园成员、患者及家属 80 余人参加了此次活动。

11 月 17 日，华西医院老年医学中心病房内的医护人员和病人家属为 99 岁的焦老庆祝生日，并送上美好的祝福。据了解，2016 年，99 岁的焦老患有多种慢性病。住院期间，医护人员以精湛医术、优质护理一次又一次地将他从死亡线上拉回，目前焦老病情稳定，精神状况良好。

11 月 24 日，华西医院心身障碍病房举行了以“感恩・幸福”为主题的感恩节联欢会。病房医护人员、临床实习同学以及患者及家属共计 50 余人参加了联欢会。联欢会让患者感受到了来自心身障碍病房大家庭的温暖。

11 月 28 日，华西医院胸部肿瘤科创新设计，在病床床尾增设“健康教育宣传栏”，并将自制的“肿瘤患者相关知识”系列宣传资料，放于其中供患者及家属阅读。据了解，此举实施1个月以来，患者及家属能掌握大部分肿瘤相关健康知识，对健康行为依从性也明显提高。

12月，成都市第一人民医院多举措推广居民健康卡。一是发放宣传资料近千册，提高了患者对健康卡重要性的认识。二是设置宣传栏、张贴海报、广泛宣传居民健康卡的政策和好处，取得了群众的理解和支持。三是在医院门诊大厅电视显示屏上滚动显示居民健康卡宣传资料。据了解，居民健康卡建设是深化医改、优化服务流程、改善就医环境、实现医疗卫生机构服务协同、方便群众就医的重大民生工程。

（二）关心员工生活，保障员工权益

2016年1月25日，四川省人民医院迎新春拔河比赛在第一住院大楼门口隆重举行。来自外科片区的15支参赛队伍参加了第六届拔河比赛。据了解，拔河比赛已经成为该医院文化建设中一项重要的活动，它以团队精神建设为中心，激励大家要心往一处想，劲往一处使，不仅提高了团队的凝聚力，活跃了职工业余文化生活，而且展现了医务人员的才艺。

1月26日上午，四川省人民医院召开了老干部老专家新春座谈会，全院离休干部、老专家和退休院级领导，院领导及相关职能部门负责人50余人出席了会议。座谈会结束时，院领导给老干部老专家一一送上节日慰问金，祝愿所有的老同志身体健康、新年快乐。

1月28日，四川省人民医院院长邓绍平、党委书记祝春秀将医院暖心基金的“爱心款”发放到每一位病患职工手中，并送上节日祝福。这是该院“困难职工暖心帮扶基金”第二年实施发放，本次共计发放爱心款15.3万元。据悉，省人民医院于2015年2月建立“困难职工暖心帮扶基金”，主要用于帮助医院困难职工解决其生活中的实际问题，经医院暖心基金管理委员会严格审批，2015年度共有36名身患重病的离退休及在职职工接受医院暖心基金帮扶。充分体现了人文关怀和省人民医院大家庭的温暖。

1月29日，四川省人民医院领导分三组带领各总支书记及相关部门负责人前往离退休劳模家中和在职劳模工作部门，将省总工会、省直工会及院

行政、工会的祝福和关心慰问送达到劳模们手中。

1月29日，为了丰富职工精神文化生活，增强医护人员体育锻炼意识，加强新老同事团结协作精神，四川省人民医院外科ICU组织开展了“新春运动会”。此次趣味运动会让大家从忙碌的工作中暂时解脱出来，在欢笑和呐喊声中得到充分放松，释放了工作带来的压力，进一步增强了全体员工的凝聚力和集体荣誉感，营造了健康和谐、积极向上的科室文化氛围。

2月4日，四川省人民医院领导带领人力资源部、工会、离退休工作部、宣传部等职能部门工作人员到病房看望32名生病住院的职工。据了解，四川省人民医院始终坚持以人为本，积极构建和谐医院，为员工排忧解难，解除员工的后顾之忧，使每位员工都能真切体会到医院的关爱。

2月5日下午，为了丰富广大干部职工业余文化生活，省医院隆重举行了“新春天使乐章”职工文艺会演，500余名医务人员欢聚一堂。院领导班子参加联欢，并向全院职工拜年。

2月6日上午，四川省人民医院领导班子成员率相关职能处室负责人分成11个组到临床医技科室、行政后勤及下属单位亲切看望、慰问坚守一线的广大职工，向大家送上诚挚的问候和新春祝福，并进行节前安全检查。

5月10日，华西医院上锦分院举办了以“精益技能、增进健康”为主题的“5·12”护士节庆祝活动暨五四青年节表彰大会。医院各职能部门负责人，全院护士长及临床护士代表，优秀团支部、优秀团干及团员180余人参加了会议。本次会议在传统护士节大会的基础上加以精练、创新，融合五四青年节的表彰大会，让全院护理人员和青年们度过了一次难忘的节日，受到了大家的一致好评。

6月29日，华西医院正式推出了针对怀孕职工的孕妈妈护士服，经过几天的试穿，孕妈妈装就得到了全院护士妈妈们和病患朋友们的一致好评！这件特别的衣服不仅体现了医院对员工无微不至的关怀，还体现了医院对基层工作的理解与关心。

7月9日上午，华西医院工会及教职工游泳协会在四川大学华西校区露天游泳池举办了第四届“华西杯”游泳比赛暨水上嘉年华活动。本次比赛

以工会大组为单位，共9个代表队，来自华西医院/临床医学院的100余名师生职工参与了此次活动。据了解，“华西杯”游泳比赛已成为华西医院的文化品牌，比赛增强了广大职工的身心健康，增进了科室间及个人之间的沟通与交流，促进了医院文化建设。

7月21日，成都第一人民医院在元祖蛋糕总部开展了主题为“浓浓爱意、幸福滋味”亲子活动，来自临床、医技、后勤等科室的近50个家庭在元祖蛋糕的“DIY体验馆”共同学习了奶油蛋糕的制作方法。7月28日，该院在三圣乡江家菜地开展了主题为“发现沟通　收获”的职工亲子活动，此次活动是医院暑期职工亲子系列活动的第二站。8月11日下午，成都市第一人民医院中医文化长廊人头攒动，20多位大小朋友兴高采烈地到现场参与由成都市第一人民医院举办的职工亲子活动，此次活动是医院暑期职工亲子系列活动的最后一站。现场不仅有中医药文化讲解，还有心肺复苏的急救知识讲座，以及知识抢答、抢救实践等既实用又有趣的活动项目。据了解，此次暑期亲子系列活动是该院推进医院内涵建设、践行“职工关爱”工程、打造医院特色文化的重要载体和创新举措。活动的圆满成功，是医院文化内涵的体现，提升了职工满意度，增强了职工凝聚力，践行了办人文医院的发展路线。

7月31日，在华西医院各级领导及职能部门的关心下，科室党支部、团支部及工会小组在全院范围内发起了为本院职工患病父亲的爱心募捐活动，截至8月3日，共计收到爱心捐款111097.2元，并且爱心还在继续扩散。据了解，2016年初，华西医院泌尿外科护士汪宇的父亲查出患恶性淋巴瘤，本来风雨飘零的家庭已经被疾病折磨得摇摇欲坠，并欠下了外债。

8月，华西医院启动了“关爱晚霞活动”，据了解，该活动旨在关心离退休职工生活，加大对高龄退休职工的关怀和帮助，解决实际困难。8~11月，各部门均对离退休老师进行了上门慰问。每位联络人热情参与并积极反馈给支部，退休老师的现况、生活困难并帮助退休老师解决部分困难。经过第一次的面对面对接，固定联络人和退休老师彼此都熟悉起来，构建了良好的互动关系，退休老师们遇到问题也会主动找到联络人和支部，形成较好的

“一家亲”氛围。

9 月 24 日，由华西医院院团委青工部组织的“华西青年周末俱乐部——亲子活动”在三岔湖世茂云湖成功举行，本次活动吸引了来自全院各临床科室/部门的 100 余名职工及其家属参加。据了解，华西青年周末俱乐部活动内容涵盖青年生活、工作、学习等各个方面。本年度共开展生活类讲座、学术讲座、观影会等各类型活动 7 次。

11 月 23 日，华西医院临床药学部举办了“第四届青年药师演讲比赛”，住院部药房、第六住院部药房、温江住院部药房、制剂室、质检室共百余名药师参加了比赛。本次演讲比赛主题为“我爱我岗”，参赛选手通过讲述自己在日常工作岗位中的故事，抒发对岗位的热爱，表达作为药师的责任感和自豪感。此次活动不仅为青年药师提供了展示的平台，也激发了全体药师的爱岗之情。

11 月 26 日，为增强教职工身体素质，丰富广大职工的业余生活，在华西医院工会和排球协会的精心筹备和策划下，华西医院首届教职工气排球比赛在玉林中学（肖家河校区）体育馆举行。此次比赛共有来自华西临床医学院/华西医院的员工、规培学员、学生、实习生以及院属企业从业员工组成的 11 支球队报名，140 余人参赛。比赛加强了医院科室和部门人员之间的沟通交流，体现了华西人奋勇拼搏、不轻言放弃的精神。教职工们在运动中获取了快乐和健康。

在 2016 年以来，华西医院“阳光天使”（临床心理工作者）每月均举行心理督导活动，目前已开展 12 次，通过学习，各位“阳光天使”无论是临床心理问题的处理技能方面还是自我生活的满意度方面，均得到了不同程度的提高。据了解，2015 年，华西医院启动了其旨在缓解医患心疾的重点建设项目“阳光医院”。华西医院把“阳光医院”作为重点建设项目来做，开了国内先河。作为全国四大心理卫生中心之一，华西医院心理卫生中心承担着“阳光医院”项目研发、培训全院乃至全国医护人员的功能。华西的医生们不仅受过医学训练，也接受过心理学和沟通技能的培训，如果患者有特殊的心理需求，“阳光天使”能提供及时的服务，帮助患者调整心态，共同战胜病魔。同时，医生和护士也是高风险、高压力的职业，只有心身健康的医护人员，才能更有效地为患者服务。“阳光医院”项目还在全院开展巴林特小组[①]活动。

12 月 1 日，“流动人口健康直通车进护工体检”活动在成都市第一人民医院体检中心进行，在该院内从业的护工及食堂女工共 200 余人参加了体检。体检活动受到了护工们的热烈欢迎，让她们感受到浓浓的关爱。

（三）热心慈善公益，服务全民健康

2016 年 1 月 18 日，根据中央和省委脱贫攻坚各项决策部署，在新春佳节来临之际，四川省人民医院领导带领院班子成员及各党总支书记、院办主任一行 20 余人再次来到仪陇县安溪潮村，“走基层，送温暖”，对该院新确定结对帮扶家庭进行入户调研和走访慰问，帮助困难群众温暖过冬、祥和过节。

2 月 19 日，四川省人民医院组织健康管理中心的医护人员和相关科室 80 人赴仪陇县安溪潮村，为回村过节的 277 位村民进行健康体检，并对上次体检过的村民进行健康咨询。据悉，两次健康体检建档共 394 人，年龄最大的 87 岁，最小的 1 岁 3 个月。

2 月 24 日，供血紧张给患者抢救和治疗带来困难，为确保病人医疗用血需求与安全，四川省人民医院在全院开展了“2016 春季爱心献血活动”，倡议全院职工捐献一份热血、奉献一份爱心。至活动结束，共有 330 多人参加，体检合格的 306 人完成血液采集，共采集血液 88400 毫升。

2016 年初，带着对藏区人民的深厚情谊，成都市第一人民医院派出多支精准扶贫医疗队，深入丹巴、石渠、白玉、宁南、德格，开展为期 3 年的对口支援。医院把这项工作作为重大政治任务，长期坚持、锲而不舍、不断加力，以严实作风推进精准扶贫，给藏区人民送去健康。

---

① 巴林特小组是近 60 年来国外学者开创并发展的用于促进医患沟通和理解、缓解医生职业压力、消除职业倦怠的重要方法。

2016 年 6 月，四川省人民医院感染性疾病中心感染病房迎来了一位来自木里藏族自治县身患先天性心脏病的 20 岁学生，由于患者家里十分贫困，无法拿出 20 万元的手术费，得知患者家里情况后，科室医护人员协助患者家属在轻松筹平台建立患者资料并实名认证，该科住院总医师陈恩强第一时间捐款，科室医生护士均捐钱并协助扩散，引起社会各界强烈反响。每天不断有各界人士前往探望并捐钱捐物，最终在轻松筹平台获得捐款 158956. 48 元，现场捐赠近 2 万元，天使基金 7 万元，共计 24 万余元。

7 月 7 日下午，华西医院肾内科党支部一行 20 余人，走进浆洗街道敬老院，组织慰问孤寡老人，开展党员组织生活。党员志愿者们为敬老院的老人们带去了各种水果和血压计以及生活用品等，受到了敬老院老人们的欢迎。

9 月 11 日下午，华西医院心理卫生中心举办了心卫大脑“世界阿尔茨海默日”华西公益行活动，吸引了 100 名患者家属和机构照料者及媒体人员参加。此次活动借“世界阿尔茨海默日”之际，为认知症家庭精心准备了一场高水平的、国际化的认知症照护公益分享活动。

9 月 23 日，华西医院上锦胸儿外团支部将华西上锦健康快车开进了泡桐树小学（天府新区校区），为同学们开展了一场“预防小儿意外伤害及手卫生宣传”的健康知识宣讲活动。

10 月 16 日，华西医院团委/青工部在临医楼 201 教室为 198 位来自“扎西博爱公益团队”的志愿者们开展了志愿服务培训课程，该团队的志愿者均由成都各大高校的在校藏族大学生们组成，据悉，该院于 2007 年开始在门诊推进“志愿服务在医院”工作，为门诊患者提供咨询、引导、陪同就诊等非医疗志愿服务。现该院志愿服务岗位增加到 17 个，日容纳志愿者 32 人。

10 月 26 日，“侨爱工程——送温暖远程医疗站”在四川省甘孜藏族自治州理塘县、稻城县，阿坝藏族羌族自治州红原县、若尔盖县，凉山彝族自治州喜德县 5 个县人民医院同时启动。一直以来，甘孜藏族自治州、阿坝藏族羌族自治州、凉山彝族自治州等地因海拔高、自然条件恶劣、交通不便等因素，存在医疗条件薄弱的问题。在这样的背景下，“侨爱工程——送温暖远程医疗站”应运而生。该项目是在国务院侨务办公室的大力支持下，由四川省人民政府外事侨务办公室、四川省人民医院共同承办和建设。该项目将让边远地区群众在家门口就能享受到优质高效的医疗卫生服务，真正实现“天涯变咫尺”。

10月30日晚上，华西医院心脏大血管外科党支部和丁丁剧场联合举办的一场音乐盛会在第二住院大楼演播厅闪亮登场，这是专门为患病的先天性心脏病儿童带来的一场公益演出。活动吸引了200余名患者、家属及医务人员参加。此次音乐会架起了医护与患者之间沟通的桥梁。

11月7日上午，华西医院重症医学科党支部与成都第七（育才）中学联合开展了“让梦想在这里生长”安全教育活动。科室医护团队将急救技能与急救知识普及到成都育才中学校园中。

11月19日，华西医院科研实验室第一团支部与再生医学学生支部来到了成都市儿童福利院进行慰问献爱心活动，为福利院的孩子们带去了零食、玩具、学习用具和生活用品等以表关怀。11月20日，呼吸内科党支部、团支部、工会小组等一行10余人在党支部书记罗凤鸣带领下也来到成都市儿童福利院，慰问和看望孩子们，为他们送上玩具等礼物，并以捐款等实际行动传递爱心。

11月19日，华西医院上锦分院胸儿外科团支部将华西上锦健康快车开进成都青少年宫，为青少年及家长开展了一场“预防小儿意外伤害及手卫生宣传”的健康知识公益宣讲活动。

自2016年以来，华西医院积极主动承担社会责任，充分发挥社会公益性区域辐射及引领作用，举行了多场义诊活动。1月23日上午，胰腺及血管外科党支部20余人与彭州市人民医院联合举办了主题为“践行三严三实、关爱老年人健康”大型义诊活动。此次义诊共接待群众100余人。3月20日上午，胆道外科联合成都高新区芳草社区在紫竹广场开展了“幸福芳草、乐享健康”的社区义诊活动，旨在让社区居民提高对自身健康的关注度，特别是胆囊、胆道、肝脏疾病的早发现、早治疗。3月21日是“世界睡眠日”。当天，睡眠医学中心举办了义诊和睡眠健康知识讲座，参加义诊的患者和家属多达200余人。4月9日，在“世界帕金森病日”来临之际，神经内科在临床教学楼多功能厅开展了以“综合治疗，生活品质”为主题的帕金森病公益讲座，来自省内300多名帕金森病患者及家属参加了讲座。5月14日上午，胆道外科、呼吸内科以“送健康进社区”为主题在成都汪家拐街道长城社区开展了义诊活动。5月19日上午，由温江院院区、日间服务中心党小组、温江区柳城街道工作委员会联合主办的“两学一做”党员示范行动——“走基层、送健康”大型义诊系列活动在温江举行。内科、外科、伤口、PICC、眼科、康复医学科等的25名党员专家组成义诊服务队，为社区居民进行免费体检和义诊咨询活动。5月14日，四川省医师协会心血管内科医师分会在分会会长陈晓平教授带领下，走进峨眉山市，开展了主题为“走进基层，服务百姓，知晓您的血压”血压筛查及义诊活动。6月11日，胃肠外科党支部联合武侯区玉林街道黉门街社区开展了以“消化道肿瘤早诊早治”义诊和健康宣教为主题的党员奉献日活动，向该社区居民提供健康咨询和基础健康知识科普咨询。科室医护党员、研究生党员以及“华西胃癌外科志愿者团队”（VOLTGA）共20余人组成医疗队积极参与此次义诊活动，为近百名社区居民开展了义诊和咨询活动。7月2日，耳鼻咽喉头颈外科党支部“送健康下基层，关爱耳鼻喉患者”义诊活动在洪雅县中医医院举行。本次义诊共接待病人300余人次，内容包括疾病的诊断、治疗以及健康宣传教育。7月16日上午，康复医学中心党支部在武侯区跳伞塔社区服务中心开展了“康复技术到社区，义务奉献为百姓”义诊活动。本次义诊活动主要包括“健康教育课”和“一对一义诊”两大方面的内容。7月23日，麻醉手术中心党支部20余名党员来到阿坝州茂县城进行送医下乡和义务诊疗活动。本次活动主要包括“学术讲座下乡”和“疼痛专家义诊”。活动共接待群众100余人次。8月27日，康复医学中心在天府新区龙河社区开展了“康复技术到社区，党员奉献为百姓”义诊活动。9月6日上午，温江院院区在万盛广场开展了主题为“传承长征精神，义诊服务百姓”的大型义诊活动。本次义诊组织了眼科、呼吸内科、康复医学科、骨科等

10 个临床科室共计 20 余名工作人员参加，通过现场对慢性病和常见病进行咨询、现场诊断和筛查、发放健康宣传资料、普及医学常识和健康知识等形式对到场群众进行健康服务。本次义诊活动共计服务百姓 250 余人次，得到了当地百姓的广泛关注和认可。9 月 11 日，骨科党支部联合四川省医学会骨科专委会护理与康复学组赴南充开展“三下乡”走基层活动，并在南充市川北医学院附属医院举办的“2016 年四川省骨科护理与康复学组科技三下乡暨关节置换围手术期管理培训班暨南充市骨科质量控制中心培训班”开展了专题讲座。10 月 8 日上午，由临床营养科、中国老年医学学会营养与食品安全分会主办，四川省营养学会老年营养分会协办的“九九重阳——关爱老人营养健康”大型义诊活动在门诊楼外广场举行。10 月 9 日，心理卫生中心在二门诊一楼大厅举行了“世界精神卫生日”宣传活动。来自各病房的 40 余名医护人员参与。形式包括义诊、咨询、科普等，共发放各种宣传资料 2000 余份，接待访客 300 余人次，取得了预期的效果，受得了患者和家属的好评。10 月 9 日，老年医学中心/干部医疗科在门诊大楼前广场举行了“九九重阳关爱老人”大型义诊宣传活动。本次义诊活动共计服务老年患者 200 余人次，发放老年常见疾病宣传资料 300 余份，内容包括老年常见疾病的健康宣教知识、如何预防跌倒、如何防止噎呛、如何照顾卧床老年人等，同时对前来参加义诊的老年人及家属进行了详细讲解，得到了广大老年患者的一致好评及广泛认可。10 月 14 日下午，由风湿临药党支部主办，风湿免疫科和临床药理科参与的“华西医院风湿免疫及临床药理专家团队进社区”义诊来到了成都市滨江路社区。风湿免疫科和临床药理科 10 余名医护人员参加了本次义诊活动。10 月 22 日，骨科党支部联合四川省骨科专委会创伤学组织专家，赴宝兴开展“卫生下基层”活动，为当地群众提供最优质的医疗服务，也为当地医护人员带去骨科学诊疗的最新进展。此次卫生下基层活动由科室创伤学组专家共 6 人驱车上百公里，来到“4 · 20”地震受灾县——雅安市宝兴县，为当地群众免费义诊。10 月 24 ~ 28 日，华西国家医疗队协同汶川县人民医院共同走进阿坝，开展了为期一周的巡回义诊医疗活动。此次义诊活动阵容齐全，包括由华西医、技、护 8 名技术骨干组成的国家医疗队及汶川县人民医院移动医疗体检中心成员共22人，由国家医疗队队长贺建清教授和汶川县人民医院梁飞部长领队，并得到阿坝州卫计委和当地政府的大力支持和宣传。医疗队先后在理县古尔沟镇，红原县尼姑寺、麦洼乡，黑水县色尔古镇、沙石乡，为藏区寺庙的僧人、贫困户、普通群众送医送药，进行健康体检。11月3日，胃肠外科在四川大学华西医院-资阳医院开展党员奉献日活动，为近百名资阳市民开展了义诊和咨询、教学查房、规范化手术巡讲。11月4日，骨科党支部联合四川省医学会手外科与显微外科专委会赴广元开展三下乡走基层活动，并在广元第四人民医院举办了“2016年四川省医学会手外科与显微外科科技三下乡”专题讲座。11月4日，临床药学部党支部联合成都药学会、成都市药品不良反应监测中心、崇州市人民医院主办的“合理用药及药品不良反应咨询”活动在崇州市人民医院门诊大厅举行。此次活动，提高了患者对合理用药及药品不良反应的认知度，获得了患者的广泛关注和好评。11月6日，胸外科党支部联合心脏大血管外科、呼吸内科、中西医结合科、康复科、手术室的医疗护理专家赴广汉市高坪镇开展“卫生下基层”活动，为当地群众提供最优质的医疗服务，为基层医院提供技术指导。11月13日，华西医院消化内科党支部、团支部联合工会走进邛崃市医疗中心医院开展大型义诊活动。消化内科18名医护人员参与了此次活动，活动吸引了来自邛崃各地的数百名群众。11月16日，呼吸内科党支部携手各级三甲医院在门诊广场举行了主题为“凝心聚力、共抗慢阻肺”大型义诊活动，四川省人民医院、军区总医院、成都市第二人民医院、核工业416医院的共十位省内呼吸疾病专家参加了此次义诊。11月17~18日，呼吸内科专家到华西广安医院进行了教学查房、学术讲座、现场义诊等为期两天的帮扶活动。此次健康咨询及处方超过600人次，免费测血压400余人次，发放呼吸疾病防治知识宣传资料200余份。11月26日，围绕“以患者为中心，提供优质服务”主题，骨科党支部组织开展了下乡义诊送温暖活动，骨科党支部代表和四川省医学会运动医疗专委会专家团队一行13人来到眉山青神康达骨科医院，开展了专题讲座、专家会诊、病例讨论以及义诊活动，同时建立了双向转诊的绿色通道。义诊活动共计接诊患者 240 余人次，发放健康宣教资料 70 余份。此次活动对推进偏远地区骨科事业发展具有良好的促进作用，体现了行业协会在基层医院帮扶和区域辐射中的重要价值和作用，对双向转诊起到了积极的推动作用。

成都市第一人民医院（成都市中西医结合医院）是以中西医结合为特点，集临床医疗、急救、保健、康复、教学、科研于一体的大型现代化三级甲等综合医院。2016 年以来，成都市第一人民医院积极履行社会责任，广泛开展义诊活动。5 月 9 日上午，成都市第一人民医院在门诊大厅举办了“健康中国　科普助力——关注健康　关注血压　关注血糖”大型义诊活动。此次义诊活动共发放资料 500 余份，接待就诊咨询者 300 多人次，以丰富的内容、多样的形式，赢得了群众的热情参与和认可。7 月 8 日下午，医院志愿者服务队组织了 6 名医护人员，前往高新区残疾人综合服务中心暨社会养老服务中心，开展活动，为老人们提供中医健康讲座及义诊。7 月 28 日，医院组织专家到部队，开展了以“心系官兵健康，拥军优属”为主题的送健康进军营义诊活动。8 月 1 日，医院开展“庆八一·送健康”拥军义诊活动。医务部组织皮肤科、普外科、消化内科专家组到部队，给人民子弟兵义诊。10 月 22 日上午，数百名省市、名中医齐聚成都市第一人民医院（北区），参加“健康成都·中医养生堂”全城义诊活动。本次全城义诊活动覆盖主城各区及新都、简阳、邛崃、彭州等 23 个场馆，给群众提供了优质的中医服务，弘扬、推广和宣传了中医药养生防病知识，让老百姓认识到中医中药在保障人民群众健康方面的优势和作用，在全社会营造了“信中医、爱中医、用中医”的良好氛围。10 月 26 日，医院与静居寺路敬老助残关爱驿站携手，为驿站老人开展健康关爱服务活动。

（四）创新服务方式，提高服务能力

为切实铸牢严实作风，建设健康成都，成都市第一人民医院对成都市高新区和天府新区各两个共计四个基层医疗机构进行对口支援，通过多种形式的帮扶，形成了优质资源共享。2016 年上半年，该院共计下派驻点对口支

援队员19人，开展多种形式的对口支援工作，到目前为止共计诊疗患者5789人，会诊及疑难病例讨论1000次，学术讲座67次，业务培训107次，教学查房193次，手术示教36次，巡回医疗、义诊等就医患者525人次。接收对口支援医院进修人员共计5人，建立了与高新区两个对口支援医院的远程医疗系统，通过互联网进行放射、超声、心电图等的远程会诊。该院的社区驻点对口支援工作有效地实现了优质资源下沉，提升了基层社区医疗机构服务能力，为老百姓带来了健康和温暖。

2016年6月，温江区将医联体建设工作纳入区政府与省人民医院签订的第二轮深度托管协议约定内容，并在此框架下，组织签订了综合类医联体合作协议，形成了以省人民医院为龙头，以温江区人民医院为枢纽，以全区各镇（街）卫生院（社区卫生服务中心）、村（社区）卫生室（站）为网底的“1+1+N+n”上下联通的医疗服务体系，基层医疗机构协议覆盖率达100%。为了保证服务质量一体化，医联体内部还建立了优质医疗资源纵向流动机制。由省人民医院选派精干力量组成专家团队，下沉到温江区人民医院，进行全面的经营管理和技术指导。同时，区人民医院又建立了统一调配机制，安排专业技术人员轮流下沉到镇（街）医疗卫生机构开展坐诊、查房、带教等服务，让群众在家门口就能享受到高品质医疗卫生服务。医联体内还建立了统一的医学教育培训制度和轮训机制，逐级开展结对带教、上挂学习活动，确保医联体内医务人员公平享有继续医学教育、规范化培训的机会。此外，医联体将依托省人民医院建立温江区全科医生培训中心，为医联体内各基层医疗卫生机构培养更多优秀全科医师，提升基层医疗机构服务能力，满足群众健康需求。

6月7日上午，2016年四川省民族地区州县两级卫生技术团队进修培训开班仪式在成都中医药大学学术报告厅举行。四川省卫计委科教处王玉萍调研员、四川省全科医学中心项目负责人张梅老师、成都中医药大学张勤修老师以及本次承担培训任务的5家单位代表与参训学员共70余人出席了开班典礼。四川省民族地区州县两级卫生技术团队进修培训项目是根据《中共四川省委、省政府关于民族地区卫生发展十年行动计划》和《四川省民族地区卫生人才培养项目实施方案》文件的要求，由四川大学华西医院、四川大学华西第二医院、四川省人民医院、四川省妇幼保健院、成都中医药大学附属医院共5家培训单位承担，集中了最优质的医疗资源和教学资源。项目共持续10年。

7月14～19日，2016年规范化培训住院医师、卓越医师、技师岗前临床基本技能活动在临床技能中心顺利进行，来自全国各地70余所医学院校766名学员参加了此次培训。本次培训为期4天，共培训住院医师467人、卓越医师（硕士、博士）133人、技师166人。随着对医疗质量和医疗安全的要求提高，规范临床技能操作，提高规范化培训住院医师、卓越医师、技师临床能力和服务意识，成为华西医院规范培训工作的重点。

7月27日晚，华西医院心血管疾病综合病房举办了主题为“健康所系，性命相托”的患者安全专题培训。本次培训使病房全体护理人员对患者安全有了更为深入的认知，不仅系统地了解了各种影响患者安全的因素，更是深刻地意识到在工作中严格遵守各项规章制度及操作规程，加强责任心和慎独精神，积极纠正不良的工作习惯，努力提高专业水平，对于患者安全的重要意义。大家纷纷表示要努力追求“零差错”的目标，构建“正视、改正、加强、提高”的科室患者安全文化。

11月22～23日，为了加强进修护士的继续教育，华西医院骨科举行了进修护士参观交流及出科学习汇报活动。据了解，本次共有29名进修护士来到骨科进修学习，会议要求进修护士总结3个月的所学、所想、所思、所感，并结合病区的特点制作成ppt进行汇报。本次出科学习汇报充分调动了大家的学习积极性，交流汇报也有利于科室总结教学工作经验，再接再厉，使教学工作更上一个新的台阶。

四　总结和展望

总体来说，2016年，四川医疗机构积极承担和履行社会责任，促进和谐医患关系构建，促进医患沟通，关心员工生活，保障员工权益，热心慈善公益，服务全民健康，创新服务方式，提高服务能力，在这些方面做了很多有益的创新尝试，也取得了良好的社会效益和经济效益。但是，医疗机构进销存台账不吻合、不合理检查和用药、在床率不达标等违规违约问题在一定程度上仍然存在。2016 年 1 ~6 月，共有 27 家定点医疗机构被解除或中止医保服务协议，其中解除定点医疗机构医保协议 2 家，中止定点医疗机构医保协议（含科室）25 家。定点医疗机构中止医保协议时间最短 1 个月，最长达 6 个月。①

笔者从社会责任角度，通过对四川医疗机构履行社会责任情况的结果分析认为，一是大部分医疗机构并没有成立专门的社会责任管理部门，二是多数医疗机构对社会责任缺乏战略规划和可持续管理，三是几乎没有医疗机构有系统、完整的信息披露方式和渠道，四是医疗机构的社会责任评价体系还有待完善。

针对这些问题，笔者建议，一是医疗机构应坚持公益性价值取向，积极承担和履行社会责任；二是要将社会责任融入医疗机构的核心工作和战略；三是采取措施提高医疗机构的信息透明度；四是医疗机构可编制年度社会责任报告，定期向政府、社会、病患及医务人员介绍医疗机构所做的公益性及社会责任的工作及取得的成绩，让社会公众了解、分享医疗机构在履行社会责任所做的努力和取得的成绩。

① 《成都市医保局曝光 27 家违规定点医疗机构》，凤凰网，http：//news. ifeng. com/a/20160815/49779641_ 0. shtml。

B.9
四川新闻媒体社会责任报告

蹇 莉*

摘 要： 近年来，四川新闻媒体在创建绿色频道、弘扬社会正气、构建现代公共文化服务体系、搭建科技扶贫平台、加快媒体融合、从事公益活动方面做出了显著的成绩，体现了深切的社会责任感；但同时也存在了虚假新闻、低俗内容等一些值得警惕的问题。因此，四川新闻媒体应从坚决打击新闻敲诈和假新闻、提升新闻的格调和品质等方面加以改进和提高。

关键词： 四川 新闻媒体 社会责任

坚持正确舆论导向，积极引导社会民众，倡导文明道德理念，践行社会主义核心价值观，传播先进文化，弘扬社会正气是新闻媒体义不容辞的社会责任。四川新闻媒体忠实履行新闻工作者的职责使命，积极主动服务地方经济社会发展，自觉体现对社会和公众的关心和尊重，呈现新的特点和亮点。

一 四川新闻媒体社会责任履行情况

责任意识决定了新闻工作者的品格和新闻媒体的品质，当今社会信息网络传播越来越快，社会思想呈现多元化、复杂化的特点。在新形势下，四川新闻媒体坚守和传承马克思主义新闻观，营造健康、积极、鼓劲、向上的舆

---

* 蹇莉，四川省社会科学院新闻研究所副所长，副研究员。

论氛围，勇于担当国家富强发展的建设者和参与者，牢牢把握社会舆论的话语权、主导权，时刻履行作为新闻工作者的社会责任，责无旁贷地为实现“中国梦”传递正能量。

（一）创建绿色频道

为净化荧屏声频，抵制低俗之风，提高广播电视节目质量，打造让党和政府放心、人民群众满意的绿色频率频道，从2009年开始，以四川电视台、成都电视台为代表的全省142家广播电视播出机构围绕“净化荧屏声频、塑造良好形象”这一主题，自觉履行主流媒体责任，抵制低俗之风，取得了明显成效。2011年7月，中共中央宣传部部长刘云山同志亲自批示：“四川省净化声频荧屏的活动好，可总结他们的做法在全国推广介绍。”2011年8月，国家广电总局要求全国广电系统学习推广四川经验。

1. 主题鲜明

2009年开展的首届创建活动的主题是“净化荧屏声频、抵制低俗之风”，2010～2011年开展的第二届创建活动的主题是“净化荧屏声频，提高节目质量”。两届活动都坚持打造绿色频率频道，围绕健康、积极、向上的主题，积极为抵制低俗之风、净化社会文化环境做贡献，为未成年人的健康成长营造良好的文化和舆论氛围。

2. 方式创新

（1）紧密结合各地党委政府的中心工作

各地党委、政府高度重视，绵阳市委、市政府将绿色频率频道创建活动纳入全市创建文明城市的总体规划；乐山市沐川县委、县政府将绿色频率频道创建工作纳入打造绿色生态县总体规划；遂宁市广电局创绿工作被纳入遂宁市委、市政府的绿色生活总体规划。

（2）紧密结合新闻媒体业务工作

利用绿色频道创建活动，各新闻媒体抓住机会，不断提升自身的业务能力和水平。如四川广播电视台组织了电视节目策划、管理以及采编、摄像、技术等系列培训，成都广播电视台成立了播音员、主持人品牌包装推广工作室，在专业化的培训和管理下，新闻工作者的责任意识和工作能力有了较大提升。

（3）紧密结合先进典型的学习

在绿色频道创建活动中，四川各广电媒体不断总结抗震救灾宣传工作中积累起来的优秀经验，号召全省广电系统新闻工作者学习抗震救灾模范人物的先进事迹，树立爱岗敬业良好职业操守和自觉奉献的职业精神。

（4）开展抵制节目低俗化专项行动

加强广播电视日常节目监管，重点加强对新闻节目、娱乐节目和广告节目等的监管。积极开展四川广播影视抵制低俗之风暗访行动。大力抵制广播电视节目的“三俗”之风，形成风清气正的社会环境。

（二）弘扬社会正气

新闻媒体是党和政府的重要喉舌，是社会和时代的重要舆论工具，更是广大市民获得信息、接受教育熏陶的最佳平台和渠道。一直以来，四川新闻媒体充分利用传统媒体和新媒体渠道，采取新闻通讯、理论评论等多种报道形式，加大对先进集体、模范人物、道德标兵的报道力度，形成了强大的宣传报道合力，弘扬了社会正气。

以2016年成都市各大媒体对雷锋精神的报道为例。成都媒体勇担社会责任，把弘扬雷锋精神作为一项常态化任务，发挥各自的优势与特点，集中报道学雷锋活动和学雷锋活动中涌现出的先进集体和模范人物，更好地传播了雷锋精神，让广大市民体验到身边的真善美。

2016年3月2日，《成都日报》理论周刊特邀武汉大学和厦门大学的专家学者，从理论高度生动而深刻地诠释了雷锋精神的内涵，以及雷锋精神和社会主义核心价值观的密切关联。3月5日，学雷锋纪念日，成都新老媒体或挖掘雷锋故事，或报道纪念活动：《成都日报》驻京记者的详细采写，让广大读者感受到了全国两会代表和委员们对雷锋精神讨论的热烈；《成都商报》报道的爱心众筹帮助“献血大王”，让人触摸到成都这座热血城市的温度；《成都晚报》参与推出的“成都小雷锋公益护照”，让读者们看到了雷锋精神“从娃娃抓起”的成都行动。

同时，成都的新媒体运用音频视频、动画游戏、H5 页面等市民喜闻乐见的传播形式，创新开展深入报道，引导网民向雷锋同志学习：成都全搜索新闻网制作微视频《萌宝学唱雷歌》；根据《雷锋日记》改编制作 H5 有奖小游戏《雷厉锋行》，引导网民体验雷锋帮助他人的整个过程，在游戏中培养助人为乐的精神……积极引导和配合了成都各地掀起的学雷锋活动热潮，为学习雷锋精神搭建了良好的舆论平台。

（三）构建现代公共文化服务体系

四川新闻媒体积极推进公共文化服务与科技融合发展，加强数字化建设，丰富公共文化服务形式，提高公共文化服务效率和水平，最大限度地实现全民文化共享，更好地保障人民群众的文化权利。

1. 建立“视听乡村”工程

为全面提升四川农村地区视听信息服务水平，四川广电系统积极打造“视听乡村”工程。该工程以城乡视听信息服务均等化为目标，将“可管可控”的视听服务作为起点，将“可管可控”的宽带信息服务作为扩展，不仅在农村地区大规模普及高清电视、互动电视、宽带上网等服务，而且致力于构建本地化、智慧化的视听信息服务平台，创造农村商机，提升农村基层组织的信息化管理与信息化沟通能力。

“视听乡村”工程包含四个方面的内容。一是按照“幸福美丽文化院坝”建设要求，实现广播电视服务农村地区无死角覆盖。二是在农村普及“可管可控”的交互类视听信息服务，将电视终端打造成为家庭社交娱乐及智能信息服务中心，开办政务公开、土地确权、农科资讯、家庭影院等栏目，提供各类涉农、党政信息以及在线业务办理，方便广大农村群众。三是向农村全面提供融合了信息推介的高速宽带接入服务，普及开展“村村通宽带”“宽带进农家”，全面助力“农家电子书屋”“农村文化娱乐室”等项目的建设，提高四川各级信息在农村宽带用户上的点击率，助力四川省传媒打造更具影响力的农村信息服务品牌。四是对接全省“广电视听云计算平台”“四川家庭大数据服务平台”“四川广电农村 T2O 电商平台”等系统，助力农村电子商务发展，逐步推进新一代视听服务进入农村，进一步实现视听信息惠农富农。目前，“视听乡村”工程已在1000个行政村部署，主要分布在四川仪陇、广安区、中江、岳池、名山、隆昌、威远等地。覆盖约50000户农村家庭。预计到2018年，“视听乡村”覆盖四川全省7000个以上的行政村，农村高清率不低于70%，农村互动信息服务入户率达到35%。

2. 打造数字文化视听社区工程

为确保党和政府的声音的精准传播，巩固并拓展舆论宣传的主阵地，四川积极打造数字文化视听社区。以已建成的高清互动电视平台为基础，建设本地化与虚拟化结合的全新数字文化视听服务器群，使之成为能够智能适配不同宽带接入网络和终端的广播影视、文化馆、图书馆、博物馆等数字文化内容平台，成为能够把“智慧城市”“互联网+”等各类平台与众多个性化智慧社区服务系统连接在一起的视听信息服务平台；采用超高速智能光纤和无线 WiFi 技术升级社区网络，充分利用广电网络海量下行带宽、室内多信息点分布的优势，实现千兆视听传输带宽入户，实现城镇公共无线视听工程在社区的覆盖，促进高速宽带普及；促进视听信息服务和数字文化发展融合，增强文化传播能力，巩固城镇以社区为单元的舆论宣传阵地，强化主流意识形态和核心价值观的传播；创新数字文化服务业态，丰富各类视听信息应用，部署零距离政务、智慧物业、三表远传、智慧监控、500米电视商圈、社区 LED 聚合屏、社区风采展等一系列具体项目；依托已投放的数以百万台计的各类交互机顶盒终端和下一步新开发、新投放的新型数字文化视听终端，广泛地为社区各家庭、商户、物业管理部门等提供新型数字文化视听信息服务，架设它们与各类企（事）业单位间的桥梁与平台，扩展金融、商业、教育、医疗等领域的商机。到2018年，数字文化视听社区工程将覆盖两万多个小区，城镇基本实现高清化，城镇互动信息服务入户率达到50%，城镇智慧家庭物联网覆盖率达到30%。现有安全播出体系基本完成向综合信息安全体系的过渡，网络与视听信息安全保障能力明显增强。

（四）打造四川科技扶贫在线平台

扶贫攻坚是“十三五”期间全面建设小康社会的头等大事，四川新闻出版广播影视系统积极构建四川科技扶贫在线平台，打造覆盖全部贫困县的科技扶贫在线网络体系，建立快速响应的科技需求解决机制。

1. 抓好扶贫项目组织实施

自2015年以来，四川新闻出版广播影视系统完成88个贫困县县级数字电影院达标、农家书屋提档升级和应急广播平台标准化建设，完成11501个贫困村阅报栏建设，实现行政村阅报栏全覆盖。积极建设电子阅报栏、数字文化书屋等公共设施。以数字化服务为载体，实施文化扶贫数字下乡、图书惠民展销、送书下乡、公益电影放映等措施。充分利用数字电视网络双向互动功能，实“户户通宽带”“农村文化娱乐室”等项目，将贫困家庭电视终端打造成综合信息服务中心，助力兴农富农，确保如期实现脱贫攻坚和全面建成小康社会目标。

2. 满足贫困群众信息和文化需求

在扶贫攻坚过程中，四川各新闻媒体，利用自身特色和优势，集合报刊台网宣传资源，开辟专题专栏专刊，报道全省脱贫致富先进典型和经验。实施文化扶贫数字下乡出版工程，推出脱贫系列有声读物、电子书等出版物。结合大数据平台，建立时政、“三农”、科普、健康、防灾、文化、生活等精准脱贫内容资源库，面向贫困群众提供精准化的阅读视听内容服务。利用数字农家书屋、村广播室、乡村固定文化站等资源，精心挑选群众喜爱的书报、影片，积极开展“政策宣讲”“农技培训”“农业之窗”和公益放映等文化活动。在县、村镇重点部署应急广播系统，在遇到自然灾害或突发事件时启用应急广播，而在闲时则可以播报日常工作、休闲、娱乐节目等内容，丰富人们的精神生活。不断满足贫困群众求知求富以及精神文化生活的需求。

3. 实施农村 T2O 电商项目

针对贫困地区交通不便、基础设施落后等不利条件，四川广电依托广电网络丰富稳定的城乡用户资源、覆盖万千家庭的接入网络、上千万台的家庭信息终端部署，建设全新的农村电视电商平台，将传统媒体、电商平台与各类商家深度融合在一起，打造具备广电特色的“四川广电农村T2O”产品品牌及产业链接。一方面，实现面向农村的电商商品下乡，以拉动消费；另一方面，实现川内农副产品及关联产品的包装、推介和交易，推动四川农副产品走向全国市场。

（五）加快推进媒体融合

加快推动传统媒体与新兴媒体融合发展，是党中央着眼巩固宣传思想文化阵地、壮大主流思想舆论做出的重大战略部署。四川各大新闻媒体以集聚用户为前提，以内容建设为根本，以先进技术为支撑，以体制机制为保障，推动深度融合，实现整体转型。

1. 报刊媒体融合发展

四川目前有报纸136种（含高校校报38种）；期刊353种，其中，学术期刊239种、非学术期刊114种。报刊媒体融合发展经历了传统媒体推出电子版数字版、报（刊）网互动、推送多媒体产品（官方微博、微信、移动客户端等）三个发展阶段，取得了一定成效，表现为以下的特色和亮点。

（1）着力打造“四川”品牌

四川日报报业集团重点打造川报全媒体集群和华西传媒集群，形成了以四川在线、四川日报网、华西手机报、封面传媒和川报观察、四川新闻、问政四川等为龙头的新媒体矩阵，拥有11家网站3个手机报70余个官微公号新媒体，用户数超过2000万，其已进入全国新媒体第一集团方阵。成都日报报业集团积极推进报网融合，形成微博微信集群、谈资APP、四川名医微信公众号、大数据云平台、数字营销中心等多个新媒体产品矩阵，新媒体指数位居全国前列。

（2）打造区域性新型主流媒体

四川各市（州）党报在融合发展过程中积极探索，基本建成了以网站和“两微一端”为主的新媒体产品矩阵。甘孜日报社、凉山日报社分别提出建设寺庙、农牧民定居点固定 WiFi 热点发布系统和彝语语音手机报，用媒体融合的新成果巩固党的宣传舆论阵地。《遂宁日报》《内江日报》《乐山日报》等媒体搭建了营销服务、产业融合运营和现代传媒文化众创空间“三大平台”，推动了传媒业与文化产业跨界融合发展。

（3）行业专业报结合实际探索转型路径

大多数行业报专业报契合自身优势，实施特色化、专业化、精准化传播。读者报社有限公司搭建了集报刊平台、微博、微信、移动终端等于一体的全媒体服务平台，找到与各类跨界用户融合发展、互利共赢的新模式。四川经济日报社形成了 1 家网站、3 个微博、4 个公众号、1 家微店的新媒体集群。国防时报社运用新媒体开展国防教育，开发了军事爱国主义题材手机游戏《铁学兵团》，增强了国防教育实效。四川教育报刊社创建了针对教师群体和学生及家庭的公众号，巩固了互联网宣传教育阵地。

（4）非学术期刊融合发展“亮点纷呈”

新华文轩集团旗下非学术期刊大部分已实现数字化转型。川报集团旗下期刊已开通运营官网、微博、微信，其中，《廉政瞭望》单篇最高阅读量超过 10 万次。《先锋》杂志在全国地方党刊中率先同步上线 APP 客户端，开通微信公众订阅号。《看历史》新媒体活跃粉丝总量近 200 万人。科幻世界杂志社着力打造国内最具影响力的科幻专业网络平台，实现了网络营销提振 B2C 商城销售和电子杂志销售。《分忧》《新食品》《中国西部》等文化生活类期刊数字化程度较高，其中中国西部杂志社跨界制作的原创 3D 动漫电影《熊猫历险记之英“熊”本色》及同名手游已被列入广电总局“十三五”重点项目规划。

2. 广播电视融合发展

（1）不断扩大影响

四川广播电视台倾力打造了“四川观察”“金熊猫”“熊猫视频”“熊猫听听”“香巴拉资讯”移动客户端和“熊猫 TV”微信矩阵。目前，IPTV（OTT）、移动客户端、PC 端每天的用户数（IP）突破 300 万，访问量（PV）突破 3100 万次，产品的影响力不断扩大。

（2）推进大数据收集分析

四川广播电视台依托云采集、云存储等互联网先进技术，建设电视数据云计算平台、舆情研判分析平台、用户行为管理平台，实现信息资讯汇聚、管理功能。能够满足全媒体、多平台快速分发国内外热点新闻的需要。更加精准地引导舆论。实现精准生产、精准传播、精准服务。

（3）实施全新互动服务

四川广播电视台推出的“四川观察”移动客户端为用户提供权威政经视频新闻资讯服务，“金熊猫”移动客户端面向用户开展突发事件、综艺娱乐、民生服务（交通出行、网络购物、法律咨询、医疗健康）、VR体验等直播。“熊猫视频”移动客户端为用户提供影视剧、动漫、纪录片等精品内容资源，常态化开展有影响力的互动活动。“熊猫听听”移动客户端为用户提供音频产品、可视化直播产品和现代语音合成技术产品。“香巴拉资讯”移动客户端着力打造汇集藏区信息资讯的移动平台，通过汉藏双语向五省藏区用户提供服务，已经逐步成为藏区群众了解外界资讯的重要窗口。

（六）积极开展社会公益活动

自2012年2月以来，《华西都市报》开展了“百名记者进社区”活动，编委会成员、各部门负责人、编采部门所有记者走进社区，深入基层社区，为市民提供切实的服务。为了丰富社区居民文化生活，《华西都市报》每年开展“华西社区行”活动，每月针对不同主题，开展社区相亲节、摇滚音乐节、社区啤酒节等活动，受到了社区居民的广泛好评。

2015年3月，为解决市民看病难的问题，《四川日报》开展了百场“名医进社区送健康”大型公益活动，该活动联合了省内百位顶级名医，包括儿科、口腔科、消化科、妇科、皮肤科、骨科、老年医学中心等40多个科室，最大限度地为市民提供健康服务。

2016年7月，四川日报全媒体集群四川在线、四川新闻客户端主办了“迎G20　做文明有礼四川人”大型新闻公益活动，活动主要分为“文明出行”“文明旅游”两部分，引导大家文明出行，以提升市民文明素养。

总之，近年来，四川新闻媒体利用自身特色和优势，弘扬主旋律，传播正能量，积极履行社会责任，取得了一定的成效。2016 年 6 月，在《网络传播》杂志组织评选的“中国新闻网站传播力榜”活动中，四川新闻网也荣获 2015～2016 年度社会责任优秀网站。① 2016 年 10 月 25～26 日，在新浪微博 2016 年 V 影响力峰会上，华西都市报官方微博荣获“新浪微博社会责任媒体奖”，《人民日报》、央视新闻、新华社、《中国青年报》等 15 家媒体获此殊荣。截至 2016 年 10 月 26 日，华西都市报官方微博粉丝量超过 887 万，成为西部地区粉丝量最高的媒体。②

二　四川新闻媒体履行社会责任存在的问题

近年来，四川新闻媒体积极承担社会责任，成效显著，但与此同时，也存在一些值得警惕的问题。

（一）虚假新闻屡禁不止

有的媒体为了追求耸人听闻的效果和眼球效应，在没有严格核实的情况下，刊出和报道假新闻，极大地降低了新闻媒体的公信力和权威性。比如，2008 年 7 月，《成都商报》刊登了比尔·盖茨花亿元租房子看奥运的新闻，后经证明是一条假新闻，该新闻被列为 2008 年度中国十大假新闻之一。2016 年 2 月 7 日，四川《华西都市报》新浪微博发布虚假报道《女孩跟男友回农村过年，见到第一顿饭后想分手了》。经查，该报道内容虚假，《华西都市报》新浪微博根据未经核实的网络信息编发报道，扩大了虚假新闻的传播，造成了不良的社会影响。对此，华西都市报社对当事编辑及相关责任人做出停职、罚款等处理。四川省新闻出版广电局对《华西都市报》做

① 《四川新闻网荣获 2015～2016 社会责任优秀网站》，http：//scnews. newssc. org/system/20160825/000701739. htm。

② 《华西都市报官方微博获“社会责任媒体奖”》，《华西都市报》2016 年 10 月 28 日。

出通报批评、在2015年度报刊年检中予以缓验2个月的处理，并对其主管主办单位四川日报报业集团做出警告、罚款1万元的行政处罚。①

（二）低俗内容时有出现

部分媒体为了追求经济效益，不顾社会责任，播出或刊登一些低俗内容，造成了恶劣的社会影响。2014年7月，广安人才招聘网刊登不雅广告，引起市民反感，纷纷表示“太低俗”“影响市德”“乍一看还以为是色情网站”。后经市民举报，该网站被责令整改。

（三）对从业人员的关怀有待加强

新闻从业人员工作节奏快、强度大，饮食没有规律，压力大，特别是近年来传统媒体进入寒冬，对媒体从业人员更是严峻的考验。2016年，四川先后有成都全搜索的江俊、《绵阳日报》编委会编辑中心主任任杰等年轻的新闻工作者因病猝死或早逝，令人惋惜，这一现象再次提醒关爱新闻工作者的紧迫性和重要性。

三　增强四川新闻媒体社会责任的建议

（一）坚决打击新闻敲诈和假新闻

真实是新闻的生命，杜绝虚假新闻报道是新闻媒体起码的社会责任。胡锦涛同志曾经指出：“新闻媒体要切实承担社会责任，促进新闻媒体信息真实、准确、全面客观传播。”新闻敲诈和假新闻是新闻界的毒瘤和病害，严重损害了新闻队伍形象，侵蚀了新闻媒体的权威性、公信力。因此，必须规范新闻从业人员的行为，严防虚假新闻产生。一是成立专项行动领导小组。在领导小组统一指挥下，进一步建立健全打击新闻敲诈和假新闻专项行动工作制度。二是通过建立健全研判协商机制，对相关部门打击新闻敲诈和假新

① 《6家媒体发布虚假失实报道被查处》，《法制日报》2016年11月11日。

闻行为进展情况进行汇总分析，研判和评估新闻敲诈和假新闻高发行业、地区、时段和媒体，及时提出预警、教育和管理对策。三是通过建立健全协调联动机制，形成多部门联动、区域互动、运转协调、行动迅速的整体工作格局，对违法违规情况进行精准、有效打击。通过建立健全信息反馈机制，共同协商防范和处理新闻敲诈和假新闻行为。四是加大社会监督和典型案例曝光力度，进一步完善举报投诉制度，对于触碰“底线”“红线”的人员，要设“黑名单”制度并进行曝光，坚决将“害群之马”剔出新闻从业队伍。

（二）提升新闻媒体的格调和价值

责任意识决定了新闻工作者的情怀和媒体的品格。认识国情是承担社会责任的基础，“走基层、转作风、改文风”，深入基层，贴近实际，倾听民生，反映民意，从群众的生活中搜集鲜活的报道素材，用质朴的语言、鲜活的事例、清新的文风、捕捉人民的真情实感来表达，才会使新闻报道更吸引人、感染人。新闻离不开生活。有了责任意识，还要有承担责任的能力。这就要求记者用新闻语言真实书写并迅速传递“正能量”。做好正面报道，按新闻规律办事。提升新闻报道乃至新闻媒体的格调和价值。

（三）关爱员工，促进员工成长

新闻媒体工作具有高强度和高压力的特点，新闻工作者加班熬夜和身体疲惫都是常态。巨大的工作压力和常年在外采访的奔波，让很多记者都感到力不从心。针对新闻工作者辛苦的工作现实，四川各新闻媒体应该把关爱员工放在重要位置。第一，重视员工的身体健康，每年安排固定体检，对员工强化健康素养教育，安排弹性休假制，对一线的记者编辑特别要给予福利待遇的照顾和倾斜，改善他们的工作环境，使他们能够身心愉悦地投入工作。第二，制订员工成长规划，定期安排员工培训，增强员工的业务能力，将员工的成长和媒体的发展紧密结合起来，增强员工的获得感和幸福感。第三，呼吁全社会关爱新闻工作者，增强群众对新闻工作者的理解和支持，改善新闻从业人员工作环境。

B.10
四川烟草行业企业社会责任报告

黄泽勇　顾明月　刘　瑾*

摘　要： 四川省烟草行业在前几年发展较为迅速，但是近两年呈现发展缓慢甚至负增长趋势。烟草行业企业社会责任逆势行动、继续推进。四川省烟草行业企业注重以人为本，在关爱员工、精细产业链条、营建法治环境、精准扶贫等方面都做得有声有色，成绩突出。

关键词： 烟草行业　企业社会责任　四川

一　四川省烟草行业概况

（一）烟草行业的定义与其特殊性

烟草本身属于一种植物，主要分布于南美洲和中国地区。烟草属草茄木，茄科一年生或有限多年生草本植物，基部稍木质化。花序顶生，圆锥状，多花，长约等于宿存萼，夏秋季开花结果。行业指的是一种组织结构体系。烟草行业是指从事有关烟草的生产、加工、销售等一系列产品的经营单位或者个体的组织体系。

烟草行业与其他行业相比有其特殊性，主要体现在以下方面。一是实行

* 黄泽勇，四川省社会科学院副研究员，硕士生导师；顾明月、刘瑾，四川省社会科学院硕士研究生。

国家统一领导、垂直管理、专营专卖的垄断性特征，即所谓的烟草专卖；专卖是因为烟草是一种很特殊的植物，对烟草的食用必须实行严格的把控。二是烟草消费的区域性，四川地区主要销售娇子、熊猫等具有地域特色的烟草品牌烟。三是烟草行业集中度较高；国内烟草企业比较固定，并且统一由国家管控。如四川省烟草专卖局成立于1983年，各市县级政府部门都设有烟草专营机构。

（二）四川烟草业的基本情况

我国是全世界最大的烟草生产国与消费国，生产并消费了全球1/3的卷烟，八项指标位居“世界第一”：烤烟种植面积世界第一、烤烟产量世界第一、烤烟增长速度世界第一、卷烟产销量世界第一、卷烟增长速度世界第一、吸烟人数世界第一、吸烟人数增加数量世界第一、烟税增长速度世界第一。[①] 改革开放以来，中国经济得到了稳定、迅速发展。四川省烟草行业的发展注重民生、地方特色浓厚。2016年四川省烟草行业实现税利233.5亿元，排名全国第五。烟草产业提质增效，每户平均种植水平首次超过全国平均水平。在四川省企业联合会以及四川省企业家协会联合发布的《2016四川企业发展报告》中，中国烟草总公司四川省公司排名第二，营业额达到773亿多元。

二　四川烟草行业企业社会责任发展概况

四川烟草行业企业高度重视企业社会责任体系的建设，将企业文化深入企业社会责任体系，强调文化凝聚力量、文化促进内心责任与内心责任带动企业文化发展的社会责任体系建设，努力把四川省烟草行业打造成具有国际竞争力的行业。

四川烟草企业核心价值观是人为本、法为准、德为先。这种价值观具有

① 《2015年中国烟草行业现状分析》，中国报告大厅，2015年9月16日。

立体感，人为本，法为上，是自上而下、自下而上的价值观；人、法、德并重是自内而外、自外而内的价值观。因此，整个价值观形成了一个强大的立体架构，其价值观精神是坚不可摧的。企业使命是携手客户，构建和谐并进的利益共同体。企业精神是以责任奉献社会，以真情回报客户，以创新超越自我。企业道德是感恩、尽责、诚信、自律。发展理念是不断超越、领先一步。领导模式是全员参与型领导模式。人文环境是愉快工作、幸福生活①。四川省烟草企业将企业文化融入企业社会责任制度的建立是烟草行业的创新，从构建烟草行业企业文化开始，全方位发展企业社会责任。

（一）关爱员工，构建温馨工作环境

员工是一个企业长久发展的灵魂，是企业生死存亡的支柱。烟草行业的员工包含广泛，最重要的就是烟农。四川烤烟在凉山，凉山烤烟在会东；会东地处川南，具备发展优质清甜的香烟的自然优势。会东县近几年烟叶年均种植户为2.8万户左右，2014年烟农收入达到9亿多元。为解决会东县烟草种植水源稀缺的难题，四川烟草行业于2010年启动中小型水源工程援建，2014年与水利部签订《加强烟区水利建设合作备忘录》。如四川烟草对新马灌溉区水源工程项目进行行业援建。该项目总投资达10184.52万元，工程于2013年5月开工。该项目实施后，提高了罐区内水量调节能力，实现了农业生产由靠天吃饭向人工调节供水的转变，降低了生产风险，增加了生产效益，大幅扩大了田地灌溉面积，可实现灌溉面积5.5万亩，加上通过后续工程建设，最终可实现控灌5个乡10.15万亩土地，烟叶生产能力最终增加到30万担，受惠最大的当属烟农②。

烟草行业企业加强对员工的培训。2016年，四川省自贡市烟草办公室提出构建员工沟通新桥梁，采取“练、讲、演”三维结合。“练”的目的是强化沟通动力，在“练”中进行磨合交流。“讲”的目的是强化沟通模式，

---

① 四川省烟草专卖局网站，http://sc.tobacco.com.cn/nportal/portal/QYWH。

② 《四川烟草助彝区农民走上“小康路”》，四川经济网，2015年8月18日。

加强沟通效果。以物资采购、基建、公文及档案管理、信息报送为切入点，开展工作疑难讲解和培训，以“讲解＋提问＋建议”的形式为员工搭建上下沟通桥梁，破除沟通屏障。“演”的目的是强化沟通学习，加强学习交流。在以会议、接待、材料等工作为重点的模拟情景下，集众人智慧，相互学习，在控制演练中寻找经验，改进工作细节。

（二）服务消费者，创建和谐商业环境

消费者是促进烟草行业发展的支柱，生产水平必须与消费水平共同进步，企业的发展首先要关注消费者。四川省烟草专卖局的网站上专门有个网页是对消费者的调查，通过对调查数据的分析，加强对消费者的服务，保障烟草的出售。

表1　烟草专卖局网站上的调查问卷

调查主题	时间
您认为当前全省卷烟市场存在的主要问题是	2016年10月14日
你在什么情况下会更换吸食的卷烟品牌	2016年6月21日
问卷测试	2016年6月21日
你喜欢的2015年度省内卷烟产品（多选）	2016年2月25日
有关选择自己消费卷烟首要考虑的因素的调查	2015年10月15日
关于烟草消费税对卷烟销售量产生影响的调查	2015年7月17日
关于公司外网改版建议调查	2015年6月23日

“消费者在哪里，我们就到哪里”是烟草行业企业的基本准则。烟草行业统一思想、健全组织、迅速行动。调研活动的目的是摸清楚消费者的偏好，有针对性地调整营销战略，满足消费者的基本需求。

（三）精细产业链，打造公平行业环境

产业链是各个产业部门之间基于一定的技术经济关联，并依据特定的逻辑关系和时空布局关系客观形成的链条式关联关系形态。烟草行业是一个相

当重要的行业，其产业链的完整以及每个链条的完备决定了整个烟草行业的命运。

广元市昭化区烟草专卖局为严格规范烟叶收购秩序，有力有效地开展烟叶收购内部监管。通过实地检查烟叶收购点和走访烟农相结合，现场查看收购流程，抽查收购票据，核对烟叶合同执行、IC卡管理到位情况；实地走访烟农，了解当前烟叶交售及合同、银行卡保管情况，细致询问、了解烟点收购纪律执行情况，广泛收集苗头性不规范信息。查看备案内控制度，查询生产经营信息系统，掌握当前烟叶收购基本数据，全面了解收购情况；对比分析有关联或存在钩稽、平衡关系的数据，与正常生产经营数据相比对，查找可能存在的异常情况，并结合合同签订情况进行综合分析，及早发现隐患，维护收购秩序。根据内部管理工作规范和烟叶收购管理办法，监管烟叶收购关键流程和重要节点，对未严格执行内控制度的收购行为和当前存在的不规范情况提出整改意见和改进措施，持续跟踪整改落实情况，确保烟叶收购规范、稳定。

宜宾高县烟草专卖局充分利用精益管理工具和方法，有效发挥内管机构效能，为企业生产经营发展提供有效保障。在以精益数据分析为依托、提高内部监管效率的同时，充分运用信息化手段，依托省局内管系统，提升数据分析比对能力，选准监管重点和监管环节，提高监管效率，及时发现、及时介入、及时处理，将不规范问题解决在萌芽状态，以最少的人力、物力资源投入，达到最优监管效果。并且以内控管理机制建设为重点，搭建精益内管工作格局。建立销售、专卖、物流、监察等职能部门配合内管履行职责的内控管理机制，搭建部门间信息交流渠道，消除信息沟通障碍，确保精益管理协调运行，形成各司其职、各尽其责、紧密配合、齐抓共管的工作格局。

（四）配合政府，标榜严格法治环境

四川省烟草专卖局进行了一系列普法活动，对员工进行普法宣传，标榜了严格的法治环境。

成都市烟草专卖局按照“七五”普法工作的要求，联系实际，开展了一系列工作。主要有健全法制宣传教育领导体制及制度规范，完善法治宣传教育领导和办事机构，明确工作职责，落实工作任务；同时，法规、专卖、营销、人事、党建等职能部门分工协作、密切配合、形成合力，确保“七五”普法各项工作、任务顺利完成。全面实行“谁执法谁普法”的普法责任制，建立普法责任清单制度；加强烟草专卖行政执法案例整理编辑工作，推动面向社会公众建立烟草行政执法典型案例发布制度，树立行业公正文明执法形象。深入开展“法治烟草”讲堂、“法润成烟”专栏建设，建立法治宣传教育图书库，持续深化“依法行政示范单位”和“诚信守法示范企业”创建活动，大力推进“互联网+”普法模式，积极打造“法润成烟”法治文化品牌，加大法治宣传教育的深度和广度。加强对管理规范的合法性审查与备案管理，促进依法决策；强化执法监督检查，健全“行刑衔接”工作机制，依法规范行政执法行为；推进行政权力和信息依法公开工作，促进依法行政，全面深化法律风险防控体系建设与运行，促进依法治企。

广安市烟草专卖局认真贯彻落实党的十八大和十八届三中、四中、五中全会精神和习近平总书记系列重要讲话精神，扎实稳步推进法治建设，取得了较好成绩。完成了《广安市烟草专卖局自由裁量权标准》《广安市烟草专卖局案件审查制度》《广安市烟草行政执法责任追究制度》等制度的修订，并组织全市各单位（部门）对其他规范性文件进行了清理、修订。深入开展法律“进班子”、干部职工专题学法、零售户送法上门、社会普法宣传等活动。组织各类法律法规培训 160 余次，受训人员 6000 余人次。发放各类宣传资料 50000 余份，制作宣传展板 13 块，巡回宣展 75 场次，接受咨询 5000 余人次，发送法制短信 120 余条。健全法律顾问制度，聘请知名律师担任长期法律顾问；完善烟草专卖执法监督体制，定期开展行政执法监督；推动落实政务公开，规范行政许可。“六五”普法期间，共抽查行政许可档案 500 余份，审查行政处罚案件 250 余份，评查行政处罚案件 6000 余件，有效地规范了执法行为，提升了依法行政水平。

（五）保护环境，维持清净生态环境

保护环境、人人有责。宜宾市有机烟叶基地兴文县坪山村生产的有机烟叶再次通过有机农业认证机构——国际生态认证中心认证，宜宾烟叶连续两年获得有机认证资质，表明宜宾烟叶在食品安全“金字塔”结构中始终处于最高规格和品质。雅安市烟草专卖局围绕“禁止向未成年人售烟、无户外烟草广告”工作目标，明确重点、精准发力，积极参与雅安市“省级文明城市”“国家级卫生城市”创建活动。专卖执法人员对辖区卷烟零售户进行全面走访，进一步宣传“禁止中小学生吸烟，不向未成年人售烟”相关法律法规知识，筑牢零售户的守法经营意识；充分发挥“12313”服务平台作用，鼓励消费者提供向未成年人售烟违法活动线索，拓宽监管平台。重点监管，从源头上治理。严格遵守合理化布局相关要求，杜绝校园周边办理新烟草证行为；对辖区内卷烟零售店张贴警示标识情况进行彻底清查，对不规范警示标识进行当场维护，确保张贴到位率100%。部门联动，共同治理。加强与卷烟工业企业沟通联系，督促其严格遵守国家有关法律法规，不在户外张贴、摆放或悬挂烟草广告；客户经理、送货员发现警示标识损毁、向未成年人售烟和张贴户外烟草广告等情况时，立即向专卖人员反馈，实现“三员互动”共同监管、协同治理。

（六）精准扶贫，营造富裕社会环境

2016年，四川烟草公司持续加强对口支援扶贫。对原有扶贫单位凉山普格县开展脱贫攻坚评估检查。对照评估检查方案，逐项查看，逐户核实，详细了解贫困户收入来源、义务教育、基本医疗、住房安全保障、安全饮水、生活用电等方面情况，鼓励贫困户树立信心、勤劳致富，在“不愁吃、不愁穿”的基础上，住上好房子、过上好日子、养成好习惯、形成好风气。检查组还针对各级扶贫人员的工作方式及工作态度，按照“因地制宜、因户施策”工作要求，扎实抓好精准扶贫各项工作。全面落实各项帮扶举措，脚踏实地地为贫困户办实事、办好事，一户一策，精准发力，严格按照既定时间表，有针对性地帮助贫困户脱困解难，避免资源浪费与供需不协调；立足实际，科学规划，坚持把扶贫项目质量放在首位，严格落实工程项目监督和管理责任，确保贫困户住房与村级活动中心项目保质、按时完工。

资阳乐至县烟草专卖局组织全体党员干部开展脱贫攻坚“认亲”帮扶，当好脱贫引路人，助推贫困户脱贫致富。举办扶贫知识宣贯培训，对扶贫政策及相关业务知识再学习。落实《四川省贫困县贫困村贫困户退出实施方案》要求，引导贫困户如期脱贫。当好模范带头人。组织20余名党员干部到宝林镇万斤沟村，与结对帮扶的40户贫困户交流座谈，将脱贫政策宣贯到户。做好烟草责任人。按照“认亲”帮扶计划，建立贫困户户籍档案、脱贫攻坚明白卡；指派专人开展驻村帮扶联系服务，到贫困户家中，了解生产生活、产业发展等情况，帮助贫困户算好经济账，共商脱贫措施；解决贫困户“两不愁、三保障”实际困难，切实履行烟草社会责任。慰问组与贫困户面对面交谈，了解他们的家庭、就业、子女教育、收入、身体状况等，给他们送去慰问金和慰问品，帮助他们拟定脱贫致富初步计划，并给埡豁村赠送了价值74000余元的农机设备。按照“因地制宜、产业帮扶”原则，以市场为导向，寻找可发展产业，增强贫困户自我发展能力，以产业助推贫困户脱贫致富。

三　烟草行业企业社会责任提升

企业社会责任包含的内容广泛，任何一家企业想要深入贯彻企业社会责任制度，所要做的努力亦很多。本文对四川省烟草行业企业社会责任履行方面提出以下几点建议。

（一）充分利用烟草行业性质的特殊性，做好榜样作用

烟草行业在企业社会责任方面应当具体落实制度，通过自身的企业社会责任发展带动周边企业的企业社会责任发展。这种通过潜移默化的影响来渗透自己的理念是巨大的精神力量。在企业社会责任制度方面，烟草行业应当

充分发挥自身的行业优势，发挥榜样作用，成为其他企业的效仿对象，这有助于带动企业的共同进步，乃至整个社会的共同进步。

（二）创新技术，减少烟草危害

烟草有一定危害性是众所周知的事实，作为烟草制造者应该继续通过技术的改进来减少烟草中含有的有害物质。技术的改进是解决烟草危害的最重要的途径。

（三）加强对烟草危害性的宣传，提高人民的危险意识

烟草产业在提高产品质量的同时要加强对公民身体健康的关注。所有的烟草的包装均应标注“吸烟有害健康”。这种对烟草危害性的宣传的形式应当有所改变，应当加强对烟草危害的宣传，比如，定期对烟民进行宣传烟草的危害性以及烟草食用方法的科学性。以讲座的方式或者其他有效方式来召集烟民以吸烟受害者的亲身经历进行宣传等。

（四）提高产业链效率，实现与社会公益项目的完美结合

烟草行业应当充分发挥烟草的优势来与社会公益项目对接，努力促进社会公益项目的实现，在对社会公益项目的实现上给予经济以及人力各个方面的支持，也可以与相关公益组织结合，在它们身上吸取社会公益事项的经验，学习它们的方法。

四　结语

在企业社会责任这条道路上，不管是什么企业，都有很长的路要走，四川烟草行业亦不例外。四川烟草行业在企业社会责任方面一直在坚持，一直在努力。今后在服务经济、满足消费者需求及建设健康社会方面，烟草行业企业还需要大力跟进，再创辉煌。

B.11
成都市社会组织履行社会责任报告

张　虹*

摘　要：　党的十八届三中全会提出推进国家治理体系和治理能力现代化。激发社会组织活力有利于创新公共服务提供方式，优化公共服务供给。在激发社会组织活力、多元主体共同互动的社会治理创新进程中，成都市越来越多的社会组织在承接政府职能转移、化解社会矛盾、创新就业、保护环境、关注弱势群体、推进和谐社会建设中发挥着积极作用。

关键词：　社会组织　社会责任　治理创新　成都

一　成都市社会组织概况

社会组织活跃于基层，根植于社区，在社会治理、就业创业、社会服务、公益等领域大显身手，推动社会治理创新。截至2015年底，成都市依法登记备案社会组织1.1万余家。社会组织家数破万，党组织覆盖率达81.4%。[①] 从2014年开始，成都市在财政预算中设立“培育发展社会组织专项资金”，在全国首开先河，每年2000万元，以扶持项目的方式培育发展社会组织，截至2015年，扶持239个项目；受益群众约达195万人次。仅

---

*　张虹，四川省社会科学院法学研究所副研究员。

①　《全市社会组织党组织覆盖率达81.4%》，http://www.chengdu.gov.cn/info/00020101/2016/4/28/21c34e07ed5240e08ef97f70dcf86c75info.shtml。

是在成都市民政部门的归口管理口径范围内，“在创新创业领域，全市社会组织提供了超过17万个专兼职工作岗位，每年为社会培训近4万名新生劳动力，为数万名志愿者参与社会活动提供了舞台。在民生服务方面，每年全市社会组织筹集资金近亿元，用于减贫济困、救灾防灾、安老抚幼、助学助医等各种公益活动，协助解决了一部分人的民生难题”。[①]

二　社会组织履行社会责任简况

在民政局注册的社会组织的样本中，本文随机抽样，选取了社会团体、民办非企业等各种类型的社会组织，包括具有官方背景、草根性质的社会组织，涉及就业、医学、环保、癌症预防康复、特殊人群、农村儿童、互联网科技等领域。

（一）成都市科技创新就业促进会

在“大众创业、万众创新”的时代背景下，创新创业成为综合国力竞争的制高点。与此同时，中小企业招人难、用人难和高校毕业生就业难的“三难”问题依然突出。就业是民生之本，社会组织在推动就业创业中孕育空间大，不乏奋力作为的优秀社会组织。

成都市科技创新就业促进会助力“大众创业、万众创新”。成都市科技创新就业促进会是民政部门批准，由成都市民政局监管和指导的非营利性社团组织。该组织以大数据理念为核心，构建了成都市首个智能化创业就业公共服务（孵化）平台，再以该平台为载体，全方位搭建智能网，推动“大众创业、万众创新”工作落到实处，助推社会信用体系建设工作。

以“人才发展共同体”为核心服务社会。就业是民生之本，稳就业、促就业是社会良性运行的安全基石，2015年政府工作报告明确指出，政府

① 《每万人有7.7个社会组织　成都全国领先》，http://news.163.com/15/0901/05/B2DEEEGB00014Q4P.html。

要着力促进创业就业。坚持就业优先，以创业带动就业。成都市科技创新就业促进会以国家政策为导向，以行业属性为基础，以促就业为宗旨，提出了“人才发展共同体”的人才培养与培育理念，探索“政府主导、协会搭台、高校联动、企业协同”的创新运作机制，以推动政府与行业、行业与高校的交流与沟通，加强企业和高校的更深层次衔接，将供需双方无缝链接，形成参与受益、公平竞争格局，拓展创新就业领域的新方式与途径。成都市科技创新就业促进会的“人才发展共同体”理念与模式，致力于整合政府公共资源，促进其在“人才发展共同体”构建过程中主导作用的发挥，获得了越来越多的政府职能部门的认同与支持。

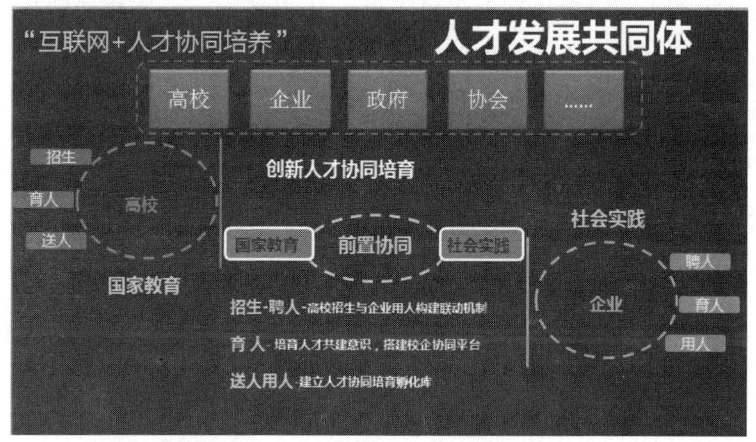

图1　“人才发展共同体”理念图示

首个智能化创业就业公共服务（孵化）平台，首次实现社会组织信息与政府信息数据库的联动共享，助力“人才发展共同体”建设。成都市科技创新就业促进会推动了成都市首个智能化创业就业公共服务（孵化）平台——“新就业”的建设，主动协调相关信息管理部门的数据平台与“新就业”系统成功对接，在成都市首次实现社会组织信息与政府信息数据库的联动共享，为依法获取企业运营的相关信息，确保数据信息的安全、真实，方便广大青年学生知晓相关企业情况而搭建起可靠、便捷、真实的通道。“新就业”与政府数据信息的互联互通将在保障学生实训就业安全、净化择业就业环境、构建人才信用体系、促进诚信网络乃至诚信社会和和谐社会的建设中发挥基础性作用，为全面推动“大众创业、万众创新”总体目标提供环境支持。

协会搭台，以“大数据”科技实现“人才发展共同体”理念落地。成都市科技创新就业促进会积极协调政府职能部门、高校、新华社、企业、保险公司等相关部门，整合资源，建立了智能化的创业就业公共服务（孵化）平台。创业就业公共服务（孵化）平台——“新就业”是在“人才发展共同体”理念指导下，以现代科技为纽带，以政府引导为核心，以高校推动为前提，以人才建设发展基地创建为基础，以行业人才培育为导向，以诚信建设为抓手的人才智能化配置平台，将“互联网+”人才培养链接到各个人才培养单位，是“人才发展共同体”理念落地的载体。该平台以“大数据”理念为纽带，利用现代信息高速交互优势，大力拓宽人才信息收集面，不断深挖、筛选，提高人才信息精确性以进行深入分析，在系统、准确认识人才总体状况的基础上，为人才量身打造职业成长专属地图，以智能化思维推动人才理论教育与实践教育深度融合。同时，“新就业”平台提出的“行业人才库”理念，运用大数据联动优势，尽可能扩大人才信息汇聚范围，在全面、直观呈现人才特点的基础上，为企业提供智能化人才匹配，力求输送真正优质的潜力人才，降低企业人才使用风险，加速完善企业人才体系建设，助力企业长远、可持续发展，为行业、产业提供方便、快捷、高效的人才建设渠道。“新就业”平台自2015年起着手开发工作，目前，人才职业成长地图模型构建已趋于成熟，相关人才评价体系已基本形成，大数据人才智能匹配机制已完成建立，在2016年底即可与大众见面。

高校联动，构建了我国首个多民族在校青年创新创业服务平台。成都市科技创新就业促进会积极协调，与西南民族大学合作，构建了我国首个多民族在校青年创新创业服务平台，率先在全国树立多民族青年创新创业标杆。少数民族高校毕业生就业问题的解决，对于推动多民族地区尤其是欠发达地区的经济建设，提升少数民族人民群众生活水平，提升其在社会发展中的参与度，增强获得感，维护社会稳定，促进民族和谐有着极其重要的意义和作用。成都市科技创新就业促进会与西南民族大学旅游与历史文化学院成为就业联动共建试点单位，鼓励西南民族大学在校学生尤其是少数民族学生参与“人才发展共同体”的项目。在校学生从大一入校，就可以在平台定制成长包的指引帮助下，通过在校期间的学习掌握必要的职业技能，培养优秀的职业素质，并获得前往可靠、心仪企业进行实训的宝贵锻炼机会，最终走上自身和用人单位双向满意的工作岗位。

2016 年 7 ~ 10 月，成都市科技创新就业促进会针对人力资源需求最为旺盛的现代服务行业展开了全面深入的调研，以此为基础，启动与省内各大高校合作的国际化服务人才主题专场培训会。例如，2016 年 11 月 22 日，成都市科技创新就业促进会和西南民族大学旅游与历史文化学院联合主办“双符双适型”国际化服务人才协同发展培训会。2016 年 11 月 3 日，成都市科技创新就业促进会与电子科技大学外国语学院合作的“一校一带”国际化服务人才协同发展培训会，在电子科技大学拉开了培训的第一幕。围绕“国际化服务业发展”“当代大学生诚信建设”等问题，专家与青年学子共同探讨，500 余名师生现场互动问答。2016 年，民政局培育发展社会组织扶持项目在培训会上正式启动，此项目将整合资源，集社会之力，以促进会会员职业院校服务类专业二至四年级青年为直接受益对象，以促进会会员企业与个人为间接受益对象。未来，成都市科技创新就业促进会将致力于与各个高校联动，携手培养青年创新创业精神，提高创新创业能力，共同在经济转型背景下为建立起创新型经济格局铺路搭桥，为社会全面开展创新创业工作贡献力量。

5. 企业协同

从 2016 年 7 月 10 日起，成都市科技创新就业促进会全面启动市人才建设发展基地的相关工作，人才建设发展基地项目首批吸纳 100 家申报单位，要求相关申报单位有提供见习岗位的意愿和接收见习人员的能力，为见习人员提供人身意外伤害保险，并依据单位实习生培养制度或者岗位工作强度，给予一定的生活与福利补贴。截至 2016 年 7 月 10 日，成都市首期人才建设发展基地提出申报的中小企业已有 56 家审核通过，可提供岗位数超过 1000

个。为全面保障实训期间学生人身安全，促进会与各商业保险机构合作，为参与实训的学生量身定制了“大学生实习期间团体意外伤害与疾病保障计划”，帮助解决企业顾虑与政府教育部门压力。

（二）成都医学会

成都医学会，着力用专业技术服务于政府、医技工作者和广大公众。成都医学会是成都市科学技术协会的组成部分，主要承担医学专业的学术交流、医学科研管理和继续医学教育等，促进临床科研及医疗卫生事业的发展，与此同时，学会依托优质专家资源，积极承接政府职能，为卫生计生行政管理提供技术支撑。

以能力提升为契机，促进学会组织建设。在医疗卫生行业，人才是根本，成都医学会注重人才储备、举荐人才。专科分会实行了三任主任委员制度，截至2016年底，已顺利完成心血管科、肾脏科、老年科、皮肤科、急诊科、呼吸科、儿科等10个专科分会的改选换届工作，血液、麻醉、病理等专科分会的改选换届也在筹备进行中。成都医学会现有专科分会43个。2016年学会新增团体单位会员2家，现有团体单位会员137家；医学会发展个人会员36人，目前共有个人会员4805人。此外，成都医学会在年内向省医学会57个专委会推荐委员260人。学会充分发挥了党和政府联系科技工作者的桥梁及纽带的作用，利用人才优势，促进学会的组织建设。

以多种形式开展学术交流活动，提升专业技能。成都医学会为了更好地服务百姓，同时回应医务工作者的交流愿望，特别是满足基层医务工作者的业务需求，运用多种形式开展学术交流和培训工作。例如，2016年，学会共召开学术年会和学术交流会（研讨会）26场，参加人数达4000余人；举办常规学术讲座（读片会）34场次，参加听讲人数达2600余人；举办医学新进展学习班（培训班）18场，覆盖成都市区及周边县市的各级医院；完成国家级继续医学教育项目4项，省级继续医学教育项目4项，市级继续医学教育项目70余项；开展新技术推广会8次，参加人数700余人；促进了医疗技术更新及诊治技能提升。

走进百姓，卫生下乡服务基层。老百姓去大医院排队看病难、知名医生“一号难求”。“预防胜于治疗”，科学地对待疾病的态度与策略，既是医学的精髓也是百姓生活的真谛。成都医学会及各专科分会充分发挥专业优势、人才优势，在每年科普月、科技周开展科普宣传和下乡义诊活动，组织专家送医送药到基层并开展指导，一方面，提高了基层医务工作者诊疗水平；另一方面，专家直接服务了广大农村群众。既满足了专家服务社会的愿望，又满足了百姓与专家对话、诊治的愿望。例如，为了配合 2016 年成都市第二十一届“科技之春”科普月活动，学会于 3 月 25 日组织开展了“下基层”义诊活动。由学会领导带队，组织中医妇科、中医儿科、内分泌科、眼科、心血管内科等专业的专家，为金堂县又新镇 100 余名群众进行了认真、仔细的义诊和咨询，向群众发放防病治病宣传资料百余册，受到了当地群众的称赞，有力地提升了学会的社会影响力。以“医者仁心”传递社会正能量。

依法组织医疗鉴定工作，服务民生。国务院《医疗事故处理条例》于 2002 年 9 月 1 日起实施，成都医学会自担负起成都地区首次医疗事故技术鉴定工作以来，在上级部门的领导和指导下，在各专家库成员单位及鉴定专家、各级卫生行政部门和人民法院的支持下，认真履行职责，依法组织鉴定。2016 年，学会医疗事故技术鉴定办公室完成医疗事故技术鉴定 68 例，被鉴定为医疗事故 37 例，鉴定事故率为 54%；受理职业病鉴定申请 14 例，完成职业病鉴定 12 例。

“心灵彩虹”项目纵深推进，人性关怀暖人心正在路上。2014 年，受成都市人口和计划生育委员会、成都市计划生育协会委托，成都医学会组织实施了计生特殊困难家庭“心灵彩虹”项目，设立了成都市计生特殊困难家庭心理关怀中心，开通了两部疏导热线电话，组织专业人员对心理疏导对象开展工作；组织心理卫生专家对成都市及区（市）县人口计生行政管理人员、基层计生干部及妇女主任等开展系统心理卫生专业知识培训。该项目培训已于 2015 年 4 月顺利结束，共培训 3500 余人，电话疏导工作于 2015 年 9 月完成。2016 年，成都市医学会继续深入推进“心灵彩虹”项目，由成都医学会组织编写的“心灵彩虹，计生特殊困难家庭心理干预项目培训教材”

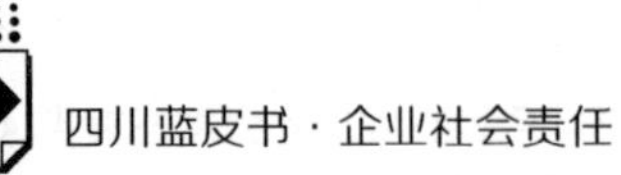

正式出版，龙泉驿区“幼儿性健康教育”和都江堰市“灾后再生育母子关怀”延伸项目陆续启动。人性关怀暖人心正在路上。

成都医学会是成都民政局评定的首批5A级社团组织，被成都市科协评为2015年度先进集体，获“成都市十佳学会”荣誉称号，被四川省医学会评为“2015年度目标考核优秀单位”。

（三）成都市肿瘤康复协会

1. 成都市肿瘤康复协会心系癌症患者，推动健康保健

成都市肿瘤康复协会成立于2012年，是由肿瘤患者和关注肿瘤、志愿服务的爱心民众及专家团体自愿组成的联合性社会团体组织，2015年被成都市民政局评为4A级社会组织。该协会以“帮助一切需要帮助的癌症患者”为宗旨，专注肿瘤预防宣教、肿瘤一二级预防、肿瘤患者养生及肿瘤患者康复指导。

2. 心系癌症患者，设立“成都市肿瘤康复协会肿瘤爱心援助基金”

成都市肿瘤康复协会通过成都市慈善总会设立“成都市肿瘤康复协会肿瘤爱心援助基金”，帮助“因癌致贫”患者，使患者不因贫困而放弃治疗；尊重生命，让患者享有治疗的权利，积极承担社会赋予本协会的神圣使命。

3. 致力于成为“癌症患者之家”

普通群众往往谈“癌”色变、恐慌无助，家属们救人心切，医治方法选择不当，会造成过度损伤治疗，又增加了病人的心理负担。癌症患者家庭因病致贫的数量多。在市肿癌康复协会的大家庭里，过去有、现在有，未来也有这么一群人——他们患“癌”不怕“癌”：曾经瘫痪过，站起来了；曾经迷茫过，走出困境了；曾经放弃过，更加坚强了。协会中不乏成员，患“癌”不怕“癌”，用笑容和坚强面对抗癌人生，高举群体抗癌的旗帜，怀揣帮助需要帮助的癌症患者的愿景。成都市肿瘤康复协会组织肿瘤爱心志愿者们开展“走进医院、关爱病友”活动，在抗癌的道路上分享各自的抗癌经历、科学的抗癌方法、睿智的理性、顽强的意志和满满的正能量。仅

2016 年协会就陆续走入四川省人民医院肿瘤科、成都复兴医院等，举行了“科学抗癌，关爱生命”“癌症防治，我们在行动”等主题活动，协会向全市发出倡议：均衡膳食、戒烟限酒、适时筛查、规范诊疗、快乐生活，推动对癌症的有效防治。

4. 慰问看望身患癌症依然带领乡亲抗震救灾的好支书袁超

2016 年 4 月 21 日的华西都市报上有一篇题为《抗癌，抗灾，村支书袁超的震后三年》的报道，雅安市芦山县清仁乡大同村有一位好支书袁超身患癌症，依然带领村民抗震救灾。成都市肿瘤康复协会罗会长看到报道后很是感动，本着协会“帮助一切需要帮助的癌症患者”的宗旨，5 月 5 日，罗会长、成都复兴医院的肿瘤专家李显勇院长及抗癌志愿者孙大姐一行前往芦山慰问看望这位抗癌勇士，肿瘤专家李显勇院长详细了解了袁书记的发病时间、治疗方法并现场听诊，仔细察看病情 CT 片，详细地为袁书记讲解生活中的注意事项，并现场表态：免费为袁书记在成都复兴医院做复查。罗会长送上慰问品和慰问金。协会此举是为了弘扬抗癌事迹，将这种无私的精神以及抗癌前线的斗志广泛传播，并以实际行动帮助抗癌勇士。

5. 社会服务与医学专业相互结合，推动癌症防控健康教育

在成都市民政局培育发展社会组织扶持项目的扶持下，协会在 2015 年开始开展“肺癌预防筛查及关爱”活动，2016 年 3 月，肺癌预防及康复指导项目评审总结会标志着项目圆满结束。项目受益 1400 余人，实际受筛人员 625 名（40～80 岁），全部采用 CT 检查，并且编辑出版了《肺癌预防指南》。此活动跨领域结合了专业预防手段和协会的社会属性优势，首次从专业协会组织角度提出了从肺癌预防、筛查到康复管理的全程化民众参与型服务，让社会公共资源和民众双重受益。将社会服务与医学专业结合，推动癌症防控健康教育，被金牛区电视台及《成都日报》等媒体报道，产生了良好的社会影响，推广了肺癌的预防意识，同时也是专业社会组织参与社会民众健康管理的一次有效尝试。

6. 立足社区不停留于普通宣传，推动全程公众参与

癌症重在预防，早期筛查意义重大。2016 年在成都市民政局培育发展社会组织扶持项目的扶持下，协会开展了“乳腺癌预防筛查及关爱”活动。印制了乳腺癌预防筛查及关爱项目相关内容的宣传单，并在成都市各社区发放，还通过微信公众号发布该项目信息。2016 年乳腺癌筛查 300 人（女性），阳性结果 18 人，包括介于阳性和阴性之间的人群。两次筛查都是在成都市五城区志愿报名者中随机选择受筛人群。参加筛查的有 300 名 20 ~ 80 岁女性。聘请专家制定乳腺癌筛查的国际惯例，年龄在 36 ~ 50 岁的高危人群采用钼靶，其余人群采用彩超；若检查结果为阳性，再用彩超或钼靶复查，以支持诊断准确性。还聘请医学专家开展癌症防控科普讲座，联合社区工作人员组织人员听取专家讲座，民众反响强烈。该项目囊括了乳腺癌的病因预防宣教、早期乳腺癌预防筛查、康复管理等，普及癌症早期发现的重要性，实践癌症早期筛查，立足社区，与公众互动，提高了防癌控癌的认知，使居民在家门口就能了解到肿瘤预防知识及治疗方法等，增强了“治未病”观念，提高了健康意识，推动了全程公众参与。

7. 力行公益宗旨

成都市肿瘤康复协会作为完全性公益民办组织，杜绝一切商业性活动，不搞商业活动，在业内享有较高声誉。但工作人员没有固定收入，办公经费缺乏保障。希望政府对严格遵循公益性规则的社会组织给予一定的经费、政策支持。

（四）成都市环境科学学会

成都市环境科学学会秉持“服务环保、服务民生”的理念，坚持贯彻实施环境科技创新驱动发展战略，为成都市经济社会发展和环境保护事业服务；发挥集聚环保科技人才优势，以“专业人士解决专业问题”为出发点，倡导和推广企业“环保管家”的新型环保服务理念，被评为 2015 年度成都市社会组织评估等级 5A 级社会组织、成都市科协 2015 年度学会工作先进集体。

2016 年，学会坚持“以学术科技支撑环境管理和产业升级，以全民参与促进环境保护和生态建设”的理念，通过学术交流和科普宣传服务环保科技工作者、提高全民科学素质。2016 年，学会依托分支机构举行 10 次以上学术沙龙、5次以上讲座培训、8次以上交流座谈。依托项目开展科普宣传讲座6次以上，依托“4·22”世界地球日、“6·5”世界环境日、“9·16”国际保护臭氧层日开展纪念活动。2016年10月，中国环境科学学会、成都市科学技术协会、成都市环境科学学会签署了“中国环境科学学会创新驱动助力工程成都服务站”设立协议，并在金堂首开服务，为金堂节能环保产业基地相关企业提供了环保科技领域“政策、技术、法律、金融”服务。成都市环境科学学会将继续在成都市各区（市）县工业园区开展环保咨询服务，助推成都市区域经济发展。

推进公众参与环境管理。得到成都市民政局2016年专项资金扶持的项目——“推进公众参与环境管理扶持项目”陆续开展，该项目通过定点宣传、举办讲座、入户走访等形式向社区居民普及相关知识，提升居民参与环境管理的意识。项目计划向居民发放噪声科普知识DM单1000份，开展了5场定点宣传活动，举办了5场专家讲座。如11月10日下午在青羊区石人公园开展了首场活动——以噪声污染、公众参与为主题的科普宣传，百余名社区居民参加了本次活动。活动受到了青羊区环保局、四川大学、府南街道、石人北路社区的大力支持。该项目的实施，能够提升居民公众参与环境管理的意识，形成共同保护环境的社会风尚，形成治理环境污染和保护生态环境的合力。对缓解当前环境保护工作面临的复杂形势、构建新型的公众参与环境治理模式、建设美丽成都具有积极意义。

（五）成都高新区推动力公益发展中心

成都高新区推动力公益发展中心的前身是脊椎中国公益平台，始于2010年3月，是国内最早，也是目前唯一以脊柱裂群体为服务对象的民间非营利组织。2012年5月正式注册为推动力公益发展中心，成为国内知名专业助残公益机构。现在是依法成立的民办非企业，主要业务范围是开展社工工作及残障领域课题研究、宣传和学术交流；帮助和引导残障者合理使用网络；开展有利于残障者教育、劳动就业、文化生活、社会服务等方面的公益活动；开展有利于残疾预防、医疗康复的信息发布和政策咨询等。成都高新区推动力公益发展中心以实际行动取得了一系列荣誉：2013 年入选央视最美心灵使者；2013 年中华少年儿童慈善救助基金会优秀组织工作奖；2013 年中国最佳公益教育组织；2013 年中国公益节“最佳公益精神奖”；2014 中华少年儿童慈善救助基金会联合劝募计划“最佳组织奖”和“年度贡献奖”；2014 年天府伙伴；2015 年明日中国伙伴；4A 级社会组织。

1. “云朵天使早点爱”——脊柱裂儿童抢救性救援

此项目开始于 2010 年，通过预防与早期干预，减轻或者避免脊柱裂儿童渐进性致残；为脊柱裂家庭带来了改变和不一样的未来。此项目取得了良好的社会效应，推动了中国脊柱裂群体公益进程。

表 1　努力推动中国脊柱裂群体公益进程

时间	社会效应
2010 年 3 月	搭建“脊椎中国公益平台”，这是中国第一个面向脊柱裂家庭的信息交流平台
2011 年 6 月	开始中国脊柱裂公益事业的发展和建设
2012 年 1 月	与国际脊柱裂与脑积水联盟建立合作，共同推动对中国脊柱裂家庭的服务
2012 年 5 月	正式注册了中国第一个面向脊柱裂群体的公益组织——成都高新区推动力公益发展中心
2013 年	与儿慈会合作，开设了中国第一个面向脊柱裂儿童的救援项目
2014 年 5 月	中国残联肢协中国脊柱裂与脑积水委员会正式成立
2015 年	中国残联出台一系列文件，同年，中国脊柱裂与脑积水委员会正式加入国际脊柱裂联盟

表 2　推动脊柱裂儿童的早期干预和紧急救援活动

时间	社会效应
2012 年 8 月 1 日	“童缘 - 推动力脊柱裂儿童褥疮防治项目”与中华少年儿童慈善基金会正式签约，脊柱裂儿童开始作为一个独立的受助群体，进入公众视野
2012 年 10 月 1 日	“CRM 管理系统”上线并正式开始使用，用于全国脊柱裂家庭的数据管理
2013 年 6 月 3 日	“关注中国脊柱裂与脑积水儿童和成人网络会议暨研讨会”在北京举行，来自脊柱裂与脑积水人群事务相关国际组织、国家政府部门、医疗机构、大专院校、残联系统、脊柱裂与脑积水患者代表目标群体共 200 多人出席
2014 年 12 月 31 日	“早点爱”脊柱裂儿童早期干预项目完成 100 例脊柱裂儿童救援
2015 年以来	开展困难家庭的紧急救援

2. “百炼成钢”项目——中重度残障青年深度社会融入

“我也想成为一块钢，成为一名对社会有用的人，哪怕只是瞬间飞溅的一朵钢花”是“百炼成钢”项目的初衷和愿景。没有人是天生的受助者，很多自立自强的优秀残障青年并不希望受到社会的怜悯，他们甚至有帮助他人的强烈渴望，有成为一个对社会有用的人的梦想。“百炼成钢”项目致力于中重度残障青年就业能力的提升，通过一个较长时间的培训，为中重度残障青年提供职业技能、身体康复、实习就业一体化干预措施，帮助他们实现自身价值和创造社会价值。

在成都市民政局培育发展社会组织扶持项目的扶持下，“百炼成钢”中重度残障青年就业支持项目：关注中重度残障青年的生存状态改善，目标一是在“互联网+”的大趋势下，发掘职业和岗位，从技能提升、体能康复、意识改变的角度，帮助残障青年改变自身生存状态。目标二是培养和支持一批优秀的残障青年，参与残障社群问题解决和身边社区建设，实践人与自然、人与自身、人与社会的融合。2015 年实际培训 35 人，当前就业和创业 16 人，就业率 45.7%。学员在经过培训和能力提升后，工作适应能力明显提高，信心明显提升。项目在开展过程中，获得《成都晚报》专访 3 次和人民网专访 1 次。2016 年项目继续深入推进，又一批中重度残障学员参加了全封闭的就业和康复训练，其中 6 名学员正式进入推动力公益发展中心，成为正式工作人员，执行公益项目。项目既解决了学员就业，又为推动力公益发展中心继续帮助中重度残障学员、实现社会价值提供了榜样与良性循环的基础。

3. “早点爱健康半小时”——残障儿童和成人的家庭和社区康复

2016 年 2～11 月，与中国传统文化相互结合，在健身康复师的协助下，针对 20 个特殊儿童（包含脑瘫、脊柱裂、多关节挛缩）家庭进行长期、深度干预，其中的几个小朋友的运动能力和身体康复得到明显的提升。2016 年 4～9 月，结合“百炼成钢”项目，针对成人，在脊髓损伤、脑瘫、肌无力、听力方面开展此项康复。2016 年 11 月，在高新区和锦江区的社区驻点，尝试社区“早点爱健康半小时”，动员社区残障群体、老人和社区居民每天半小时，一起做健康和康复训练。社区居民踊跃参与，取得了较好的社会效果。

（六）成都彩虹村

成都彩虹村作为社会组织中的草根组织，虽然普通，但是一直关注农村社区、灾区和贫困地区的儿童。2013 年芦山地震之后，成都彩虹村通过承接政府部门、基金会等的儿童类服务项目，开始进驻芦山县太平镇，从壹乐园儿童服务园项目起，就长期扎根在农村社区，为农村社区的儿童及留守儿童提供震后陪伴、课业辅导、心理辅导、小组活动、大型主题活动等多元化服务内容，也取得了当地政府、合作基金会的鼓励表彰。虽然遇到了挑战和困难，但成都彩虹村一直致力于关爱灾区和贫困地区儿童，改善儿童的生活环境，提高儿童的生活质量。成都彩虹村在重点关注灾区和贫困地区儿童的同时，推进城市社区的儿童活动，提高儿童的综合能力。

“壹乐园计划”关注缺乏游乐设施的灾区和贫困地区儿童。彩虹村在“4·20”雅安地震灾区执行了壹基金“壹乐园计划”，主要关注缺乏游乐设施的灾区和贫困地区儿童。项目旨在通过游乐和运动，减小灾害对儿童造成的心理影响。同时致力于解决儿童成长中游乐设施资源分配不均的现象，让灾区的孩子能平等地享受玩耍和游戏的机会，改善儿童生活环境，提高儿童生活质量。因此，彩虹村获得壹基金“最佳伙伴奖”和“优秀工作人员”奖项。

“抚慰童心”帮助少年儿童心理恢复。“抚慰童心”项目服务对象为小学生（6～13 岁的少年儿童），项目为每位孩子配发一本《我的地震经历》手册和一套彩色笔。由接受过专项培训的安抚员引导少年儿童使用手册，少年儿童与父母共同举行绘画展。该项目通过使用工具书提供社会心理支持，帮助经历“4·20”地震的少年儿童进行心理恢复。

“农村社区儿童安全及品格辅导”。彩虹村在邛崃市高何镇开展了香港乐施会“雅安震后农村社区儿童安全及品格辅导”项目。项目旨在引导和培养当地儿童具备常见的自然及人身灾害预防知识、应对技巧，能在灾害发生时自救互救；帮助儿童改善不良习惯，建立具备尊重、专注、诚实、宽容、守序、公共意识等优秀品格，协助儿童建立兴趣班，引领儿童发挥自身特长，提升儿童综合能力。该项目不仅为该村儿童营造出一个有益于儿童身心健康成长的环境，也为彩虹村提供了自我发展的平台，提升了彩虹村在灾后农村社区工作领域的经验积累。

灾后民办幼儿园儿童品格辅导。2016 年实施了成都慈善总会——灾后民办幼儿园儿童品格辅导项目。针对雅安宝盛乡的民办幼儿园现阶段存在的儿童品格教育问题，例如，当地幼儿园老师对品格教育了解不全面、忽视品格教育等，通过为期 1 年的知识座谈、游戏互动、视频教学、培训、亲子互动等活动，对品格六大板块（自立、宽容、勇敢、关爱、诚信、尊重）进行全面的普及学习，提高当地幼儿园教师和家长对儿童品格教育的重视，让儿童在学习文化知识的同时接受品格教育，使儿童从小树立正确的人生观、价值观，尽可能地让更多的孩子健康、快乐、全面的成长。

（七）成都高新移动互联网协会

成都高新移动互联网协会为移动互联网行业提供了媒体与信息服务、产业研究、政策咨询与服务、展会（活动）策划与组织、投融资咨询、人才服务等公共服务。成都高新移动互联网协会是在高新区管委会的支持下，由成都本地 50 余家移动互联网领域的企业于 2012 年底联合发起组建的行业性社会组织，是中国互联网协会移动互联网工作委员会发起单位，是四川省移动互联网产业技术创新联盟的牵头单位，先后承接了上百项大型的政府、企业活动，为活跃本地创新创业气氛、促进本地产业发展做出了重要贡献，得到了省、市、区各级领导的信任和支持。现已获得“中国互联网行业公益奖”“5A 级社会组织”“众创空间”“成都市科技创新苗圃”“成都市科普基地”等荣誉称号。

1. 科技服务社会

成都高新移动互联网协会研究、发布了《2015 年成都市互联网发展报告》《成都高新区大数据解决方案及应用案例汇编》《2014 年成都市互联网络发展状况报告》《2015 年成都市移动互联网报告》等成果。承接了成都市重大项目——智能交通产业集群关键技术研究与应用项目、成都高新区创新驱动发展项目，承担了成都高新区科技服务体系规划以及火炬统计、移动互联网统计等工作。组织开展了“全国互联网 + 医疗健康创新创业大会”“成都科技企业美国行”“西部大学生创新创业大赛”“互联网 + 公益帮扶活动”等各类行业大会、研讨会、沙龙、公益活动共 300 余场。

2. 创新驱动整合资源

成都高新移动互联网协会 2015 年重点打造了成都首个在线创新创业服务平台——爱创业，致力于通过信息挖掘、加工、聚合、分析技术，为区域创业者连接信息、数据、服务等资源，打造成都创新创业门户和企业在线孵化平台。成都高新移动互联网协会创办了成都首家创业咖啡馆——ITOWN 创业咖啡馆；创建了“众创空间”孵化器，为创业者提供了良好的工作空间、网络空间、社交空间和资源共享空间。成都高新移动互联网协会和省、市、区有关科技、产业、宣传主管部门建立了紧密合作关系，和成都市 2000 余家科技企业形成密切互动关系。初步形成了“媒体 + 研究 + 服务”的协会运作模式，在行业内具有较高知名度。

3. 乡村妇女就业帮扶

2016 年，在成都市民政局的支持下，成都高新移动互联网协会开展了乡村妇女就业帮扶项目。成都高新移动互联网协会以回乡创业或者留守在乡村的青壮年女性群体为主要帮扶对象，以提升乡村女性的互联网创业就业能力为主要目的，通过组织开展乡村女性互联网创业技能培训讲座、组织互联网企业项目考察、组织体验互联网创业实践、设立创业公益帮扶小组等方式，帮助乡村女性人群学习互联网电商技术，适应互联网社会新环境，实现帮助乡村女性借助互联网技术提高自身就业创业能力，同时帮助乡村留守儿童重新获得家庭幸福等目的，让更多的人享受到互联网发展的红利。例如，在肖家河街道培训了 130 多位学员。参观相关互联网企业使对信息社会发展有些无所适从，既想要追赶潮流又觉得力不从心的不少女性，感受到互联网的神奇，对互联网创业有所认知，经过培训老师的专业讲解，其明白互联网没有想象中深奥，甚至足不出户就可以挣钱。同时，协会提供了互联网防诈骗等技能培训，提高了人们对互联网就业创业的愿望和信心。

三　展望

社会建设是中国特色社会主义事业“五位一体”总体布局中的重要组成部分，社会治理则是社会建设的主要内容，社会治理创新必须激发社会组织活力，[①] 反映社会诉求，化解社会矛盾。全面深化改革的时期也是矛盾多发期，面对社会利益分化和公民需求多元化的新形势，社会组织应当充分发挥自身草根性、广泛性的特点并表达诉求，尊重反应不同群体的利益诉求，畅通民意。建立多主体、多渠道的利益诉求表达机制，推进社会治理创新，化解社会矛盾。

1. 激发社会组织活力有利于创新公共服务提供方式，优化公共服务供给

政府职能转变，重构了政府与市场、社会的职能分配、资源配置。政府包揽公共服务不仅效率低，提供的服务质量有限，而且容易滋生腐败。社会组织在承接政府职能转移的过程中，由于其民间性的特征，能够知晓公共服务的真实需求和阻碍环节；加之社会组织公益性、自主性的特性，能够提高分配社会资源的效率，大大降低社会治理成本。因而，未来会有越来越多的政府职能转移由社会组织承接。

2. 多元主体互动推进社会治理

社会治理创新需要政府、企业、社会组织、公众的协同、共同推进。理念的创新、政府职能的转变，需要鼓励各方面在公共管理、社会事务中携手努力。注重鼓励公众参与，尊重基层的首创精神。

3. 顶层制度设计，扶持社会组织，促进社会责任履行

社会组织的成立虽然如雨后春笋，但是社会组织在近年来的发展中多

---

① 杨冬梅：《创新社会治理需要激发社会组织活力》，《学习月刊》2014 年第 2 期。

呈现专业人才缺乏、资金保障不可持续、组织不健全、公益政策不足等问题，需要顶层制度设计的引导来促进社会组织发展。在制度、政策支持下，要激发社会组织的活力，撬动社会组织整合社会资源的能力，持续关注农民群体、边缘人群、困难群体等，在反映民生诉求、人道救助、应对灾害、化解社会矛盾、运用互联网等方面发挥社会组织的功用，推进社会治理创新。

社会组织推进社会治理创新、履行社会责任正在路上！

典型案例篇

Case Studies

B.12

致力于信息化应用，打造乐居新天府

——中国移动四川公司履行社会责任一瞥

蓝定香

摘　要：　中国移动四川公司依托遍布城乡的高速网络，为四川人民编织着宜居乐业的智慧新生活，从电商惠农、智慧农业兴农、医疗信息化、智慧养老、素质教育云平台、智能安防以及智慧旅游等方面，不断丰富信息化的内涵和应用，全面打造数字化新天府。

关键词：　中国移动四川公司　社会责任

一　中国移动四川公司履行社会责任简况

中国移动通信集团四川有限公司（以下简称“中国移动四川公司”）是

中国移动通信集团公司（简称“中国移动”）的分公司。中国移动通信集团公司于2000年4月20日成立，注册资本3000亿元，资产规模超过1.6万亿元，基站总数超过260万个，客户总数超过8.3亿户，是全球网络规模和客户规模最大、市值排名领先的电信运营企业。中国移动秉承“正德厚生臻于至善”的核心价值观，真诚践行“以天下之至诚而尽己之性、尽人之性、尽物之性”的企业责任观，追求企业与利益相关方在经济、社会与环境方面共同可持续发展。该公司是联合国全球契约正式成员，认可并努力遵守全球契约十项原则；同时也是全球报告倡议组织（GRI）相关方网络（OS）的首批中国会员，并作为中国内地唯一企业参与G4Pioneer项目。2015年，该公司深度参与信息通信行业社会责任标准制定，积极参与国务院国有资产监督管理委员会（简称“国资委”）“中央企业‘十三五’社会责任战略规划”课题，为促进企业社会责任事业发展做出了较大贡献。

中国移动四川公司在中国移动指导下，不断探索社会责任实践之路。自2008年以来，该公司的社会责任工作从“五大工程”、“六大行动”、可持续发展战略到目前的“大连接”战略，其内涵和外延不断完善和扩大。

作为中国中西部地区网络规模和客户规模最大的电信运营企业，中国移动四川公司积极把握“互联网+”带来的战略机遇，深入推进“大连接”战略转型，加快推进创新发展，不断扩大4G领先优势，保持了较好的发展态势。中国移动四川公司目前已打造起西部规模最大、覆盖最广的4G精品网络，并依托这张遍布城乡的网络，为四川人民编织着宜居乐业的智慧新生活，打造一个学有所教、劳有所得、病有所医、老有所养的数字新天府。

二　因地制宜推广电商服务，打通惠农致富路

——智慧农业兴农，电商平台惠农。中国移动四川公司借助科技扶贫、信息惠民，推进四川现代农业建设迈上新台阶

眉山市万胜镇万利村是水果种植大村，受制于交通、物流、信息等瓶颈，当地群众守着富庶的物产却难以将其转化为实际收入。中国移动四川公

司利用运营商在移动互联网产业链上的优势，重金打造了汇聚蜀产、蜀商及四川名优特产的电子商务平台“和小宝”。仅仅半个月，累计销售了1万余件“不知火”，一举解决了万利村近30万斤“不知火”的积压问题。

“和小宝”是中国移动四川公司搭建的“互联网+县域优势特色农业+农户”的O2O农村电商平台。电子商务的运营模式正好可以把农特产品经营分散、品种多、规模小、产业链短的劣势转化为优势，扬长避短，把有限的力量用在刀刃上，成为行之有效的脱贫路径。通过建立爱心专区，依托该公司自有实体渠道建立农村电商服务站，中国移动四川公司逐渐打造了一个集产、供、销于一体的完整产业链。

为使电商扶贫更精准，中国移动四川公司还因地制宜地推出了多种助农服务，协助相关部门对农村扶贫对象实施精确帮扶、精确管理。中国移动四川公司倾力打造的“和小宝”旨在寻找四川各市（州）本地有特色的生态健康农产品，如今内江的王记牛肉干、黄老五花生酥、资中塔罗科血橙、威远无花果等20余类本地特色商品都“榜上有名”。

截至2016年底，“和小宝”平台已有签约品牌商2.1万家，拥有以川内名酒、农副产品、特色美食及土特名产为主的各类商品3万余件，已发展微店店主380万名，交易金额近8000万元。同时，“和小宝”致力于做跨境电商，与四川省免税商店、成都跨境电子商务产业园合作，将川内土特产卖出去的同时，也将国外各种优质货品进口，满足川人对进口商品的消费需求。

目前，“和小宝”上汇集了四川各地正宗地道特产和最新最快最新鲜的进口商品。每天早上10点开启包邮抢购的“99购”频道，水果、小吃、数码、护肤等多款商品超低价优先独享。该频道深得网购族的喜爱。

依托中国移动四川公司现有的实体渠道，该公司目前已经在四川内建了近200个新农村综合服务站。这些服务站的主要职能就是以“特产代销”的方式，帮助当地的农户上网卖当地的土特产，同时通过互联网帮农民购买各种“物美价廉”的商品，以“商品代购”的方式培养农民的网购习惯，促进农民消费，提升农村生活质量。

中国移动四川公司计划在全川运营和建设更多的新农村综合服务站，覆盖至全川183个县。在此基础上，中国移动四川公司还将在新农村综合服务站中加入农村医疗和农村普惠金融产品，帮助当地的乡村医院实现医疗档案的电子化管理，更好地为农户提供医疗服务；普惠金融产品则可以帮助农民理财，让他们用闲钱来赚钱。

近年来，我国金融业快速发展，为经济社会发展注入了强大动力。但在偏远农村，银行服务网点少、支付汇兑不便等问题突出，金融服务“最后一公里”问题备受政府关注。为响应政府“服务三农”号召并履行社会责任，中国移动四川公司积极拓展对外合作，充分发挥该公司渠道布局广泛的优势，与四川省农业银行开展多样化合作，积极探索惠农金融服务新模式，有效解决偏远地区金融网点少、存取款难等问题。

通过合作，中国移动四川公司搭建了“银讯通”业务平台，以普通营业厅、短信营业厅为承载渠道，农户既能在普通营业厅、短信营业厅委托办理手机小额存取款、转账、生活缴费、领取补贴等业务，也可通过手机APP客户端自行在线完成上述操作。过去农户需要走出大山，再车马劳顿赶往县城才能办理银行业务，现在足不出村就可以完成，“银讯通”业务为偏远地区的农户带来了“互联网+金融”的极大便捷。该平台包括有线模式模块、无线模式模块、数据处理通知模块、银行账务交互接口四大系统模块，能够受理来自普通营业厅、短信营业厅、手机APP客户端等不同渠道的业务需求，并在每一步业务操作完成后用短信提醒告知用户业务办理进度及结果，将金融服务化繁为简。截至2016年底，“银讯通”已覆盖四川全省21个市州农村地区，累计布设有效业务网点1.7万个，年交易量超过1600万笔，年交易额超过40亿元，有效地改善了农村支付条件，切实地提高了农村金融的服务水平。该公司积极利用“服务三农”相关补贴政策，依托该业务平台完成对当地农户的农业补贴发放、烟民补贴及烟草回购补贴发放、农林环境保护补贴发放、电费代理等项目的资金交互工作，以移动支付取代传统行业代办点，扩大了普惠金融服务内涵。

与此同时，中国移动四川公司整合全省的优势资源，依托自身“互联

网 +”、大数据等先进技术，精心打造了“互联网 +”现代农业协同平台，做好农业信息化支撑。依托该平台，部署上连农业部，下联全省农技人员的四川农技业务信息化平台，目前已发展用户超过 8000 户，并启动农业智能灌溉项目，实现机电灌区远程智能化运行、实时监测和控制，全省排灌站全部完成改造后，预计每年为省农业系统节约灌溉管理费用超过 4000 万元。

三　寻医问药在云端，医疗扶贫始于信息化

四川扶贫攻坚面临重重困难，除了受地理偏远、自然环境恶劣、资源匮乏等制约外，有病难医、有病不医也是重要的致贫因素。数据显示，四川因病致贫、因病返贫户在所有贫困户里的占比达 44.1%。根治“因病致贫”还需“医疗扶贫”。要让贫困人群真正摆脱贫困迈向小康，保障身心健康是基本前提。

看得起病、看得好病是医疗扶贫的任务和目标，而运用信息化解决贫困地区百姓的看病问题则是医疗扶贫的重要手段。随着 4G 网络和光纤宽带的全面铺开，如今的四川，无论是偏远山区的农村，还是雪域高原的藏乡羌寨，都和繁华都市一样迈入信息化新时代。有了无处不在的网络通道，信息化医疗从此成为可能。

（一）对接优质医疗资源，提升百姓看病体验

“乐乐医”是中国移动四川公司联合四川大学华西医学中心共同开发的一款手机 APP，其充分整合了中国移动四川公司大数据资源和四川大学华西医学中心的医疗专家资源，提供“互联网 + 健康医疗”服务，是集在线问诊、患者随访、慢病管理、双向转诊四大功能于一体的移动式健康管理平台。患者通过使用乐乐医 APP，可按照自身需求快速查询到适合自己的医院、科室和医生，并直接在移动终端上与医生进行文字、图片、语音、电话等多种形式的沟通，获取专业医护人员的建议与帮助，使患者的精准就医需求在看病初期就能在线上得到解决。

患者通过文字、照片、语音、视频等方式上传病情后，“乐乐医”自动将患者数据存入“云端”，医生在移动终端上对这些临床数据进行专业分析评估，指导其是留在大医院诊治还是回到基层医院治疗；不同层级医生可对同一患者病情进行探讨，也可进行多科室协作会诊，使基层医生业务水平得到快速提高。

在诊后环节，“乐乐医”平台也搭建了医生与患者、医院与医院的双向沟通渠道。医生定时将治疗方案、康复计划发送给患者，患者也可远程上传自己的复诊报告，让主治医生在异地进行复诊评估和康复指导，这大大提高了诊后随访和转诊效率。

业界专家表示，医生利用业余碎片化时间与患者沟通，每周挤出 5 个小时，相当于为国家增加 100 万名的专业医护人员；相比传统就医模式，患者通过“乐乐医”服务可提高看病效率，同时省去了大部分异地交通费、住宿费、本地出行费、误工费等费用，使老百姓的就医附加成本降低了 1/3，可有效缓解“看病难，看病贵”问题。

截至 2016 年底，“乐乐医”平台上已经有 5000 多名华西医院的医生开通了线上问诊服务，大众端用户数量突破 280 万，日均咨询超过 2000 人次。在四川的偏远贫困地区，“乐乐医”也打破了以往就医的经济、信息、距离三大壁垒，铺设了一条新型绿色就医通道。

（二）构建网络“绿色”救助通道，守护“心”生命

据统计，我国先天性心脏病的发病率为 8‰～10‰，每年新增超过 15 万名先心病患儿，而每年得到及时治疗的患儿只有 8 万例。四川省每年通过介入、外科治疗的先心病病例约 2500 例，但每年有 3500～5000 例新增患者得不到治疗。先心病并非不治之症，若治疗及时，90% 以上的患儿可以完全治愈。但对于贫困家庭而言，少则几千元、多则十几万元的手术费，成了先心病患儿迈不过去的坎。

为了让更多的贫困先心病患儿得到救治，中国移动四川公司“乐乐医”联合四川大学华西医学中心、四川手机报、麻辣社区启动孤贫先天性心脏病

患儿救助行动，利用信息化手段助力医疗扶贫，为孤贫先心病患儿提供了一条获得手术治疗救助的绿色通道。截至 2016 年底，该行动已吸引关注人次超过 300 万，咨询电话 1000 多个，回帖互动 3000 多条，在线申请救助患者 300 多位，进入手术评估阶段达 100 位，成功救助先心病患儿近 10 例，受到社会各界的高度关注和一致好评。

（三）“村医通”，打通医疗扶贫“最后一公里”

随着我国人口年龄结构日趋老龄化，农村地区需要就诊但身体行动不便的老年患者日益增多，他们对于咨询问诊、疾病诊疗、健康管理等系列医疗服务有着迫切需求。同时，农村互联网资源匮乏，由于农村地区交通不便，患者无法方便、快捷地进行医保费用核报。

为解决农村地区医疗卫生服务面临的难题，中国移动四川公司创新性地推出了“村医通”APP，可实现农村医生上门诊疗以及医保核报等功能，助力解决农村及部分贫困地区居民“看病难、核报难”等问题。

“村医通”APP 能够为患者提供从预约到就诊过程及诊后健康管理等系列服务，助力提高农村地区医疗服务效率，降低医疗费用，使患者享受到安全、便利、优质的诊疗服务。一方面，“村医通”APP 的在线问诊模式，依托于强大的互联网效应，会集了大量优质医疗资源，能够实现医疗资源跨时间、跨空间高效匹配，使农村患者足不出户，就可享受便捷、实时的专业远程医疗服务。另一方面，“村医通”APP 还为患者提供医生上门问诊服务。这一模式的创新，突破了地理位置的局限，不仅通过互联网使医患之间建立起智能健康管理网络，还通过线下医生上门与患者面对面沟通问诊，使大量处于身体失能与半失能的患者及其家庭切实获益。

为方便农村患者快捷地进行医保费用核报，“村医通”APP 还连接了新农合平台，推出医保实时报销服务，在手机 APP 上及时结算，并与人社局官方微信公众号关联，实现自动推送费用明细。同时，APP 在很大程度上能够减少“新农合”报销所带来的工作量，大大提高了“新农合”的信息化管理工作及基层卫生服务效率。

目前，仅宜宾地区就有 945 名村医使用了“村医通”APP 进行医疗服务，帮助 17.22 万名农村患者实时进行了 34.06 万次“新农合”医疗费用报销，有力地推进了当地医疗扶贫的实施进程。

中国移动四川公司医疗类 APP 在提高医疗效率的同时，也降低了就诊成本，有效地缓解了“看病难，看病贵”的现状，打破看病烦琐、困难、缓慢桎梏，有效地解决了医疗“最后一公里”问题，让广大群众享受到中国移动四川公司“互联网+医疗”带来的巨大红利。

四 构筑智慧养老新模式，让老人老有所依

“银发浪潮”席卷我国。四川作为劳务输出大省，青壮年外出打工后留下了老人，使四川老龄化程度更深，相关问题更加突出。许多老人常感内心孤独，家人缺乏护理知识又无专业看护；现行集中养老费用高，护理水平与标准不统一，养老资源分布不均难以满足大众需求，供需严重失衡。通过移动信息技术，实现时时互联互通、资源共享的“智慧养老”，才是改变现有模式、破解养老困局的关键。中国移动四川公司率先推出信息化“居家养老”服务，助力“智慧”养老新模式。

中国移动四川公司将中国移动公司“和健康”产品与居家养老信息化服务平台有机结合，居家养老综合服务信息平台以现代通信、智能呼叫、移动互联网与电子商务技术为依托，以 12349 服务热线和老年救助终端为纽带，以市场化的居家养老服务中心独立运营，整合社会上各类服务资源，构建了全省范围“没有围墙的养老院”，让老人老有所依、老有所乐。

移动居家养老服务含紧急救助、健康管理、医疗服务、生活照料、资讯服务、情感关爱及社区活动七大类服务，每项服务操作简单，且经济高效。老人可以通过发放的手机拨打 12349 热线电话，从社区居家养老网络服务平台获得 24 小时紧急救助、走失定位、政策咨询、精神关爱、节日祝福、生活服务、健康管理、社区志愿、社区生活、文体活动等基础服务及后续的各类增值服务。

为方便老人及其家人，中国移动四川公司提供了多种随身化平台接入模式，长期为孤寡、低保、失能、半失能老人免费提供“一键通”终端。除物质帮助外，中国移动四川公司还不定期举办孝心、爱心公益活动，整合线下渠道传播孝道文化、爱的文化，为全社会注入精神力量。到 2015 年底，居家养老平台覆盖了 7000 户老年人，2016 年超过 6 万户老人。该信息平台已实现四川全省联网，下一步将进行全国联网，建成完善的智能化居家养老服务体系。今后，中国移动四川公司还将不断拓展和完善“12349”居家养老服务信息平台，根据老人需要定制个性化服务，如上门体检、专业护理、特色旅游等候鸟式养老服务，运用大数据，开展远程健康检查的管理项目，用大数据给老人搭建了一个暖巢。

五　搭建素质教育云平台，让教育公平之花开遍大凉山

凉山是全国 14 个集中连片贫困地区之一，恶劣、闭塞的自然条件，薄弱的教育基础设施和严重匮乏的师资让大山里的孩子们享受不到优质的教育资源。如今随着中国移动四川公司网络覆盖的延伸，教育公平之花的种子也被播撒到大凉山地区。

在凉山州教育局大力指导和支持下，中国移动四川公司凉山分公司通过近两年的努力，初步和凉山州教育局合力搭建成素质教育云平台。整个平台利用“公共云 + 私有云”的构架，实现了优质教育资源的共建共享，使偏远穷困地区也可以通过网络享受到国内外优质的教育资源（名师视频、在线教育、优质资源），为实现教育均衡和教育公平提供了强有力的信息化平台保障。

目前，中国移动四川公司凉山分公司已为学校搭建了集教学、教研、管理、互动于一体的平台，为老师、家长、学生提供了实名制的网络空间，为学校、班级、个人搭建了三级平台构架，为师生搭建实用、爱用、易用的智慧云人人通平台。以最基础的班级为单位，通过积分、评比等方式，由管理员、老师、班干部、学生、家长和智能终端把考勤、消费、评价、成绩、活

动等数据源源不断地上传至平台，形成学生个人和班级成长档案，为学校教育教学管理提供了动态科学的分析数据。

现行教育最大的弊病是大班制教学模式无法兼顾学生的个性化需求。中国移动四川公司凉山分公司搭建的素质教育云平台，则较好地解决了这一问题。该云平台一是为教师提供了一个便捷、高效的个人教学办公空间和交流空间。针对教师课前的备课、课后测验、研修等，提供了丰富的应用支撑和资源支撑。平台中“我爱记单词”“同步课堂”等应用模块，记录了每个学生的学习过程，便于教师全面掌握学生知识、能力的薄弱点，不断提高教学针对性。二是为学生提供了一个个性化、娱乐化的个人学习空间和交流空间。针对学生的课前预习、课后复习、自我测评及能力拓展等，提供了丰富的应用支撑和资源支撑，改变了传统的先教后学模式，提升了孩子们的自学能力。同时，为学生参与班级事务管理、与同龄孩子交流学习提供了多元化的平台，提高了孩子们的学习兴趣和学习能力。三是为家长提供了一个有效、畅通的个人辅导空间和交流空间，帮助家长及时全面地了解孩子的学习生活动态，科学辅助孩子健康成长。不但提供了家校沟通、成绩分析、孩子成长报告等应用，帮助家长了解孩子在校动态，还为家长辅导孩子学习提供了海量的资源、试题，同时也为家长提升自我教育管理能力提供了广泛交流学习的平台。

自 2013 年在凉山州 700 余所中小学推广凉山素质教育云平台以来，424 所学校已经使用了素质教育云平台，用户达 28 万户，在全省排名第三，高于全国平均水平。

六　实施“雪亮工程”，为村民织牢安全网

为全面提升社会治理现代化水平，提升农村动态化、信息化条件下驾驭社会治安局势的能力，中国移动四川公司阿坝分公司整合现有视频监控资源，将农村警务室和“十户治安联防”新模式有机结合，通过指定设备、指定通道进行图像的实时点播，增强群防群治力量覆盖面和战斗力。茂县作

为全省“雪亮工程”的第一批示范点，经过近半年时间的建设，已经实现了对重点乡村、路口、人员密集区域的摄像头布点、平台建设和系统联网运用，实现了乡镇、村、农户三级视频监控联网联控。

通过广电数字电视终端，农户便可通过数字电视机机顶盒实现实时监控、一键报警和火灾、盗窃、伤害等分类报警。依托有线电视网络，利用农户的电视机机顶盒和电视机屏幕，农户可以在离家前和睡觉前打开监控探头，对家庭的安全情况进行监控，实现农村安全防护的无死角监控和快速反应。

除了农户的监控平台，公共区域还设有村级监控平台。村级监控平台将村级重点地段和人口集中地安装的监控设备和每个农户的监控设备等相连接，实现村与户的大网络监控，一旦发生突发事件，村和农户都可以通过特定按键，向上一级平台进行一键报警。乡镇监控平台设在各区域内的公安派出所，它和区级监控平台都属于指挥平台。指挥平台在进行全区域 24 小时全方位监控的同时，随时可以接受各级平台的报警并组织出警。

“雪亮工程”采取应急处置三级联动响应：农户一旦在家中发现异常情况，村民第一时间通过电视上的“一键通”上报村值班室，村监控平台会立即响起报警声，坐标方位、报警人等信息在村综治工作站的大屏幕上立即显示，同时预留的负责人手机铃声响起并收到报警短信，相关警情也一目了然。村值班室值班人员接到报警信号后，通过手机向“村村响”广播、“6995”平台发布指令，也可视警情及时上报镇公安派出所，快捷处理警情，实现快速传递、互联互通、资源共享，确保信息第一时间收集、第一时间处理，牢牢掌握治安防控主动权。

在当地政府看来，“雪亮工程”对村务监督、乡村治安防控、事后破案留存依据或震慑社会违法犯罪行为都有着很好的效果。一个电话的意义不仅是沟通，更是实现乡村安全、维护乡村稳定、推进“和谐社会”建设的重要措施，对保障民生福祉、构筑农村治安的人民防线、切实增强广大人民群众的安全感和幸福感起到了十分积极的作用。

七　打造智慧旅游平台，拉动旅游业快速增长

凉山彝族自治州是四川省旅游资源最丰富的地区之一，旅游是凉山的支柱产业。打造凉山旅游产业生态圈、促进凉山经济发展，是政府倡导、社会关注、群众需求的热点。旅游在拉动凉山旅游消费的同时，也给景区、旅行社、酒店、餐饮业、旅游商品店等带来发展机遇。为满足监管部门、涉旅企业、游客及相关产业链的需求，凉山州旅游局携手中国移动四川公司凉山分公司共同打造凉山智慧旅游平台，提供一站式信息化解决方案。

凉山智慧旅游服务平台是通过现代信息技术与旅游管理、旅游服务、旅游营销相融合，推动线上、线下互动发展，服务于游客、企业和政府的旅游信息化平台。该平台深入挖掘和整合凉山民族文化资源，全面构建了具有凉山特色的智慧旅游体系，实现了旅游服务人性化、旅游营销精准化、旅游政务管理精细化的智慧旅游格局。该平台建设完成了十大应用系统，实现了“智慧监管、智慧营销、智慧服务、智慧体验”四大功能。

该平台为政府打造智慧管理体系，将公安、气象、环保、卫生、交通等横向部门数据同景区、旅行社、酒店等纵向涉旅企业数据整合管理，通过大数据分析，第一时间获取旅游客车的运行轨迹、景区的人流量和气象实况、主要景区和交通节点的实况、来凉山的外地人数、地域和时间分布等信息，促进行业管理由被动、事后的管理，向全程、实时的管理转变，为项目建设、市场营销宣传等重大决策的制定提供了数据支撑。

该平台为游客提供“以人为本”的智慧旅游服务。游客通过凉山智慧旅游平台可享受在线订购、360°全景体验、旅游资讯查询、票务订购等“吃、住、行、游、购、娱”一体化的旅游信息服务，实现一部手机玩转大凉山。

该平台为企业提供了智慧产业链，通过线上和线下渠道的整合，推广预定下单和线下验证服务，改变了景区、宾馆、酒店、旅行社、农家乐等所有涉旅业态的营销模式，由传统等待营销转变为互联网智慧营销模式。旅游大

数据中心集中管理各旅游行业信息，涵盖旅游“吃、住、行、游、购、娱”六要素信息，实现企业多维度的精准营销。

自平台建设及运行一年多来，平台粉丝量超过 10 万人。平台引入大凉山特产商家 339 家、特产 48 种，包含会理石榴、盐源苹果、雷波脐橙等明星产品，实现全州农土特产销量 8000 余笔，销售额达 132 万元。平台得到游客、《四川日报》、《凉山日报》等社会各界的好评，国家物联网首席科学家刘海涛在使用了凉山智慧旅游平台后做出了高度评价：“凉山智慧旅游平台不仅走在了全省的前列，还走在了全国的前列。”

凉山智慧旅游平台是“互联网 +”与“旅游 +”融合的产物，为把凉山打造成中国西部最佳观光休闲度假康养目的地提供了有力的支撑。

得益于不断演进的信息通信技术，中国移动四川公司坚持以客户需求为导向，充分发挥自己的优势和特长，在满足用户基本接入和沟通需求的基础上，不断丰富业务内涵和应用，向数字化生活和数字化生产领域拓展，不断探索“移动改变生活”的新可能。通过小小的手机屏幕，无数信息得以交互流通，各种生活服务“手到擒来”，信息化让新生活充满无限可能。

B.13

紧跟国家战略，创新履责方式

——四川九洲集团牵头组建四川军民融合高技术产业联盟探析

蓝定香*

摘　要：九洲集团将企业的社会责任融入企业的发展战略，不仅自身率先探索了30多年军民融合发展和社会责任履行的成功之路，而且紧跟我国军民深度融合的国家战略，积极牵头组建四川军民融合高技术产业联盟，带动全国一大批相关企事业单位共同投身国家军民融合发展的战略实践，力图实现联盟成员发展的新跨越与履责方式的再创新之“双丰收”，为四川作为全国全面创新改革试验区（以军民融合为特色）早出经验、多出经验、出好经验做出了较大的贡献。

关键词：九洲集团　军民融合国家战略　履责方式

一　九洲集团紧跟国家战略、创新履责方式的大背景

企业不仅是经济的活跃细胞，也是社会的基本单元。其行为直接关系到经济社会的发展。当人类经济社会发展到一定阶段，人们就开始关注企业的社会责任。世界上最先实践并研究企业社会责任的国家是欧美发达国家，后来企业社会责任逐步引起许多新兴经济体的重视，目前已经成为全球共同关

* 蓝定香，四川省社会科学院经济研究所所长，经济学博士，研究员，硕士生导师。

注的议题，形成了丰富的理论成果和一系列实践规范。我国企业社会责任的自觉实践和理论研究虽然时间不长，但是得益于我国经济社会的迅猛发展和快速国际化进程，我国企业社会责任的实践和理论也呈几何级跨越式的发展态势。2009 年、2011 年和 2013 年先后发布了《中国企业社会责任报告编写指南》的 1. 0 版、2. 0 版和 3. 0 版。2016 年 9 月，我国又正式启动了《中国企业社会责任报告编写指南》4. 0 版的编修，其一般框架将于 2017 年 5 月正式出版发行。这些版本不断升级的逻辑主线，是我们对于企业社会责任实践反映和理论研究的不断科学化和国际化，展现了我国企业社会责任的国际性、包容性和引领性。

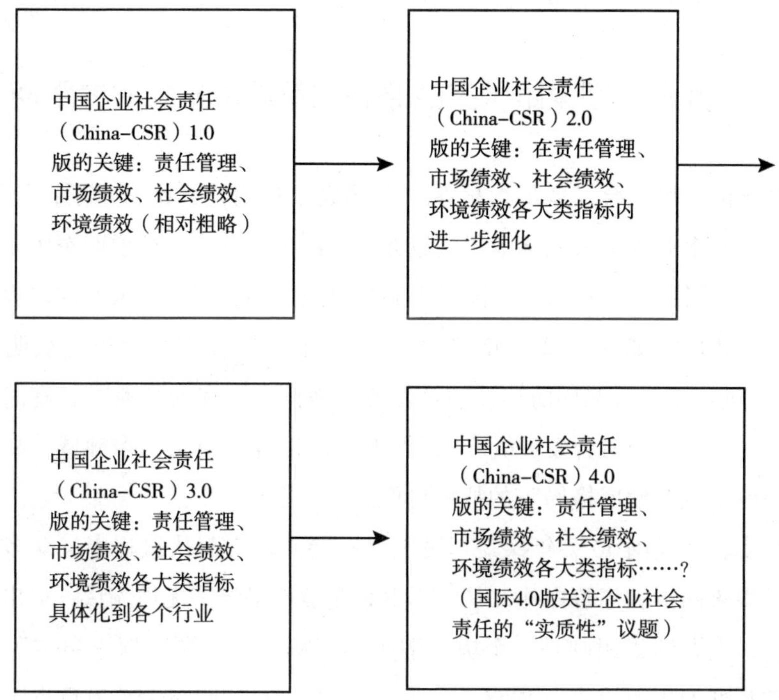

图 1　《中国企业社会责任报告编写指南》版本升级

但是，不管企业社会责任报告编写指南如何变化和升级，也不管企业履行社会责任的方式如何创新和缤纷多彩，我们从国内外大量实践的经验总结和理论研究中都能够得出一个不容置疑的结论：企业履行社会责任的最高境界和最可持续发展的方式，是关注“实质性”议题，即将企业的社会责任融入企业的发展战略，通过企业经营的持续发展带动其社会责任的全面履行。

四川九洲电器集团有限责任公司（以下简称“九洲集团”）作为我国的大型军工骨干企业，正是秉承这样的责任理念，不仅自身率先探索了30多年军民全面融合发展和社会责任全面履行的成功之路①，而且紧跟我国军民深度融合的国家战略，积极牵头组建四川军民融合高技术产业联盟，带动全国一大批相关企事业单位共同投身国家军民深度融合的战略实践，力图实现联盟成员发展的新跨越与社会履责的再创新之“双丰收”。

二　九洲集团紧跟国家战略、创新履责方式的主路径

我国的军民融合发展虽然早在新中国成立初期就开始探索了，历经50多年，但是上升为国家战略则还是最近一年的事。这也恰恰说明军民融合发展是一个比较困难的事情，我国过去的探索成效不够理想，未能取得根本性的突破。正因为如此，2015年10月，党的十八届五中全会第一次明确指出，“推动经济建设和国防建设融合发展，坚持发展和安全兼顾、富国和强军统一，实施军民融合发展战略”，提出了“形成全要素、多领域、高效益的军民深度融合发展格局”的战略目标。

其实，在我国50多年探索军民融合发展的跌宕起伏过程中，众多企业经历过艰难曲折和痛苦挣扎，其中不少企业被市场经济无情淘汰，退出了历史舞台，而九洲集团则是一个勇立潮头的弄潮儿，一颗“探索星空”的璀璨明珠！九洲集团始建于1958年，是国家“一五”期间156项重点工程之一。建业58年来，九洲集团始终把“富国强军、服务社会”作为神圣使命，自20世纪80年代中期以来，一直紧跟国家战略，坚定不移地探索军民

① 部分情况已作为案例刊载于《四川企业社会责任研究报告（2015～2016）》蓝皮书中。

融合发展，先后经过“保军转民”“以民促军”“军民融合”三个发展阶段，探索了一条单一军工－保军转民－军民结合－军民融合的主要路径，先后培育发展了一批以空管、北斗导航、物联网、LED、光电线缆、三网融合等为代表的军民融合产业和军民两用产业，实现了由单一军品向军民全面结合、深度融合的转型。目前，九洲集团已发展成为以军事电子和智慧城市为核心业务的军民融合发展的大型高科技企业集团，业务涉及军工电子、空管、卫星导航、三网融合、物联网、LED、电子商务与软件、光电线缆等领域，是我国军民用二次雷达系统研制领军企业、空管系统科研生产基地、北斗卫星导航设备科研企业、西部半导体照明器件和产品大型研发生产基地、国家有线电视宽带网络系统和数字电视设备龙头企业，是“四川省空管系统产业联盟”“四川省北斗卫星导航产业联盟”理事长单位，连续多年跻身中国电子信息百强、中国制造业企业500强、全国软件企业百强、中国电子信息行业创新能力50强企业，2015年分别位列第24、第295、第41和第16。目前（截至2016年10月），总资产达207.89亿元，净资产75.32亿元，占地面积约135万平方米，员工总数1.5万余人；经济规模已超过200亿元，军民两用产业和军民融合产业营业收入占集团的比重达60%，利润占集团的比重达80%。“军民融合科学发展、以军工为根基、以民品求发展、铸就百年九洲基业”已成为九洲集团发展的总方针；“负重攀登创卓越，军民融合铸基业”已成为九洲集团的行动指南；聚焦“军事电子”和“智慧城市”的产业布局已成为九洲集团“十三五”发展的核心战略。由此可见，军民融合发展是九洲集团的探索之路、发展之路、腾飞之路。

九洲集团军民融合发展的成功之路得到了张德江、刘延东、刘奇葆、温家宝、李长春、王兆国等党和国家领导人的高度赞扬。张德江同志考察九洲集团后如是评价：面向市场，创新发展，军民融合，唱响九洲。

九洲集团在探索军民融合发展、做强做优企业的同时，也不断创新履行社会责任的方式，从初期的慈善捐赠、扶贫济困等“外围”方式，到以强力推动军民融合、技术创新、产业跃升等主业发展的“核心”能力，全面履行了社会责任。一是作为国有企业，通过不断扩大企业规模、缴纳税收和

国有资产保值增值，为经济社会发展做出了较大的贡献；二是作为参与经济活动的市场主体，通过遵纪守法、依法治企、诚信经营、合法经营，为共建法治社会做出了较大的贡献；三是作为地方经济的支柱企业，通过推动地方经济发展和增加就业，为促进社会稳定和人民生活的改善做出了较大的贡献；四是作为重点军工骨干企业，通过提高产品质量和技术水平，为促进武器装备现代化、保障国家安全做出了较大的贡献；五是作为在业内和当地有着较大影响力的高科技企业集团，通过不断创新创造，转变发展方式，保护环境和建设生态文明，为促进可持续发展做出了较大的贡献；六是作为拥有1.5万余名员工的大型企业，通过保障员工和利益相关者的合法权益，为实现企业的和谐发展、稳定发展做出了较大的贡献；七是作为人类活动的成员组织，通过扶贫济困和发展慈善事业，为实现发展成果共享、加快建成全面小康社会做出了较大的贡献。

三　九洲集团紧跟国家战略、创新履责方式的新突破

面对军民融合探索“难倒”许多企业的窘境，九洲集团在进一步加强自身创新能力建设和独立履行社会责任的同时，不断探索和创新履行社会责任的方式，注重集聚社会资源，带动产业协同创新发展，先后牵头成立了空管、物联网等5个专业技术联盟、产业联盟，与30多家知名高校、重点科研院所建立了战略合作关系，有力地促进了产业的协同发展。特别是面对党的十八届五中全会以来军民融合上升为国家战略的新形势、新机遇，九洲集团又一次踏上了创新之旅，不仅自身抢抓四川获批全国全面创新改革试验区（以探索军民融合发展为特色）等重大战略机遇，而且不忘履责初心，继续向前推进，面对重重困难，毫不犹豫地牺牲“自我”、奉献力量，很快牵头组建了四川军民融合高技术产业联盟，带动全国从事核、航空、航天、军工电子、兵器装备、船舶、化工材料、民爆等领域研发、制造、生产、服务的企事业单位、科研院所、高等院校发展，共同探索军民深度融合发展的体制机制、发展模式，搭建军民资源共享平台，为四川特别是全国军民深度融合

发展积累经验。自 2016 年 4 月联盟预备会暨成立大会召开以来的短短数月，已联合成员单位 76 家，聚集专家委员会委员 39 名，全面构建了联盟的框架结构和运行规则以及发展机制（见专栏），在推动联盟实体化运作、搭建信息资源共享云平台、参与四川省军民融合产业发展基金管理、协助开展军民融合企业资格认定、创刊《四川军民融合》等方面取得了初步成效。

专栏：九洲集团牵头组建的四川军民融合高技术产业联盟建设方案

一、建设宗旨

通过联合军民融合发展相关单位，依托优势企业，围绕核与核技术、航空、航天、军工电子、兵器装备、船舶、民爆等重点方向，探索四川省军民融合发展体制机制，创新产业发展模式，推进军民信息资源共享，加强政产学研用合作，打造军民融合产业示范基地，快速实现创新成果产业化与规模化，推动四川省产业结构转型升级。

二、建设目标

为国家军民融合战略的有效实施探索新路径，协助政府制定激励军民融合发展政策，探索军民融合发展体制机制。围绕军民两用技术相互转化、军地资源共享、产业链配套协作、市场开拓等方向开展相关工作。力争到 2020 年，全省军民融合产业主营业务收入突破 6000 亿元，联盟成员单位达到 200 家以上，形成覆盖全面、体系完善、创新驱动、高效增长的军民融合高端产业形态。

三、主要任务

联盟将围绕核与核技术、航空、航天、军工电子、兵器装备、船舶等重点领域，促进联盟成员紧密合作，实现共荣发展。包括但不限于以下几点。

一是协助政府主管部门制定四川省军民融合发展政策，不断完善军民融合发展体制机制问题。收集军民融合产业发展中出现的问题，组织联盟成员单位共同研究提出对策建议，协助政府主管部门制定四川省军民融合发展政策，有效引导和规范保障军民融合发展，打造新型创新链、产业链、生态链。

二是建立四川军民融合信息共享数据库。全面调研梳理省内重点民参军、军转民企业资源信息，挖掘企业资源优势及转化潜力，建立四川军民融合信息（项目、技术、人才、仪器等）共享数据库，实现共享共用。

三是搭建军民成果相互转化合作平台。搭建合作交流平台，加强产业配套及军民两用成果转化。定期发布联盟成员单位合作需求信息，促进项目、技术合作和产业跨界合作，实现互利共赢。

四是统筹全省军民结合产业发展基础，加强产业上中下游配套，打造成德绵军民深度融合发展示范区，开展应用示范工程建设，推进重大项目突破，推动核与核技术、航空、航天、军工电子、兵器装备、船舶、民爆等领域形成产业集群。

五是创新人才互动交流机制。制定省内及联盟内人才流动政策，在科技人员自愿、单位同意的情况下，采用交流互换等方式，实现联盟内人才流动，并以项目方式对团队奖励，按一定比例量化奖励到个人，充分发挥科技人才的创造、创新作用。

六是创新商业模式，促进联盟成员多层次全方位合作。通过资本参股、技术协作、资产重组等形式，鼓励联盟成员单位开展资本层面合作。以多种形式推进省部合作、省企合作、企企合作。

七是创新军民融合产业支持方式。由四川省、绵阳市政府共同出资，依托联盟成员，吸引社会资本投入，设立四川省军民融合产业发展基金，围绕核与核技术、航空、航天、军工电子、兵器装备、船舶、民爆等领域，重点支持军民两用科技成果转化、产业发展、重大项目实施等。

八是总结凝练军民融合发展经验，为国家实施军民融合发展战略提供可借鉴的经验。

四、保障措施

一是加强顶层设计。明确把推动军民融合深度发展、建设国家军民融合示范基地纳入全省各级政府经济和社会发展规划，给予强力的政策支持，推动军民融合产业发展。

二是发展特色产业。充分利用四川军工优势资源，大力发展核与核技术、航空、航天、军工电子、兵器装备、船舶等优势产业，推动产业转型升级。

三是做好政策引导与扶持。支持军民融合产业联盟建设，配套联盟发展资金；成立军民融合产业发展资金，引导社会资本投入，加大对军民融合产业支持力度；出台系列激励军民融合人才的政策，做好人才引进与培养工作。

我们相信，“紧跟国家战略、创新履责方式”已经融入九洲集团的企业精神，已经融入九洲集团每位员工的血液，已经融入国家、四川、绵阳的整体战略，九洲集团必将在未来的快速发展中取得更多的新突破，为我国的军民深度融合发展和社会责任的创新履行探索更多的好经验，成为我国企业学习的标杆。

B.14

四川蓝剑饮品集团有限公司社会责任报告

——同创造共分享　齐筑蓝剑梦

陈志红　尹　钊

摘　要：　蓝剑集团自1985年建立以来，在发展的同时一直不忘回馈社会，并将履行社会责任上升到企业战略的高度，引领技术创新、产品创新、渠道创新、服务创新、文化创新，为企业可持续发展提供了不朽的动力。自1985年至今，蓝剑集团在履行社会责任方面开展了一系列活动，这一开展就是30余年，30余年初心不改，30余年风雨无阻，从未间断，取得了显著成绩。

关键词：　四川蓝剑集团（BSG）　企业社会责任（CSR）

一　企业简介

四川蓝剑饮品集团有限公司（以下简称“蓝剑集团”），创建于1985年，属于员工集资创业型公司，距今已有30余年历史。公司从过去的西南啤酒王到西部饮品龙头，至今已发展成为集天然饮品、天然矿泉水、酿酒、超级农场、连锁酒窖、环球食品、生物制药、国际贸易等于一体的综合型的大健康产业控股集团，在中国率先按欧盟标准打造环球安全食品产业链（GFC）。集团及关联公司员工超过1.2万人，集团已成为中国饮料工业十强企业、四川百强企业，饮品总产销量连续10年蝉联西南第一，其中冰川时代天然矿泉水产销量连续8年位居全国第一，唯怡饮品连续数年居中国植物蛋白饮品四强之一。

2002年，蓝剑购买上市公司啤酒花（600090）股权，成为其第一大股东。2007年，蓝剑集团转让啤酒产业的股权给华润，员工股实现百倍增值，连守门的员工都成了百万富翁。2005年，蓝剑员工入股蓝剑饮品产业，2008年，公司引入经销商与桶装水站。2015年，集团正式启动旗下唯怡坚果饮品和冰川时代矿泉水两个产业的上市计划，5年内打造两家上市企业。

二　蓝剑集团履行社会责任概况

（一）对员工的责任

1. 关爱员工，构建和谐劳资关系

蓝剑集团一直坚持，员工是企业最大的财富，在劳动法实施的初期，由于社保体系不健全，绝大部分员工是当地农民，没有办理社会保险。为积极响应地方政府关于构建和谐劳动关系的号召，积极探索新形势下的劳动关系管理，公司在2002年全面清理了社会保险遗留问题，维护了企业和员工的合法权益。同时，公司在实现企业与员工利益共享、切实维护和保障员工切身利益、建立员工诉求表达机制、问题协调处理、权益保障等方面，做了大量卓有成效的工作，得到了当地政府和社会各界的广泛肯定和认可，使企业与员工成为互利共赢的有效载体。

蓝剑集团在2009年、2011年、2012年先后荣获“四川最佳雇主”称号。

2. 提升综合能力，加强培训

公司一直认为员工是企业宝贵的财富，为了使员工在工作中不断充电，公司建立了完善的培训体系，制订了不同类型和层次的培训规划。在培训形式上，公司坚持长期培训与短期培训结合，整体培训与个别培训结合，脱产培训与在岗学习结合。公司为此建立了自己的商学院，每年根据培训需求招收不同的培训班，为公司的发展储备所需人才。从初入职的企业文化培训，到具体每个岗位的教练学员制度，再到针对具体岗位的专业化培训，以及各种外派培训，使每个员工在企业中得到了更多的培训指导。同时帮助员工根据自身的爱好特点制订其职业生涯规划，让员工学会树立目标，并持之以恒地去努力。一大批优秀的管理员工都是在企业的不断发展壮大中找到自身得以施展的舞台，从而实现了个人价值与企业发展的统一。

3. 完善薪酬体系，实施股权激励

2001 年，蓝剑饮品集团就全面推行了基于岗位价值的岗位级别薪酬体系，逐步建立完善了基于能岗匹配的人才选聘机制、基于业绩和潜能的培养开发机制、基于价值和创造的全面激励机制、基于结果的绩效管理机制。

为践行“共同创造，共同分享”的核心价值观，2016 年，公司创新激励机制，执行了股权激励制度。股权激励制度是企业管理制度、分配制度乃至企业文化的一次重要的制度创新，无论企业的形态和资本结构如何，无论是不是上市公司，公司都认为有必要建立和实施股权激励机制。

实施股权激励后，公司三支队伍（管理队伍、技术队伍、营销队伍）成为公司股东，具有分享企业利润的权力。实施股权激励大大提高了三支队伍的积极性、主动性和创造性。符合条件的普通员工成为公司股东后，能够分享高风险经营带来的高收益，有利于刺激其潜力的发挥。这就会促使经营者大胆进行技术创新和管理创新，采用各种新技术降低成本，从而提高了企业的经营业绩和核心竞争能力。

4. 承担社保，解除后顾之忧

社会保险制度是政府通过立法强制实施的，运用保险方式处置劳动者面临的特定社会风险，并为其在暂时或永久丧失劳动能力、失去劳动收入时提供基本收入保障的法定保险制度。它是伴随着人类社会、经济的发展而产生及演变的，在社会发展中扮演着重要的角色。

公司在经营发展过程中，始终依法经营，履行社会责任，尤其是劳动法实施初期对没有办理社会保险的员工也做了全面清理补缴，保障了员工的合法权益。2002 年公司在非常艰难的情况下，划拨 100 多万元资金为员工补缴社保，使员工参保率达到100%，赢得了广大员工的信赖。同时，公司还为部分人员办理了商业保险，有效地提升了员工的安全感和归属感。

5. 安全生产，确保员工职业健康

蓝剑集团一直贯彻“遵规章，防隐患，安全事关生命线”的安全理念。高度重视生产安全，切实防止职业健康危害，既是企业社会责任的重要内容，又是推动经济健康发展、确保社会政治稳定、构建和谐劳动关系、实现劳资双赢的具体要求。

蓝剑集团非常重视企业生产安全、财产安全、人身安全。在企业生产安全中，实施严格的考核机制，将安全考核项列为“一票否决制”，大大提高了安全责任的安全意识和安全管理的主观能动性，从“要我安全”变为“我要安全”。同时，蓝剑集团也非常重视员工的身心健康，为员工提供免费的职业健康体检，防止职业病的发生。对于“四期”中的女员工也给予特殊关怀，调整岗位，不安排夜班，对于哺乳期的女员工，给予每天2小时的哺乳时间。为关注员工的心理健康，蓝剑集团还建立了沟通渠道，设立了心理咨询室，对员工的来自工作和生活的压力给予适当排解。

（二）对消费者的责任

蓝剑集团一直遵循“提供高品质的产品让消费者满意”的企业使命，始终秉承“我们只销售健康”的经营理念蓝剑集团从来没有辜负消费者的信任!

蓝剑集团为践行“满足顾客需求，超越顾客期望”的顾客理念，千方百计为顾客持续不断地提供更加天然的健康食品，2012年8月，经中外专家历时三年的联合攻关，全世界第一瓶不加任何添加剂的坚果饮品在蓝剑诞生——“唯怡9果原浆”。该绝密配方为中国首创，已申请国家专利。同时，蓝剑向社会公开：如果有消费者发现“唯怡9果原浆”有任何添加剂，蓝剑承诺每罐奖励10000元!

蓝剑集团率先推出“0添加”儿童饮品，并倡议儿童饮品“0添加剂”立法暨100万名妈妈签名活动，倡议社会关注儿童食品安全。

（三）环境保护责任

在经济发展新常态下，环保既面临新的机遇，也面临新的挑战。蓝剑集团一直坚持“我们只销售健康”的理念，在做大做强企业的同时，更关注可持续发展，用实际行动加强环境保护，切实担当社会责任。蓝剑集团在节约自然资源、合理配置资源、消除环境污染方面做了大量的工作。蓝剑集团严格执行环境影响评价和“三同时”制度，不擅自增设工序和扩大生产规模；积极采用新工艺、新技术改造提升落后设备，确保治污设施与生产能力相匹配，并始终正常运转。

集团下属唯怡饮料食品有限公司将所有生产线原电加热收标改为蒸气收标。因电加热收标机易出故障，电阻丝经常坏，维护运行成本和电能耗很高，且影响商标收标质量，通过试验验证完全可行，蒸汽收标维护运行成本很低，且收标质量效果明显好于电加热收标。为此，公司安排维修焊工班利用废旧材料自制了多台蒸汽收标机，将电加热全部淘汰，为公司节约了很大一笔费用，并使收标质量得到很大的改变和提升。

通过技术攻关，公司改善生产线杀菌框。杀菌框围栏增高，每罐多装33%产品，效率提升18%，水电蒸气节约25%。每年节约水、电、蒸气、空压等能源65万元。

为了节约能源、减少生产中的废水排放，集团按标准扩建了循环水池，在生产线增加储水罐，将生产用水进行收集再进行二次利用，既节约了水资源，同时又减少了生产用水排放。为了减少污染，进一步推动使用清洁能源，率先提出将原来使用煤炭进行花生、核桃等的烘炒，改为天然气自动烘烤花生、核桃等原料，有效地减少了煤烟污染，也节约了能耗成本，更保证了产品质量的稳定。

（四）对政府的责任

蓝剑集团准确理解中央和省、市各级政府的方针政策，认真把握国家发展战略和社会进步要求，积极响应政府的各项号召，从企业实际出发，自觉履行企业对政府的责任，表现出良好的政治素质。

蓝剑集团一致认为，一家企业对地方政府的责任在依法治企的前提下，主要体现在两方面，一方面是上缴利税；另一方面是解决就业。

1. 依法规范经营，做诚信社会的建设者

集团一贯恪守“我们只销售健康”的经营理念，规范运作，依法纳税，创新产品，赢得了政府主管部门和社会各界的一致好评。企业被有关主管部门评为“守合同重信用企业”“A 级纳税人”，被多家银行评为“AAA”资信企业。企业规模不断扩张，在保持经济效益持续增长的同时，向国家上缴的利税也随之增加，每年上缴税金以 20% 的速度递增。集团成为当地纳税大户，为地方财政做出了突出贡献。

2. 为员工提供就业岗位，让员工在蓝剑安居乐业

就业是民生之本、安国之策。就业是人民群众改善生活的基本前提和基本途径，是实现社会长治久安的基本保证，也是全面建设小康社会的必然要求。就业是我国当前和今后长时期重大而艰巨的任务。因为蓝剑建立了良好的劳资关系，员工的安全感和归属感很强。蓝剑从最初的 300 多人发展为今天拥有 10000 多名员工的集团公司，在金融危机影响、全球失业率增长的情况下，集团不仅没有裁员，反而增加了用工需求，为稳定地方经济、消除社会不和谐因素、构建和谐社会做出了贡献。

（五）企业社会责任（CSR）

1. 关心弱势群体，助困济贫

蓝剑在关心弱势群体方面，从内部困难员工的帮扶延伸到企业外部。

① 2014 年 4 月 9 日，家住什邡市南泉镇方碑村的 9 组村民马海波身患重症尿毒症亟待救援，其母亲周善慧甘愿捐出自己的肾挽救儿子的生命，但面对高额的医疗费用，困难家庭无力承担。因马海波是蓝剑一名普通基层员工的孩子，蓝剑集团得知消息后，发动全体员工踊跃捐款，上到集团董事长，下到基层员工，大家再次慷慨解囊，共募捐善款 116040. 00 元。

② 2013 年 6 月 30 日，家住什邡市双盛镇白鱼河村的 5 组的三年级学生

汪文杰身患罕见重症坏死性胰腺炎，父母为了给孩子治病已经花光了所有的积蓄，东挪西借，变卖典质，家里财物罄尽。集团很快得知了消息，集团领导迅速部署工作，于2013年12月12日起向全体员工发出了向重病少年汪文杰募捐的倡议，消息一经传出，集团上下积极响应，上到集团董事长，下到基层员工，大家纷纷慷慨解囊，从几元到上千元，共募捐善款90827.00元。

③“5·12”特大地震之后首都北京对口援建什邡，为了感恩援建者，2012年，蓝剑集团以发起人身份捐赠200万元，作为基金会原始注册资金，设立北京感恩公益基金会，简称“感恩公益基金会”。该基金用于参与救灾及灾后重建；关爱志愿者及援建人员；扶助进城务工人员及城市流动儿童和农村留守儿童；关怀与帮扶参与“5·12”抗震救援的志愿者和北京灾后援建的人员及其家属。

2. 希望工程，捐赠助学

在四川，有一家企业十余年如一日，一直与四川希望工程紧密合作，从未懈怠，时任四川青少年发展基金会理事长陈燕琳曾深情地说：“十多年来，他们的捐助是规模性的，是长期的，这种长期不懈的精神令人尊敬；而且平时对于希望工程的援助请求，他们也几乎是有求必应……他们的确是希望工程最亲密的、最可信任的、长期的战略合作伙伴。这家企业就是——四川蓝剑集团。”

1997年，蓝剑集团向希望工程捐款100万元，开启了与希望工程长达25年的“蜜月期”。

1999年，蓝剑与四川希望工程办、省总工会共同发起了省内第一个“四川下岗职工家庭1000万元失学儿童援助基金”，让上千名失学儿童重返课堂。

2008年特大地震后，蓝剑集团向希望工程捐赠1000万元设立蓝剑集团“5·12”助学基金，同时，建立了“蓝剑集团·12355心灵驿站”，使十多万学生及其家长和老师的震后心理得到专业呵护；同时，蓝剑在灾区教育系统设立奖学金，向各个灾区学校捐建“爱心水屋”，让孩子们健康安全饮水，在四川开启了每年向希望小学提供奖学金的先例。

2007 年，为了鼓励广大学生成为优秀人才，蓝剑集团出资 100 万元，与四川省什邡市教育局牵手设立“冰川时代”100 万元奖助学基金，用于鼓励高考优秀学子，帮助贫困家庭学生。

2013 年 8 月 10 日，为了关爱留守儿童，集团向“中国梦 · 用爱托起梦想”活动冠名赞助人民币 60000 元，用于关爱留守儿童。

2015 年 12 月 18 日，在四川杰出川商颁奖典礼上，蓝剑集团董事长郭一民先生倡议成立川商留守儿童援助基金。第一笔善款 1000 万元由蓝剑捐赠。这是继 2008 年 5 月 21 日蓝剑向四川希望工程捐款 1000 万元成立了“蓝剑集团 1000 万元‘5 · 12’助学基金”之后的又一个新的公益起点。

3. 重视健康，支持体育

蓝剑集团一直将教育、体育作为企业公益的重点。从四川足球队、四川篮球队到中国国家篮球队、中国国家登山队、中国国家网球队，蓝剑全力推动中国体育事业的健康发展和各项体育运动的普及。而同时，蓝剑旗下的“冰川时代”矿泉水也以其绝佳的品质，成为中国国家篮球队和中国国家登山队的指定饮用水。对此，国家登山队队长王勇峰特地指出，国家登山队将“冰川时代”作为指定饮用水，完全不是出于商业考虑，而的确是出于“冰川时代”水好。运动员对饮水的要求很高，特别是对体质和体力要求特别高的登山队来说，优质的饮水非常重要。

1993 年，蓝剑向施拉普纳执教的中国足球队捐款，鼓励中国队征战世界杯，从而拉开了蓝剑与体育携手共进的序幕……

1995 ~ 1998 年，蓝剑集团携手四川全兴足球队参加中国职业足球联赛。

1996 ~ 1997 年，蓝剑集团冠名赞助的四川蓝剑男子篮球队在 CBA 赛场取得了良好成绩。

2003 年，蓝剑集团赞助的“蓝剑 · 冰川时代杯”川粤泸女子大型科考探险暨登山活动，登顶龙门山国家地质公园海拔 4989 米的狮子王峰。

2006 年 3 月 22 日，世界水日，国家登山队队长王勇峰揭晓全国选水结果，蓝剑“冰川时代”天然矿泉水在全国众多知名品牌中脱颖而出，成为中国国家登山队专用矿泉水，并将在 2008 年珠峰奥运火炬传递中，成为第

一个登上世界之巅的中国矿泉水。

2007 年 9 月 1 日，历时半年的中国国家篮球队全球选水尘埃落定，源自“中国矿泉水之乡”的中国名牌蓝剑·冰川时代矿泉水，从全球众多知名品牌中脱颖而出，成为国家篮球队全球唯一指定饮用水，自此，蓝剑·冰川时代矿泉水以“中国篮球队唯一指定饮用水”的身份，随 NBA 三大中国球星一道，登陆国家篮球队所有赛场，全力支持国家篮球队备战 2008 年北京奥运会。

2008 年 5 月 8 日 9 时，中国登山队珠峰火炬传递成功登顶，奥运圣火第一次登上世界之巅。同时，中国登山队登顶珠峰合作伙伴，蓝剑饮品集团旗下高端产品冰川时代 Q1 成为全球第一个登上世界之巅的饮用水品牌。以“关注生命之水，传递饮水健康”为主题的神秘 Q1 问鼎珠峰传奇之旅，也胜利地完成了它的神圣使命。

自 2007 年、2008 年蓝剑薄荷水联手中国网球大奖赛成为其大赛指定饮用水后，2009 年携手 ATP 冠军巡回赛成都公开赛，成为其大赛唯一指定饮用水赞助商。

4. 尊老爱幼，拥军爱民

尊老、敬老、助老是中华民族的传统美德。近 10 年来，集团坚持每年的春节前夕为敬老院的老人们送去祝福和温暖，为了让什邡市 16 所敬老院 1240 多名“五保”及“三孤”老人过上一个温馨祥和的春节，集团近 10 年来用于慰问敬老院老人的经费已达 200 余万元。

蓝剑集团一直把支持部队建设和服务优抚对象作为义不容辞的企业社会责任并于 2011 年 3 月 10 日与中国人民解放军特种作战旅签订“军民共建协议”。此后每年的“八·一”建军节前夕蓝剑集团都会慰问走访包括共建单位在内的所有驻什部队、武警消防官兵及军队干休所等 19 个单位，对人民军队表示了节日祝贺，对为和平事业和祖国强盛做出杰出奉献的老战士们表示崇高的敬意。集团历年来用于慰问部队的经费已达 15 万余元。

5. 同舟共济，抢险救灾

（1）抗震救灾急先锋

2008 年“5·12”特大地震发生，集团第一时间组织了由 36 名军训员工组成的救援队伍，在地震 90 分钟后便赶到重灾区什邡市洛水镇，经过整整 44 个小时的艰苦努力，救出了被困人员 30 名，其中学生 23 人，被困居民7 人。

“这可能是四川地震灾区第一支成建制的救援队……”事后时任什邡市人民武装部政委姚远同志感慨地说，“时间就是生命啊!”

“5・12”震后，灾区、市场饮用水均频频告急，集团毅然决定放弃市场，全力保证救灾用水！冒着余震的威胁，迅速恢复矿泉水生产，并调集了 20 余辆货车兵分几路，短短一周就让 3 万吨生命之水源源不断地送往各地灾区……

尽管自身也是极重灾区企业，实力也并不强大，但蓝剑饮品依然决定向四川希望工程捐出 1000 万元设立“蓝剑集团 5・12 助学基金”，用于援助“5・12”灾区贫困学生和教育事业。“12355 心灵驿站”电子教学器材、“爱心水屋”等遍布四川各地灾区，援助灾区人民和学校。据共青团四川省委统计，因此受益的群众和学生多达数万人。捐款 1000 万元的蓝剑饮品集团是全部特重灾区中捐款最多的企业之一。

在 2008 年那场特大地震当天下午，由 36 名蓝剑军训队员组成的救援队最先到达洛水中学和洛水小学，他们奋战两昼夜，从废墟中救出学生 23 名！震后，这 36 名救人英雄又和两所学校的贫困学生开展了“一对一”的帮扶活动，并组成了“爱心家庭”，持续帮助灾区孩子的健康成长，直到他们学业完成。2008 ~ 2015 年，蓝剑集团已陆续投入资金 60 余万元。

（2）四川什邡及云南彝良爱心行动

2012 年 8 月 17 日，四川省什邡市普降大到暴雨，引发山洪泥石流，导致红白镇、蓥华镇受灾严重，蓝剑集团立即组织了价值 18.5 万元的赈灾物资送往灾区。

2012 年 9 月 7 日，云南彝良地震，蓝剑集团立即组织人员及车辆，为灾区送去了价值 15 万元的赈灾物资。

（3）芦山爱心行动——四川雅安芦山抗震救灾

2013 年 4 月 20 日 8 时 2 分，四川雅安芦山发生里氏 7.0 级地震。震后芦山县、天全县、宝兴县、雨城区、名山县、洪雅县、邛崃市等各灾区急需饮用水。蓝剑集团在获知这一情况后，立即启动快速反应机制，火速调集了100万瓶矿泉水，分批运往灾区各点，为灾区群众带去了安全健康的饮水。

8点45分，蓝剑集团第一时间做出紧急部署，火速向灾区抢运价值200万元的赈灾物资，用于灾区救援工作。9点整，蓝剑集团“5·12”救援队全体队员紧急行动起来，上阵与其他干部职工一起，生产装运矿泉水。运输车辆也从全省各地紧急调运到位。11点30分许，首批约10万瓶冰川时代矿泉水装运完毕，开始驰援灾区。

地震带来的不仅是人员的伤亡和财产的损失，同时还有巨大的心灵阴影，特别是对未成年的学生和孩子。

2013年5月22日，在地震过去一月之际，“4·20”芦山地震社会组织灾后重建项目需求对接暨签约仪式在雅安市举行。在本次灾后重建项目需求对接的签约仪式上，蓝剑饮品集团决定捐资50万元，在芦山、天全和宝兴的集中安置点、中小学校、青少年活动场所设立10个“彩虹之家——蓝剑饮品12355心灵驿站”，蓝剑救援队和招募的其他专业志愿者，为震区青少年提供心理抚慰工作和关爱帮扶等服务，同2008年“5·12”特大地震时一样为灾区孩子和群众提供专业的心理疏导和心灵抚慰，帮助灾区的孩子和群众尽快走出地震带来的心理创伤和阴霾，健康乐观地生活。

（4）康定生命之行——远赴康定地震灾区赈灾

四川省甘孜藏族自治州康定县于2014年11月22日16时55分发生6.3级地震。在得知灾区学校急需饮用水的消息后，四川蓝剑饮品集团有限公司立即启动赈灾预案，通过四川省青少年发展基金会向灾区捐赠了10万瓶矿泉水并组织车辆一路运送至康定灾区。

赈灾车队于2014年11月24日19时37分从什邡出发，由地震导致塌方和道路中断，经过日夜兼程的长途跋涉，车队于11月25日20时41分到达康定县新都桥。

经过短暂休整，赈灾车队于25日分为两路启程，一路前往道孚县八美镇小学，另一路前往塔公乡群团服务中心，与甘孜州团委和四川省青少年发展基金会人员一起，将这批饱含着什邡人民真情的“生命之水”送到灾区同胞手中。

由于多年来蓝剑在履行社会责任方面做出的贡献，在希望工程20年到来之际，蓝剑集团荣获希望工程20年最高荣誉“特殊贡献奖”。2014年蓝剑集团又荣获了中华慈善公益领域多项重要慈善奖项，在首届“巴蜀慈善奖”的评选活动中，蓝剑集团荣获“十佳爱心捐赠企业”称号，蓝剑“12355心灵驿店”项目荣获“十佳慈善项目奖”，在第二届中华慈善奖的评选中，蓝剑集团荣获“中华慈善突出贡献（单位）奖”，在2014年希望工程25周年来临之际，蓝剑再次获得褒奖，荣获“希望工程25周年杰出贡献奖”，蓝剑成为全国一年内连续三次获奖的唯一企业。

蓝剑集团在企业不断发展的同时，为了更好地实现企业与社会的和谐发展，2016年以“蓝剑集团5·12救援队”为班底向民政部门正式申请注册成立社会服务机构——“蓝剑公益事业发展中心”，中心的成立使蓝剑公益事业以及企业社会责任实现了全面透明化、社会化、全面化、深入化，蓝剑社会责任从此将以全新、和谐、包容的姿态面向整个社会，开辟蓝剑企业社会责任的新纪元。

B.15
中建三局装饰有限公司企业社会责任报告*

——饰界之爱，大爱无疆

摘　要：　中建三局装饰始终坚持把“履行国企的社会责任”作为己任，积极回馈社会。作为一家国有企业，三局装饰在担负起经济责任的同时，也积极担负起应有的政治责任、社会责任，从文化建设、人文关怀、公益事业、生态文明等多维度不断“拓展幸福空间”。将责任意识贯穿于科技创新、绿色环保、建设边疆、构建和谐、服务社会等各个方面，积极营造“幸福小家，和谐大家，美丽国家”的美好家园。

关键词：　中建三局装饰　企业社会责任

一　公司简介

中建三局装饰有限公司隶属于世界五百强企业中国建筑工程总公司，1985 年成立于改革开放前沿城市——深圳，是建设部首批批准成立的 8 家国有大型建筑装饰企业之一，被誉为“中国建筑装饰业的先锋”。

三局装饰扎根中建沃土，传承争先之魂。从成立之初一个 69 人的团队发展到如今拥有近 1500 名员工的全国大型装饰央企。30 多年来，三局装饰不仅铸造出“国内首次独立完成的五星级酒店”上海太平洋大饭店、“全球

* 本报告由张古月根据中建三局装饰提供的资料整理。

最佳高层建筑”的上海环球金融中心、“亚洲最大火车站”武广客运专线武汉站、“世界十大建筑”之一的中央电视台新址、被业界誉为“全球顶级酒店之一”的广州西塔四季酒店、“中国第一高楼”的深圳太平金融中心、世界上海拔最高的五星级酒店拉萨瑞吉度假酒店、“西半球最大度假酒店”巴哈马度假酒店等一大批地标性建筑，更先后荣获“詹天佑奖”、“鲁班奖”、全国建筑工程装饰奖、全国用户满意工程奖等国家级奖90余项和省部级各类建筑装饰奖数百项。

三局装饰始终坚持把“履行国企的社会责任”作为己任，积极回馈社会。成立了三局装饰“饰界之爱”慈善基金，先后援建了中建三局装饰莲池希望小学、甘肃省贫困村卫生所、云南省山区文明桥等公益工程，组织开展了上海“迎世博、展风采”志愿服务活动、“美丽中国我先行”植树活动、捐助农民工子弟学校等一系列爱心活动，不断为社会的和谐发展贡献智慧和力量，积极营造“和谐小家，幸福大家，美丽国家”的美好家园。

面对未来，三局装饰将在打造“最具竞争力的装饰行业百年老店”的战略指引下，坚持锐意进取、改革创新，努力成为中国建筑装饰业不断突破的引领者、认真履行社会责任的先行者和富有远见卓识的领军者。

在责任履行方面，中建三局装饰有限公司坚持以下方面。

1. 企业公民理念

公司积极履行国有企业的政治、经济、环境以及社会责任，在促进国家政治、经济、环境与社会可持续发展的同时，实现企业发展方式的转变和企业自身的可持续发展。

公司遵循“品质保障、价值创造”的企业核心价值观，始终坚持把“履行国企的社会责任”作为己任，将责任意识贯穿于科技创新、绿色环保、建设边疆、构建和谐、服务社会等各个方面，积极营造“幸福小家，和谐大家，美丽国家”的美好家园。

2. 利益相关方沟通参与

利益相关方参与企业社会责任工作有利于双方加深了解、增加互信、强化合作，从而更好地服务社会。三局装饰坚持诚信、互动、平等的原则，建立健全利益相关方沟通参与机制。运用多种方式对相关方的期望与诉求进行收集、整理和分析，采取多种举措加强与利益相关方的沟通交流，邀请利益相关方参与企业可持续发展相关决策和活动，并借鉴国际标准和国内外先进经验，在实践中持续改进利益相关方参与效果。

3. 推进透明度建设

三局装饰借用微博、微信、手机阅读等新媒体方式，利用企业官方微信实时跟踪社会责任进展状况，在企业微信公众平台、官方网站开通社会责任专栏，并通过手机报广泛传播社会责任新闻推送，丰富社会责任信息传播形式，全面覆盖社会责任价值宣传，提升沟通效果。

二　中建三局装饰有限公司履行企业社会责任概况

（一）科技创新责任

科学技术是第一生产力，企业的发展壮大离不开科技的推动作用，当今，新技术革命早已颠覆传统科学，三局装饰充分认识到，要实现“最具竞争力的装饰行业百年老店”的愿景，就必须以科技为引领，紧紧依靠科技创新。坚持以科技创新引领企业发展的战略思考使三局装饰的品牌日益强化。为此，公司不断加大科技研发的力度，并重视科技推广，在各项成果的推广方面，领导高度重视，科技部积极督促，分公司积极推进，三个层面的联动对公司的科技创新和成果推广起到了很大的推动作用，也为项目攻克各大施工难关提供了强大的后盾。

广州西塔四季酒店就是中建三局装饰有限公司履行科技创新责任的最好诠释。由全球最顶尖的酒店设计事务所 HBA 负责设计的超五星级酒店——广州西塔四季酒店位于广州珠江新城西塔 70 ~ 100 层，外表犹如一个细长的“水晶宫”。超五星级酒店对质量和品质的要求自是不言而喻的，然而此前从未涉足超五星级酒店的三局装饰人却在工程完工后收获了业主总经理最诚挚的赞叹：“三局装饰承建的区域施工难度最大、工艺要求最高、用材最为独特，但完成的效果最好，真是敢啃硬骨头、能啃硬骨头的先锋！”从零经验到至高的评价，背后的秘密是什么？答案就是三局装饰人的科技创新精神。从 2010 年到 2011 年，短短 400 多天的时间里，三局装饰人本着“科技创新”的精神，让优质、精细的施工质量成为公司最好的名片。

（二）绿色环保责任

在当前发展低碳经济的时代感召下，三局装饰在绿色环保节能方面动心思、下力气、重实效，着力在多项工程上开展 LEED 认证，全面将“绿色、低碳、节能、环保”的理念贯彻到项目设计和建设的始终。在遍及全国各地的数百项大型工程的施工过程中，企业积极采用先进的节能环保新材料、新工艺，努力做好施工现场的资源控制和管理工作，完善建筑装饰设计、施工和管理标准，推进技术创新，并不断将这些标准和创新应用于实践，严把节能降耗关。通过一系列的举措提升企业的绿色环保水平，践行企业绿色环保责任，为保护环境、社会可持续发展贡献自己最大的力量。

在上海苏宁天御 C7 会所的项目中，三局装饰提出了绿色环保家具的概念。顺应现在的流行趋势，家具从形态、材质到用途一直都在不断变化。三局装饰提出，在不增加业主造价的基础上，运用最合理的材料加上最精细的工艺完成整个项目的履约。三局装饰一直坚持采用绿色环保家具概念，旨在让更多的人生活在绿色环保的领域中，让更多的人加入环保行动，为绿色软装、绿色地球做出自己的努力。

（三）建设边疆的责任

新疆，既是祖国“西部大开发”的重要区域，也是如今“一带一路”不可或缺的战略组成部分。对新疆的支援和建设力度，体现着一个国有建筑装饰企业的社会责任担当。鉴于此，2013 年，三局装饰成立了新疆经理部，选派了一批优秀人才前往新疆为当地建设事业服务，加大了援疆的力度。在当地的市场开拓中，三局装饰相继承接了新疆绿城广场、新疆中石油大厦、亚欧汽车城等对于当地具有重要意义的项目，内容涵盖内外装和灯光照明，

更追求质量和功能的完美性，旨在通过建造一个工程服务一方人民，践行企业的社会担当。

2011 年 6 月，三局装饰正式进入新疆中石油大厦进行照明施工，这是三局装饰继中标该项目内装、外装项目后在天山脚下打造的又一精品，在西部大开发的浪潮中，三局装饰人以不惧艰苦的精神不断助力新疆地区的跨越式发展。

经过不懈努力，工程于 2012 年 8 月 30 日顺利通过竣工验收并正式投入使用。新疆中石油大厦建成后，实现了石油钻井、油气运输、油库存储到加油站调拨的数字化调控，提高了中石油驻乌企业的生产、运营、销售以及北京、乌鲁木齐之间的数据传输、信息交换的效率，对中石油在西部及中亚多个国家的石油钻井、油气输送、销售及内部企业之间的金融业务往来发挥着重要的作用，对新疆发挥“一带一路”战略中核心枢纽地位具有重要的意义。

（四）勇于担当的责任

“忠诚第一，担当第二，能力第三”是三局装饰倡导的用人观，担当的重要性大于能力，可见三局装饰人对“担当”的看重。担当不仅仅是一种责任，而且是一种勇于争先的精神、一种锐意进取的思想、一种求真务实的作风、一种刻苦钻研的本领、一种开拓创新的力量，更是勤奋的一种升华。

在经济新常态下，三局装饰提出要体现更多担当，实现更大作为，越是困难与逆境，越需要无条件地担当。这种担当不仅体现在员工个人的工作中，更体现在以团队为集体的群力中。在施工建设中，三局装饰更是倡导团队协作的理念，不断强调团队的担当意识，充分体现了三局装饰极强的执行力和战斗力。

在武广客运专线的施工当中，三局装饰人以“招之即来、来之能战、战之必胜”的信念，勇敢地挑起了建设全国首条高铁线路车站的重担，以超凡的凝聚力和执行力为三局装饰和中国建筑的荣誉增添了难以磨灭的亮色，也为国家绘制覆盖全国的高铁网络贡献了举足轻重的一笔。

（五）构建和谐社会的责任

“幸福小家、和谐大家、美丽国家”是三局装饰“家”文化中“饰海为家”的文化内涵，三局装饰人积极倡导构建和谐社会的理念，将“和谐”视为企业文化的一个关键词，并不断在项目施工、社会活动等方面践行这一职责。“老吾老以及人之老，幼吾幼以及人之幼”，随着老龄化社会的到来，老年人的健康幸福就成为社会和谐的一个部分。三局装饰坚持以人为本，在施工中不断强化自身的社会责任，从使用者的角度出发，在各种细节中充分考虑使用者的方便和需要，以建造用户满意的工程为载体，为构建和谐社会做出自己的努力，主动承担起与一家大型国有企业相匹配的社会责任。

三局装饰在泰康燕园项目中，考虑到前来入住的都是老年人，对环境的要求较常人更为苛刻，为了给老年人一个健康、舒适、安心的生活环境，特意要求设计师对现场施工进行了更深入、更为人性化的设计，同时实施绿色施工，并且运用“四新技术”不断提高项目绿色施工水平。人性化的设计、周密的工作部署、绿色环保的装饰材料，一切的一切都是为了践行“老吾老以及人之老”的传统理念，给前来疗养入住、休闲养生的老年人提供一个健康舒适的生活环境。

（六）服务社会的责任

企业的发展得益于社会的发展和扶持，企业在发展之后回报社会，既是一种“饮水思源”的感恩情怀，又是企业社会责任的一个重要组成部分，更是一种大型国有企业的胸怀和担当。“以人为本，拓展装饰艺术空间；服务社会，建造绿色精品工程”，这是三局装饰提出的管理方针，也是三局装饰近30年来一直践行的管理准则。在30年的发展历程中，三局装饰一直秉承“服务社会”的理念，在有利于社会发展的项目中倾注了大量的人力、物力、财力，旨在通过建造一个项目，树立一个招牌，造福一方百姓，服务一方社会。

在武汉国际博览中心项目中，三局装饰本着“服务社会”的理念，克服了施工过程中遭遇的种种困难，如期完成了项目节点，确保了全国第三的展览场馆如期投入使用，为华中地区展览业务发展贡献了自己的力量。

（七）人文关怀的责任

员工是三局装饰最核心的资源，也是企业可持续发展的不竭动力。坚持“家文化”的人文关怀引领，不断强化“以人为本、关注个体”的用人理念，从“保护权益、关怀生活、成就价值”三个方面不断细化对员工的人文关怀。职工巡视座谈会、项目经理竞聘上岗活动、年度风云人物评选、项目一线慰问、企业文化节、集体婚礼、职业生涯规划导航……这些活动与措施，让每一位员工感受到企业之家的关心、帮助和温暖，让员工在提升企业价值的同时，实现了自身与企业的共同成长。

“拓展幸福空间”，既是三局装饰的企业使命，也回答了企业“为何存在、为谁存在”的核心问题。它昭示着三局装饰将不断提升员工的满意度和幸福感，让员工过上“自己自豪、家人骄傲、同行羡慕、社会尊重”的幸福生活。

1．保护权益

三局装饰尊重劳动合同法等法律法规，恪守平等、非歧视的用工政策，公平公正对待不同民族、性别、宗教信仰的员工。坚持平等雇用，实现男女员工同工同酬。保障员工权益，努力营造“平等、健康、安全、舒心”的工作环境，至2015年底，公司拥有在岗员工1500人，员工劳动合同签订率达100%。坚持按劳分配原则，重视发挥薪酬分配的激励和导向作用。公司积极完善薪酬制度，在坚持效益与兼顾公平的前提下，不断提高员工薪酬福利，充分调动员工的积极性，做到与员工共享发展成果。社会保障覆盖率达100%。公司积极推进民主建设，完善以职工代表大会为基本形式的企业民主管理制度，拓宽员工沟通渠道，员工工会入会率为82%。公司还保障员工身心健康，员工体检及健康档案覆盖率达100%。

2．关怀生活

员工是企业最宝贵的财富。公司开展丰富新颖的文化、体育、联谊活动，让员工的生活更加丰富。注重人文关怀，关注一线员工，让兢兢业业奋战在一线的广大员工感受到企业温暖；注重和关爱女员工，女员工得到特别的尊重，拥有广阔的职业发展平台，女员工占员工总数的19%。

3．成就价值

三局装饰为员工设计职业发展通道，提升员工的职业技能。开展业务技能培训、岗位竞聘上岗等活动，大胆提拔符合企业“忠诚、担当、能力”人才观的年轻人，深挖老员工潜能，不断拓展员工的职业发展空间，实现员工的成就升级。

表1　三局装饰员工职业发展情况

职业生涯规划	帮助指导员工完成职业生涯规划，开展职业生涯规划交流项目，职业生涯覆盖率达到100%
职业发展通道	制定发布职业发展管理制度，建立专业人才职业发展通道，提供多个职业发展方向，继续完善评审与选拔方式，为员工提供广阔的发展机会与空间
员工培养计划	推行“导师带徒”制度，实施青年领军人才培养计划、“后备项目经理”培养计划等多项员工培养计划，为人才脱颖而出创造条件

三　饰界之爱，大爱无疆

“饰界之爱，大爱无疆”，三局装饰一直热心社会公益事业，积极主动参与希望工程、贫困帮扶及志愿者活动，给困难中的人们以物质、精神及能力上的帮助。2011年，三局装饰成立了“饰界之爱”慈善基金会，制定了《中建三局装饰有限公司“饰界之爱”慈善基金会管理办法》，不断打造三局装饰的“饰界之爱”公益品牌，公益事业制度更加规范、帮扶更加精准、措施更加有力。同时，积极建立与外部机构的公益合作，先后与上海市合作交流委、贵州省青年发展基金会、深圳市青年发展基金会等社会机构建立合作关系，“十二五”期间，对外捐赠总额近200万元，帮扶项目17个。

（一）希望工程

三局装饰与贵州省道真县签订了定点帮扶合作协议，积极主动参与“希望工程”。定点帮扶贵州省道真县莲池小学，通过校园工程捐建、“饰界之爱”奖学金、优秀青年员工支教等措施，实现了企业对学校的全方位服务。“十二五”期间，三局装饰向贵州道真县莲池小学累计提供帮扶资金110万元，帮扶品学兼优贫困学生40多人次，选派5批“饰界之爱”支教团共计10人先后前往当地进行支教。2015年9月，贵州道真县莲池小学更名为“中建三局装饰莲池希望小学”，目前新教学楼正处在建设施工过程中。

（二）志愿者服务

员工志愿者活动是三局装饰为了培育员工的志愿精神和能力所进行的长期项目。该项目致力于不断推进志愿者活动的体系化、制度化、常规化。“十二五”期间，三局装饰成立了“饰界之爱”义工队9支，拥有义工队员320人，累计志愿服务活动近1000小时。

天津市祥羽孤独症互助会幼儿园，是三局装饰北方分公司青年志愿者服务队最熟悉的地方。每个季度，青年志愿者们都会来到这里，送来礼物，看望小朋友，与小朋友做游戏，庆祝各种节日。如今，这种志愿服务活动已经实现常态化，并在一批批的志愿者手中得到不断传承。仅2015年，他们的大型志愿服务活动就达到4次，良好的互动、体系化的规范服务，让志愿者在帮助他人的同时，也得到了自身价值的升华。

（三）社会帮扶

“十二五”期间，三局装饰积极参与社会扶贫事业，全力支持和帮助西部地区等的社会扶贫事业。先后捐建了甘肃庄浪县韩店镇郭温村卫生所、云南省红河州石屏县的大桥乡石头寨文明桥，向中国建筑定点帮扶地区——甘肃省康乐县、卓尼县、康县进行了捐款，用于开发建设专项扶贫项目。

（四）绿色公益

绿色公益，一直是三局装饰热衷参与的重要活动。围绕“绿色、节能、健康”的主题，不断丰富绿色公益活动的载体和内涵，将绿色理念不断融入员工工作生活中。

四 未来展望

打造“最具竞争力的装饰行业百年老店”，这是几代三局装饰人矢志不渝的梦想。志存高远，才能走向未来。面对“十三五”的新征程，三局装饰将继续发扬“诚信、创新、超越、共赢”的企业品质，开创更加美好的未来。

2016 年，全球经济将进入弱复苏常态，经济增长速度放缓，企业发展面临新挑战；同时，推进全面深化改革将创造新的发展空间，由中国主导的“一带一路”建设也将为行业带来新的发展机遇。“十三五”期间，三局装饰将充分分析内外部优劣势，进一步增强风险意识和责任意识，遵循“前瞻性、先进性、实用性、普惠性”的原则谋划未来。

1. 紧盯投资热点，聚焦基础设施

“十三五”期间，三局装饰将盯紧生态环保、农业水利、市政、交通、能源、信息、社会事业等投资热点，重点关注基础设施和海外市场两大业务方向；同时，继续盯紧企业的大客户，把大客户做实、做深，争取成为领军企业的“战略首选”“唯一选择”。

2. 突出主营业务，强化新兴业务

“十三五”期间，三局装饰将做优传统优势业务，优化装饰业务结构，提升幕墙品牌价值，继续为企业的稳健经营保驾护航。继续加大培育和扶持泛光照明业务、软装饰业务和海外业务的力度，努力拓展产业链，真正形成“全产业链”的比较优势。

3. 狠抓基础管理，夯实发展根基

基础管理是效益的核心，是企业健康长远发展的保障。“十三五”期间，三局装饰将继续坚持标准化和精细化管理，不断完善各项体制机制，提高企业业务管理水平和协调发展能力，坚决落实“固本强基、提质增效、转型升级”，推动企业可持续发展再上新台阶。

4. 履行社会责任，强化公益品牌

三局装饰将丰富社会责任内涵，创新社会责任载体，引领行业责任，为社会创造品质和价值。2016 年，由公司出资建设的“中建三局装饰有限公司莲池希望小学”将正式启用，将继续坚持开展捐资助学、扶贫帮困和员工志愿者活动，积极履行国有企业的社会责任，实现企业与社会的协调发展。

2016 年是“十三五”的开局之年，也是新一轮改革历程中浓墨重彩的一年。三局装饰将“秉创新之风，领行业之先；铸工匠之心，聚和合之力”，致力于不断提升装饰行业的竞争力，为所有顾客提供高品质产品和超价值服务，为所有利益相关者创造幸福，为社会进步和国家发展贡献力量。

B.16

成都建国汽车贸易有限公司企业社会责任报告

刘瑾　顾明月

摘　要：作为中国汽车销售服务领域的知名企业、中国十佳汽车经销商集团、中国服务企业500强和四川省暨成都市100强企业，东创建国一直秉持“用心创造、完美服务”的经营理念，“用心、诚信、靠谱、创新”的文化核心，旨在打造汽车生活系统服务的百年品牌企业。自2006年建国汽车党委成立以来，始终把非公有制党建工作作为推动企业发展、丰富企业文化、服务社会的重要法宝，通过“2345红色动力”项目机制，致力于企业发展和社会责任的承担。

关键词：东创建国　红色动力　企业社会责任　成都

一　红色动力工程如何发力

非公有制企业是发展社会主义市场经济的重要力量。加强和改进非公有制企业党建工作，是坚持和完善我国基本经济制度、引导非公有制经济健康发展、推动经济社会发展的需要，是加强和创新社会管理、构建和谐劳动关系、促进社会和谐的需要，是增强党的阶级基础、扩大党的群众基础、夯实党的执政基础的需要，是改革创新精神提高党的基层组织建设科学化水平、全面推进党的建设新的伟大工程的需要。[①] 非公有制企业党组织是党的基层

① 赵小平：《震不垮的宝山脊梁——访四川省彭州市龙门山镇宝山村党委书记贾正方》，《共产党人》2010年第20期。

组织，它不能直接参与企业决策，是它与国有企业党组织最大的不同之处。非公有制企业党组织通过团结群众、带领员工来履行所要承担的党章所赋予的基本职能。习近平同志在非公企业党的建设工作会议上指出：“加强和改进非公企业党建工作，抓好‘两个覆盖’、发挥好党组织‘两个作用’、加强‘两支队伍’建设很重要。”党的十八大报告强调指出：“要以改革创新的精神，全面推进党的建设新的伟大工程，全面提升党的建设科学化水平。”这些要求给非公企业党员教育管理工作指明了发展方向。作为中国汽车销售服务领域的知名企业，建国汽车一直高度重视非公企业党组织的建设。经过近十年的探索和发展，成都建国汽车集团独创性提出了红色动力工程项目，将红色文化作为推动企业发展的精神动力，开创了非公企业党建工作的先锋之东创建国模式。

（一）党组织的生长及定位

成都建国汽车贸易有限公司（东创建国汽车集团）创立于1997年，代理了25个主流品牌，覆盖进口、合资、自主三大类别，形成企业从高端豪华到中高级品牌、经济车型的产品线结构。拥有20多个汽车产业文化园区、230多家品牌4S店、100家品牌专卖店、近万名员工及60多万名客户资源的数据库，是中国汽车销售服务领域的知名企业、“中国汽车十佳经销商集团”、“全国十佳汽车营销集团”、中国服务业500强和四川省100强企业，并以完善的服务网络、创新的营销、优秀的文化立于车市，影响中国。2006年成都建国汽车集团党委成立，创立了集团化、复制化、跨区域党建模式，以“三表一卡”（党员业绩积分表、党员生日表、党员困难表、党员违纪记录卡）制度和以党委为主，以工会、员工关爱中心、历练培训中心、志愿者协会为辅的相互协作的“五位一体”综合服务体系为抓手，提高党员积极性，打造建国汽车新文化。全川设党委1个、党总支1个、支部24个，党员526人，对全川园区实行组织全覆盖。曾被评为“成都市非公有制企业规范化服务示范党组织”，全川多个党支部获得“创先争优先进基层组织”称号，涌现出许多优秀党员、先进党务工作者、社会优秀建设者和十大杰出青年。

“作为非公有制企业，一定要跟着共产党走才会发展壮大”，这是建国汽车集团有限公司创始人兼现任董事长黄建国一直秉持的信念。他认为建国汽车能够在当今和平社会中快速发展，完全离不开共产党曾经的牺牲和如今的正确领导，共产党艰苦奋斗的精神更值得和平年代各行业、各企业学习和发扬。虽然建国汽车是非公有制企业，但建国汽车需要向公有制企业学习先进的管理经验、管理体系，党建工作也要向公有制企业看齐。

（二）红色动力工程的创设

建国汽车党建工作的目标取向，即企业党组织在职工群众中要发挥政治核心作用，在企业发展中发挥政治引领作用。党建工作做实了就是生产力，做强了就是竞争力，做细了就是凝聚力。建国汽车为做好党建工作，创设了“2345 红色动力工程”项目。“2345 红色动力工程”可以概括为两种文化、三种模式、四大举措以及五种工作方式。其中，红色寓意着满腔热血，红色动力象征着在中国共产党领导下，建国汽车是一个有思想、有信念、有责任、有激情、有抱负的企业，在中国共产党正确方针路线的指引下，坚决跟着中国共产党走。

1. 两种文化

两种文化主要指党建文化和企业文化。建国汽车将两种文化融合在一起，形成建国汽车独有的企业文化。同时建国汽车集团的党务与集团业务紧密结合，集团各园区的党支部书记积极从事集团党务工作，同时，他们也是行政班子的业务骨干。建国汽车把集团党委定位为企业员工的政治核心，在履行党章所赋予的基本职能中，坚持三结合的原理。首先，把贯彻党的方针政策与促进企业发展结合起来，要围绕生产经营抓党建。其次，把党的政治领导与代表和维护员工利益结合起来。集团党委代表企业员工的正当权益，及时了解企业职工意见和愿望，对企业的内部管理进行依法监督，对发生的问题进行有效协调，组织职工依法理智地维护自身的合法权益，同时教育职工通过努力促进企业不断发展，来实现大多数员工的根本利益和个人的全面发展。最后，把引导企业和教育企业主结合起来，在企业内部发挥有效的监督管理作用，引导企业健康发展。一方面，要在支持企业开展生产经营活动中，对所出现的问题和不健康的倾向进行教育、帮助和监督，做一个诚信的建国汽车人，做一个靠谱的建国汽车人；另一方面，要对有较高素质的经营管理者，在政治上进行帮助，为他们表达政治意愿提供正当的渠道，把其中的优秀分子及时吸收到党的队伍中来。①

2. 三种模式

（1）跨区域的党建模式

以成都集团总部党委为中心，以全川各园区党支部为依托，建立跨区域的党建组织形式，集团党委吸收园区优秀支部书记进入党委，组成非公企业独特的组织形式，实现全川基层党组织全覆盖，实现园区有支部，销售店、售后服务车间有党小组的“三有”组织形式。以为集团党委负责、为所属地方党委负责的责任制建立双重沟通机制，服务园区党员，配合各地方党委积极开展党建工作，扩大企业在全川的社会影响力。

（2）六位一体的党建模式

建国汽车集团建立了以党委为主，以工会、团委、员工关爱中心、历练培训中心、志愿者协会为辅的相互协作的“六位一体”综合服务体系，实现全川汽车产业园区“六位一体”党建综合工作管理模式全覆盖。建国汽车在各园区建立了历练培训中心，把培训送到基层，更加方便了地区员工的学习；建立微型零利润超市，让一线员工不出公司门就能购买日常生活用品，提高员工对企业的满意度；成立电影放映队，把党的方针政策、企业的发展方向以及正能量优秀影片送到全川一线建国员工身边；每年进行各类体育项目公开赛、业务技能大赛等，丰富一线员工的生活，让员工伴随企业发展脚步，充分发挥各自的智慧和才干。

通过“六位一体”综合服务体系，组织各部门跨界、无缝连接，对员工进行关爱，建立起建国汽车独有的党建模式。建国汽车集团“六位一体”的

---

① 《时刻高举党旗　坚持红色引领》，人民网 – 中国共产党新闻网，2016 年 11 月 24 日。

创新服务模式，充分依照为员工设定、为客户设定的总体思路。建国汽车将通过3~5年时间，逐步建立、完善集团公司员工关爱体系，让员工在建国集团积极成长，成为对国家有用的人。为了回报社会，集团还定期组织全川建国员工积极参与志愿者的社会活动，让员工在社会实践中懂得对社会感恩。

（3）“三表一卡”的党建模式

建国汽车集团党委建立了“三表一卡”制度，即党员业绩考核表、党员困难表、党员违纪记录表、党员生日卡。通过“三表一卡”制度，集团对党员的生活、工作、学习进行全面管理，建立、完善党组织以及党员管理系统，增加基层党组织、党员的团结同心力。

党员业绩考核表是指将党员工作业绩为主导对党员进行部门、支部、员工三级评定，从各个方面对党员进行积分考核管理。分月、分季度、分年度党员工作业绩积分积累，对积分高的同志予以奖励，提高员工工作的积极性，同时，积分还是员工提拔、晋升、评优的关键依据。建国汽车集团党委还制定了党员职工规章制度，对于违纪的党员将记录在案并在集团官网上通报，通过这些办法，集团党委有效地激发了党员的工作积极性。通过党员困难表，集团党委对困难党员进行组织关心，解决困难党员生活上的实际困难，免去困难员工后顾之忧。通过党员违纪登记表，集团党委对党员实行监督，及时发现问题，及时约谈，及时解决。通过党员组织生日卡，集团党委在党员生日时及时送上组织关怀，遇到生活困难的员工，集团党委会启动爱心基金进行帮扶，不足部分会号召全体员工捐款，让每位员工在集团这个大家庭中感受到温暖。

3. 四大举措

第一，建立以高新区总部园区党群活动中心为标准的党建软硬件的全川统一的党群活动中心。

第二，在全川各大4S店设立党员服务台，并且组织党员服务队，在园区内进行巡逻，并提供帮助。

第三，建立和完善党员考评机制，开展有效的党员工作业绩评比工作。建立建国汽车集团流动党员机制，有的放矢，有效监督党员并且做好党员组织关系转入工作。

第四，进一步推进党员志愿者汽车公社进社区、惠民生项目，使项目成为常态化项目，时机成熟向全园区进行复制。

4. 五种工作方式

一是建立健全“三会一课制度”，即支委会、支部会、支部党员大会和党课。采用不同形式的“三会一课”，提高党员以及入党积极分子、优秀员工对党的认识，并积极开展发展新党员工作。

二是进一步完善共产党员 QQ 群、集团党委微信群，建好建国网站各种交流沟通平台。进一步建设好建国汽车官方网站专项党建栏目以及反腐廉洁专项栏目。

三是进一步开展好每年的优秀党员、优秀党支部活动评选。首先由各支部大会评选优秀党员并进行公示，支部将优秀党员上报集团党委，由集团党委进行公示，上报优秀党员的同时把优秀党员的个人事迹一并上报。采取这样逐级上报并公示的办法，确保评选活动的公平公正。旨在树一个榜样，立一支标杆，充分利用榜样的力量来弘扬和深化建国精神，为集团各项战略打造核心竞争力，充分发挥党员先锋模范作用，这正是目前建国汽车集团基层党委公正的核心要义。

四是组织开展好党员、员工的技术大比武、销售精英 PK 等活动项目，并邀请其他非公企业进行参观学习，将建国汽车集团红色动力工程辐射到周边其他非公企业中，推动非公企业党建工作的共同发展。

五是开展“三必访三必谈活动”。三必访：党员、员工有困难必访，党员、员工生病住院必访，党员、员工家庭发生重大灾祸必访。三必谈：党员违纪违规必谈，党员发生异动必谈，党员有思想问题必谈。通过三访三谈的活动，集团党委对员工思想生活进行全方位的关怀和帮助，让员工在一个充满正气和正能量的大家庭中开心地工作。

（三）党员思想道德教育和责任意识培养

集团党委不仅在促进非公企业经营发展中发挥作用，而且在员工的工作中也发挥了党员的先锋模范作用。建国汽车独创的红色动力工程，党员员工对其他员工形成了强大的榜样力量，提供了精神动力支持，促进了企业的健康、快速发展。2014 年 8 月 28 日，建国汽车党委组织召开党的群众路线教育实践活动专题组织生活会。建国汽车党委还组织讲师团，根据各园区实际情况开展了以“走基层、传正气、树先锋”为主题的全川巡回宣讲活动，通过演讲的方式切实传达党的群众路线教育实践活动意义，营造良好的企业文化氛围，这是全川首家开展此类党教育活动的非公有制企业。建国汽车党委举办的党务宣传教育实践活动，将党的精神、正气传递给每位员工。员工在正能量的感染下，思想觉悟提高，体现在业务上诚信经营、热心服务、做事靠谱，进而辐射到消费者群体，使消费者能够享受到优质的服务。

为了响应党中央“两学一做”教育实践活动，推动全面从严治党向基层延伸，巩固拓展党的群众路线教育实践活动，建国汽车集团号召全川各园区分三个阶段开展。第一阶段，各园区党支部组织全体党员学习党章党规并观看党的历史影片；各支部安排每一名正式党员帮助一名员工入党的“党员一帮一活动”；各园区支部选举一名党员为集团党委纪律检查委员会委员，委员主要协助集团党委纪检委检查党员的行为规范等。第二阶段是对照阶段，全体党员通过学习党规党章、习近平总书记的系列讲话，观看党的历史影片，针对自己存在的问题进行自我剖析，不断深化对党的认识，进一步完善自我。第三阶段是实践和践行阶段，各园区开展“两学一做”学习教育演讲会和“我是党员我服务，我是党员我贡献”的活动。建国汽车集团坚定不移地遵守着“非公企业跟着中国共产党走才能发展壮大的”理念，将党中央“两学一做”教育实践活动落实到实际工作中，有针对性地解决问题，依托“三会一课”等党的组织生活制度，发挥党支部自我净化、自我提高主动性，真正把党的思想政治建设抓在日常、严在经常。通过学习教育实践活动，集团党委进一步严密组织体系、严肃党的组织生活、严格党员教育管理、严明党建工作责任制，激励基层党组织和广大党员务实干事、开拓进取。

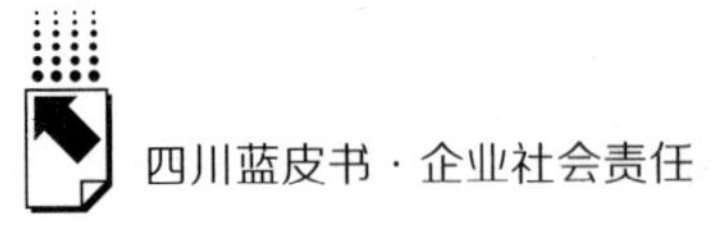

（四）党员先锋模范作用和责任习惯养成

建国汽车集团一直坚信："建国汽车能在当今和平社会中快速发展，完全离不开共产党曾经的牺牲和如今的正确领导，共产党员艰苦奋斗的精神更值得和平年代各行业、各企业学习和发扬。"为了将党的精神传递给每位员工，建国汽车集团园区、办公室、4S 店展厅都插有国旗和党旗，并定期开展红色文化的宣传活动，让员工感受到红色文化的感染和革命精神的激励，严格要求自己，凝心聚力地工作。集团内部制度还规定，所有的党员胸口都必须佩戴党徽，时刻谨记自己党员的身份。让员工佩戴党徽成为一种意识，认同自己的党员身份，严格要求自己，充分发挥党员的先锋模范作用。党员的身份既是荣耀，也是无形的压力和动力，这促使党员员工以更饱满的热情和态度服务客户，取得更加辉煌的业绩。

所谓的责任，并不是你为国家、社会做多么伟大的事。社会这么大，每个人显得如此渺小，尽力做好自己的本职工作，在家孝顺父母，关爱子女；在外友善待人，诚信工作，这就是履行责任。张世全，1980 年入党的老党员，现今 57 岁。在建国汽车集团做水电维修工作，本来已经到了退休年龄的他却被员工们亲切地称为"万能通"。张世全乐于帮助员工，除了积极主动做好本职工作外，对于园区内疏通下水道等各种力所能及的事都热情提供帮助。他工作并不是为了挣钱，而是觉得帮助别人他能感到开心和快乐。建国汽车创造性地建立了红色动力工程，从员工的日常生活和工作的点滴进行教育和引导，用红色文化潜移默化地感染每位员工，让员工在阳光、充满正能量的环境中工作。

二　建国汽车企业社会责任落实概况

（一）关爱员工，让企业和员工共同进步

建国汽车集团在对员工的关心和成长上采取的措施是同步规范思想和行

动，从根本上解决员工的生活和工作，重视思想建设与行动建设。在思想上，定期开展员工大会，在会上传播良好的思想教育。另外，在日常的工作和生活上，通过党员的带头作用，加强员工的思想转变，强调家庭责任、工作责任以及对周边社区的责任甚至社会责任的重要性，将责任意识通过每件小事渗透进每个人的思想里。建国遂宁园区有个员工叫李丽，在某个假日回家以后，对父母变得很孝顺，其父还特地打电话来公司询问怎么回事。因为其行为与在进入建国公司之前大相径庭，在进建国公司以后，其受到很大的教育，其父亲表示感谢。在行动上，一是对员工的家庭较为关注，二是对员工工作环境的关注。对员工家庭生活关注的案例很多，比如，对贫困员工进行帮扶，为了员工能够更好地照顾家庭，给予员工最大限度的工作调整。对员工家庭生活关注一方面为了使员工的生活幸福感倍增，另一方面为了员工能够拥有一颗专心工作的心。这也是企业对员工的责任以及对员工家庭责任的体现。在员工的工作环境方面，主要体现在食宿方面，在住宿方面提供较为舒适的生活环境，比如，员工宿舍有免费的洗衣机，为非住宿员工提供午休空间。在吃饭方面，炎热的夏季提供解暑汤，食堂的米和菜均是来自周边农村的绿色食品，由企业内部人员直接进村子里去收购。这一方面，带动了周边地区农村经济的发展，另一方面，保证了食物的新鲜性和安全性。每一件小小的事情均体现了建国汽车集团对员工的责任以及对员工家庭的责任。

（二）诚信做人，靠谱做事，创建完美服务

建国公司的企业理念就是诚信做人，靠谱做事。诚信靠谱的理念的落实主要体现在对客户的服务上。凡是在建国汽车消费的客户，客户中心的工作人员都会主动回访，询问客户有无疑难问题，购买时工作人员是否详细介绍了产品的功能、用途以及注意事项，并将客户的满意度作为该员工的绩效考核标准。对于客户存在的问题，客户中心会第一时间联系相关部门进行解决，并且对于解决的情况也会继续跟进，力争做到让客户满意和放心。企业服务中心作为集团处理、监管机制，会将回访的内容和服务细则进行公告，本年度回访出现最多的问题作为下一年回访的问题。客户的满意与信任是企

业员工热情工作的动力，而员工认真负责的工作也是让客户满意的必要条件，这二者是相互促进的。集团公司对员工的尊重和关爱又是企业员工热情工作的根本，建国汽车集团注重员工的道德和思想的教育，将企业作为一个大家庭，给予每个员工物质和精神上的关爱和帮助。2016 年 5 月 1 日劳动节时，在大多数人放假休息的时候，建国汽车各大园区还有很多人依然坚守岗位默默奉献。建国汽车集团党委书记前往内江、自贡、宜宾等建国汽车文化园区，看望、慰问职工。

建国公司的职工制度是具有特色的，一些很小的细节就体现了员工对企业的责任理念。建国公司的每个员工均对企业有着很大的责任感。比如建国企业各个园区的销售人员从来不收顾客的红包，从来不经手流动资金。曾经有个顾客在购买了建国公司的车以后心情非常愉快，即给予了保洁阿姨一个 50 元的红包。出人意料的是，保洁阿姨并没有私自收受红包，而是直接拿到了财务处。建国公司对此种现象采取的是以资鼓励加上记功。从一个保洁阿姨的行为，我们就可以看出建国企业“诚信做人，靠谱做事”的理念深入人心，乃至渗透至每个角度、每个工作人员的心理。“在阳光下工作”是建国公司每位员工的理念，这种深深的烙印使每位员工都会认真负责地工作。

（三）关注弱势群体，传递社区温暖

随着经济社会的发展和改革开放的不断深入、城市用工需求的增加，大量农村青壮年劳动力外流，农村和乡镇中产生了这样的群体——“孤寡老人”“留守儿童”。为认真落实集团党委关于注重人文关怀、为青少年健康成长创造良好的社会环境的要求，夯实建国汽车集团创建“2016 服务年”方针的成效，建国汽车集团南充市园区在党支部、园区总经理的大力推动下，组建了南充建国汽车服务队，它们主动联系区委志愿者协会，积极投身志愿者公益事业。2016 年 3 月 13 日，由南充市高坪志愿者协会、建国汽车南充园区党支部书记及党组成员组成志愿者服务队伍，前往位于佛门禹王庙村和东观邱家树村的“童伴之家”开展“童伴计划之关爱留守儿童的活

动”，参加此次活动的还有部分家长。

这次活动的主要目的是通过探索积极关爱留守儿童，为农村留守儿童解决亲情缺失的短板，给他们送去的关爱，呵护留守儿童健康成长，促进农村家庭稳定和社会和谐。“关爱留守儿童”是关爱青少年重点工作的具体行动，在确保孩子们安全的前提下，组织者们明确分工，有序进行，确保留守儿童都能体会到学习和成长的快乐，真正感受到党和政府的关怀、组织的关心和社会的关爱，营造全社会共同关注留守儿童健康成长的良好氛围。活动过程中不断传出孩子们的欢声笑语，孩子们的想象力和创造力得到了培养，孩子们对美好事物的关注得到了提升。孩子们用眼睛发现生活的过程，也拓展了他们的视野，充分发挥了他们独立思考的能力。建国汽车关爱留守儿童的活动传递了建国汽车“用心服务，与您携手”的人文关怀，为党建工作增色，为工会活动添彩。

在对留守老人的关注上，建国汽车的各个园区均实施了积极的政策，主要突出的是各个企业中的党员志愿者活动。党员志愿者活动一方面是对党的忠诚的效忠，另一方面是对党的政策和制度的落实。建国汽车董事长在建企之初的理念就是：只有跟着党走的民营企业，才能发展壮大。建国企业的每项活动、每个制度的建立，从根本上就是对党的追随。

用心的企业文化孕育出东创建国产业，创新的运营铸就了东创建国品牌。今天的东创建国，有全国良好的品牌影响力和丰富的客户资源，有优良的商业口岸和完善的营销服务网络，有科学的激励机制和勤奋的员工团队，有优秀的企业文化和用心的管理队伍，有多年的品牌运营和丰富的市场推广经验，我们为此信心满怀。

诚信，是企业的立身之本和兴业之道；靠谱，是一个员工的基本素质和工作能力。做一个诚信的建国汽车人，做一个靠谱的建国汽车人。面对成就与未来，其以不进则退的危机意识、积极向上的学习精神、坚持不懈的开放姿态和用心经营的发展格局，为“打造百年店、实现建国梦”不断努力！

B.17

宝山企业集团有限公司社会责任报告

——共富的奥秘

刘欢芹*

摘　要：肩负着实现“共同富裕”的使命，宝山集团以科学规划为先导，以发展壮大村级集体经济为支撑，以经济效益、社会效益和环境效益的协调发展为主线，以城乡统筹、富民利民为核心，时刻践行着社会责任的内涵。作为一家村级集体企业，面对市场的极速变化，宝山选择将发展成果及时“取之于民，用之于民”，确保每一分钱都来得安心、用得舒心。

关键词：宝山集团　企业社会责任　共同富裕

一　宝山企业集团有限公司基本情况

宝山企业集团有限公司（以下简称“宝山集团”）位于彭州市龙门山镇宝山村，是一家知名的西部乡村“明星企业”。其不同于大众常态化认知的现代市场企业，而是在特定历史背景下成立并逐步发展和壮大至今的，既在困难时期解决了部分人能够吃饱穿暖的问题，多年来也持续承担着实现共富的使命。

从20世纪70年代开始，目盲心亮的党委书记贾正方带领村两委一班人，发扬艰苦奋斗、团结同心、奋力拼搏的宝山精神，带领全体村民致力于

* 刘欢芹，四川省社会科学院硕士研究生。

发展集体经济，走共同富裕的道路。经历了30多年的艰苦奋斗，现如今，宝山集团已形成了集水电开发、矿山开采、林产品加工、旅游开发等于一体的，拥有26家企业，固定资产达98亿元的综合性集团化公司。

二　宝山企业集团有限公司发展历程

毋庸置疑，宝山集团的产生发展与宝山村的脱贫致富历程是全然分不开的。因在村领导班子的正确指引下，整个企业从无到有、从有到优，再向做大做强进发，大体经历了三个重大发展阶段。

（一）第一次创业（1970～1978年）

从1966年开始，最穷的宝山村一生产队用了三年时间，达到年人均口粮500斤，年产粮食12万斤，不仅不要国家的返销粮，而且家家户户有了余粮。

1973年8月17日，由125名青壮年组建成立的宝山村改土专业队举行了誓师大会，开始在“山高、沟深、坡陡、土薄”的乱石地里开山造梯田。他们经过艰苦的奋斗，苦干了5年，共挖填泥土190多万方，改土造田715亩。

在20世纪70年代初，全国上下都在批判“三自一包、四大自由”“宁要社会主义的草，不要资本主义的苗”的时候，宝山村开始偷偷搞起了小包工，办起了小联办企业。当时的人员分成了三批，一批改土，一批搞农业，一批搞副业。专业队和部分生产队办起了石灰窑、煤矿，搞副业的背脚挣运费、办药场、喂羊子、喂水牛、挖石英矿、烧硫黄矿等，1978年，全村人均口粮达415斤，劳动日值最高的2.5元，平均1.5元。宝山村第一次向国家上缴“红心粮”12万斤，而且集体有了1600元的积累，这也是后来宝山集团成立的初始资本金。

（二）第二次创业（1978～2007年）

1978年，宝山村因地制宜，走资源型发展路子，确立了“一矿二水三加工四林业”的发展思路，开始建设第一座矿山，修建第一座水电站，经过30多年的发展，截至2007年底，拥有30家企业，形成了以水电为龙头、以旅游为重点，集建工建材、山珍食品开发、化工冶金、建筑装饰等产业于一体的多元化、集团化的现代企业，固定资产达40亿元，下属五大分公司——电力能源开发公司、绿色资源开发公司、化工公司、建工建材公司、农业开发公司。

截至2007年底，公司共有职工1200余人，有中高级职称的158人。公司先后被评为四川省文明企业、四川省优势企业、成都市百强企业。

（三）灾后重建以后（2008年至今）

“5·12”大地震使宝山集团遭受了重创，被山体垮塌掩埋企业6家，难以恢复企业7家，受到不同程度损坏企业13家。全村总计经济损失达27.8亿元。面对灾难，宝山人不离不弃，迅速化悲痛为力量，在凭实干出成绩的精神鼓舞下，他们一面抓产业重建，恢复经济发展；一面坚持科学规划，加快家园重建步伐。在村企一体的口径下，截至2015年12月底，全村工农业总产值达60亿元；全村人均收入53925元，上缴税收6052万元。其中，产值、收入的大部分都源于企业集团的贡献，或间接由其带动。

展望未来，宝山集团将继续坚持“以工业为龙头，以旅游为重点，以管理和人才为基础，走可持续创新、品牌化发展道路”的产业发展战略，实施创新驱动发展，以水电、旅游、建材、矿业为四大主导产业，并把水电、旅游、建材作为核心产业加快发展，把新型矿业作为宝山发展的新经济增长点，最终在企业的引领下，实现将宝山村建成为“经济发展、村民职工富裕、环境优美、文化丰富、管理科学”、具有山区特色的花园式社会主义新农村的伟大宏愿。

三　宝山企业集团有限公司履行社会责任概况

依据宝山集团发展的核心理念，企业的社会责任首先是把企业自身做好，创造财富就是对企业和社会最大的责任。回首过往多年即可得知，公司发展之路堪称一部战天斗地、可歌可泣的艰辛奋斗史，也是由简单低端的资源开发向生态旅游的转型成长录。这其中，正是始终秉持“发展成果首先惠及贡献者”的根本原则，宝山集团最大限度地争取做到公平、公正且高效地分配资源，用实际行动践行和诠释着“普惠相关者”的责任理念，才不断得以发展壮大并将业务版图扩大到全省、全国甚至国外。一直以来，在宝山人办企业的固有观念中，只有真正把企业经营好以积攒足够储备势能，既产生经济效益并惠及他人，同时也注重资源与环境的高效利用和保护，达到人、地、物、资的和谐统一，才是企业履行社会责任的最高境地。

（一）员工保障

1. 员工培训激励与职业发展通道

宝山集团现有员工中基本无文盲，并且宝山集团每年进行成人科学技术培训达600人次，既是员工又是村民的初中以上文化程度的623人，拥有技术职称的有168人，其中初级职称119人，中高级职称49人。集团在电站、木业、旅游等诸多主业上，建立了较为健全且覆盖全员的培训体系，包括不定时选送一批员工前往成都或其他城市学习了解最新行业技术，择机邀请外来专家本地培训，发挥“传帮带”作用进行“手把手”式以老带新，每月定期开展技术培训课程等多种方式。同时，集团还积极鼓励员工们勤奋好学、力争上游，有能力的尽多地参加专业技术和职业资格考试，获得一定的能力认可。培训不是追捧简单的被动式学习过程，为使员工明确自身可能的职业发展通道，集团分别建立了管理和技术两条线的上升渠道，供员工们依据自身优势选择，基本形成了职务可升可降、待遇可高可低、人才能进能出的良性动态局面。

2. 薪酬与福利

在严格遵守国家薪酬福利政策的根本原则下，集团员工的薪金根据本人的学历、资历、能力、岗位和月、年绩效考评，在集团公司工作的时间以及管理目标责任完成情况等构成。其中要特别提到的总经理奖励基金，即总经理拨出专项“奖励基金”并决定发放对象与方式，可谓宝山集团的一项原创。在实施奖惩层面，集团公司对员工有下列情况的予以奖励：为公司创造显著经济效益；挽回重大经济损失；取得重大社会荣誉；管理改进的成效显著；培养和举荐优秀人才。奖励又具体分为项目绩效奖、年度特别奖和不定期的即时奖励。奖励方式为授予荣誉称号、颁发奖状和奖金。此外，作为一家村级企业，宝山集团对待员工社会保险的收缴同样较为健全。不仅为已签订劳动合同的员工购买失业保险、养老保险、医疗保险等国家规定的社会保险项目，还对长期外派和现场工地的员工全数购买工伤或意外伤害保险。在组织员工活动方面，公司为保障员工的身心健康，每两年进行一次例行体检，并适当组织体育锻炼和娱乐活动。公司员工均可参与公司工会每年定期或不定期举行的公司周年庆祝、春节联欢、体育竞赛、郊游等活动①。

3. 安全生产管理

常年来，公司在保证生产安全上投入颇大，主要用于生产设备的检维修及更新、完善和维护安全防护设备设施、排查整改安全隐患、补给配备应急物资及器材、定期开展安全技能培训等。鉴于除旅游外，集团主业为水电开发、木业加工，而传统能源开采和建材制造都需要利用大型电机及加工设备，工人难免会面临一定的人身安全隐患。正因如此，也促使宝山全体树立起“注重生产安全，再多都不为过”的高度防范意识。明显的一点是，每年在公司制定的下一年度全部发展目标中，安全管理目标均处于首位，即树立“预防为主，安全第一”的安全生产宗旨，确保重特大事故为零。

例如，集团下属全资子公司宝山木业，通过加强安全教育和日常安全监督检查，严格按照《安全标准化管理办法》的要求完善安全管理制度，于2015 年度安全隐患共计排查 30 次，查出不合格或隐患 315 条，隐患整改率

---

① 部分转引自《宝山集团公司管理制度》。

达到95%，通报处理29起违规违纪事件，通报表扬3起隐患发现及时处理、及时汇报的先进个人。压机、布袋除尘器坚持按时清理和检查，确保了压机等主要设备的安全运行，全年火灾事故为零。此外，公司还连年积极组织员工进行辐射安全与防护、危险化学品从业、检验员等执业资格培训，将内部组织与外部参与结合。其在2013年进行内部培训共8次，人员培训率达80%，外派培训共10次，培训人数达14人。公司领导、中层干部均参加了安全管理资质证书培训。

（二）村民福利

1. 村民变股民，收入有保障

自创业以来，宝山人一直坚定不移地发展集体经济，坚持共同富裕，共创共享发展成果。集体经济发展壮大之后，集团更是十分注重维护集体的利益，在具体分配过程中注重处理好干部与群众、当前利益和长远利益的关系。集体经济发展起来后，要实现共同致富，首要问题即分配问题。宝山村按照效率优先、按劳分配、不搞平均主义、福利待遇一视同仁的原则，在综合考量集体积累资金后，除工资、奖金外，还设有工龄折资入股分红、按能力大小限额入股分红、风险共担入股分红、福利股分红等多种分配方式，实现村民人人持有股份，年年享受分红①，增强了全体村民的“主人翁”意识，促进实现共同富裕。独特而高效的分配方式，既能够约束干部在分配过程的“优先权”问题，又较好地满足了全体村民渴望求富的心理。2015年，公司实现工农业总产值60亿元，全村人均收入53925元，基本达到共同富裕的目标。可以说，宝山既没有贫困户，也不存在所谓暴发户，只有共同致富一条路。

2. “乡村游”火热，带动农家乐

随着财富积累、消费升级，人们不再仅追求简单的吃饱穿暖，而越发在乎健康安全、养老健康、出行旅游等问题，其中的乡村旅游近年来更是备受

---

① 李后强、杨钢等：《中国西部奇迹——正方精神与宝山实践》，四川人民出版社，2016。

大众推崇。宝山深刻认识到旅游的市场规模不可低估，为此而在全村较早布局且投入颇大。2015 年，宝山集团对各主要道路节点和道路绿化进行了美化提升，并在村域道路两侧种植了雷竹，在村民集中居住区和主要点位规划建设了两个生态停车场，启动了 7 社乡村步行商业街的建设，落实了 12 社苏格兰风格主题院落的方案设计，对 715 亩梯田种植的红茶和梯田立面种植的蔷薇进行了调整、补充和完善，落实了蓝莓采摘园、现代智慧农业体验园的设计和建设工作。公司全力打造宝山“一三产业互动、乡村体验旅游”的新亮点，推动智慧农业和现代农业的全面融合，提升农村发展水平，树宝山形象，创宝山品牌，为其旅游的后续配套打下了坚实基础，同时也助力了 2016 年于此举办的第十六届全国村长论坛。

宝山旅游产业发展带动了乡村农家乐的整体发展。截至 2015 年底，全村已发展农家乐 288 家，床位达 10000 余张，2015 年实现经营收入 3200 万元，比上年增加 180 万元。而且通过宝山乡村旅游协会的引导，全村规范了经营管理，提升了服务水平，建立了诚信体系，促进了村民的增收致富。

3. “隐形”福利多，幸福指数高

随着集团的发展壮大，集团逐渐具备了一定的资金实力，开始积极完善村级基础设施建设，如道路、给排水、供电、天然气等。对全村环境进行全面综合整治，修建农民运动中心、村民职业培训学校、村民职工书屋书画院、“感恩、思源”文化活动广场，加大村级教育、医疗等公共服务支持力度等，进一步改善了村民居住生活环境、提升了生活质量。如村民用电只需 0.22 元/度，村集体补助 0.30 元/度；地膜、化肥、种子等均由村集体无偿提供；凡年满 60 岁的老人每月补助 60 ~ 200 元不等的“茶水费”；村民子女读书高中前学费全部由集体报销，考取大学、中专则给予奖励，愿回宝山工作的学费予以报销；凡在集体企业务工的村民年满 60 岁即可退休，并领取退休工资；独生子女每月给予 10 元补助；对五保户、残疾人、孤儿等实行集体“三包”，即吃穿包干、燃料包干、医药包干；村民合作医疗由集体统一缴纳等。另借助宝山农民职业技术培训学校平台，定期组织村民进行学习培训，开展农民实用技术培训，对农家乐业主进行管理、礼仪、手工制作、烹饪等培训活动，开展了“三社互动”的“妈妈课堂”培训班，每年培训上千人。

（三）质量诚信

严守产品质量底线，固化“产业宝山”地位，是村企发展的实际落脚点，也是百姓享受幸福生活的根本保证。现如今，宝山集团旗下共有 26 家企业，但并不代表收益长期稳定，企业可以高枕无忧。在瞬息万变的市场经济面前，宝山始终从办实业、做实事的初心出发，依靠强大的自然资源优势和稳固的工业基础，建立质量诚信以持续经营。尤其在过去一年，公司以客户需求为焦点，以制度执行为主要抓手，强化技术质量控制，完善供应链管理体系，持续开展全面的质量整顿。

具体于宝山木业，严控产品质量，提高优等品率。2015 年通过对砂光线、叉车队实行计件工资考核，宝山木业有效提升了砂光产品质量和生产效率，“宝升”牌纤维板被中国木材与木制品流通协会评为“中国人造板总评榜之中国十大纤维板品牌”，被中共彭州市委、市人民政府评为“2014 年度品牌提升先进单位”，并被列入《成都市地方名优产品推荐目录》。同时，生产部加强对生产过程的控制和生产工艺执行力度的检查与考核，以稳定产品品质。像在 2013 年原材料结构发生较大变化时，即木片的比例较前一年增加近 40%，针对外购木片中金属含量较多的问题，质量管理部加大检查和扣重的处罚力度，有效地遏制了其发展势头。另有生产中心每月组织相关部门对产品质量进行分析，制定整改措施，对市场投诉与营销中心共同讨论和解决，随即使当年的全年质量投诉赔付额同比下降近 40%。

就宝山旅游而言，服务质量的提升有赖于重视村民思想教育，不断提高村民综合素养。2015 年，村上通过增强耕地保护意识和农房建设管理，因地制宜，科学规划，发展宝山乡村旅游。通过广播宣传、专题培训等多种形式和途径，宝山旅游强化农村综合管理水平，加强村民的思想和素质教育，引导村民遵纪守法、感恩孝道、和睦乡邻，依法依规建设、诚实守信经营，积极维护宝山的形象和声誉，促进宝山农村又好又快发展。

（四）生态环保

宝山最大的法宝在于其地理优势和自然环境。宝山村早在20世纪90年代就初步完成其产业转型，在算好“经济账”的同时更是提前一步打好“生态账”的算盘，大力种植万亩人工林，才使它有了当前的蓝天、碧水、青山、绿地，而这一切既是老百姓进行高效生产、过上幸福生活的最大保障，也是今后公司旅游项目大发展的天然底气所在。另外，一直以来，企业都致力于以绿色发展理念来推动传统产业转型升级，实现人与自然和谐共生。对大多数农村而言，发展传统产业是现实选择，也应当坚持绿色发展理念，走一条符合自身实际的传统产业转型升级之路，宝山即选择了一条宜工则工、宜旅则旅、宜农则农的路子。立足于生态优势，其先后淘汰了矿产资源开发、建工建材产业，关闭了消耗资源、污染环境的企业，投资5亿元发展生态旅游和康养度假产业。

目前，以旅游业为代表的服务业成为全村的主导产业，工矿业比重不断降低，工业和农业的面源污染得到根除。此外，未来建设“生态宝山”还将更多地着眼于打造产品生态化的全方位链条，包括矿石品质的逐步提升、开发绿色有机农产品和建材装饰品的“零甲醛”计划等。鉴于宝山村的主导产业大多属于传统行业，在推动产业转型升级时，主要采取了技术和商业模式上的创新两类方法。比如，宝山木业隶属于传统行业，但其从德国等引进了具有世界先进生产工艺水平的人造板成套设备，生成的高密度纤维板质量全国一流，排放物也严格达到环保标准。宝山木业在原料林生产中采取了“企业+农民+订单”等新商业模式，也有力地保障了原料安全供应。

四　结语

企业是经济社会运行的微小细胞，承担责任为其不可推卸之职。即使从战略角度来分析，当界定一家企业的使命和存在的价值时，首先要突出产业与责任的价值理念，往往包括对客户、员工、社会、股东、合作伙伴所承担的基本责任，这部分群体即被定义为企业的利益相关者。不论其具体地位排序如何，但不可避免的是每家企业都必须面临企业社会层面的职责和担当。尤其于宝山集团来说，发家史异常艰辛，管理模式较为特殊，分配形式呈多样化，很多方面都不同于普通的市场企业，因而也决定了其使命是走向公众化、复杂化。不专注于利益一根绳，勇于挑起责任重担，方能谋得企业可持续发展的资本。

宝山的发展历史，是不断探索创新、实现共建共享、基层党组织作用持续释放的历史，也是其强烈的为民意识、学习意识、发展意识、市场意识、生态意识、开放意识的现实体现，这与宝山村有好的带头人和一个具有凝聚力、战斗力、创造力的班子是截然分不开的。作为一家资产硕大的村级企业集团，宝山集团在一众优秀领导班子的带领下，积极传承企业文化，大力推进企业社会责任建设，利用自身优势开展大量社会公益项目，在诸多领域均有亮眼表现，争当良好企业公民，发挥先锋模范作用。

B.18

建川博物馆社会责任报告

——前事不忘，后事之师

罗晓帆 *

摘　要： 环境宽松，政治明朗，协调为本，时世珍藏。建川博物馆是社会各界关爱的结果，更是改革开放以来新的历史时期的一项重大成果。几十年风雨兼程，源于史事。一路走来，精心耕耘，细琢玉璞，仁厚不薄。故有将来、平和、族魂，典藏经验、征战、风俗。正如“纸寿千年”，建川博物馆应该与民族息息相关、绵绵相依。风格内容不一而足的博物馆相聚一处；各种形式的服务行业互为补充；抽象的情感和具象的事物在层层碰撞里相融，就是“聚落”的含义。它或许与正统博物馆有差异，但这是民间博物馆的保留事理；亦是民间博物馆再生的发展方向与前景。

关键词： 四川　建川博物馆　社会责任　社会价值

一　建川博物馆基本情况

四川省成都市大邑县安仁镇是中国赫赫有名的“博物馆小镇”，而建川博物馆就坐落于此。建川博物馆是目前本土民间资本投入量最大、建设领域

* 罗晓帆，四川省社会科学院硕士研究生。

涉猎范围最广和展厅展览所占面积最大、典藏内容最为丰硕的国内民间博物馆。其占地面积多达500亩，建筑面积有10余万平方米，藏品数更是多至800余万件，众多收藏中国家一级文物有404件套。博物馆以“为了和平，收藏战争；为了未来，收藏教训；为了安宁，收藏灾难；为了传承，收藏民俗”为主旨，建设了“抗日战争”、“风情民俗”、“红色的年代”和“四川地震抗震救灾”四大系列30多座分会馆，现已建成开放了28座场馆，如抗战文物陈列中流砥柱馆、正面战场馆、飞虎奇兵馆等。

值得一提的是，樊建川接踵考据写文，前前后后发表出版了《一个人的抗战》（荣获第13届中国图书奖）、《抗俘》、《文革瓷器图鉴》（画册）、《荻岛静夫日记》、《国人到此低头致敬》、《大馆奴》等作品①。集中布展馆藏近现代文（史）物品，彰显了中华民族积极向上和不屈不挠的精神；旨在保留华夏民族的根脉，将伟大的中华文明发扬光大。

一直以来，乏善可陈的“博物馆”概念在建川博物馆的国内“首秀”上不攻自破。数量多达30余座的博物馆犹如一个个村落，整齐划一地聚集在一起，进而还囊括了多种业态的配套设施，例如，不同星级的酒店，各具特色的客栈，极具当地风土民情的茶馆、商店等各种商业元素，这些个体既独立又可连为整体，和建川博物馆一起形成一个集展示藏品、文化交流、影视剧等的拍摄和休闲旅游等多项功能于一体的新兴多元化博物馆。

正是源于有显著的成果，建川博物馆当之无愧地获得了国家文化产业示范基地、国家4A级旅游景区、全国光彩事业重点项目、全国爱国主义教育基地、全国先进社会组织、中国十大民间博物馆、四川省科普教育基地、国防教育基地、廉政文化教育基地、四川民营文化企业综合十强、四川省“十一五”期间旅游工作先进单位和建设成都杰出事件等荣誉称号②。

---

① 樊建川同志情况简介，建川博物馆的日志，土豆网－播客个人多媒体。

② 北京数字博物馆简介。

二　建川博物馆发展历程

2003 年 5 月 5 日，成都市将建川博物馆聚落项目列为成都市人民政府重点项目。

2004 年 4 月 8 日，建川博物馆聚落正式开始进行场地平整。

2004 年 6 月初，建川博物馆聚落地勘工程和总平面市政基础设计完成。

2006 年 1 月 17 日，建川博物馆聚落被成都市委、市政府评为成都市全民国防教育先进单位。

2009 年 1 月 19 日，建川博物馆聚落国防兵器馆开馆；同年，国家旅游局批准建川博物馆聚落为国家 4A 级旅游景区。

2011 年，建川博物馆被评为“2010 四川民营文化企业综合十强”和“2010 四川民营文博类十强”①。

三　建川博物馆聚落的社会责任履行概况

对大众来说，博物馆实质上就是将馆内收藏的文物向世人陈列展出。然而，建川博物馆聚落早已跳出“收藏 + 陈列”的窠臼，走出博物馆的藩篱，果断采取主动出击的策略，把关注的焦点从如何保护馆内的文化景观延伸至馆外，逐步使之成为文化景观保护的中心地带，努力把公共卫生服务、社会科学教育、文化继承发扬等不间断地向前推进，自愿肩负更多、更重的企业社会责任。

（一）重视与利益相关方的关系

建川博物馆注意和利益相关方的沟通与合作机制。樊建川亲自搜寻查找有关川军的各种资料，深刻体会到，在我国抗日战争时期，前前后后总共有

---

① 建川博物馆聚落，百度百科。

300万川人奔赴抗战前线，但是关于这300万人命运的记载在文字方面却是令人惊异的空白。此时樊建川内心剧烈的颤动感犹如排山倒海般不断向他袭来，强大的压力就像一座大山突兀地耸立在他身后，不知何时会有石头落下，也不知这座看似巍峨无比的山峦几时会崩塌……他意识到，能够消除这种足以让自己窒息的压迫感的唯一方法，就是为这300万川人修筑一座不朽的精神“丰碑”。他们应该在抗日战争历史长河里拥有属于自己的位置，抗日战争史册上必须得有他们的事迹！十多年来，樊建川一直在搜集关于川军抗战史的点点滴滴，在华夏大地这片广袤的土地上，他不厌其烦地东奔西走，苦苦寻觅，孜孜求索，不忘初心。

而今，樊建川的“收藏网”就像一块海绵，在不断汲取充足的水分后慢慢膨胀，体积足以覆盖至全国的东南西北。毫不夸张地说，每天都有不计其数慕名而来的人们，将自己祖上代代相传的抗战时期的“传家宝”无偿赠送给他。但是因为抗日战争时期藏品的数量已是世所罕见，加之国外收藏家们对此亦是极其关注，下手迅猛。所以只要一有时间，樊建川便会赶到市场上去辨识各种宝贝，以不让它们继续流失。

（二）突出特色，展现创新进展之路

建川博物馆聚落将自然园林与遗址遗迹合二为一，把顶尖设计和独具匠心浑然天成。区别于一般的博物馆的主题，建川博物馆聚落将视野投放在中国历史上的几个特定的时期，集中展现了当时的历史发展过程和重大事件。“馆主”樊建川说：“对博物馆而言，最有发言权的不是科技，是文物本身。”① 不管是天生丽质抑或后天塑造，建川博物馆，就是一处别具一格的文化景致。

对于我们而言，博物馆的外在形象是华丽壮观还是简约质朴，仅仅是身为一种特定类型文化意蕴的展现。但作为一个以独具教育内涵为主体的公共文化设施建筑，建川博物馆究竟能为我们百姓的日常生活带来哪些影响？为

① 樊建川：《文物见证抗战历史》，《人民政协报》2015年7月13日。

了更好地解答这个问题，樊建川也在寻求民营企业参与社会主义文化发展大繁荣的新思路和新途径。他表示，建川博物馆藏品的分布不以编年为顺序，而是像一位德高望重的先生如数家珍般将历史故事娓娓道与众人；亦不会像被传统色彩充斥的其他博物馆那样庄严肃穆。在这里，更多被人关注的是普通生命生存状态的自然呈现。

自抗日战争以来，数十载的风雨岁月都在建川博物馆的每个角落、每寸占地上留下了独一无二的痕迹。每一位参观了建川博物馆的旅客都能从中直观地了解数十年来的中国社会的历史进程和时代发展。建川博物馆别致特有的经营理念和文物罗列，主题明确、意义深切、影响深远，在数量众多的博物馆中首屈一指，不仅开创了先例，起到了带头效用，产生了示范性作用，而且业已成为全国文化产业的一面旗帜。

从2010年开始，建川博物馆打破了先收取门票，再承办展览的思维定式，为公众带来前所未有的博物馆新体验。2016年4月9日，由建川博物馆主办的"2016第六届红色收藏交流会"① 在大邑县安仁镇举行。来自北京、上海、天津、山西、安徽、广东及成都本地的200余名红色收藏家首聚成都建川博物馆，互相交流藏品与心得，甚至部分国家博物馆特意来交易现场采购。

樊建川表示，一年一度建川博物馆举办的红色收藏交流会，就是为全国红色收藏爱好者提供一个收集交流的平台，大家既可以呈现自己的藏品，也可以选取自己喜欢的藏品②。

（三）弘扬社会主义核心价值观，履行对民众的责任

在樊建川看来，自己追寻的是一种社会担当和社会责任。始终坚持正确的政治方向，传播先进的社会文化，大力弘扬社会主义核心价值观都是民营企业不容推卸的责任。在经营和管理建川博物馆的过程中，樊建川自始至终

---

① 《两百余名红色收藏家参加建川博物馆第六届红色收藏交流会》，www. yidianzixun. com。

② 《两百余名红色收藏家齐聚建川博物馆》，搜狐，2016年4月10日。

都在尽最大努力发掘文化内在，将可观赏性与发扬抗战、抗震救灾精神，弘扬民俗文化和提升公民的素质教育结合，使众多参观者在参观过程中得到身心一体的陶冶和教育，让受众心灵得以洗涤，让一代代中华儿女以史为鉴、开创未来。

“抗战馆也好，地震馆也好，最大的作用是敲警钟。”[①] 樊建川始终认为，一个人不能没有责任心，一个民族不能失去血性，中华民族在历史长河里饱经磨难。正如樊建川所说，“我想让建川博物馆成为增强国民忧患意识和奋发图强精神的‘钙片’”。[②]

（四）积极服务地方经济社会发展

建川博物馆地处成都市大邑县安仁镇[③]，同以树人街、裕民街、红星街三条民国老街为核心的民国风情街区和以大邑刘氏庄园博物馆为核心的庄园体验区形成了安仁古镇的三大主要旅游板块。因此，整个建筑群落与安仁古镇和当地民风民俗高度融合，营造出一个个具象真实的场景，再现了当时的人物心理、战争的残酷、和平的美好以及社会生态发展的进程。

安仁镇古街、公馆、庄园、农业园区的开发与建设离不开建川博物馆的建成和开放，安仁镇当之无愧成为特色鲜明的文化旅游热点，成为我国国内目前唯一拥有“中国博物馆小镇”[④] 称号的古镇。建川博物馆的落座，直接推进了安仁镇作为“优先发展重点镇”的经济发展，立即解决了数以千人的就业问题，推动了第三产业发展，有力地促成了城乡一体化进程和新农村建设[⑤]。

自诩“馆奴”的樊建川，心似明镜：私人创建博物馆，首先要有信仰、有热情、有理想；再有就是征集的文物既要有数量，又要有质量；然后是能

① 材料来源：互联网，《建川博物馆》。

② 材料来源：互联网，《建川博物馆》。

③ 安仁镇是国家级重点镇、中国历史文化名镇、成都市十大魅力城镇和成都市十四个优先发展重点镇之一。

④ 中国博物馆小镇，即安仁的别称，是经中国博物馆协会授予的，国内唯一的以博物馆为特色的旅游小镇，地处成都市大邑县安仁镇。

⑤ 材料来源：互联网，《樊建川：实现“个人梦”的同时践行“中国梦”》，和讯网。

筹集建馆的大笔资金；还要学会博物馆特殊的运行管理；最后则是要忍受长期的亏损，承受维持生存的沉重压力①。然而怎样赋予博物馆经济上自己造血的能力，也许全世界的博物馆都在寻觅答案。这个问题，从筹建“建川博物馆聚落”之初，樊建川就一直在思考。

“为了安仁建川博物馆，我卖掉了我成都的办公楼，卖掉了加油站，卖掉了铺面，几乎把十几年房地产赚的钱都投进去了。”樊建川说。在博物馆多样化、丰富化的前提下，不断循序渐进地融入商业，如古玩店、纪念品店、国民大食堂、国民接待站、阿庆嫂茶馆、龙门镇客栈等，若门票收入不行，就卖水、饭、旅游品、书、光碟，办夏令营，拓展训练，办会议，慢慢把产业链条拉起来，目前已初见成效②。

（五）贯彻公益慈善捐赠举措

纵然这个抗战纪念博物馆是樊建川倾其所有建起来的，但他从未把博物馆视为其私有财产，始终认为自己只是这笔宝贵财富的暂时看护者。“我只是替国家保存记忆，这些东西是我私人搜集来的，但它们更属于这个国家。”樊建川说③。

“我选择了这条路，很多人误解，认为我很苦，觉得风险大、压力大，其实他们错了！我特别快乐和幸福！别人看到那么多文物，头大，我看到这些东西就很幸福。人一辈子有很多种活法，但人要对社会有贡献。我做博物馆，我搞捐赠，我觉得这是我应该做的。我就只想真正给国家民族办一件事。三百年后，有人还会说，三百年以前有个叫樊建川的干这个事儿，干得不错，如果说利益的话，我觉得这是最大的利益。”④

2007 年 12 月 6 日是樊建川的遗赠公证日，从这天起，樊建川的遗赠在

① 《民营博物馆_ 樊建川_ 新浪博客》。

② 《“建川博物馆聚落”和805 米长巨画《浩气长流》深深震撼了我！ - 军事畅谈 - 超级大本营军事论坛 - 最具影响力军事论坛 - 》。

③ 材料来源：互联网，《建川博物馆》。

④ 材料来源：互联网，《樊建川——一个人的抗战_ 花生米懒熊_ 2008_ 新浪博客》。

法律上就生效了。樊建川以公证书的方式立下的这份遗嘱，包括博物馆在内的所有财产在他身后不留给家人而是全部捐给成都市政府，让自己的收藏真正成为整个国家和全民族的共有资产①。

（六）以身作则，关爱善待员工

建川博物馆成立初期，就以“忠、礼、勤、信”为企业文化，以此建构正确的共同价值观。从 2000 年公司党支部成立至今，十分重视个人道德修养的樊建川一直担任支部书记。作为一名有着 35 年党龄的民营企业家，在平时具体工作中，特别注重党建工作和企业文化建设的相互交融。公司先后获得了全国民营企业文化建设先进单位、四川省社会组织示范党组织等荣誉称号。樊建川始终以一种强烈的责任感和使命感，拼尽全力倾注于文博事业，对国家、社会、人民履行着实实在在的责任与义务。

2007 年 12 月 4 日，樊建川在安仁口述了一个遗赠，由成都市蜀都公证处两个公证人员记录并公证。其遗赠内容“其他说明事项”第三条为：“希望受遗赠人在受赠后的建川博物馆经营管理中，善待其他股东及本公司原有员工，特别是公司创业期间的员工。”

（七）建川出品，认真制造

建川博物馆聚落能生存发展的原因有很多，其中一个必不可少的因素就是结合旅游产业、文化地产开发，产业链长。

樊建川认为，从长远来看，给别人建博物馆，是一个“维持生计”的不二选择。

四　未来发展的计划和展望

“我的目标是在有生之年建一百座博物馆，现在已经完成了三十多座，

---

① 材料来源：互联网，《樊建川－四川省商会经济新闻中心》。

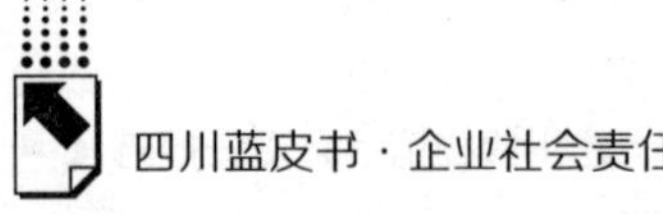

我的梦想是要把建川博物馆建成国内一流、世界知名博物馆，像都江堰、武侯祠一样传承千年，见证历史。”樊建川觉得，珍藏民族的影像不仅仅是国家的事，他要在兑现“个人梦”的同时为实现我们共同的“中国梦”献出了自己的一份力量。

参考文献

《2003～2004 大事记·建川博物馆聚落》。

《建川博物馆聚落成 4A 景区》，新浪网。

《建川博物馆聚落大事件·建川博物馆聚落》。

建川博物馆概况

《四川：博物馆变身综合文化空间承担更多社会责任》，中国文明网，2016 年 5 月 18 日。

《两百余名红色收藏家参加建川博物馆第六届红色收藏交流会》，中华网，2016 年 4 月 9 日。

《马也：“樊建川一个川人的私人史记”》，《新周刊》·网易，2004 年 2 月 10 日。

樊建川：《大馆奴》，生活·读书·新知三联书店，2013。

《樊建川：实现“个人梦”的同时践行“中国梦”》，《中华工商时报》2013 年 12 月 6 日。

中国博物馆小镇，百度百科。

建川博物馆聚落网站－中文版·博物馆提供商

B.19 东亚银行企业社会责任报告

——“诚信立行，以客为先，追求卓越，创新共赢”

张古月*

摘　要：东亚银行（中国）有限公司始终坚持在向客户提供最优质的金融服务的同时，与客户、股东、商业伙伴、员工、社区与时俱进、协同发展。同时积极履行其社会责任，长期开展教育、扶贫赈灾、文化等多方面的慈善公益活动，在慈善公益、扶贫赈灾、绿色环保、员工关爱等方面均有建树。东亚银行将“诚信立行、以客为先、追求卓越、创新共赢”作为企业使命，志愿于扎根中国，发挥集团综合化、国际化优势，是最佳本土化的外资银行。

关键词：东亚银行　企业社会责任　公益

一　企业简介

东亚银行有限公司于1918年在中国香港成立，一直致力于为中国香港、中国内地，以及世界其他主要市场的客户，提供全面的商业银行、个人银行、财富管理和投资服务。在中国内地，东亚银行早于1920年就在上海开设分行为客户服务。2007年初，东亚银行在内地注册成立全资附属银行——东亚银

* 张古月，四川省社会科学院研究生院研究生。

行（中国）有限公司（简称“东亚银行”）。[①] 多年来，东亚银行始终致力于为社会做出更多维、更持久的贡献，积极承担对社会应尽的责任和义务，关注股东、客户、员工、商业伙伴、社区等相关方的利益，为构建社会主义和谐社会贡献力量。

2016 年，东亚银行继续稳步推进各项企业社会责任项目，取得了令人满意的成绩：高度关注消费者权益保护，积极开展金融知识普及活动；不断优化员工的薪酬福利制度，关注关心员工的心理健康；上海宋庆龄基金会 - 东亚银行公益基金各个项目稳步拓展，“萤火虫计划”更快地走进了更多偏远地区的学校；继续资助优秀贫困大学生和优秀民间公益组织的公益项目。

同时，东亚银行也收获了来自社会各界的肯定，东亚银行三度蝉联中国银行业协会“年度最佳社会责任实践案例奖”，荣获上海市公共关系协会颁发“优秀企业社会责任奖”、“2016 第一财经 · 中国企业社会责任榜”之“优秀实践奖”等奖项。

二　东亚银行履行社会责任的概况

（一）客户责任

1. 服务覆盖全国

（1）全国网络与渠道建设

东亚银行成立八年来，不断拓展中国内地的物理网点，目前网点数超过 120 个，分布在全国 22 个省（区、市）。

在个人电子银行业务上，东亚银行始终保持外资银行领先地位，在网上银行、手机银行和微信银行多渠道全面丰富投资理财产品。东亚银行不断通过推出特色化、安全度高的移动金融产品，为客户提供更加安全便利的服

---

① http://www.hkbea.com.cn/dyxx/dyjj/dyxgzx/index.shtml.

务，真正实现 Easy Bank 的理念，并荣膺由中国电子金融产业联盟和中国互联网协会联合颁发的“2015 年度中国互联网金融创新奖”。

（2）爱心窗口服务

东亚银行已建立“爱心窗口”服务，同时制作服务标识、温馨提示，为客户提供细致入微的服务，并始终践行“以人为本”的管理思想，充分关心并努力保障弱势群体的合法权益，积极履行社会责任。

（3）客户服务热线

东亚银行客户服务中心积极开展了一系列提升客户服务质量的培训，除了日常的案件分享及个别辅导外，客服中心从东亚香港母行请来专业的培训师，除了针对目前服务的状况开展专门的客户服务技巧的课程外，还开展相关的管理课程，提升客服中心管理人员的整体管理水平。

此外，客户服务中心进行了资源配置优化，针对座席的生产力及应付繁忙时段的查询，客服中心持续优化业务处理流程，对零售银行和信用卡两大业务开展的综合技能的服务提供支持，从而有效减少放弃呼叫，以保证热线的服务水平并保持较高的社会满意度。

2. 提升客户服务品质

（1）优质的服务品质标准

东亚银行采取多项服务管理举措，不断完善全行服务品质管理架构，加强服务质量管理培训，如“优质服务认证讲师”等有针对性的培训。2014 年举办的“闪亮金星 SHOW 出风采——优质客户服务大赛”活动，2015 年度开展的“卓越服务明星”评选活动，都旨在激励员工为客户提供更优质的银行服务。

（2）客户投诉处理机制的改进

东亚银行根据中国银行业监督管理委员会下发的《中国银监会关于印发银行业消费者权益保护工作指引的通知》要求，不断完善其“处理客户意见或投诉指引”。完善投诉处理结果的跟踪管理，定期汇总分析客户建议、集中投诉问题等信息，反馈相关部门，供相关部门对产品和服务的薄弱环节、风险隐患进行查找和改进。

3. 消费者保护及公众教育工作

东亚银行一直以来高度重视消费者权益保护工作，积极致力于提升公众金融安全意识、拓宽银行消费者教育服务工作宣传的广度、推进社会公众与金融的良性互动。

东亚银行全力配合支持中国人民银行组织的“金融知识宣传月”、中国银行业监督管理委员会组织的“金融知识进万家”、消费者协会组织的“3·15 国际消费者权益日”以及中国银行业协会组织的“普及金融知识万里行”活动，2015 年，总行、分行等各级部门共组织了 339 次面向消费者的消费者保护宣传活动，增进了消费者对消费者保护相关规则的了解。相关宣传活动得到了广大消费者的关注和参与，本行将进一步推动举办此类公益宣传活动，向更多消费者普及金融知识，为银行业带来正面效应。

东亚银行持续根据《中国银监会关于印发银行业消费者权益保护工作指引的通知》及其他相关要求，对产品和服务的信息披露规定、消费者投诉受理流程及处理程序、消费者金融知识宣传教育框架安排、消费者权益保护工作报告体系及银行业消费者权益保护工作重大突发事件应急预案等，进行进一步的机制梳理以及流程优化。该行致力于贯彻落实保障消费者合法权益，维护公平、公正的市场环境。

东亚银行于每年 9～11 月举办“东亚银行杯金融教育校园行”活动，一方面，促进中学生对金融知识具有更多的了解，使金融教育向年轻化发展；另一方面，也可以培养青少年的权利意识，努力维护自身的合法权益。该活动得到了中国银行业监督管理委员会及上海银监局的支持与好评。

4. 客户隐私保护及人身财产安全保护

为保护客户隐私及人身财产安全，东亚银行采取了以下措施。

（1）在柜台设置一米线，队列之间设置分界围栏；本行设有独立理财室和洽谈室，可为客户提供私密的洽谈空间，保护客户隐私。

（2）网银体验区加贴电脑保护膜，避免客户操作时旁人偷窥；多台自助设备间设有挡板；ATM 机显示屏采用防窥式屏幕及密码键盘保护装置。

（3）营业网点粘贴玻璃门防撞条，摆放小心地滑、防止挤伤、安全防盗、注意台阶等标识牌；营业网点门外张贴残疾人协助告示。

（4）网点大堂、现金区、ATM机区域装有摄像头，ATM机区域装有警方提示广播及宣传公告栏；设置24小时值班监控室，无盲区监控视频录像；安全通道保持时刻畅通。

（5）在分行、支行的LED上播放“严厉打击虚假信息、网络信息诈骗、银行卡犯罪活动”等标语；柜员如发现有异常行为的转账客户，进行“防诈骗”的善意提醒，履行提醒义务，加大现场劝阻力度；对于提取大额现金的客户进行安全提示及由保卫人员护送至银行门口。

（6）成立应急小组，准备突发事件应急预案；定期进行日常演习，组织会议、培训，提高公共安全意识。

（二）员工责任

1. 薪酬福利制度

近年来，东亚银行采取了一系列积极的薪资调整政策，包括年度调薪、特别调薪和晋升，在人才保留方面起到了很好的效果，员工主动离职率在市场同业中保持较低水平。同时，还针对不同职能部门设计了不同的激励方案，以优化本行的薪酬竞争力。

该行亦不断提升各项福利品质，为员工创造更好的福利感受，提升员工满意度，同时，还为员工提供基本医疗保险、补充商业医疗保险以及出差津贴、误餐津贴等福利，充分保障员工的应有权益。在充分借鉴市场同业经验的基础上，进一步深化风险保障型的保险方案，全面提升意外、人寿及重大疾病等重大风险项目的保障，向员工提供更好的保障和服务。

2. 员工民主管理

东亚银行自成立以来就成立了工会，参与与员工相关的制度建设等，并在组织员工活动和关爱员工方面起到积极的作用。除工会外，东亚银行也积极建立多样化的员工沟通机制。

（1）通过绩效面谈制度，东亚银行提供双向沟通的平台，既可以由上级对员工进行指导及反馈评价，也鼓励员工在面谈中提出培训、职业发展的意见。

（2）鼓励员工与管理层多做开放的双向沟通，从而使员工的不满在未演变成严重问题前能以磋商形式解决；当磋商形式无法解决时，提供公开的申诉渠道，秉承公正、不偏不倚的处理原则，规范各级处理流程，并通过专题海报、内网头条等措施向员工大力宣传申诉渠道、可申诉事宜，以期解决员工不满问题，缔造和谐工作环境。

（3）通过员工精明建议奖励计划及各类不同的主题设定，鼓励员工从各方面提供建议，积极参与本行经营管理。

（4）通过各类团队建设活动，如拓展活动、徒步活动、家庭开放日等，增加工作之外的员工沟通机会。

3. 员工心理健康关爱

东亚银行与亚太地区从事员工援助计划（EAP）服务的知名供应商持续合作，在全行范围内继续推行EAP，通过电话咨询、面谈咨询、心理健康讲座、在线学习平台、危机干预等多种形式的工作生活心理辅导，以帮助员工及直系亲属正确、健康地应对各种工作压力、职业生涯困惑、心理或情绪健康、人际关系等问题。希望通过这种积极的方式，可以将员工及其家庭的心理和情绪引导至健康的方向，从而预防及降低一些负面的心理影响和不当行为，达到“健康生活及快乐工作”的目标。

4. 员工多元化管理

多元化管理的理念主要体现在人力资源管理中，对不同民族、性别、国别、宗教信仰、文化背景的员工或应聘者，给予平等、非歧视的就业及发展机会。此外，还聘用不同技能、专业知识和教育背景的人士，并规定在招聘、调任、升职、解雇、薪酬、福利、培训与发展方面，部门或分行主管皆须依照平等就业机会的原则进行职位的判断。

5. 员工职业通道建设

东亚银行一直将员工职业通道建设视为银行发展的重要基础之一，通过公平竞争的员工晋升发展机制及多层次的人才培养工程为员工提供了多种职业通道。通过制定晋升基本标准、晋升评估小组的面试等方式，为员工营造了健康、公平的晋升机制。

2012 年底，东亚银行推出了“839 人才培养工程”，从现有员工中选拔优秀人才，按照“雏鹰计划”“飞鹰计划”“金鹰计划”三个后备人才梯队进行培养，由知名学者、教授，以及本行高管，齐力为学员传道授业。到 2015 年底，“839 人才培养工程”已经成功完成两届人才培养，多位毕业学员陆续走上新的岗位。目前，“839 人才培养工程”已为银行输送了 1 位总监、7 位行长、11 位分行副行长或行政助理及多位支行行长。

6. 员工工作生活平衡

东亚银行历来鼓励员工合理安排工作与生活时间，要求员工在工作时间内产生最大工作效益，减少加班。给予员工高于国家规定、行业平均水平的带薪年假，使员工得以享受足够休息。员工也享有每年一天的带薪生日假以陪伴家人。

该行亦十分关注员工身心健康，除为员工购买补充商业医疗保险、提供 EAP 心理援助服务外，还举办了多场员工健康知识讲座，且专门针对女性员工组织了健康和育儿方面的讲座，受到员工的普遍欢迎。

与工会一起为员工组织了各类活动，如观影、登高、短途旅游等，各分行更是组织了形式多样的活动如年会、生日宴、户外拓展活动、趣味运动会等。员工在活动中增进彼此了解、感受企业文化、提升工作满意度。

（三）东亚银行公益基金

为更加系统性地规划和开展企业社会责任工作，2009 年，东亚银行联手上海宋庆龄基金会成立“上海宋庆龄基金会 - 东亚银行公益基金”（下简称“东亚银行公益基金”），旨在关爱和帮助贫困地区青少年的教育成长。东亚银行公益基金希望通过发动社会各界力量，募集资金与教育资源，为贫困地区青少年创造更好的学习条件，帮助他们开拓美好的未来。①

1. 萤火虫计划

“萤火虫计划”致力于从硬件和软件等各方面帮助硬件匮乏、师资薄弱

① http：//charity. hkbea. com. cn.

的贫困乡村学校改善教学条件，该计划主要包括捐建“萤火虫乐园”和捐赠“萤火虫60包裹”，组织乡村教师培训，组织志愿者支教等。

（1）捐建“萤火虫乐园”和捐赠“萤火虫60包裹”

东亚银行公益基金在2015年新建了12所“萤火虫乐园”。截至2016年11月，东亚银行公益基金已在全国25个省（区、市）共捐建了63所“萤火虫乐园”。仅仅在2015年，东亚银行公益基金就向乡村学校学生捐赠了“萤火虫60包裹”，其中包括的文具、工具书等学习用品超过7000件。2016年9月14日，第55所“萤火虫乐园”落户四川省成都市金堂县竹篙镇小学。

（2）组织乡村教师培训

乡村教师培训是东亚银行公益基金“萤火虫计划”项目的重要内容，从2010年起每年暑假进行，旨在提升贫困落后地区乡村教师的教学、管理水平，并积极探索出一条高效实用的乡村教师培训之路①。培训课程涉及班级管理、班主任专业化和班级文化建设、如何构建高效的课堂、多媒体教学技术运用等多项内容。参加培训的教师全部来自“萤火虫乐园”等有合作项目的乡村学校，体现了东亚银行公益基金从“软件”上对乡村学校进行资助的持续性。

（3）志愿者支教

2016年10月17日，来自总行及北京、天津、成都、深圳等地7家分行的14位志愿者，相聚在宁夏固原观堡小学开启了为期三天的支教活动。本次支教共计45个课时，内容除了美术、折纸等艺术方面的互动体验外，还涵盖了电信安全意识、金融等专业科目的入门知识，给孩子们带去了别样的学习感受。

2. 东亚银行大学生助学计划

“东亚银行大学生助学计划”于2010年开展，用于资助优秀贫困大学生完成学业，支持他们接受良好的高等教育。目前，该计划持续为来自清华

---

① http：//charity. hkbea. com. cn/axggb/jjzqx/2016/c/631683. shtml.

大学、复旦大学、中山大学等高校的贫困学生提供助学金。

3. 民间公益组织资助计划

“民间公益组织资助计划”于2013年正式启动，其宗旨是在全社会范围内寻找优秀的民间公益组织项目，为其提供资金支持，助推其落地实施以惠及更多人群。

（四）义工活动

东亚银行鼓励员工作为义工积极参与各类公益活动。为提高员工参与公益活动的积极性，本行特设“志愿者服务假”，每年给予参加公益活动的员工最多两个工作日的额外带薪假。

1. 新春送暖活动

每年春节期间，东亚银行总部以及成都、苏州、厦门、武汉、北京、西安、石家庄、深圳和乌鲁木齐等地分行都积极开展春节相关的主题公益活动。在2016年的“猴年猴开心”新春关爱公益活动中，来自总行及13家分行的150余位义工积极参与，共为4000多位需要关怀的老人与孩子带去了新春的慰问。

2. 六一儿童节关爱活动

2016年5~6月，总行及成都、上海、合肥、昆明、武汉、深圳、石家庄、珠海、厦门、北京、天津和大连等地分行都举办了六一儿童节关爱活动，包括“一字一句、书享童年”“童心相伴、书香为伴”“亲近自然、快乐成长”等活动。

2016年6月5日，由东亚银行成都分行举办、成都市锦江区蓉和社会工作服务中心承办的六一儿童节活动在锦江区石牛堰排洪桥广场举行，本次活动旨在让孩子们在游戏中增强人际交往能力、培养对阅读的兴趣并提高语言表达能力，主要设有阅读绘画体验区和公益集市。

3. 重阳节敬老活动

每年重阳节期间，总行及成都、上海等地分行的义工队纷纷走进敬老院、社区街道等地方，与老人们进行包括金融知识普及、包饺子、节目表演等在内的丰富互动活动，陪伴老人们度过一段温馨的时光。

（五）教育责任

搭建实践平台，成就学子职业未来。东亚银行为在校大学生提供了一系列实习机会，包括理论培训、实务操作等，让学生们加深对银行业的了解、在实习中积累工作经验，为其选择未来的职业方向奠定实践基础。

每年暑期，成都、深圳、上海、广州等地的网点陆续接受来自上海交通大学、香港中文大学等高校的20余位大学生的暑期实习申请，该项目使在校大学生有机会亲身感受银行运作管理体系和业务流程，对东亚银行加深了解。

（六）环境保护

1. 植树公益活动

2016年3~4月，东亚银行总部及成都、上海、广州、重庆、天津、长沙、青岛、厦门、济南、北京等地分行，开展了不同主题的植树公益活动，来自义工队的数百名义工一同为保护环境做出努力。

2016年4月9日，由四川省银行业协会外资银行工作委员会主办、东亚银行成都分行承办的在川外资银行2016年“一草一木，环保益起来”植树公益活动正式举行，来自不同单位的百余位金融工作者齐聚成都市金堂县苏家湾“植绿”。

2. 地球一小时

每年由世界自然基金会发起的“地球一小时”活动，东亚银行都积极参与，在全行范围内熄灭银行门灯，并呼吁届时全体员工及社会大众在家中熄灯1小时。

3. 绿色信贷

东亚银行一贯注重环保金融理念，坚持绿色信贷原则，积极响应和支持国家的环保政策。

东亚银行根据中国银行业监督管理委员会发布的关于绿色信贷指引等文件精神，制定了《绿色信贷业务管理办法》，对信贷业务实行“分类管理，有保有压，区别授信”的授信原则，以绿色环保为前提，合理配置信贷资源和经济资本，实行动态评估和动态授信管理，对不同类型客户的信贷业务进行环保分类标识，并作为其评级、信贷准入、管理和退出的重要依据。严格限制环境破坏型客户的资金需求，对该类客户的增量项目一律不提供信贷支持；积极支持环境友好型客户的金融需求，并根据市场情况不定期推出优惠措施。

4. 绿色办公

在银行网点装修中均采用环保型、可回收利用型材料，同时，制定环保的安装、施工方案，构筑以人为本的绿色办公环境。在银行网点设计中，运用开放式空间布局，自然采光、自然通风，且通过节能照明及分时段控制等方案，实现节能环保。本着节能的宗旨，逐步将绿色办公宗旨从总行推广至全国各分行。

三　社会认可

对东亚银行来说，企业社会责任并不是一个抽象的概念或空喊的口号，它切实存在于每次服务和每项公益活动中，它是东亚银行的价值之源，是其审慎经营、回馈社会的原动力。正是本着这种“诚信立行、以客为先、追求卓越、创新共赢”的企业使命，东亚银行收获了来自社会各界的肯定（见表1）。

表1　2011～2016年东亚银行企业社会责任成果

奖项	颁奖机构
第二届“上海慈善奖”	上海市民政局
2011年度最佳社会责任实践案例奖	中国银行业协会
企业社会责任（CSR）优秀案例奖	《公益时报》
2012年度最佳社会责任实践案例奖（连续两年蝉联）	中国银行业协会
2012年度公益慈善优秀项目奖	中国银行业协会
“温暖金融2013第一财经·陆家嘴年度金融公益榜”之“年度影响力奖”	上海第一财经传媒有限公司、上海陆家嘴金融贸易区管理委员会
“第十二届浦东新区慈善公益联合捐”之“慈善公益爱心奖”	上海市浦东新区慈善公益联合捐组委会

续表

奖项	颁奖机构
2013 年度最佳社会责任实践案例奖(连续三年蝉联)	中国银行业协会
上海市第七届优秀公共关系案例评选"优秀企业社会责任奖"	上海市公共关系协会
"2014 第一财经·中国企业社会责任榜"之"行业实践奖"	《第一财经日报》
"第十二届浦东新区慈善公益联合捐"之"慈善公益爱心奖"	上海市浦东新区慈善公益联合捐组委会
2014 年度中国银行业最具社会责任金融机构奖	中国银行业协会
上海银行业年度最佳公关案例奖	上海市银行同业公会
"2015 第一财经·中国企业社会责任榜"之"优秀实践奖"	《第一财经日报》
优秀企业社会责任奖	上海宋庆龄基金会
2015 年度中国银行业最佳社会责任实践案例奖	中国银行业协会
"2016 第一财经·中国企业社会责任榜"之"优秀实践奖"	《第一财经日报》

四　愿景

随着企业规模的不断扩大，面对伴随而至的责任与机遇，东亚银行和客户、股东、商业伙伴、员工、社区与时俱进，协同发展，并为实现伟大复兴的中国梦贡献力量——传承上述核心价值，将其融入企业的业务运营中，这正是管理层和员工共同努力的目标，也是促进审慎经营业务的原动力，更是驱动其向社会做贡献的源泉。

未来，东亚银行将以诚信原则和审慎态度为客户提供更优质的金融服务，在促进自身业务不断发展的同时，努力为利益相关者创造更多的价值。东亚银行将持续实践企业社会责任，并将携手更多志同道合的企业、机构和个人，在公益的道路上走得更远，惠及更多需要帮助的人。

B.20

媒体融合，公益新闻

——四川主流媒体履行社会责任案例

李曼玲　贾 瑞*

摘　要： 2015 年以来四川地区传媒业发展喜人，传统主流媒体在优化优势报道业务的同时，积极探索媒体融合，为其自身的发展注入了活力。四川省主流纸媒、视听媒体和网络媒体积极承担媒体社会责任，牢固责任意识，在公益新闻的报道方面，体现出强烈的社会责任感。

关键词： 四川省主流媒体　媒体责任　公益报道

随着当今社会的发展和科技的进步，我国新闻事业取得了长足的发展，媒体形态日益多样，信息体量呈指数级激增，新闻生产队伍不断扩充。媒体用潜移默化的方式"培养"着大众的思维方式与价值观念，并以其强大的影响力在社会中扮演着更加重要的角色。面对新闻业的蓬勃发展，一方面，我们为之感到欣喜，因新闻已经深入当今政治、经济、文化生活的各个环节，于现实中产生着积极影响；另一方面，迫于发行量、收视率、广告营收的压力，新闻业发展过程中各种乱象层出不穷，不容忽视，诸如虚假报道、不良广告、炒作等罔顾社会责任的现象在媒体间也时有发生，更有甚者称"媒体已经沦为赚钱的工具，完全背离了社会责任"。因此，审视和反思

* 李曼玲、贾瑞，四川省社会科学院新闻学研究所研究生。

"媒体履行社会责任的状况"对媒体和社会的健康发展都具有重要意义。

四川地区传媒业发展成绩喜人。截至2015年初，四川全省有互联网站14万多家，视听网站2000多家。其中仅成都市高新区就聚集了800余家、15万名与网络视听产业相关的企业和专业人才，网络视听新媒体业务产值已达1000亿元。[①] 以四川日报报业集团、成都传媒集团和四川广播电视台为首的媒体在站稳主流战线的基础上，大胆进行融合媒体的拓展和实验，打造了如四川新闻网、成都全搜索、成都商报APP、四川电视台第6频道、手机电视台等多元化的信息传播产品，开创了信息融合、产业融合、价值融合以及盈利融合的矩阵式发展体系。

四川地区媒体的快速发展与公民生活紧密相关，媒体社会责任的履行状况直接影响到社会系统的运行，但目前，学界和业界在讨论媒体社会责任时却缺少一个统一的概念，其基本内涵也不够明晰。其中，有从学者"权利义务"角度出发，例如，王天定认为"媒介的社会责任，也不外乎就是媒介在谋求自身经济利益之外所负有的维护和增进社会利益的义务",[②] 郑保卫认为媒体的社会责任是指新闻工作者所应当承担的社会责任和义务。有学者从"社会效果"的角度出发[③]，如滕丽（2010）认为媒体社会责任是媒体对其行为所产生的社会效果负责的过程[④]，温莉华（2013）认为媒体的社会责任是媒体所赋予的首要历史使命[⑤]。因此，综上来看，本文将媒体社会责任定义为新闻界、新闻机构和新闻从业者在从事社会信息服务时所应尽的义务。

就性质而言，媒体社会责任是一种道德要求而非法律规定，其不具有强制性却又广泛深入社会生活中，因此其概念内涵较为混乱。其责任的主体应该是媒介组织，而非媒体从业者，媒介在新闻传播中不可回避道德责任。但

① 《我省互联网站已突破14万家》，四川经济网，2015年11月5日。

② 王定天：《谁的责任、向谁负责、负什么责任——浅议媒体社会责任的概念及特点》，《科学·经济·社会》2007年第2期。

③ 郑保卫：《新闻工作者要担负起自己的职业责任——从"纸箱馅包子"假新闻事件谈起》，《今传媒》2007年第11期。

④ 《传媒界人士谈媒体社会责任》，光明网，2015年5月18日。

⑤ 《论地方电视媒体社会责任的缺失与重构》，新华网，2007年7月16日。

在社会化媒体和自媒体勃兴的今天，媒介形态呈现去中心化的特征，信息流向由线性转为网状，每一个公民都拥有便捷的传播渠道，那么公民在传播过程中是否需要责任呢？本文认为，媒体不仅是社会信息的阀门，而且是信息的过滤器，对于虚假信息应当主动厘清、证明和回应，这一过程中，电视、报纸等官媒的权威性依旧难以撼动，因此，主流媒体对于承担社会责任具有不可推卸的责任。

《四川日报》“2015 年度社会责任报告”指出，媒体社会责任也包括舆论监督、凝聚正能量、组织策划主题活动、服务社会经济发展、履行人文关怀责任等维度。其中，履行人文关怀责任是指坚持“以人为本”做新闻，在日常报道中尊重社会弱势群体，反映他们的意见呼声，新闻报道更加注重深入群众的精神世界，关心群众的情感，启迪人的思想。包括灾难事故的报道、尊重弱势群体的报道、弘扬真善美的报道、慈善报道在内的新闻报道是媒体社会责任的集中体现。

鉴于此，本文将从公益慈善的报道角度对四川省三大主流媒体形态即报纸、电视台和网站的社会责任履行情况加以分析，以期为省内媒体提供更多借鉴和思考。

一　省内主流纸媒公益新闻报道情况分析

（一）国内纸媒公益新闻报道情况

公益新闻，是指包括慈善新闻在内的，关于救济弱势群体、动员社会大众参与公益事业等与公共利益密切相关的新闻报道。媒体参与公益报道，是媒体承担社会责任的一种表现。公益报道及公益活动，自 2008 年汶川地震之后从边缘重回主流，越来越多的公益组织被人们所熟知。作为重塑公益事业的主干，媒体在报道公益的同时，还主持募捐、开展关注弱势群体活动，引起了更多人的关注。

基于中国知识资源总库——中国重要报纸全文数据库的数据资源，以

"公益""慈善"等为关键词进行检索，可以发现，国内主流媒体对公益新闻的报道体量呈现增长的态势，但自2011年之后有所回落。

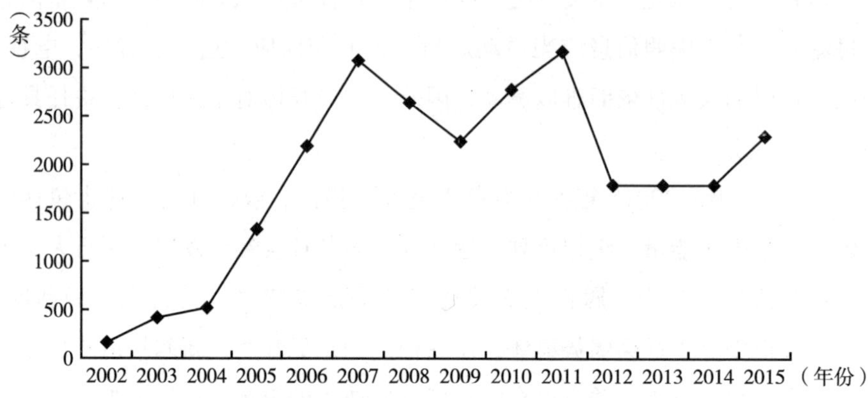

图1　2002～2015年公益新闻报道量变化

公益新闻报道内容以公益资讯和公益活动、项目为主，媒体结合自身的专业优势，组织和参与慈善活动，策划新闻选题，切实促进了某些社会难题的解决。

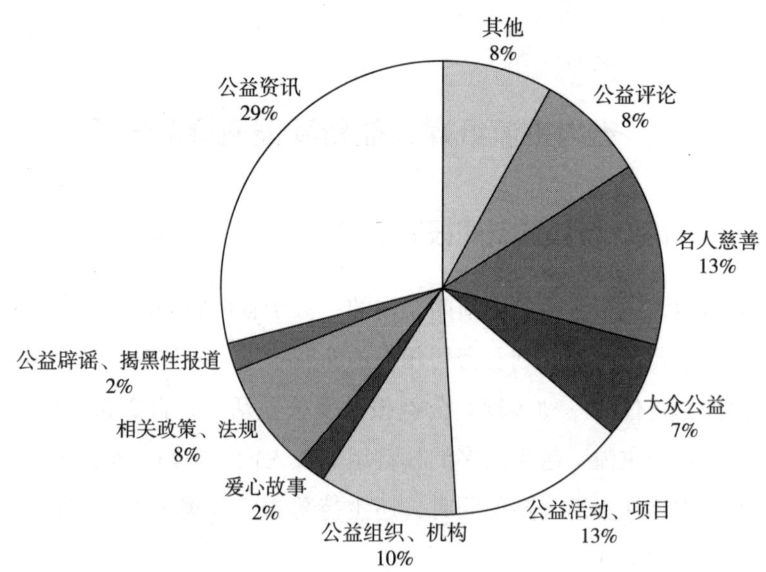

图2　公益新闻报道的内容

（二）四川省纸媒公益新闻报道情况

四川省内主流纸媒基本分属于四川日报报业集团和成都传媒集团，四川日报报业集团下属的媒体主要有《四川日报》《天府早报》《华西都市报》三大纸媒，成都传媒集团下属的纸媒主要包括《成都日报》《成都商报》《成都晚报》。本文将上述媒体作为四川省纸媒公益新闻报道的研究对象，将研究时限设定为2015 年 7 月 1 日至 2016 年 6 月 30 日。通过对上述时段四川省内相关新闻报道的数据检索，基本情况如下。

1. 报道体量

省内主流媒体在设定时间区间内共报道公益新闻 30 条，其中，《四川日报》和《成都日报》报道数量最多，分别为 12 条和 13 条。整体来看，上年省内主流纸媒新闻公益报道体量在全国范围内居于高位，国内其他报社的报道体量为深圳特区报社（30 条）、青岛日报社（17 条）、南方日报社（15 条）、中国妇女报社（10 条），因此，比较观之，四川省内的主流纸媒在公益新闻的报道体量上表现较为优异。

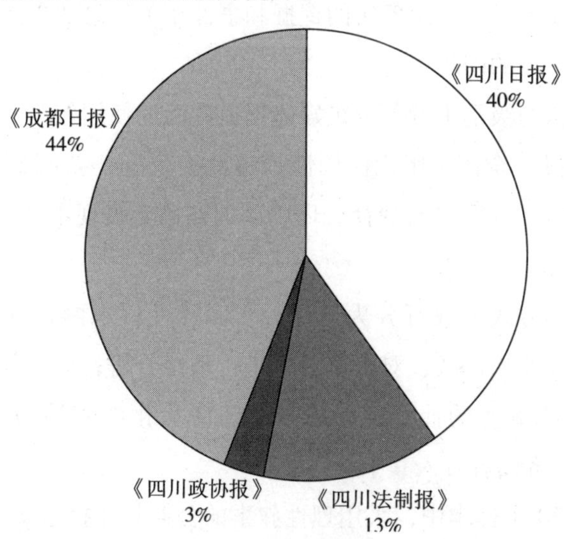

图 3　四川省内主流媒体公益新闻报道情况

2. 选题内容

从样本分析结果看，省内主流纸媒对公益新闻报道覆盖面广，新闻类目较为丰富，涉及公益行政工作（8 条）、慈善立法工作（6 条）、精准扶贫（4 条）、青少年志愿服务（4 条）、民生类（3 条）、创业类（3 条）和养老类（2 条）等。其中对于公益活动的立法工作和行政工作报道占有较大比重，这一方面反映了政府对于扶贫工作的支持力度；另一方面，也反映出当前公益活动中民间力量弱小、社会资本不足、民众参与度不高的现状。

3. 报道调性

报道调性指的是报道感情色彩的问题，主要是根据新闻报道的口吻是正面的或是负面的来判断。本研究将报道调性划分为如下三种：①积极报道，指对公益事件、公益活动导向较为积极乐观的报道文本；②消极报道，指对公益活动中存在的问题和现状持批评论调的较悲观的报道文本；③中性报道，即无明显感情色彩的报道，或无法判断的报道调性。

通过对样本的分析看出，省内主流纸媒对公益新闻的报道大多采用积极（19 条）和中性（8 条）的报道调性，消极调性的报道全部采用了新闻评论的报道体裁，缺乏对于新闻事实的挖掘和事件相关信息的采集，存在新闻力度弱、说服力不足的问题。

从媒体所属的级别来看，省级媒体报道调性的使用较为平均，而市级媒体即《成都日报》全部采用积极调性报道此类议题，新闻的宣传性明显大于实用性，媒体在发挥“监视社会环境”的作用上表现不佳。

4. 叙述方式

新闻的叙述方式大致可分为理性诉求和感性诉求两种，前者是以理服人，对事实高度概括反映，对报道对象进行理性分析；后者是以情动人，重视对新闻中形象事实的捕捉，以故事化、情节化的叙述方式将新闻事实“描绘”出来，将读者带入其中。

本文所选 30 个样本中，采用理性叙事的公益新闻报道多达 22 个，感性叙事方式的仅有 8 个。而公益新闻本身属于贴近度较高的内容，题材多集中在民生类报道，采用老百姓的叙事视角，把人物描述得更加鲜活，从情感入手引发社会关注，能起到更好的传播效果。

5. 案例分析：以“学雷锋”公益报道为例

每年3月5日前后对“学雷锋纪念日”的报道早已成为各级媒体的“规定动作”，也是公司报道的重要体现。在2016年“学雷锋活动月”期间，四川省主流纸媒的报道情况如下。

《四川日报》延续理论与实践相结合的报道风格。一方面，在新闻报道中大力弘扬雷锋精神，在2016年1月就发表文章《以干事创业践行新时代雷锋精神》，率先开展报道；3月6日发表文章《传承不褪色不过时的雷锋精神》，对雷锋精神做出进一步的阐释。另一方面，《四川日报》积极发挥媒体的社会影响力，发起“2016年度身边雷锋，时代榜样”评选活动，将理论落到实处，增强百姓对雷锋精神的认知与传承。

《华西都市报》延续亲民的风格定位，报道内容深入浅出，笔法通俗易懂，用讲故事的方式回溯雷锋精神。3月5日《告诉你一个真实的雷锋》，通过对雷锋战友的寻访，展现雷锋的生活细节和雷锋精神的体现。同时，《华西都市报》加强与读者的互动，读者可以通过华西都市报客户端、“掌上四川”客户端、微信公众号、微博四大渠道，对身边的雷锋行为进行点赞，形成了良好的线上线下互动。

《成都日报》分别在3月2日理论周刊、3月5日03要闻版、3月6日04要闻版以“雷锋精神”进行了报道。其中3月2日的理论周刊回溯了“学雷锋”的时代背景，释义“雷锋精神”，聚焦“雷锋精神”的现实意义，邀请了武汉大学和厦门大学的专家学者专题论述了“为什么我们需要‘雷锋精神’”，展示了“向雷锋同志学习”的成都榜样。3月5日在“2016年两会特别报道”专版报道了代表委员对“学雷锋”和“雷锋精神”的热议，呈现了成都市各区学雷锋代表、志愿者在“学雷锋纪念日”的行动。

《成都晚报》“雷锋精神”的相关报道是最接地气的，从2月开始，《成都晚报》就独家策划推出了“成都学雷锋善行如潮”的活动，持续近一个月，超万人参与，辐射了百万成都市民。3月3~7日，蓄势已久的《成都晚报》在“学雷锋纪念日”前后，共推出了26个版面的报道。3月7日为报道体量峰值，雷锋精神专版达到 16 个（3 月 5 日、6 日时值周末，休刊），并总结了“我是雷锋”大型志愿服务活动的成绩，配发了本报评论员文章。

《成都商报》在雷锋纪念日前后对“雷锋精神”的报道篇幅和体量相对较小，只有四则相关报道。但该报 3 月 4 ~7 日对“爱心众筹帮助‘献血大王’”的三则独家追踪报道，颇具亮点。选择在“学雷锋纪念日”前后推出本则报道，可见《成都商报》匠心独运，借各大媒体宣扬“雷锋精神”的舆论“东风”，精准地捕捉和发散新闻点，瞄准时机，借力打力，最大限度地宣扬了本则新闻所包含的“热血成都，互助互爱”的立意。

综观 2016 年四川省主流媒体的学雷锋、弘扬志愿者精神系列报道，有以下几个方面的特色：①高屋建瓴，充分阐发雷锋精神的时代意义；②倡导行动，将雷锋精神明确为志愿服务活动；③创新表达，真切展示成都人乐于助人的风尚；④点面结合，突出报道成都市民爱心众筹，帮助“献血大王”的善行；⑤系列报道，营造亮点；媒体联动，共谱交响。

鉴于以上分析，本文认为四川省内主流纸媒对于公益新闻的报道喜忧参半。可喜的是，此类议题报道体量大，新闻类目丰富，覆盖面广，应继续强化和保持；可忧的是，新闻的报道视角不当，民生报道未能“接地气、解难题、暖人心”，注重宣传而忽视了公益新闻中与群众的交流和互动。

二　省内主流视听媒体“四川广播电视台”公益新闻报道情况分析

四川电视台是川内最有影响力的电视台，拥有 13 个电视频道，其中 SCTV－1（四川卫视）、SCTV－2（四川电视台文化旅游频道）、SCTV－3（四川电视台经济频道）、SCTV－9（四川电视台公共频道）4 套节目覆盖了成都、四川、全国和亚洲的大部分地区，并根据各自的观众构成，在节目编排上各具特色，相互补充，满足了覆盖区内不同收视条件的用户和不同观众的收视需求[①]。

电视媒体具有即时性、全方位的特点，其利用多媒体技术能够立体地呈现信息，带给观众愉悦的视听体验以及强烈的代入感。公益新闻报道则可以充分利用电视传播的特点，以强烈的画面感冲击观众眼球，实现预期的传播效果。例如，央视《新闻调查》栏目揭露各种视频的黑作坊时，就利用直观呈像的方式，瞬间唤起公民的抵制情绪与防范意识。

同时，电视信号难以保留，存在时间较短，为提高新闻的到达率，加深观众印象，引导社会舆论，新闻需要重复播出，或者制作新闻专题。从目前来看，新闻专题和系列报道已成为电视媒体常用的报道题材，多条新闻集中起来形成“新闻大炮”，将取得比单条新闻更强的气势和更佳的传播效果。因此，本文将重点分析四川电视台三个与“公益”相关的新闻专题，以管窥该台的社会责任履行情况。

（一）公益中国

《公益中国》是四川卫视于 2011 年倾力打造的中国第一档关注捐赠人心路历程的节目。该栏目选取真实公益事例，走进捐赠人，对话捐赠人，讲述善举背后的真情——它包含了爱与各种情感，每期节目将围绕一个主题，邀请一个公益组织的若干代表来到演播室现场，讲述他们的理想和现实生活，通过现场放映外景拍摄的影片等方式展现他们的工作内容和工作对象，形象化地表现该公益项目的理念和成绩。

《公益中国》是四川电视台在公益新闻专题节目中一次较为成功的尝试，首先，节目选题较为多元，包括关爱留守儿童、空巢老人、山区儿童、弱势群体、特殊职业者等，体现了节目奉献“大爱”的主题。其次，每期节目中嘉宾的参与也起到良好的带动和示范作用，嘉宾多是演艺界的名人，对粉丝具有号召力，继而传递和放大了公益的力量。最后，节目为周播，制作时间充裕，包装到位，发挥了节目的预设作用。

---

① 四川广播电视台，百度百科。

但《公益中国》节目的停播其实也与以上三点相关。首先，主题宽泛即意味着杂而不精，每期节目焦点不一；其次，公益节目中的明星嘉宾本是作为一种驰援公益的力量，却发展成明星的秀场，将公益娱乐化虽能博得收视率，却不利于长期健康的发展；最后，节目过于重视制作却轻视了公益机制的建立，诚然，以此次节目的播出为每一个节目主人公赢得了社会关爱，但整个节目的社会效果却处于"看天吃饭"的状态，未能形成有序、合理的公益机制，在公益资金获取、经营上面杂乱无章，也消解了公众对于该节目的信心，最终导致节目被关停。

（二）公益在行动

四川电视台于2015年春节期间制作的专题节目《我的春节我的家》，该专题是人物电视散文系列节目，在四川网络广播电视台、四川IPTV、熊猫视频手机客户端同步热播。《公益在行动》是该专题下的子版块，主打亲情，反映社会各个阶层与春节有关的故事。

《公益在行动》专题切题准确，立足"微公益"，新闻取材于中国老百姓的故事，贴近性较高，能够广泛引发受众共鸣，产生感同身受的带入效果。同时春节期间每个家庭都洋溢着节日和团聚的温情，节目的定位顺应了重要的新闻时点，迎合了观众情绪，自然能够赢得观众认可。

当然，《公益在行动》随着春节的结束也告一段落，但本身定位的精准、策划的阶段性和制作的精良也值得借鉴。例如，四川电视台可以将公益行动放大，策划媒体活动，帮助节目主人公过节回家等，也可以像央视的《数据说春运》等节目在每年的春节时点播出，以获得受众的持续关注。

（三）熊猫新闻"正能量"专题

熊猫新闻APP是四川广播电视台进行融媒体探索的产品，电视台利用网络传播平台，与观众展开线上线下交流的互动，台与网之间相互取长补短，共同传播特定信息，形成传播合力。对于广播电视产业来说，顺应通信传播技术的发展，实现媒体融合主要是将电视与网络、手机结合。四川电视台在此机制下，打造了四川电视购物平台、星空移动电视平台、IPTV 播放平台和四川手机电视平台。

“熊猫新闻”手机 APP 是四川手机电视平台的旗舰产品，是四川广播电视台重点布局新媒体市场，为网络受众提供更便捷、更全面的城市生活资讯服务而诞生的新闻资讯类客户端。其以“重民生”“重服务”为风格，每日及时、全面更新川内各大城市当日最热、最有看点的新闻，并为网络受众及时提供城市周边旅游、美食、健康等服务类资讯。

熊猫新闻的“正能量”专题选题范围广，囊括了川内和川外各种与公益主题相关的新闻内容。新闻形态多样，包括视频、图片、文字等，是一款多媒体呈现信息的手机应用。专题的界面设计也较为友好，方便手机用户使用。即时化、全天候的信息更新频率，提高了信息的致效性。

“正能量”专题的不足体现在内容与经营两方面。就内容而言，选题过于杂乱，某些选题的舆论导向值得商榷，如《两名上班族深夜摆面摊：为夜归人提供一种温暖》《地铁暖男清理污物　网友：遇到这样的男孩嫁了吧》等新闻纯属用标题哗众取宠。就经营而言，目前“正能量”专题以及熊猫新闻 APP 还处于“烧钱”阶段，未能探索出一个成熟的盈利模式。

表 1　四川广播电视台“公益新闻”专题对比

节目名称	贴近性	时效性	互动性	连续性	播出频度
《公益中国》	高	低	低	低	每周一次
《公益在行动》	高	高	低	低	每天播出
《正能量》	高	高	高	高	每天更新

通过对四川广播电视台“公益新闻”三个专题的对比可以发现，电视台在公益新闻的制作方面充分利用了电视媒体的传播特点，发挥了电视媒体的传播作用，在选题上追求新闻的贴近性，并逐渐加强了新闻的更新频度和与观众的有效互动，唤起了普通公众的公益意识，展现了电视台“全民公益”的立场与定位，这些方面值得肯定。另外也要看到，电视台的公益新

闻专题还存在新闻宽泛、嘉宾作秀以及产品经营不利等问题，此类问题亟待改进，以促进电视台更好地传播公益报道和公益理念的作用，更好地承担社会责任。

三　省内主流网络媒体“四川新闻网”公益新闻报道情况分析

四川新闻网于1999年1月正式开通，是全国各省（区、市）中最早成立的新闻网站，也是全国首批六大重点地方新闻网站之一。作为国内最早建立的省级新闻综合类网站，四川新闻网拥有全国最早的正规网络记者队伍，同时也是全国上网媒体最多的新闻网站之一。网站全年注册会员30多万人，即时在线人数10万人以上，网民来自全球185个国家和地区。四川电信统计四川新闻网的新闻资讯类访问流量居全省第一位。

四川新闻网也面临着新兴却激烈的互联网竞争环境，在其发展进程中不断与中央重点新闻网站、商业网站以及其他省级重点新闻网站竞合与博弈。但在四川地区，四川新闻网拥有明显的媒体公信力优势、新闻资源优势、传播优势和品牌优势，依托四川省委宣传部的官方优势，四川新闻网占据了四川地区的第一门户的地位。

（一）主流网站对比

四川地区主流网络媒体除四川新闻网外，还有四川在线、成都全搜索等，其在四川地区也拥有较大的影响力。四川在线是经国务院新闻办公室和中共四川省委宣传部批准，由四川日报报业集团和中国电信四川公用信息产业有限责任公司共同发起创办的综合性专业新闻网站。

成都全搜索隶属成都传媒集团，2006年经《成都商报》组建而成，由《成都商报》电子版发展而来，成都全搜索页面，网站的新闻栏目囊括了本地生活所有领域、各种形态的、各式各样的新闻报道，以满足不同读者的新闻需求。

表 2　四川主流网站对比

对比项目	四川新闻网	四川在线	成都全搜索
主办方	四川省委宣传部	四川日报报业集团、四川电信	《成都商报》投资组建
定位	四川省综合性门户网站	四川综合类门户网站	综合性信息发布和查询平台
传统媒体优势	《四川日报》	《成都日报》《华西都市报》《天府早报》	《成都商报》
地位	重点新闻网站	非重点	非重点
是否设立公益报道专题	是	否	否

通过对比四川新闻网、四川在线以及成都全搜索不难发现，四川主流媒体大都依托官方媒体背景，具有专业的新闻资源，拥有商业网站无法比拟的权威性，在信息搜集、呈现和版面设计上追求大而全，追求以全面的信息体量来换取用户的注意力。与四川在线、成都全搜索相比，四川新闻网的优势有两点，一是四川省委宣传部的官方背景，在信息获取上更为畅通，报道的社会公信力更强，具有风向标的作用；二是设立了公益报道的专题，体现了网站和政府对公益问题的重视，这也是本文以四川新闻网公益新闻报道为主要研究对象之一的原因。

（二）四川新闻网“i 公益”专题

公益网站是四川新闻网传媒集团于 2014 年打造的中国西部唯一媒体公益平台，倡导“公民爱益中国”的公益精神，是四川省政府购买社会服务的官方信息发布平台，面向全社会征集公益项目和推广公益项目，是了解比选公益项目的交互平台以及购买项目信息发布的权威平台。i 公益网站上线当天便策划启动了两大公益项目，即“免费午餐”和四川青年公益（社会）组织网络家园，迅速凝聚了社会关注和人气。

公益网站主要包括以下板块：热点关注，主要是与公益相关的热点新闻；益讯，公益新闻资讯；益论，新闻评论；聚益堂，各类社会公益组织的

网上集散地；公益人物，从事公益、慈善事业的正面人物典型；少年i，热心公益的青少年以及与青少年相关的资讯；企业公民，企业的公益资讯；公益i拍，多组以“公益”为主题的新闻图片。

公益作为四川新闻网的一个专题板块，却在推进省内公益事业发展中贡献突出，主要表现为以下几点。①主动策划新闻事件。2015年i公益推出“免费午餐”计划，由社会爱心人士捐助，为流浪汉、孤老和残疾人士免费提供午餐，这一举动引发了国内媒体的广泛关注，以及公众的效仿。②广泛关注公益议题。i公益涉及内容广泛，充分体现了网络信息海量、资源无限的特点，既可以关注国家时政类新闻，如“全民健身计划”“习总书记在红十字会的讲话”，也可以贴近民生，聚焦贫困地区大学生、青少年及儿童的生活状态，因而能够广泛聚拢用户和网民。③对接多个公益平台。i公益在网站上设置了微博端口，并持续发起“公益随手拍”的微博话题，同时聚义堂板块集纳了如“青年家园”“社会组织”“环保家园”“减灾防灾家园”等子板块，呈几何状地延伸了网站的拓扑网络。

公益的迅速发展得益于四川新闻网和中共四川省委宣传部这两大重要平台的依托和支持，也得益于其准确定位和平台化的经营策略，但目前，i公益尚存在诸多问题未能解决：一是新闻多转载自其他网站或媒体，自采能力严重不足；二是用户交互设计不够友好，用户不能对新闻发表评论，不能发帖子、上传图片，也不能发表公益话题，如此设置已经完全背离了网站“全民公益”的初衷；三是网站技术不够稳定，浏览网页时经常出现问题，用户体验还需要增强。

四　对省内主流媒体改进公益新闻报道的建议

通过以上对四川省主流纸媒、视听媒体和网络媒体的分析，本文认为，在公益新闻报道方面，省级主流媒体建树颇丰，但还需要弥补上文出现的问题，以提供更加全面、完善的信息报道，具体建议如下。

（一）纸媒：顶层设计，加强联动

省内主流媒体在公益新闻报道方面缺乏系统规划，目前的新闻报道处于对新闻事件的被动反应状态，面临缺乏宏观指导、前进方向不明的困境。作为官方主流纸媒，在探索前进路径的过程中，一定要牢牢把握当前的政治导向。

2015 年 10 月 16 日，习近平在 2015 减贫与发展高层论坛上强调，中国扶贫攻坚工作实施精准扶贫方略，增加扶贫投入，出台优惠政策措施，坚持中国制度优势，注重六个精准，广泛动员全社会力量参与扶贫①。而 2016 年，可以说是精准扶贫的元年，而精准扶贫也是公益新闻的重要组成部分。

面对这一宏大的实证议题。省内主流媒体应当：①对于一般新闻，进行划片区、划范围的报道，确保新闻报道全面、不遗漏、不冗杂；②策划新闻专题，对扶贫类、公益类新闻事件进行定期报道，增强连续性报道的能力；③建立协同联动机制，对于重点新闻进行多角度、跨平台报道，促进媒体间的互动，打造传播矩阵；④直接参与公益活动，提高扶贫方面的直接支出，牵头策划公益活动，带动社会公众参与。

（二）视听媒体：完善机制，优化专题

电视媒体信息传播形态丰富，接收人群较为固定，信息传播致效性高。在公益报道方面，电视台多采用新闻专题体裁，但目前电视台公益新闻专题节目的制作还有待改进。

首先，电视台新闻专题应该核准定位，强化内容与选题的贴合度，选择某一公益的维度进行专门化的专题制作；其次，建立全面、高效、可行的行动机制，引导社会公民通过有效途径参与公益事业，简化公民参与公益的烦琐路径，如与红十字会等专业慈善机构合作；再次，准确把握公益内涵，切忌将电视节目变成明星秀场或者“消费”他人悲剧的平台；最后，树立长

① 《习近平扶贫新论断：扶贫先扶志、扶贫必扶智和精准扶贫》，人民网，2016 年 1 月 3 日。

线做公益的意识，将公益传播作为日常传播的一部分加以贯彻，使公益意识在潜移默化中深入人心。

（三）网络媒体：改变意识，丰富内容

四川省内主流网络媒体虽是企业经营，但由于体制机制的限制和主办单位的大量补贴，目前仍未能树立企业化经营的意识。四川新闻网应该以转企改制试点为契机，按照中宣部关于网站试点转企改制的要求，尽快开展网站体制改革，建立适应市场经济的竞争机制，增强企业的活力和竞争力。

在界面方面，四川新闻网应该致力于打造一支强大的 IT 精英团队，改进网站界面设计，提供更好的用户体验。在内容方面，网络媒体应当增强新闻的自采能力，减少或者摆脱对于传统纸媒内容的过度依赖。一方面，努力发掘新闻线索，采写大量的四川本土新闻；另一方面，增强重大新闻报道的策划能力，善于把握时事热点，打造独家新闻、原创新闻，报道更有价值的公益新闻。

网络媒体与传统媒体相比最大的优势就是能够与受众即时互动，这也是四川新闻网较为薄弱的环节。鉴于此，建议网站开放用户评论功能，或者开设用户交流专区，允许和鼓励用户发帖，扩大新闻来源，提高信息质量，带动用户公益实践，将公益新闻报道的效果落到实处。

公益是社会系统运行的重要部分，公益新闻是一种重要的新闻题材，公益报道是媒体社会责任的重要体现。在四川地区媒体新闻业再次蓄力发展的今天，传统主流媒体应当主动承担传播公益的社会责任，以高度的积极性、踏实的工作作风和严谨的工作态度提供信息服务，为四川公益事业发展做出应有的贡献。

✧ 皮书起源 ✧

“皮书”起源于十七、十八世纪的英国，主要指官方或社会组织正式发表的重要文件或报告,多以“白皮书”命名。在中国,“皮书”这一概念被社会广泛接受，并被成功运作、发展成为一种全新的出版形态，则源于中国社会科学院社会科学文献出版社。

✧ 皮书定义 ✧

皮书是对中国与世界发展状况和热点问题进行年度监测，以专业的角度、专家的视野和实证研究方法,针对某一领域或区域现状与发展态势展开分析和预测，具备原创性、实证性、专业性、连续性、前沿性、时效性等特点的公开出版物，由一系列权威研究报告组成。

✧ 皮书作者 ✧

皮书系列的作者以中国社会科学院、著名高校、地方社会科学院的研究人员为主，多为国内一流研究机构的权威专家学者，他们的看法和观点代表了学界对中国与世界的现实和未来最高水平的解读与分析。

✧ 皮书荣誉 ✧

皮书系列已成为社会科学文献出版社的著名图书品牌和中国社会科学院的知名学术品牌。2016 年，皮书系列正式列入“十三五”国家重点出版规划项目；2012~2016 年，重点皮书列入中国社会科学院承担的国家哲学社会科学创新工程项目;2017 年,55 种院外皮书使用“中国社会科学院创新工程学术出版项目”标识。

权威报告·热点资讯·特色资源

皮书数据库

ANNUAL REPORT(YEARBOOK) DATABASE

当代中国与世界发展高端智库平台

所获荣誉

- 2016年，入选“国家‘十三五’电子出版物出版规划骨干工程”
- 2015年，荣获“搜索中国正能量 点赞2015”“创新中国科技创新奖”
- 2013年，荣获“中国出版政府奖·网络出版物奖”提名奖
- 连续多年荣获中国数字出版博览会“数字出版·优秀品牌”奖

成为会员

通过网址www.pishu.com.cn或使用手机扫描二维码进入皮书数据库网站，进行手机号码验证或邮箱验证即可成为皮书数据库会员（建议通过手机号码快速验证注册）。

会员福利

● 使用手机号码首次注册会员可直接获得100元体验金，不需充值即可购买和查看数据库内容（仅限使用手机号码快速注册）。

● 已注册用户购书后可免费获赠100元皮书数据库充值卡。刮开充值卡涂层获取充值密码，登录并进入“会员中心”—“在线充值”—“充值卡充值”，充值成功后即可购买和查看数据库内容。

社会科学文献出版社 SOCIAL SCIENCES ACADEMIC PRESS (CHINA) 皮书系列

卡号：383338482638

密码：

数据库服务热线：400-008-6695

数据库服务QQ：2475522410

数据库服务邮箱：database@ssap.cn

图书销售热线：010-59367070/7028

图书服务QQ：1265056568

图书服务邮箱：duzhe@ssap.cn

子库介绍
Sub-Database Introduction

中国经济发展数据库

涵盖宏观经济、农业经济、工业经济、产业经济、财政金融、交通旅游、商业贸易、劳动经济、企业经济、房地产经济、城市经济、区域经济等领域，为用户实时了解经济运行态势、 把握经济发展规律、 洞察经济形势、 做出经济决策提供参考和依据。

中国社会发展数据库

全面整合国内外有关中国社会发展的统计数据、 深度分析报告、 专家解读和热点资讯构建而成的专业学术数据库。涉及宗教、社会、人口、政治、外交、法律、文化、教育、体育、文学艺术、医药卫生、资源环境等多个领域。

中国行业发展数据库

以中国国民经济行业分类为依据，跟踪分析国民经济各行业市场运行状况和政策导向，提供行业发展最前沿的资讯，为用户投资、从业及各种经济决策提供理论基础和实践指导。内容涵盖农业，能源与矿产业，交通运输业，制造业，金融业，房地产业，租赁和商务服务业，科学研究，环境和公共设施管理，居民服务业，教育，卫生和社会保障，文化、体育和娱乐业等 100 余个行业。

中国区域发展数据库

对特定区域内的经济、社会、文化、法治、资源环境等领域的现状与发展情况进行分析和预测。涵盖中部、西部、东北、西北等地区，长三角、珠三角、黄三角、京津冀、环渤海、合肥经济圈、长株潭城市群、关中—天水经济区、海峡经济区等区域经济体和城市圈，北京、上海、浙江、河南、陕西等 34 个省份及中国台湾地区 。

中国文化传媒数据库

包括文化事业、文化产业、宗教、群众文化、图书馆事业、博物馆事业、档案事业、语言文字、文学、历史地理、新闻传播、广播电视、出版事业、艺术、电影、娱乐等多个子库。

世界经济与国际关系数据库

以皮书系列中涉及世界经济与国际关系的研究成果为基础，全面整合国内外有关世界经济与国际关系的统计数据、深度分析报告、专家解读和热点资讯构建而成的专业学术数据库。包括世界经济、国际政治、世界文化与科技、全球性问题、国际组织与国际法、区域研究等多个子库。

法律声明

“皮书系列”（含蓝皮书、绿皮书、黄皮书）之品牌由社会科学文献出版社最早使用并持续至今，现已被中国图书市场所熟知。“皮书系列”的LOGO（）与“经济蓝皮书”“社会蓝皮书”均已在中华人民共和国国家工商行政管理总局商标局登记注册。“皮书系列”图书的注册商标专用权及封面设计、版式设计的著作权均为社会科学文献出版社所有。未经社会科学文献出版社书面授权许可，任何使用与“皮书系列”图书注册商标、封面设计、版式设计相同或者近似的文字、图形或其组合的行为均系侵权行为。

经作者授权，本书的专有出版权及信息网络传播权为社会科学文献出版社享有。未经社会科学文献出版社书面授权许可，任何就本书内容的复制、发行或以数字形式进行网络传播的行为均系侵权行为。

社会科学文献出版社将通过法律途径追究上述侵权行为的法律责任，维护自身合法权益。

欢迎社会各界人士对侵犯社会科学文献出版社上述权利的侵权行为进行举报。电话：010－59367121，电子邮箱：fawubu@ssap.cn。

社会科学文献出版社

皮书系列

2017年

智 库 成 果 出 版 与 传 播 平 台

社会科学文献出版社
SOCIAL SCIENCES ACADEMIC PRESS (CHINA)

社长致辞

2017年正值皮书品牌专业化二十周年之际，世界每天都在发生着让人眼花缭乱的变化，而唯一不变的，是面向未来无数的可能性。作为个体，如何获取专业信息以备不时之需？作为行政主体或企事业主体，如何提高决策的科学性让这个世界变得更好而不是更糟？原创、实证、专业、前沿、及时、持续，这是1997年“皮书系列”品牌创立的初衷。

1997～2017，从最初一个出版社的学术产品名称到媒体和公众使用频率极高的热点词语，从专业术语到大众话语，从官方文件到独特的出版型态，作为重要的智库成果，“皮书”始终致力于成为海量信息时代的信息过滤器，成为经济社会发展的记录仪，成为政策制定、评估、调整的智力源，社会科学研究的资料集成库。“皮书”的概念不断延展，“皮书”的种类更加丰富，“皮书”的功能日渐完善。

1997～2017，皮书及皮书数据库已成为中国新型智库建设不可或缺的抓手与平台，成为政府、企业和各类社会组织决策的利器，成为人文社科研究最基本的资料库，成为世界系统完整及时认知当代中国的窗口和通道！“皮书”所具有的凝聚力正在形成一种无形的力量，吸引着社会各界关注中国的发展，参与中国的发展。

二十年的“皮书”正值青春，愿每一位皮书人付出的年华与智慧不辜负这个时代！

社会科学文献出版社社长
中国社会学会秘书长

2016年11月

社会科学文献出版社简介

社会科学文献出版社成立于1985年，是直属于中国社会科学院的人文社会科学学术出版机构。成立以来，社科文献出版社依托于中国社会科学院和国内外人文社会科学界丰厚的学术出版和专家学者资源，始终坚持“创社科经典，出传世文献”的出版理念、“权威、前沿、原创”的产品定位以及学术成果和智库成果出版的专业化、数字化、国际化、市场化的经营道路。

社科文献出版社是中国新闻出版业转型与文化体制改革的先行者。积极探索文化体制改革的先进方向和现代企业经营决策机制，社科文献出版社先后荣获“全国文化体制改革工作先进单位”、中国出版政府奖·先进出版单位奖，中国社会科学院先进集体、全国科普工作先进集体等荣誉称号。多人次荣获“第十届韬奋出版奖”“全国新闻出版行业领军人才”“数字出版先进人物”“北京市新闻出版广电行业领军人才”等称号。

社科文献出版社是中国人文社会科学学术出版的大社名社，也是以皮书为代表的智库成果出版的专业强社。年出版图书2000余种，其中皮书350余种，出版新书字数5.5亿字，承印与发行中国社科院院属期刊72种，先后创立了皮书系列、列国志、中国史话、社科文献学术译库、社科文献学术文库、甲骨文书系等一大批既有学术影响又有市场价值的品牌，确立了在社会学、近代史、苏东问题研究等专业学科及领域出版的领先地位。图书多次荣获中国出版政府奖、“三个一百”原创图书出版工程、“五个‘一’工程奖”、“大众喜爱的50种图书”等奖项，在中央国家机关“强素质·做表率”读书活动中，入选图书品种数位居各大出版社之首。

社科文献出版社是中国学术出版规范与标准的倡议者与制定者，代表全国50多家出版社发起实施学术著作出版规范的倡议，承担学术著作规范国家标准的起草工作，率先编撰完成《皮书手册》对皮书品牌进行规范化管理，并在此基础上推出中国版芝加哥手册——《SSAP学术出版手册》。

社科文献出版社是中国数字出版的引领者，拥有皮书数据库、列国志数据库、“一带一路”数据库、减贫数据库、集刊数据库等4大产品线11个数据库产品，机构用户达1300余家，海外用户百余家，荣获“数字出版转型示范单位”“新闻出版标准化先进单位”“专业数字内容资源知识服务模式试点企业标准化示范单位”等称号。

社科文献出版社是中国学术出版走出去的践行者。社科文献出版社海外图书出版与学术合作业务遍及全球40余个国家和地区并于2016年成立俄罗斯分社，累计输出图书500余种，涉及近20个语种，累计获得国家社科基金中华学术外译项目资助76种、“丝路书香工程”项目资助60种、中国图书对外推广计划项目资助71种以及经典中国国际出版工程资助28种，被商务部认定为“2015-2016年度国家文化出口重点企业”。

如今，社科文献出版社拥有固定资产3.6亿元，年收入近3亿元，设置了七大出版分社、六大专业部门，成立了皮书研究院和博士后科研工作站，培养了一支近400人的高素质与高效率的编辑、出版、营销和国际推广队伍，为未来成为学术出版的大社、名社、强社，成为文化体制改革与文化企业转型发展的排头兵奠定了坚实的基础。

经 济 类

经济类皮书涵盖宏观经济、城市经济、大区域经济，提供权威、前沿的分析与预测

经济蓝皮书

2017年中国经济形势分析与预测

李扬 / 主编 2017年1月出版 定价：89.00元

◆ 本书为总理基金项目，由著名经济学家李扬领衔，联合中国社会科学院等数十家科研机构、国家部委和高等院校的专家共同撰写，系统分析了2016年的中国经济形势并预测2017年中国经济运行情况。

中国省域竞争力蓝皮书

中国省域经济综合竞争力发展报告（2015 ~ 2016）

李建平 李闽榕 高燕京 / 主编 2017年5月出版 定价：198.00元

◆ 本书融多学科的理论为一体，深入追踪研究了省域经济发展与中国国家竞争力的内在关系，为提升中国省域经济综合竞争力提供有价值的决策依据。

城市蓝皮书

中国城市发展报告 No.10

潘家华 单菁菁 / 主编 2017年9月出版 估价：89.00元

◆ 本书是由中国社会科学院城市发展与环境研究中心编著的，多角度、全方位地立体展示了中国城市的发展状况，并对中国城市的未来发展提出了许多建议。该书有强烈的时代感，对中国城市发展实践有重要的参考价值。

人口与劳动绿皮书

中国人口与劳动问题报告 No.18

蔡昉　张车伟 / 主编　2017 年 10 月出版　估价：89.00 元

◆　本书为中国社会科学院人口与劳动经济研究所主编的年度报告，对当前中国人口与劳动形势做了比较全面和系统的深入讨论，为研究中国人口与劳动问题提供了一个专业性的视角。

世界经济黄皮书

2017 年世界经济形势分析与预测

张宇燕 / 主编　2017 年 1 月出版　定价：89.00 元

◆　本书由中国社会科学院世界经济与政治研究所的研究团队撰写，2016 年世界经济增速进一步放缓，就业增长放慢。世界经济面临许多重大挑战同时，地缘政治风险、难民危机、大国政治周期、恐怖主义等问题也仍然在影响世界经济的稳定与发展。预计 2017 年按 PPP 计算的世界 GDP 增长率约为 3.0%。

国际城市蓝皮书

国际城市发展报告（2017）

屠启宇 / 主编　2017 年 2 月出版　定价：79.00 元

◆　本书作者以上海社会科学院从事国际城市研究的学者团队为核心，汇集同济大学、华东师范大学、复旦大学、上海交通大学、南京大学、浙江大学相关城市研究专业学者。立足动态跟踪介绍国际城市发展时间中，最新出现的重大战略、重大理念、重大项目、重大报告和最佳案例。

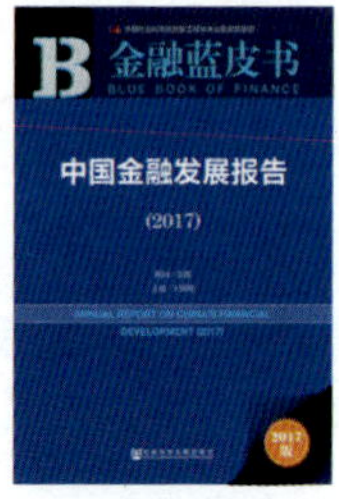

金融蓝皮书

中国金融发展报告（2017）

王国刚 / 主编　2017 年 2 月出版　定价：79.00 元

◆　本书由中国社会科学院金融研究所组织编写，概括和分析了 2016 年中国金融发展和运行中的各方面情况，研讨和评论了 2016 年发生的主要金融事件，有利于读者了解掌握 2016 年中国的金融状况，把握 2017 年中国金融的走势。

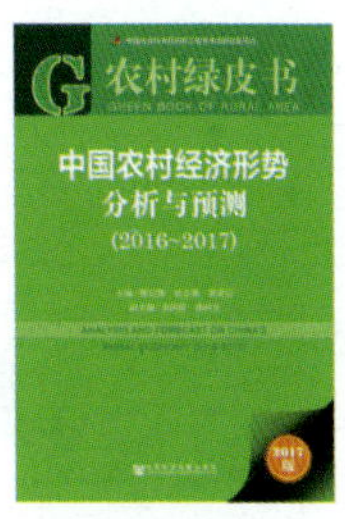

农村绿皮书

中国农村经济形势分析与预测（2016 ~ 2017）

魏后凯　杜志雄　黄秉信 / 主编　2017 年 4 月出版　估价：89.00 元

◆　本书描述了 2016 年中国农业农村经济发展的一些主要指标和变化，并对 2017 年中国农业农村经济形势的一些展望和预测，提出相应的政策建议。

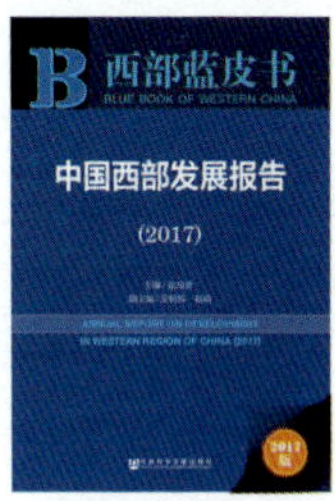

西部蓝皮书

中国西部发展报告（2017）

徐璋勇 / 主编　2017 年 7 月出版　估价：89.00 元

◆　本书由西北大学中国西部经济发展研究中心主编，汇集了源自西部本土以及国内研究西部问题的权威专家的第一手资料，对国家实施西部大开发战略进行年度动态跟踪，并对 2017 年西部经济、社会发展态势进行预测和展望。

经济蓝皮书・夏季号

中国经济增长报告（2016 ~ 2017）

李扬 / 主编　2017 年 9 月出版　估价：98.00 元

◆　中国经济增长报告主要探讨 2016~2017 年中国经济增长问题，以专业视角解读中国经济增长，力求将其打造成一个研究中国经济增长、服务宏微观各级决策的周期性、权威性读物。

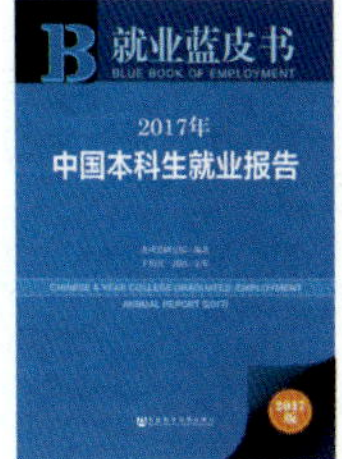

就业蓝皮书

2017 年中国本科生就业报告

麦可思研究院 / 编著　2017 年 6 月出版　估价：98.00 元

◆　本书基于大量的数据和调研，内容翔实，调查独到，分析到位，用数据说话，对中国大学生就业及学校专业设置起到了很好的建言献策作用。

社会政法类

社会政法类皮书聚焦社会发展领域的热点、难点问题，
提供权威、原创的资讯与视点

社会蓝皮书

2017 年中国社会形势分析与预测

李培林　陈光金　张翼 / 主编　2016 年 12 月出版　定价：89.00 元

◆　本书由中国社会科学院社会学研究所组织研究机构专家、高校学者和政府研究人员撰写，聚焦当下社会热点，对 2016 年中国社会发展的各个方面内容进行了权威解读，同时对 2017 年社会形势发展趋势进行了预测。

法治蓝皮书

中国法治发展报告 No.15（2017）

李林　田禾 / 主编　2017 年 3 月出版　定价：118.00 元

◆　本年度法治蓝皮书回顾总结了 2016 年度中国法治发展取得的成就和存在的不足，对中国政府、司法、检务透明度进行了跟踪调研，并对 2017 年中国法治发展形势进行了预测和展望。

社会体制蓝皮书

中国社会体制改革报告 No.5（2017）

龚维斌 / 主编　2017 年 3 月出版　定价：89.00 元

◆　本书由国家行政学院社会治理研究中心和北京师范大学中国社会管理研究院共同组织编写，主要对 2016 年社会体制改革情况进行回顾和总结，对 2017 年的改革走向进行分析，提出相关政策建议。

社会心态蓝皮书

中国社会心态研究报告（2017）

王俊秀　杨宜音 / 主编　2017 年 12 月出版　估价：89.00 元

◆　本书是中国社会科学院社会学研究所社会心理研究中心“社会心态蓝皮书课题组”的年度研究成果，运用社会心理学、社会学、经济学、传播学等多种学科的方法进行了调查和研究，对于目前中国社会心态状况有较广泛和深入的揭示。

生态城市绿皮书

中国生态城市建设发展报告（2017）

刘举科　孙伟平　胡文臻 / 主编　2017 年 7 月出版　估价：118.00 元

◆　报告以绿色发展、循环经济、低碳生活、民生宜居为理念，以更新民众观念、提供决策咨询、指导工程实践、引领绿色发展为宗旨，试图探索一条具有中国特色的城市生态文明建设新路。

城市生活质量蓝皮书

中国城市生活质量报告（2017）

中国经济实验研究院 / 主编　2017 年 7 月出版　估价：89.00 元

◆　本书对全国 35 个城市居民的生活质量主观满意度进行了电话调查，同时对 35 个城市居民的客观生活质量指数进行了计算，为中国城市居民生活质量的提升，提出了针对性的政策建议。

公共服务蓝皮书

中国城市基本公共服务力评价（2017）

钟君　刘志昌　吴正杲 / 主编　2017 年 12 月出版　估价：89.00 元

◆　中国社会科学院经济与社会建设研究室与华图政信调查组成联合课题组，从 2010 年开始对基本公共服务力进行研究，研创了基本公共服务力评价指标体系，为政府考核公共服务与社会管理工作提供了理论工具。

行业报告类

行业报告类皮书立足重点行业、新兴行业领域，
提供及时、前瞻的数据与信息

企业社会责任蓝皮书

中国企业社会责任研究报告（2017）

黄群慧　钟宏武　张蒽　翟利峰 / 著　2017 年 10 月出版　估价：89.00 元

◆　本书剖析了中国企业社会责任在 2016 ~ 2017 年度的最新发展特征，详细解读了省域国有企业在社会责任方面的阶段性特征，生动呈现了国内外优秀企业的社会责任实践。对了解中国企业社会责任履行现状、未来发展，以及推动社会责任建设有重要的参考价值。

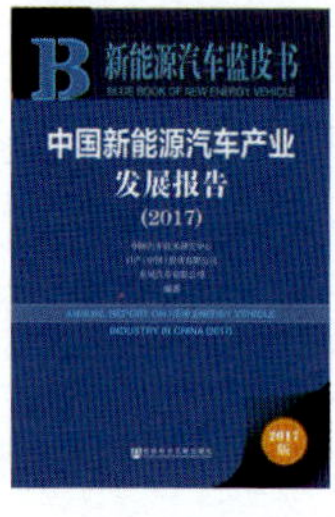

新能源汽车蓝皮书

中国新能源汽车产业发展报告（2017）

中国汽车技术研究中心　日产（中国）投资有限公司
东风汽车有限公司 / 编著　2017 年 7 月出版　估价：98.00 元

◆　本书对中国 2016 年新能源汽车产业发展进行了全面系统的分析，并介绍了国外的发展经验。有助于相关机构、行业和社会公众等了解中国新能源汽车产业发展的最新动态，为政府部门出台新能源汽车产业相关政策法规、企业制定相关战略规划，提供必要的借鉴和参考。

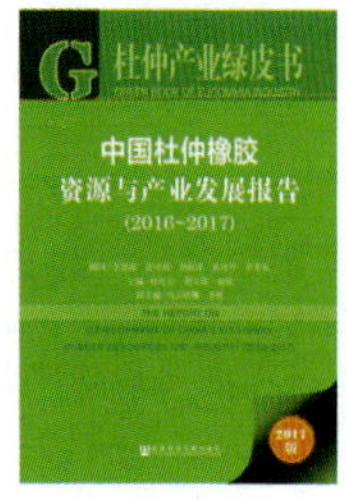

杜仲产业绿皮书

中国杜仲橡胶资源与产业发展报告（2016 ~ 2017）

杜红岩　胡文臻　俞锐 / 主编　2017 年 4 月出版　估价：85.00 元

◆　本书对 2016 年杜仲产业的发展情况、研究团队在杜仲研究方面取得的重要成果、部分地区杜仲产业发展的具体情况、杜仲新标准的制定情况等进行了较为详细的分析与介绍，使广大关心杜仲产业发展的读者能够及时跟踪产业最新进展。

企业蓝皮书

中国企业绿色发展报告 No.2（2017）

李红玉　朱光辉 / 主编　　2017 年 8 月出版　　估价：89.00 元

◆　本书深入分析中国企业能源消费、资源利用、绿色金融、绿色产品、绿色管理、信息化、绿色发展政策及绿色文化方面的现状，并对目前存在的问题进行研究，剖析因果，谋划对策，为企业绿色发展提供借鉴，为中国生态文明建设提供支撑。

中国上市公司蓝皮书

中国上市公司发展报告（2017）

张平　王宏淼 / 主编　　2017 年 10 月出版　　估价：98.00 元

◆　本书由中国社会科学院上市公司研究中心组织编写的，着力于全面、真实、客观反映当前中国上市公司财务状况和价值评估的综合性年度报告。本书详尽分析了 2016 年中国上市公司情况，特别是现实中暴露出的制度性、基础性问题，并对资本市场改革进行了探讨。

资产管理蓝皮书

中国资产管理行业发展报告（2017）

智信资产管理研究院 / 编著　　2017 年 6 月出版　　估价：89.00 元

◆　中国资产管理行业刚刚兴起，未来将成为中国金融市场最有看点的行业。本书主要分析了 2016 年度资产管理行业的发展情况，同时对资产管理行业的未来发展做出科学的预测。

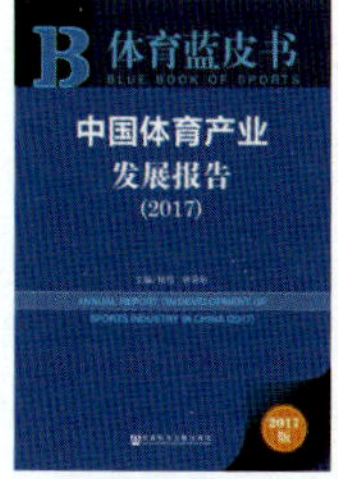

体育蓝皮书

中国体育产业发展报告（2017）

阮伟　钟秉枢 / 主编　　2017 年 12 月出版　　估价：89.00 元

◆　本书运用多种研究方法，在体育竞赛业、体育用品业、体育场馆业、体育传媒业等传统产业研究的基础上，并对 2016 年体育领域内的各种热点事件进行研究和梳理，进一步拓宽了研究的广度、提升了研究的高度、挖掘了研究的深度。

国际问题类

国际问题类皮书关注全球重点国家与地区，
提供全面、独特的解读与研究

美国蓝皮书

美国研究报告（2017）

郑秉文　黄平 / 主编　2017 年 6 月出版　估价：89.00 元

◆　本书是由中国社会科学院美国研究所主持完成的研究成果，它回顾了美国 2016 年的经济、政治形势与外交战略，对 2017 年以来美国内政外交发生的重大事件及重要政策进行了较为全面的回顾和梳理。

日本蓝皮书

日本研究报告（2017）

杨伯江 / 主编　2017 年 5 月出版　估价：89.00 元

◆　本书对 2016 年日本的政治、经济、社会、外交等方面的发展情况做了系统介绍，对日本的热点及焦点问题进行了总结和分析，并在此基础上对该国 2017 年的发展前景做出预测。

亚太蓝皮书

亚太地区发展报告（2017）

李向阳 / 主编　2017 年 4 月出版　估价：89.00 元

◆　本书是中国社会科学院亚太与全球战略研究院的集体研究成果。2017 年的“亚太蓝皮书”继续关注中国周边环境的变化。该书盘点了 2016 年亚太地区的焦点和热点问题，为深入了解 2016 年及未来中国与周边环境的复杂形势提供了重要参考。

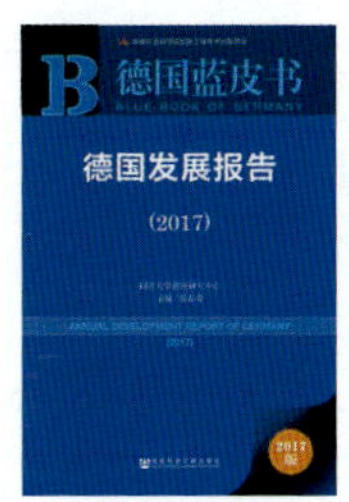

德国蓝皮书

德国发展报告（2017）

郑春荣 / 主编　2017 年 6 月出版　估价：89.00 元

◆　本报告由同济大学德国研究所组织编撰，由该领域的专家学者对德国的政治、经济、社会文化、外交等方面的形势发展情况，进行全面的阐述与分析。

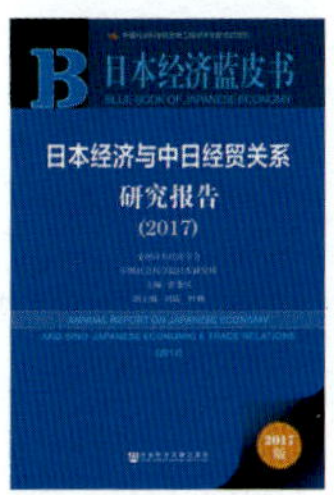

日本经济蓝皮书

日本经济与中日经贸关系研究报告（2017）

张季风 / 编著　2017 年 5 月出版　估价：89.00 元

◆　本书系统、详细地介绍了 2016 年日本经济以及中日经贸关系发展情况，在进行了大量数据分析的基础上，对 2017 年日本经济以及中日经贸关系的大致发展趋势进行了分析与预测。

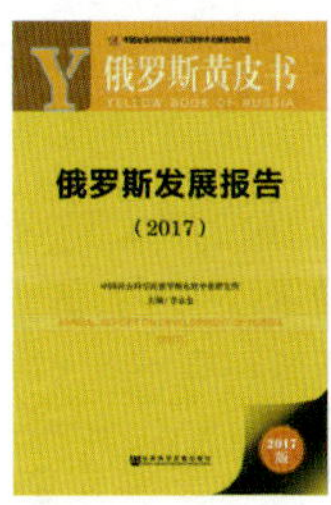

俄罗斯黄皮书

俄罗斯发展报告（2017）

李永全 / 编著　2017 年 7 月出版　估价：89.00 元

◆　本书系统介绍了 2016 年俄罗斯经济政治情况，并对 2016 年该地区发生的焦点、热点问题进行了分析与回顾；在此基础上，对该地区 2017 年的发展前景进行了预测。

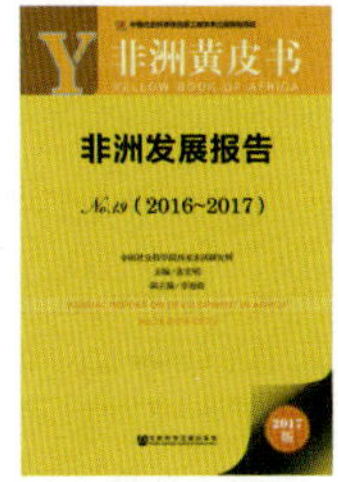

非洲黄皮书

非洲发展报告 No.19（2016 ~ 2017）

张宏明 / 主编　2017 年 8 月出版　估价：89.00 元

◆　本书是由中国社会科学院西亚非洲研究所组织编撰的非洲形势年度报告，比较全面、系统地分析了 2016 年非洲政治形势和热点问题，探讨了非洲经济形势和市场走向，剖析了大国对非洲关系的新动向；此外，还介绍了国内非洲研究的新成果。

地方发展类

地方发展类皮书关注中国各省份、经济区域，
提供科学、多元的预判与资政信息

北京蓝皮书

北京公共服务发展报告（2016~2017）

施昌奎 / 主编　2017 年 3 月出版　定价：79.00 元

◆　本书是由北京市政府职能部门的领导、首都著名高校的教授、知名研究机构的专家共同完成的关于北京市公共服务发展与创新的研究成果。

河南蓝皮书

河南经济发展报告（2017）

张占仓　完世伟 / 主编　2017 年 4 月出版　估价：89.00 元

◆　本书以国内外经济发展环境和走向为背景，主要分析当前河南经济形势，预测未来发展趋势，全面反映河南经济发展的最新动态、热点和问题，为地方经济发展和领导决策提供参考。

广州蓝皮书

2017 年中国广州经济形势分析与预测

庾建设　陈浩钿　谢博能 / 主编　2017 年 7 月出版　估价：85.00 元

◆　本书由广州大学与广州市委政策研究室、广州市统计局联合主编，汇集了广州科研团体、高等院校和政府部门诸多经济问题研究专家、学者和实际部门工作者的最新研究成果，是关于广州经济运行情况和相关专题分析、预测的重要参考资料。

文化传媒类

文化传媒类皮书透视文化领域、文化产业，
探索文化大繁荣、大发展的路径

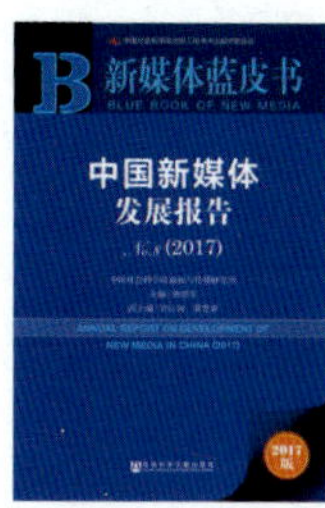

新媒体蓝皮书

中国新媒体发展报告 No.8（2017）

唐绪军 / 主编　2017 年 6 月出版　估价：89.00 元

◆　本书是由中国社会科学院新闻与传播研究所组织编写的关于新媒体发展的最新年度报告，旨在全面分析中国新媒体的发展现状，解读新媒体的发展趋势，探析新媒体的深刻影响。

移动互联网蓝皮书

中国移动互联网发展报告（2017）

官建文 / 主编　2017 年 6 月出版　估价：89.00 元

◆　本书着眼于对 2016 年度中国移动互联网的发展情况做深入解析，对未来发展趋势进行预测，力求从不同视角、不同层面全面剖析中国移动互联网发展的现状、年度突破及热点趋势等。

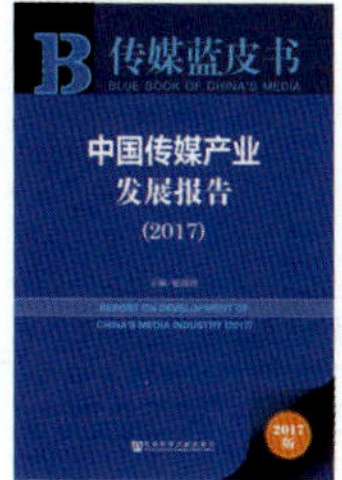

传媒蓝皮书

中国传媒产业发展报告（2017）

崔保国 / 主编　2017 年 5 月出版　估价：98.00 元

◆　“传媒蓝皮书”连续十多年跟踪观察和系统研究中国传媒产业发展。本报告在对传媒产业总体以及各细分行业发展状况与趋势进行深入分析基础上，对年度发展热点进行跟踪，剖析新技术引领下的商业模式，对传媒各领域发展趋势、内体经营、传媒投资进行解析，为中国传媒产业正在发生的变革提供前瞻行参考。

经济类

"三农"互联网金融蓝皮书
中国"三农"互联网金融发展报告（2017）
著(编)者：李勇坚 王弢　2017年8月出版 / 估价：98.00元
PSN B-2016-561-1/1

G20国家创新竞争力黄皮书
二十国集团（G20）国家创新竞争力发展报告（2016~2017）
著(编)者：李建平 李闽榕 赵新力 周天勇
2017年8月出版 / 估价：158.00元
PSN Y-2011-229-1/1

产业蓝皮书
中国产业竞争力报告（2017）No.7
著(编)者：张其仔　2017年12月出版 / 估价：98.00元
PSN B-2010-175-1/1

城市创新蓝皮书
中国城市创新报告（2017）
著(编)者：周天勇 旷建伟　2017年11月出版 / 估价：89.00元
PSN B-2013-340-1/1

城市蓝皮书
中国城市发展报告 No.10
著(编)者：潘家华 单菁菁　2017年9月出版 / 估价：89.00元
PSN B-2007-091-1/1

城乡一体化蓝皮书
中国城乡一体化发展报告（2016～2017）
著(编)者：汝信 付崇兰　2017年7月出版 / 估价：85.00元
PSN B-2011-226-1/2

城镇化蓝皮书
中国新型城镇化健康发展报告（2017）
著(编)者：张占斌　2017年8月出版 / 估价：89.00元
PSN B-2014-396-1/1

创新蓝皮书
创新型国家建设报告（2016～2017）
著(编)者：詹正茂　2017年12月出版 / 估价：89.00元
PSN B-2009-140-1/1

创业蓝皮书
中国创业发展报告（2016～2017）
著(编)者：黄群慧 赵卫星 钟宏武等
2017年11月出版 / 估价：89.00元
PSN B-2016-578-1/1

低碳发展蓝皮书
中国低碳发展报告（2016~2017）
著(编)者：齐晔 张希良　2017年3月出版 / 估价：98.00元
PSN B-2011-223-1/1

低碳经济蓝皮书
中国低碳经济发展报告（2017）
著(编)者：薛进军 赵忠秀　2017年6月出版 / 估价：85.00元
PSN B-2011-194-1/1

东北蓝皮书
中国东北地区发展报告（2017）
著(编)者：姜晓秋　2017年2月出版 / 定价：79.00元
PSN B-2006-067-1/1

发展与改革蓝皮书
中国经济发展和体制改革报告No.8
著(编)者：邹东涛 王再文　2017年4月出版 / 估价：98.00元
PSN B-2008-122-1/1

工业化蓝皮书
中国工业化进程报告（2017）
著(编)者：黄群慧　2017年12月出版 / 估价：158.00元
PSN B-2007-095-1/1

管理蓝皮书
中国管理发展报告（2017）
著(编)者：张晓东　2017年10月出版 / 估价：98.00元
PSN B-2014-416-1/1

国际城市蓝皮书
国际城市发展报告（2017）
著(编)者：屠启宇　2017年2月出版 / 定价：79.00元
PSN B-2012-260-1/1

国家创新蓝皮书
中国创新发展报告（2017）
著(编)者：陈劲　2017年12月出版 / 估价：89.00元
PSN B-2014-370-1/1

金融蓝皮书
中国金融发展报告（2017）
著(编)者：王国刚　2017年2月出版 / 定价：79.00元
PSN B-2004-031-1/6

京津冀金融蓝皮书
京津冀金融发展报告（2017）
著(编)者：王爱俭 李向前
2017年4月出版 / 估价：89.00元
PSN B-2016-528-1/1

京津冀蓝皮书
京津冀发展报告（2017）
著(编)者：文魁 祝尔娟　2017年4月出版 / 估价：89.00元
PSN B-2012-262-1/1

经济蓝皮书
2017年中国经济形势分析与预测
著(编)者：李扬　2017年1月出版 / 定价：89.00元
PSN B-1996-001-1/1

经济蓝皮书・春季号
2017年中国经济前景分析
著(编)者：李扬　2017年6月出版 / 估价：89.00元
PSN B-1999-008-1/1

经济蓝皮书・夏季号
中国经济增长报告（2016～2017）
著(编)者：李扬　2017年9月出版 / 估价：98.00元
PSN B-2010-176-1/1

经济信息绿皮书
中国与世界经济发展报告（2017）
著(编)者：杜平　2017年12月出版 / 定价：89.00元
PSN G-2003-023-1/1

就业蓝皮书
2017年中国本科生就业报告
著(编)者：麦可思研究院　2017年6月出版 / 估价：98.00元
PSN B-2009-146-1/2

就业蓝皮书
2017年中国高职高专生就业报告
著(编)者：麦可思研究院　　2017年6月出版 / 估价：98.00元
PSN B-2015-472-2/2

科普能力蓝皮书
中国科普能力评价报告（2017）
著(编)者：李富 强李群　　2017年8月出版 / 估价：89.00元
PSN B-2016-556-1/1

临空经济蓝皮书
中国临空经济发展报告（2017）
著(编)者：连玉明　　2017年9月出版 / 估价：89.00元
PSN B-2014-421-1/1

农村绿皮书
中国农村经济形势分析与预测（2016～2017）
著(编)者：魏后凯 杜志雄 黄秉信
2017年4月出版 / 估价：89.00元
PSN G-1998-003-1/1

农业应对气候变化蓝皮书
气候变化对中国农业影响评估报告 No.3
著(编)者：矫梅燕　　2017年8月出版 / 估价：98.00元
PSN B-2014-413-1/1

气候变化绿皮书
应对气候变化报告（2017）
著(编)者：王伟光 郑国光　　2017年6月出版 / 估价：89.00元
PSN G-2009-144-1/1

区域蓝皮书
中国区域经济发展报告（2016～2017）
著(编)者：赵弘　　2017年6月出版 / 估价：89.00元
PSN B-2004-034-1/1

全球环境竞争力绿皮书
全球环境竞争力报告（2017）
著(编)者：李建平 李闽榕 王金南
2017年12月出版 / 估价：198.00元
PSN G-2013-363-1/1

人口与劳动绿皮书
中国人口与劳动问题报告 No.18
著(编)者：蔡昉 张车伟　　2017年11月出版 / 估价：89.00元
PSN G-2000-012-1/1

商务中心区蓝皮书
中国商务中心区发展报告 No.3（2016）
著(编)者：李国红 单菁菁　　2017年4月出版 / 估价：89.00元
PSN B-2015-444-1/1

世界经济黄皮书
2017年世界经济形势分析与预测
著(编)者：张宇燕　　2017年1月出版 / 定价：89.00元
PSN Y-1999-006-1/1

世界旅游城市绿皮书
世界旅游城市发展报告（2017）
著(编)者：宋宇　　2017年4月出版 / 估价：128.00元
PSN G-2014-400-1/1

土地市场蓝皮书
中国农村土地市场发展报告（2016～2017）
著(编)者：李光荣　　2017年4月出版 / 估价：89.00元
PSN B-2016-527-1/1

西北蓝皮书
中国西北发展报告（2017）
著(编)者：高建龙　　2017年4月出版 / 估价：89.00元
PSN B-2012-261-1/1

西部蓝皮书
中国西部发展报告（2017）
著(编)者：徐璋勇　　2017年7月出版 / 估价：89.00元
PSN B-2005-039-1/1

新型城镇化蓝皮书
新型城镇化发展报告（2017）
著(编)者：李伟 宋敏 沈体雁　　2017年4月出版 / 估价：98.00元
PSN B-2014-431-1/1

新兴经济体蓝皮书
金砖国家发展报告（2017）
著(编)者：林跃勤 周文　　2017年12月出版 / 估价：89.00元
PSN B-2011-195-1/1

长三角蓝皮书
2017年新常态下深化一体化的长三角
著(编)者：王庆五　　2017年12月出版 / 估价：88.00元
PSN B-2005-038-1/1

中部竞争力蓝皮书
中国中部经济社会竞争力报告（2017）
著(编)者：教育部人文社会科学重点研究基地
南昌大学中国中部经济社会发展研究中心
2017年12月出版 / 估价：89.00元
PSN B-2012-276-1/1

中部蓝皮书
中国中部地区发展报告（2017）
著(编)者：宋亚平　　2017年12月出版 / 估价：88.00元
PSN B-2007-089-1/1

中国省域竞争力蓝皮书
中国省域经济综合竞争力发展报告（2017）
著(编)者：李建平 李闽榕 高燕京
2017年2月出版 / 定价：198.00元
PSN B-2007-088-1/1

中三角蓝皮书
长江中游城市群发展报告（2017）
著(编)者：秦尊文　　2017年9月出版 / 估价：89.00元
PSN B-2014-417-1/1

中小城市绿皮书
中国中小城市发展报告（2017）
著(编)者：中国城市经济学会中小城市经济发展委员会
中国城镇化促进会中小城市发展委员会
《中国中小城市发展报告》编纂委员会
中小城市发展战略研究院
2017年11月出版 / 估价：128.00元
PSN G-2010-161-1/1

中原蓝皮书
中原经济区发展报告（2017）
著(编)者：李英杰　　2017年6月出版 / 估价：88.00元
PSN B-2011-192-1/1

自贸区蓝皮书
中国自贸区发展报告（2017）
著(编)者：王力　　2017年7月出版 / 估价：89.00元
PSN B-2016-559-1/1

社会政法类

北京蓝皮书
中国社区发展报告（2017）
著(编)者：于燕燕　　2017年4月出版 / 估价：89.00元
PSN B-2007-083-5/8

殡葬绿皮书
中国殡葬事业发展报告（2017）
著(编)者：李伯森　　2017年4月出版 / 估价：158.00元
PSN G-2010-180-1/1

城市管理蓝皮书
中国城市管理报告（2016~2017）
著(编)者：刘林　刘承水　2017年5月出版 / 估价：158.00元
PSN B-2013-336-1/1

城市生活质量蓝皮书
中国城市生活质量报告（2017）
著(编)者：中国经济实验研究院
2018年7月出版 / 估价：89.00元
PSN B-2013-326-1/1

城市政府能力蓝皮书
中国城市政府公共服务能力评估报告（2017）
著(编)者：何艳玲　　2017年4月出版 / 估价：89.00元
PSN B-2013-338-1/1

慈善蓝皮书
中国慈善发展报告（2017）
著(编)者：杨团　　2017年6月出版 / 估价：89.00元
PSN B-2009-142-1/1

党建蓝皮书
党的建设研究报告 No.2（2017）
著(编)者：崔建民　陈东平　　2017年4月出版 / 估价：89.00元
PSN B-2016-524-1/1

地方法治蓝皮书
中国地方法治发展报告 No.3（2017）
著(编)者：李林　田禾　2017年4出版 / 估价：108.00元
PSN B-2015-442-1/1

法治蓝皮书
中国法治发展报告 No.15（2017）
著(编)者：李林 田禾　　2017年3月出版 / 定价：118.00元
PSN B-2004-027-1/1

法治政府蓝皮书
中国法治政府发展报告（2017）
著(编)者：中国政法大学法治政府研究院
2017年4月出版 / 估价：98.00元
PSN B-2015-502-1/2

法治政府蓝皮书
中国法治政府评估报告（2017）
著(编)者：中国政法大学法治政府研究院
2017年11月出版 / 估价：98.00元
PSN B-2016-577-2/2

法治蓝皮书
中国法院信息化发展报告 No.1（2017）
著(编)者：李林 田禾　　2017年2月出版 / 定价：108.00元
PSN B-2017-604-3/3

反腐倡廉蓝皮书
中国反腐倡廉建设报告 No.7
著(编)者：张英伟　　2017年12月出版 / 估价：89.00元
PSN B-2012-259-1/1

非传统安全蓝皮书
中国非传统安全研究报告（2016~2017）
著(编)者：余潇枫 魏志江　　2017年6月出版 / 估价：89.00元
PSN B-2012-273-1/1

妇女发展蓝皮书
中国妇女发展报告 No.7
著(编)者：王金玲　　2017年9月出版 / 估价：148.00元
PSN B-2006-069-1/1

妇女教育蓝皮书
中国妇女教育发展报告 No.4
著(编)者：张李玺　　2017年10月出版 / 估价：78.00元
PSN B-2008-121-1/1

妇女绿皮书
中国性别平等与妇女发展报告（2017）
著(编)者：谭琳　　2017年12月出版 / 估价：99.00元
PSN G-2006-073-1/1

公共服务蓝皮书
中国城市基本公共服务力评价（2017）
著(编)者：钟君 刘志昌 吴正杲　　2017年12月出版 / 估价：89.00元
PSN B-2011-214-1/1

公民科学素质蓝皮书
中国公民科学素质报告（2016~2017）
著(编)者：李群　陈雄　马宗文
2017年4月出版 / 估价：89.00元
PSN B-2014-379-1/1

公共关系蓝皮书
中国公共关系发展报告（2017）
著(编)者：柳斌杰　　2017年11月出版 / 估价：89.00元
PSN B-2016-580-1/1

公益蓝皮书
中国公益慈善发展报告（2017）
著(编)者：朱健刚　　2018年4月出版 / 估价：118.00元
PSN B-2012-283-1/1

国际人才蓝皮书
中国国际移民报告（2017）
著(编)者：王辉耀　　2017年4月出版 / 估价：89.00元
PSN B-2012-304-3/4

国际人才蓝皮书
中国留学发展报告（2017）No.5
著(编)者：王辉耀 苗绿　　2017年10月出版 / 估价：89.00元
PSN B-2012-244-2/4

海洋社会蓝皮书
中国海洋社会发展报告（2017）
著(编)者：崔凤 宋宁而　　2017年7月出版 / 估价：89.00元
PSN B-2015-478-1/1

行政改革蓝皮书
中国行政体制改革报告（2017）No.6
著(编)者：魏礼群　2017年5月出版 / 估价：98.00元
PSN B-2011-231-1/1

华侨华人蓝皮书
华侨华人研究报告（2017）
著(编)者：贾益民　2017年12月出版 / 估价：128.00元
PSN B-2011-204-1/1

环境竞争力绿皮书
中国省域环境竞争力发展报告（2017）
著(编)者：李建平 李闽榕 王金南
2017年11月出版 / 估价：198.00元
PSN G-2010-165-1/1

环境绿皮书
中国环境发展报告（2017）
著(编)者：刘鉴强　2017年4月出版 / 估价：89.00元
PSN G-2006-048-1/1

基金会蓝皮书
中国基金会发展报告（2016~2017）
著(编)者：中国基金会发展报告课题组
2017年4月出版 / 估价：85.00元
PSN B-2013-368-1/1

基金会绿皮书
中国基金会发展独立研究报告（2017）
著(编)者：基金会中心网 中央民族大学基金会研究中心
2017年6月出版 / 估价：88.00元
PSN G-2011-213-1/1

基金会透明度蓝皮书
中国基金会透明度发展研究报告（2017）
著(编)者：基金会中心网 清华大学廉政与治理研究中心
2017年12月出版 / 估价：89.00元
PSN B-2015-509-1/1

家庭蓝皮书
中国“创建幸福家庭活动”评估报告（2017）
国务院发展研究中心“创建幸福家庭活动评估”课题组著
2017年8月出版 / 估价：89.00元
PSN B-2015-508-1/1

健康城市蓝皮书
中国健康城市建设研究报告（2017）
著(编)者：王鸿春 解树江 盛继洪
2017年9月出版 / 估价：89.00元
PSN B-2016-565-2/2

教师蓝皮书
中国中小学教师发展报告（2017）
著(编)者：曾晓东 鱼霞　2017年6月出版 / 估价：89.00元
PSN B-2012-289-1/1

教育蓝皮书
中国教育发展报告（2017）
著(编)者：杨东平　2017年4月出版 / 估价：89.00元
PSN B-2006-047-1/1

科普蓝皮书
中国基层科普发展报告（2016~2017）
著(编)者：赵立 新陈玲　2017年9月出版 / 估价：89.00元
PSN B-2016-569-3/3

科普蓝皮书
中国科普基础设施发展报告（2017）
著(编)者：任福君　2017年6月出版 / 估价：89.00元
PSN B-2010-174-1/3

科普蓝皮书
中国科普人才发展报告（2017）
著(编)者：郑念 任嵘嵘　2017年4月出版 / 估价：98.00元
PSN B-2015-512-2/3

科学教育蓝皮书
中国科学教育发展报告（2017）
著(编)者：罗晖 王康友　2017年10月出版 / 估价：89.00元
PSN B-2015-487-1/1

劳动保障蓝皮书
中国劳动保障发展报告（2017）
著(编)者：刘燕斌　2017年9月出版 / 估价：188.00元
PSN B-2014-415-1/1

老龄蓝皮书
中国老年宜居环境发展报告（2017）
著(编)者：党俊武 周燕珉　2017年4月出版 / 估价：89.00元
PSN B-2013-320-1/1

连片特困区蓝皮书
中国连片特困区发展报告（2017）
著(编)者：游俊 冷志明 丁建军
2017年4月出版 / 估价：98.00元
PSN B-2013-321-1/1

流动儿童蓝皮书
中国流动儿童教育发展报告（2016）
著(编)者：杨东平　2017年1月出版 / 定价：79.00元
PSN B-2017-600-1/1

民调蓝皮书
中国民生调查报告（2017）
著(编)者：谢耘耕　2017年12月出版 / 估价：98.00元
PSN B-2014-398-1/1

民族发展蓝皮书
中国民族发展报告（2017）
著(编)者：郝时远 王延中 王希恩
2017年4月出版 / 估价：98.00元
PSN B-2006-070-1/1

女性生活蓝皮书
中国女性生活状况报告 No.11（2017）
著(编)者：韩湘景　2017年10月出版 / 估价：98.00元
PSN B-2006-071-1/1

汽车社会蓝皮书
中国汽车社会发展报告（2017）
著(编)者：王俊秀　2017年12月出版 / 估价：89.00元
PSN B-2011-224-1/1

青年蓝皮书
中国青年发展报告（2017）No.3
著(编)者：廉思 等　2017年4月出版 / 估价：89.00元
PSN B-2013-333-1/1

青少年蓝皮书
中国未成年人互联网运用报告（2017）
著(编)者：李文革 沈洁 季为民
2017年11月出版 / 估价：89.00元
PSN B-2010-165-1/1

青少年体育蓝皮书
中国青少年体育发展报告（2017）
著(编)者：郭建军 杨桦　2017年9月出版 / 估价：89.00元
PSN B-2015-482-1/1

群众体育蓝皮书
中国群众体育发展报告（2017）
著(编)者：刘国永 杨桦　2017年12月出版 / 估价：89.00元
PSN B-2016-519-2/3

人权蓝皮书
中国人权事业发展报告 No.7（2017）
著(编)者：李君如　2017年9月出版 / 估价：98.00元
PSN B-2011-215-1/1

社会保障绿皮书
中国社会保障发展报告（2017）No.8
著(编)者：王延中　2017年1月出版 / 估价：98.00元
PSN G-2001-014-1/1

社会风险评估蓝皮书
风险评估与危机预警评估报告（2017）
著(编)者：唐钧　2017年8月出版 / 估价：85.00元
PSN B-2016-521-1/1

社会管理蓝皮书
中国社会管理创新报告 No.5
著(编)者：连玉明　2017年11月出版 / 估价：89.00元
PSN B-2012-300-1/1

社会蓝皮书
2017年中国社会形势分析与预测
著(编)者：李培林　陈光金　张翼
2016年12月出版 / 定价：89.00元
PSN B-1998-002-1/1

社会体制蓝皮书
中国社会体制改革报告No.5（2017）
著(编)者：龚维斌　2017年3月出版 / 定价：89.00元
PSN B-2013-330-1/1

社会心态蓝皮书
中国社会心态研究报告（2017）
著(编)者：王俊秀 杨宜音　2017年12月出版 / 估价：89.00元
PSN B-2011-199-1/1

社会组织蓝皮书
中国社会组织发展报告（2016~2017）
著(编)者：黄晓勇　2017年1月出版 / 定价：89.00元
PSN B-2008-118-1/2

社会组织蓝皮书
中国社会组织评估发展报告（2017）
著(编)者：徐家良 廖鸿　2017年12月出版 / 估价：89.00元
PSN B-2013-366-1/1

生态城市绿皮书
中国生态城市建设发展报告（2017）
著(编)者：刘举科 孙伟平 胡文臻
2017年9月出版 / 估价：118.00元
PSN G-2012-269-1/1

生态文明绿皮书
中国省域生态文明建设评价报告（ECI 2017）
著(编)者：严耕　2017年12月出版 / 估价：98.00元
PSN G-2010-170-1/1

土地整治蓝皮书
中国土地整治发展研究报告 No.4
著(编)者：国土资源部土地整治中心
2017年7月出版 / 估价：89.00元
PSN B-2014-401-1/1

土地政策蓝皮书
中国土地政策研究报告（2017）
著(编)者：高延利 李宪文
2017年12月出版 / 定价：89.00元
PSN B-2015-506-1/1

医改蓝皮书
中国医药卫生体制改革报告（2017）
著(编)者：文学国　房志武　2017年11月出版 / 估价：98.00元
PSN B-2014-432-1/1

医疗卫生绿皮书
中国医疗卫生发展报告 No.7（2017）
著(编)者：申宝忠 韩玉珍　2017年4月出版 / 估价：85.00元
PSN G-2004-033-1/1

应急管理蓝皮书
中国应急管理报告（2017）
著(编)者：宋英华　2017年9月出版 / 估价：98.00元
PSN B-2016-563-1/1

政治参与蓝皮书
中国政治参与报告（2017）
著(编)者：房宁　2017年9月出版 / 估价：118.00元
PSN B-2011-200-1/1

宗教蓝皮书
中国宗教报告（2016）
著(编)者：邱永辉　2017年4月出版 / 估价：89.00元
PSN B-2008-117-1/1

行业报告类

SUV蓝皮书
中国SUV市场发展报告（2016~2017）
著(编)者：靳军　　2017年9月出版 / 估价：89.00元
PSN B-2016-572-1/1

保健蓝皮书
中国保健服务产业发展报告 No.2
著(编)者：中国保健协会 中共中央党校
2017年7月出版 / 估价：198.00元
PSN B-2012-272-3/3

保健蓝皮书
中国保健食品产业发展报告 No.2
著(编)者：中国保健协会
中国社会科学院食品药品产业发展与监管研究中心
2017年7月出版 / 估价：198.00元
PSN B-2012-271-2/3

保健蓝皮书
中国保健用品产业发展报告 No.2
著(编)者：中国保健协会
国务院国有资产监督管理委员会研究中心
2017年4月出版 / 估价：198.00元
PSN B-2012-270-1/3

保险蓝皮书
中国保险业竞争力报告（2017）
著(编)者：项俊波　　2017年12月出版 / 估价：99.00元
PSN B-2013-311-1/1

冰雪蓝皮书
中国滑雪产业发展报告（2017）
著(编)者：孙承华 伍斌 魏庆华 张鸿俊
2017年8月出版 / 估价：89.00元
PSN B-2016-560-1/1

彩票蓝皮书
中国彩票发展报告（2017）
著(编)者：益彩基金　　2017年4月出版 / 估价：98.00元
PSN B-2015-462-1/1

餐饮产业蓝皮书
中国餐饮产业发展报告（2017）
著(编)者：邢颖　　2017年6月出版 / 估价：98.00元
PSN B-2009-151-1/1

测绘地理信息蓝皮书
新常态下的测绘地理信息研究报告（2017）
著(编)者：库热西・买合苏提
2017年12月出版 / 估价：118.00元
PSN B-2009-145-1/1

茶业蓝皮书
中国茶产业发展报告（2017）
著(编)者：杨江帆 李闽榕　　2017年10月出版 / 估价：88.00元
PSN B-2010-164-1/1

产权市场蓝皮书
中国产权市场发展报告（2016~2017）
著(编)者：曹和平　　2017年5月出版 / 估价：89.00元
PSN B-2009-147-1/1

产业安全蓝皮书
中国出版传媒产业安全报告（2016~2017）
著(编)者：北京印刷学院文化产业安全研究院
2017年4月出版 / 估价：89.00元
PSN B-2014-384-13/14

产业安全蓝皮书
中国文化产业安全报告（2017）
著(编)者：北京印刷学院文化产业安全研究院
2017年12月出版 / 估价：89.00元
PSN B-2014-378-12/14

产业安全蓝皮书
中国新媒体产业安全报告（2017）
著(编)者：北京印刷学院文化产业安全研究院
2017年12月出版 / 估价：89.00元
PSN B-2015-500-14/14

城投蓝皮书
中国城投行业发展报告（2017）
著(编)者：王晨艳　丁伯康　　2017年11月出版 / 估价：300.00元
PSN B-2016-514-1/1

电子政务蓝皮书
中国电子政务发展报告（2016~2017）
著(编)者：李季 杜平　　2017年7月出版 / 估价：89.00元
PSN B-2003-022-1/1

杜仲产业绿皮书
中国杜仲橡胶资源与产业发展报告（2016~2017）
著(编)者：杜红岩 胡文臻 俞锐
2017年4月出版 / 估价：85.00元
PSN G-2013-350-1/1

房地产蓝皮书
中国房地产发展报告 No.14（2017）
著(编)者：李春华 王业强　　2017年5月出版 / 估价：89.00元
PSN B-2004-028-1/1

服务外包蓝皮书
中国服务外包产业发展报告（2017）
著(编)者：王晓红 刘德军
2017年6月出版 / 估价：89.00元
PSN B-2013-331-2/2

服务外包蓝皮书
中国服务外包竞争力报告（2017）
著(编)者：王力 刘春生 黄育华
2017年11月出版 / 估价：85.00元
PSN B-2011-216-1/2

工业和信息化蓝皮书
世界网络安全发展报告（2016~2017）
著(编)者：洪京一　　2017年4月出版 / 估价：89.00元
PSN B-2015-452-5/5

工业和信息化蓝皮书
世界信息化发展报告（2016~2017）
著(编)者：洪京一　　2017年4月出版 / 估价：89.00元
PSN B-2015-451-4/5

工业和信息化蓝皮书
世界信息技术产业发展报告（2016~2017）
著(编)者：洪京一　2017年4月出版 / 估价：89.00元
PSN B-2015-449-2/5

工业和信息化蓝皮书
移动互联网产业发展报告（2016~2017）
著(编)者：洪京一　2017年4月出版 / 估价：89.00元
PSN B-2015-448-1/5

工业和信息化蓝皮书
战略性新兴产业发展报告（2016~2017）
著(编)者：洪京一　2017年4月出版 / 估价：89.00元
PSN B-2015-450-3/5

工业设计蓝皮书
中国工业设计发展报告（2017）
著(编)者：王晓红 于炜 张立群
2017年9月出版 / 估价：138.00元
PSN B-2014-420-1/1

黄金市场蓝皮书
中国商业银行黄金业务发展报告（2016~2017）
著(编)者：平安银行　2017年4月出版 / 估价：98.00元
PSN B-2016-525-1/1

互联网金融蓝皮书
中国互联网金融发展报告（2017）
著(编)者：李东荣　2017年9月出版 / 估价：128.00元
PSN B-2014-374-1/1

互联网医疗蓝皮书
中国互联网医疗发展报告（2017）
著(编)者：宫晓东　2017年9月出版 / 估价：89.00元
PSN B-2016-568-1/1

会展蓝皮书
中外会展业动态评估年度报告（2017）
著(编)者：张敏　2017年4月出版 / 估价：88.00元
PSN B-2013-327-1/1

金融监管蓝皮书
中国金融监管报告（2017）
著(编)者：胡滨　2017年6月出版 / 估价：89.00元
PSN B-2012-281-1/1

金融蓝皮书
中国金融中心发展报告（2017）
著(编)者：王力 黄育华　2017年11月出版 / 估价：85.00元
PSN B-2011-186-6/6

建筑装饰蓝皮书
中国建筑装饰行业发展报告（2017）
著(编)者：刘晓一 葛道顺　2017年7月出版 / 估价：198.00元
PSN B-2016-554-1/1

客车蓝皮书
中国客车产业发展报告（2016~2017）
著(编)者：姚蔚　2017年10月出版 / 估价：85.00元
PSN B-2013-361-1/1

旅游安全蓝皮书
中国旅游安全报告（2017）
著(编)者：郑向敏 谢朝武　2017年5月出版 / 估价：128.00元
PSN B-2012-280-1/1

旅游绿皮书
2016~2017年中国旅游发展分析与预测
著(编)者：宋瑞　2017年2月出版 / 定价：89.00元
PSN G-2002-018-1/1

煤炭蓝皮书
中国煤炭工业发展报告（2017）
著(编)者：岳福斌　2017年12月出版 / 估价：85.00元
PSN B-2008-123-1/1

民营企业社会责任蓝皮书
中国民营企业社会责任报告（2017）
著(编)者：中华全国工商业联合会
2017年12月出版 / 估价：89.00元
PSN B-2015-510-1/1

民营医院蓝皮书
中国民营医院发展报告（2017）
著(编)者：庄一强　2017年10月出版 / 估价：85.00元
PSN B-2012-299-1/1

闽商蓝皮书
闽商发展报告（2017）
著(编)者：李闽榕 王日根 林琛
2017年12月出版 / 估价：89.00元
PSN B-2012-298-1/1

能源蓝皮书
中国能源发展报告（2017）
著(编)者：崔民选 王军生 陈义和
2017年10月出版 / 估价：98.00元
PSN B-2006-049-1/1

农产品流通蓝皮书
中国农产品流通产业发展报告（2017）
著(编)者：贾敬敦 张东科 张玉玺 张鹏毅 周伟
2017年4月出版 / 估价：89.00元
PSN B-2012-288-1/1

企业公益蓝皮书
中国企业公益研究报告（2017）
著(编)者：钟宏武 汪杰 顾一 黄晓娟 等
2017年12月出版 / 估价：89.00元
PSN B-2015-501-1/1

企业国际化蓝皮书
中国企业国际化报告（2017）
著(编)者：王辉耀　2017年11月出版 / 估价：98.00元
PSN B-2014-427-1/1

企业蓝皮书
中国企业绿色发展报告 No.2（2017）
著(编)者：李红玉 朱光辉　2017年8月出版 / 估价：89.00元
PSN B-2015-481-2/2

企业社会责任蓝皮书
中国企业社会责任研究报告（2017）
著(编)者：黄群慧 钟宏武 张蒽 翟利峰
2017年11月出版 / 估价：89.00元
PSN B-2009-149-1/1

企业社会责任蓝皮书
中资企业海外社会责任研究报告（2016~2017）
著(编)者：钟宏武 叶柳红 张蒽
2017年1月出版 / 定价：79.00元
PSN B-2017-603-2/2

汽车安全蓝皮书
中国汽车安全发展报告（2017）
著(编)者：中国汽车技术研究中心
2017年7月出版 / 估价：89.00元
PSN B-2014-385-1/1

汽车电子商务蓝皮书
中国汽车电子商务发展报告（2017）
著(编)者：中华全国工商业联合会汽车经销商商会
北京易观智库网络科技有限公司
2017年10月出版 / 估价：128.00元
PSN B-2015-485-1/1

汽车工业蓝皮书
中国汽车工业发展年度报告（2017）
著(编)者：中国汽车工业协会 中国汽车技术研究中心
丰田汽车（中国）投资有限公司
2017年4月出版 / 估价：128.00元
PSN B-2015-463-1/2

汽车工业蓝皮书
中国汽车零部件产业发展报告（2017）
著(编)者：中国汽车工业协会 中国汽车工程研究院
2017年10月出版 / 估价：98.00元
PSN B-2016-515-2/2

汽车蓝皮书
中国汽车产业发展报告（2017）
著(编)者：国务院发展研究中心产业经济研究部
中国汽车工程学会 大众汽车集团（中国）
2017年8月出版 / 估价：98.00元
PSN B-2008-124-1/1

人力资源蓝皮书
中国人力资源发展报告（2017）
著(编)者：余兴安 2017年11月出版 / 估价：89.00元
PSN B-2012-287-1/1

融资租赁蓝皮书
中国融资租赁业发展报告（2016～2017）
著(编)者：李光荣 王力 2017年8月出版 / 估价：89.00元
PSN B-2015-443-1/1

商会蓝皮书
中国商会发展报告No.5（2017）
著(编)者：王钦敏 2017年7月出版 / 估价：89.00元
PSN B-2008-125-1/1

输血服务蓝皮书
中国输血行业发展报告（2017）
著(编)者：朱永明 耿鸿武 2016年8月出版 / 估价：89.00元
PSN B-2016-583-1/1

社会责任管理蓝皮书
中国上市公司社会责任能力成熟度报告（2017）No.2
著(编)者：肖红军 王晓光 李伟阳
2017年12月出版 / 估价：98.00元
PSN B-2015-507-2/2

社会责任管理蓝皮书
中国企业公众透明度报告(2017)No.3
著(编)者：黄速建 熊梦 王晓光 肖红军
2017年4月出版 / 估价：98.00元
PSN B-2015-440-1/2

食品药品蓝皮书
食品药品安全与监管政策研究报告（2016～2017）
著(编)者：唐民皓 2017年6月出版 / 估价：89.00元
PSN B-2009-129-1/1

世界能源蓝皮书
世界能源发展报告（2017）
著(编)者：黄晓勇 2017年6月出版 / 估价：99.00元
PSN B-2013-349-1/1

水利风景区蓝皮书
中国水利风景区发展报告（2017）
著(编)者：谢婵才 兰思仁 2017年5月出版 / 估价：89.00元
PSN B-2015-480-1/1

碳市场蓝皮书
中国碳市场报告（2017）
著(编)者：定金彪 2017年11月出版 / 估价：89.00元
PSN B-2014-430-1/1

体育蓝皮书
中国体育产业发展报告（2017）
著(编)者：阮伟 钟秉枢 2017年12月出版 / 估价：89.00元
PSN B-2010-179-1/4

网络空间安全蓝皮书
中国网络空间安全发展报告（2017）
著(编)者：惠志斌 唐涛 2017年4月出版 / 估价：89.00元
PSN B-2015-466-1/1

西部金融蓝皮书
中国西部金融发展报告（2017）
著(编)者：李忠民 2017年8月出版 / 估价：85.00元
PSN B-2010-160-1/1

协会商会蓝皮书
中国行业协会商会发展报告（2017）
著(编)者：景朝阳 李勇 2017年4月出版 / 估价：99.00元
PSN B-2015-461-1/1

新能源汽车蓝皮书
中国新能源汽车产业发展报告（2017）
著(编)者：中国汽车技术研究中心
日产（中国）投资有限公司 东风汽车有限公司
2017年7月出版 / 估价：98.00元
PSN B-2013-347-1/1

新三板蓝皮书
中国新三板市场发展报告（2017）
著(编)者：王力 2017年6月出版 / 估价：89.00元
PSN B-2016-534-1/1

信托市场蓝皮书
中国信托业市场报告（2016～2017）
著(编)者：用益信托研究院
2017年1月出版 / 定价：198.00元
PSN B-2014-371-1/1

信息化蓝皮书
中国信息化形势分析与预测（2016~2017）
著(编)者：周宏仁 2017年8月出版 / 估价：98.00元
PSN B-2010-168-1/1

信用蓝皮书
中国信用发展报告（2017）
著(编)者：章政 田侃　2017年4月出版 / 估价：99.00元
PSN B-2013-328-1/1

休闲绿皮书
2017年中国休闲发展报告
著(编)者：宋瑞　2017年10月出版 / 估价：89.00元
PSN G-2010-158-1/1

休闲体育蓝皮书
中国休闲体育发展报告（2016~2017）
著(编)者：李相如　钟炳枢　2017年10月出版 / 估价：89.00元
PSN G-2016-516-1/1

养老金融蓝皮书
中国养老金融发展报告（2017）
著(编)者：董克用　姚余栋
2017年8月出版 / 估价：89.00元
PSN B-2016-584-1/1

药品流通蓝皮书
中国药品流通行业发展报告（2017）
著(编)者：佘鲁林 温再兴　2017年8月出版 / 估价：158.00元
PSN B-2014-429-1/1

医院蓝皮书
中国医院竞争力报告（2017）
著(编)者：庄一强　曾益新　2017年3月出版 / 定价：108.00元
PSN B-2016-529-1/1

邮轮绿皮书
中国邮轮产业发展报告（2017）
著(编)者：汪泓　2017年10月出版 / 估价：89.00元
PSN G-2014-419-1/1

智能养老蓝皮书
中国智能养老产业发展报告（2017）
著(编)者：朱勇　2017年10月出版 / 估价：89.00元
PSN B-2015-488-1/1

债券市场蓝皮书
中国债券市场发展报告（2016~2017）
著(编)者：杨农　2017年10月出版 / 估价：89.00元
PSN B-2016-573-1/1

中国节能汽车蓝皮书
中国节能汽车发展报告（2016~2017）
著(编)者：中国汽车工程研究院股份有限公司
2017年9月出版 / 估价：98.00元
PSN B-2016-566-1/1

中国上市公司蓝皮书
中国上市公司发展报告（2017）
著(编)者：张平 王宏淼
2017年10月出版 / 估价：98.00元
PSN B-2014-414-1/1

中国陶瓷产业蓝皮书
中国陶瓷产业发展报告（2017）
著(编)者：左和平 黄速建　2017年10月出版 / 估价：98.00元
PSN B-2016-574-1/1

中国总部经济蓝皮书
中国总部经济发展报告（2016~2017）
著(编)者：赵弘　2017年9月出版 / 估价：89.00元
PSN B-2005-036-1/1

中医文化蓝皮书
中国中医药文化传播发展报告（2017）
著(编)者：毛嘉陵　2017年7月出版 / 估价：89.00元
PSN B-2015-468-1/1

装备制造业蓝皮书
中国装备制造业发展报告（2017）
著(编)者：徐东华　2017年12月出版 / 估价：148.00元
PSN B-2015-505-1/1

资本市场蓝皮书
中国场外交易市场发展报告（2016~2017）
著(编)者：高峦　2017年4月出版 / 估价：89.00元
PSN B-2009-153-1/1

资产管理蓝皮书
中国资产管理行业发展报告（2017）
著(编)者：智信资产管理研究院
2017年6月出版 / 估价：89.00元
PSN B-2014-407-2/2

文化传媒类

传媒竞争力蓝皮书
中国传媒国际竞争力研究报告（2017）
著(编)者：李本乾 刘强
2017年11月出版 / 估价：148.00元
PSN B-2013-356-1/1

传媒蓝皮书
中国传媒产业发展报告（2017）
著(编)者：崔保国　2017年5月出版 / 估价：98.00元
PSN B-2005-035-1/1

传媒投资蓝皮书
中国传媒投资发展报告（2017）
著(编)者：张向东 谭云明
2017年6月出版 / 估价：128.00元
PSN B-2015-474-1/1

动漫蓝皮书
中国动漫产业发展报告（2017）
著(编)者：卢斌 郑玉明 牛兴侦
2017年9月出版 / 估价：89.00元
PSN B-2011-198-1/1

非物质文化遗产蓝皮书
中国非物质文化遗产发展报告（2017）
著(编)者：陈平　2017年5月出版 / 估价：98.00元
PSN B-2015-469-1/1

广电蓝皮书
中国广播电影电视发展报告（2017）
著(编)者：国家新闻出版广电总局发展研究中心
2017年7月出版 / 估价：98.00元
PSN B-2006-072-1/1

广告主蓝皮书
中国广告主营销传播趋势报告 No.9
著(编)者：黄升民 杜国清 邵华冬 等
2017年10月出版 / 估价：148.00元
PSN B-2005-041-1/1

国际传播蓝皮书
中国国际传播发展报告（2017）
著(编)者：胡正荣 李继东 姬德强
2017年11月出版 / 估价：89.00元
PSN B-2014-408-1/1

国家形象蓝皮书
中国国家形象传播报告（2016）
著(编)者：张昆　2017年3月出版 / 定价：98.00元
PSN B-2017-605-1/1

纪录片蓝皮书
中国纪录片发展报告（2017）
著(编)者：何苏六　2017年9月出版 / 估价：89.00元
PSN B-2011-222-1/1

科学传播蓝皮书
中国科学传播报告（2017）
著(编)者：詹正茂　2017年7月出版 / 估价：89.00元
PSN B-2008-120-1/1

两岸创意经济蓝皮书
两岸创意经济研究报告（2017）
著(编)者：罗昌智 林咏能
2017年10月出版 / 估价：98.00元
PSN B-2014-437-1/1

媒介与女性蓝皮书
中国媒介与女性发展报告(2016~2017)
著(编)者：刘利群　2017年9月出版 / 估价：118.00元
PSN B-2013-345-1/1

媒体融合蓝皮书
中国媒体融合发展报告（2017）
著(编)者：梅宁华 宋建武　2017年7月出版 / 估价：89.00元
PSN B-2015-479-1/1

全球传媒蓝皮书
全球传媒发展报告（2017）
著(编)者：胡正荣 李继东 唐晓芬
2017年11月出版 / 估价：89.00元
PSN B-2012-237-1/1

少数民族非遗蓝皮书
中国少数民族非物质文化遗产发展报告（2017）
著(编)者：肖远平（彝） 柴立（满）
2017年8月出版 / 估价：98.00元
PSN B-2015-467-1/1

视听新媒体蓝皮书
中国视听新媒体发展报告（2017）
著(编)者：国家新闻出版广电总局发展研究中心
2017年7月出版 / 估价：98.00元
PSN B-2011-184-1/1

文化创新蓝皮书
中国文化创新报告（2017）No.7
著(编)者：于平 傅才武　2017年7月出版 / 估价：98.00元
PSN B-2009-143-1/1

文化建设蓝皮书
中国文化发展报告（2016~2017）
著(编)者：江畅 孙伟平 戴茂堂
2017年6月出版 / 估价：116.00元
PSN B-2014-392-1/1

文化科技蓝皮书
文化科技创新发展报告（2017）
著(编)者：于平 李凤亮　2017年11月出版 / 估价：89.00元
PSN B-2013-342-1/1

文化蓝皮书
中国公共文化服务发展报告（2017）
著(编)者：刘新成 张永新 张旭
2017年12月出版 / 估价：98.00元
PSN B-2007-093-2/10

文化蓝皮书
中国公共文化投入增长测评报告（2017）
著(编)者：王亚南　2017年2月出版 / 定价：79.00元
PSN B-2014-435-10/10

文化蓝皮书
中国少数民族文化发展报告（2016~2017）
著(编)者：武翠英 张晓明 任乌晶
2017年9月出版 / 估价：89.00元
PSN B-2013-369-9/10

文化蓝皮书
中国文化产业发展报告（2016~2017）
著(编)者：张晓明 王家新 章建刚
2017年4月出版 / 估价：89.00元
PSN B-2002-019-1/10

文化蓝皮书
中国文化产业供需协调检测报告（2017）
著(编)者：王亚南 2017年2月出版 / 定价：79.00元
PSN B-2013-323-8/10

文化蓝皮书
中国文化消费需求景气评价报告（2017）
著(编)者：王亚南 2017年2月出版 / 定价：79.00元
PSN B-2011-236-4/10

文化品牌蓝皮书
中国文化品牌发展报告（2017）
著(编)者：欧阳友权 2017年5月出版 / 估价：98.00元
PSN B-2012-277-1/1

文化遗产蓝皮书
中国文化遗产事业发展报告（2017）
著(编)者：苏杨 张颖岚 王宇飞
2017年8月出版 / 估价：98.00元
PSN B-2008-119-1/1

文学蓝皮书
中国文情报告（2016~2017）
著(编)者：白烨 2017年5月出版 / 估价：49.00元
PSN B-2011-221-1/1

新媒体蓝皮书
中国新媒体发展报告No.8（2017）
著(编)者：唐绪军 2017年6月出版 / 估价：89.00元
PSN B-2010-169-1/1

新媒体社会责任蓝皮书
中国新媒体社会责任研究报告（2017）
著(编)者：钟瑛 2017年11月出版 / 估价：89.00元
PSN B-2014-423-1/1

移动互联网蓝皮书
中国移动互联网发展报告（2017）
著(编)者：官建文 2017年6月出版 / 估价：89.00元
PSN B-2012-282-1/1

舆情蓝皮书
中国社会舆情与危机管理报告（2017）
著(编)者：谢耘耕 2017年9月出版 / 估价：128.00元
PSN B-2011-235-1/1

影视蓝皮书
中国影视产业发展报告（2017）
著(编)者：司若 2017年4月出版 / 估价：138.00元
PSN B-2016-530-1/1

地方发展类

安徽经济蓝皮书
合芜蚌国家自主创新综合示范区研究报告（2016~2017）
著(编)者：黄家海 王开玉 蔡宪
2017年7月出版 / 估价：89.00元
PSN B-2014-383-1/1

安徽蓝皮书
安徽社会发展报告（2017）
著(编)者：程桦 2017年4月出版 / 估价：89.00元
PSN B-2013-325-1/1

澳门蓝皮书
澳门经济社会发展报告（2016~2017）
著(编)者：吴志良 郝雨凡 2017年6月出版 / 估价：98.00元
PSN B-2009-138-1/1

北京蓝皮书
北京公共服务发展报告（2016~2017）
著(编)者：施昌奎 2017年3月出版 / 定价：79.00元
PSN B-2008-103-7/8

北京蓝皮书
北京经济发展报告（2016~2017）
著(编)者：杨松 2017年6月出版 / 估价：89.00元
PSN B-2006-054-2/8

北京蓝皮书
北京社会发展报告（2016~2017）
著(编)者：李伟东 2017年6月出版 / 估价：89.00元
PSN B-2006-055-3/8

北京蓝皮书
北京社会治理发展报告（2016~2017）
著(编)者：殷星辰 2017年5月出版 / 估价：89.00元
PSN B-2014-391-8/8

北京蓝皮书
北京文化发展报告（2016~2017）
著(编)者：李建盛 2017年4月出版 / 估价：89.00元
PSN B-2007-082-4/8

北京律师绿皮书
北京律师发展报告No.3（2017）
著(编)者：王隽 2017年7月出版 / 估价：88.00元
PSN G-2012-301-1/1

北京旅游蓝皮书
北京旅游发展报告（2017）
著(编)者：北京旅游学会 2017年4月出版 / 估价：88.00元
PSN B-2011-217-1/1

北京人才蓝皮书
北京人才发展报告（2017）
著(编)者：于淼　2017年12月出版 / 估价：128.00元
PSN B-2011-201-1/1

北京社会心态蓝皮书
北京社会心态分析报告（2016～2017）
著(编)者：北京社会心理研究所
2017年8月出版 / 估价：89.00元
PSN B-2014-422-1/1

北京社会组织管理蓝皮书
北京社会组织发展与管理（2016～2017）
著(编)者：黄江松　2017年4月出版 / 估价：88.00元
PSN B-2015-446-1/1

北京体育蓝皮书
北京体育产业发展报告（2016～2017）
著(编)者：钟秉枢 陈杰 杨铁黎
2017年9月出版 / 估价：89.00元
PSN B-2015-475-1/1

北京养老产业蓝皮书
北京养老产业发展报告（2017）
著(编)者：周明明 冯喜良　2017年8月出版 / 估价：89.00元
PSN B-2015-465-1/1

滨海金融蓝皮书
滨海新区金融发展报告（2017）
著(编)者：王爱俭 张锐钢　2017年12月出版 / 估价：89.00元
PSN B-2014-424-1/1

城乡一体化蓝皮书
中国城乡一体化发展报告•北京卷（2016～2017）
著(编)者：张宝秀 黄序　2017年5月出版 / 估价：89.00元
PSN B-2012-258-2/2

创意城市蓝皮书
北京文化创意产业发展报告（2017）
著(编)者：张京成 王国华　2017年10月出版 / 估价：89.00元
PSN B-2012-263-1/7

创意城市蓝皮书
天津文化创意产业发展报告（2016～2017）
著(编)者：谢思全　2017年6月出版 / 估价：89.00元
PSN B-2016-537-7/7

创意城市蓝皮书
武汉文化创意产业发展报告（2017）
著(编)者：黄永林 陈汉桥　2017年9月出版 / 估价：99.00元
PSN B-2013-354-4/7

创意上海蓝皮书
上海文化创意产业发展报告（2016～2017）
著(编)者：王慧敏 王兴全　2017年8月出版 / 估价：89.00元
PSN B-2016-562-1/1

福建妇女发展蓝皮书
福建省妇女发展报告（2017）
著(编)者：刘群英　2017年11月出版 / 估价：88.00元
PSN B-2011-220-1/1

福建自贸区蓝皮书
中国（福建）自由贸易实验区发展报告（2016～2017）
著(编)者：黄茂兴　2017年4月出版 / 估价：108.00元
PSN B-2017-532-1/1

甘肃蓝皮书
甘肃经济发展分析与预测（2017）
著(编)者：安文华 罗哲　2017年1月出版 / 定价：79.00元
PSN B-2013-312-1/6

甘肃蓝皮书
甘肃社会发展分析与预测（2017）
著(编)者：安文华 包晓霞 谢增虎
2017年1月出版 / 定价：79.00元
PSN B-2013-313-2/6

甘肃蓝皮书
甘肃文化发展分析与预测（2017）
著(编)者：王俊莲 周小华　2017年1月出版 / 定价：79.00元
PSN B-2013-314-3/6

甘肃蓝皮书
甘肃县域和农村发展报告（2017）
著(编)者：朱智文 包东红 王建兵
2017年1月出版 / 定价：79.00元
PSN B-2013-316-5/6

甘肃蓝皮书
甘肃舆情分析与预测（2017）
著(编)者：陈双梅 张谦元　2017年1月出版 / 定价：79.00元
PSN B-2013-315-4/6

甘肃蓝皮书
甘肃商贸流通发展报告（2017）
著(编)者：张应华 王福生 王晓芳
2017年1月出版 / 定价：79.00元
PSN B-2016-523-6/6

广东蓝皮书
广东全面深化改革发展报告（2017）
著(编)者：周林生 涂成林　2017年12月出版 / 估价：89.00元
PSN B-2015-504-3/3

广东蓝皮书
广东社会工作发展报告（2017）
著(编)者：罗观翠　2017年6月出版 / 估价：89.00元
PSN B-2014-402-2/3

广东外经贸蓝皮书
广东对外经济贸易发展研究报告（2016~2017）
著(编)者：陈万灵　2017年8月出版 / 估价：98.00元
PSN B-2012-286-1/1

广西北部湾经济区蓝皮书
广西北部湾经济区开放开发报告（2017）
著(编)者：广西北部湾经济区规划建设管理委员会办公室
广西社会科学院广西北部湾发展研究院
2017年4月出版 / 估价：89.00元
PSN B-2010-181-1/1

巩义蓝皮书
巩义经济社会发展报告（2017）
著(编)者：丁同民 朱军　2017年4月出版 / 估价：58.00元
PSN B-2016-533-1/1

广州蓝皮书
2017年中国广州经济形势分析与预测
著(编)者：庾建设 陈浩钿 谢博能
2017年7月出版 / 估价：85.00元
PSN B-2011-185-9/14

广州蓝皮书
2017年中国广州社会形势分析与预测
著(编)者：张强 陈怡霓 杨秦 2017年6月出版 / 估价：85.00元
PSN B-2008-110-5/14

广州蓝皮书
广州城市国际化发展报告（2017）
著(编)者：朱名宏 2017年8月出版 / 估价：79.00元
PSN B-2012-246-11/14

广州蓝皮书
广州创新型城市发展报告（2017）
著(编)者：尹涛 2017年7月出版 / 估价：79.00元
PSN B-2012-247-12/14

广州蓝皮书
广州经济发展报告（2017）
著(编)者：朱名宏 2017年7月出版 / 估价：79.00元
PSN B-2005-040-1/14

广州蓝皮书
广州农村发展报告（2017）
著(编)者：朱名宏 2017年8月出版 / 估价：79.00元
PSN B-2010-167-8/14

广州蓝皮书
广州汽车产业发展报告（2017）
著(编)者：杨再高 冯兴亚 2017年7月出版 / 估价：79.00元
PSN B-2006-066-3/14

广州蓝皮书
广州青年发展报告（2016～2017）
著(编)者：徐柳 张强 2017年9月出版 / 估价：79.00元
PSN B-2013-352-13/14

广州蓝皮书
广州商贸业发展报告（2017）
著(编)者：李江涛 肖振宇 荀振英
2017年7月出版 / 估价：79.00元
PSN B-2012-245-10/14

广州蓝皮书
广州社会保障发展报告（2017）
著(编)者：蔡国萱 2017年8月出版 / 估价：79.00元
PSN B-2014-425-14/14

广州蓝皮书
广州文化创意产业发展报告（2017）
著(编)者：徐咏虹 2017年7月出版 / 估价：79.00元
PSN B-2008-111-6/14

广州蓝皮书
中国广州城市建设与管理发展报告（2017）
著(编)者：董皞 陈小钢 李江涛
2017年7月出版 / 估价：85.00元
PSN B-2007-087-4/14

广州蓝皮书
中国广州科技创新发展报告（2017）
著(编)者：邹采荣 马正勇 陈爽
2017年7月出版 / 估价：79.00元
PSN B-2006-065-2/14

广州蓝皮书
中国广州文化发展报告（2017）
著(编)者：徐俊忠 陆志强 顾涧清
2017年7月出版 / 估价：79.00元
PSN B-2009-134-7/14

贵阳蓝皮书
贵阳城市创新发展报告No.2（白云篇）
著(编)者：连玉明 2017年10月出版 / 估价：89.00元
PSN B-2015-491-3/10

贵阳蓝皮书
贵阳城市创新发展报告No.2（观山湖篇）
著(编)者：连玉明 2017年10月出版 / 估价：89.00元
PSN B-2011-235-1/1

贵阳蓝皮书
贵阳城市创新发展报告No.2（花溪篇）
著(编)者：连玉明 2017年10月出版 / 估价：89.00元
PSN B-2015-490-2/10

贵阳蓝皮书
贵阳城市创新发展报告No.2（开阳篇）
著(编)者：连玉明 2017年10月出版 / 估价：89.00元
PSN B-2015-492-4/10

贵阳蓝皮书
贵阳城市创新发展报告No.2（南明篇）
著(编)者：连玉明 2017年10月出版 / 估价：89.00元
PSN B-2015-496-8/10

贵阳蓝皮书
贵阳城市创新发展报告No.2（清镇篇）
著(编)者：连玉明 2017年10月出版 / 估价：89.00元
PSN B-2015-489-1/10

贵阳蓝皮书
贵阳城市创新发展报告No.2（乌当篇）
著(编)者：连玉明 2017年10月出版 / 估价：89.00元
PSN B-2015-495-7/10

贵阳蓝皮书
贵阳城市创新发展报告No.2（息烽篇）
著(编)者：连玉明 2017年10月出版 / 估价：89.00元
PSN B-2015-493-5/10

贵阳蓝皮书
贵阳城市创新发展报告No.2（修文篇）
著(编)者：连玉明 2017年10月出版 / 估价：89.00元
PSN B-2015-494-6/10

贵阳蓝皮书
贵阳城市创新发展报告No.2（云岩篇）
著(编)者：连玉明 2017年10月出版 / 估价：89.00元
PSN B-2015-498-10/10

贵州房地产蓝皮书
贵州房地产发展报告No.4（2017）
著(编)者：武廷方 2017年7月出版 / 估价：89.00元
PSN B-2014-426-1/1

贵州蓝皮书
贵州册亨经济社会发展报告(2017)
著(编)者：黄德林 2017年3月出版 / 估价：89.00元
PSN B-2016-526-8/9

贵州蓝皮书
贵安新区发展报告（2016~2017）
著(编)者：马长青 吴大华　2017年6月出版 / 估价：89.00元
PSN B-2015-459-4/9

贵州蓝皮书
贵州法治发展报告（2017）
著(编)者：吴大华　2017年5月出版 / 估价：89.00元
PSN B-2012-254-2/9

贵州蓝皮书
贵州国有企业社会责任发展报告（2016~2017）
著(编)者：郭丽 周航 万强
2017年12月出版 / 估价：89.00元
PSN B-2015-511-6/9

贵州蓝皮书
贵州民航业发展报告（2017）
著(编)者：申振东 吴大华　2017年10月出版 / 估价：89.00元
PSN B-2015-471-5/9

贵州蓝皮书
贵州民营经济发展报告（2017）
著(编)者：杨静 吴大华　2017年4月出版 / 估价：89.00元
PSN B-2016-531-9/9

贵州蓝皮书
贵州人才发展报告（2017）
著(编)者：于杰 吴大华　2017年9月出版 / 估价：89.00元
PSN B-2014-382-3/9

贵州蓝皮书
贵州社会发展报告（2017）
著(编)者：王兴骥　2017年6月出版 / 估价：89.00元
PSN B-2010-166-1/9

贵州蓝皮书
贵州国家级开放创新平台发展报告（2017）
著(编)者：申晓庆　吴大华　李泓
2017年6月出版 / 估价：89.00元
PSN B-2016-518-1/9

海淀蓝皮书
海淀区文化和科技融合发展报告（2017）
著(编)者：陈名杰 孟景伟　2017年5月出版 / 估价：85.00元
PSN B-2013-329-1/1

杭州都市圈蓝皮书
杭州都市圏发展报告（2017）
著(编)者：沈翔 戚建国　2017年5月出版 / 估价：128.00元
PSN B-2012-302-1/1

杭州蓝皮书
杭州妇女发展报告（2017）
著(编)者：魏颖　2017年6月出版 / 估价：89.00元
PSN B-2014-403-1/1

河北经济蓝皮书
河北省经济发展报告（2017）
著(编)者：马树强 金浩 张贵
2017年4月出版 / 估价：89.00元
PSN B-2014-380-1/1

河北蓝皮书
河北经济社会发展报告（2017）
著(编)者：郭金平　2017年1月出版 / 定价：79.00元
PSN B-2014-372-1/2

河北蓝皮书
京津冀协同发展报告（2017）
著(编)者：陈路　2017年1月出版 / 定价：79.00元
PSN B-2017-601-2/2

河北食品药品安全蓝皮书
河北食品药品安全研究报告（2017）
著(编)者：丁锦霞　2017年6月出版 / 估价：89.00元
PSN B-2015-473-1/1

河南经济蓝皮书
2017年河南经济形势分析与预测
著(编)者：王世炎　2017年3月出版 / 定价：79.00元
PSN B-2007-086-1/1

河南蓝皮书
2017年河南社会形势分析与预测
著(编)者：刘道兴 牛苏林　2017年4月出版 / 估价89.00元
PSN B-2005-043-1/8

河南蓝皮书
河南城市发展报告（2017）
著(编)者：张占仓 王建国　2017年5月出版 / 估价：89.00元
PSN B-2009-131-3/8

河南蓝皮书
河南法治发展报告（2017）
著(编)者：丁同民 张林海　2017年5月出版 / 估价：89.00元
PSN B-2014-376-6/8

河南蓝皮书
河南工业发展报告（2017）
著(编)者：张占仓 丁同民　2017年5月出版 / 估价：89.00元
PSN B-2013-317-5/8

河南蓝皮书
河南金融发展报告（2017）
著(编)者：河南省社会科学院
2017年6月出版 / 估价：89.00元
PSN B-2014-390-7/8

河南蓝皮书
河南经济发展报告（2017）
著(编)者：张占仓　完世伟　2017年4月出版 / 估价：89.00元
PSN B-2010-157-4/8

河南蓝皮书
河南农业农村发展报告（2017）
著(编)者：吴海峰　2017年4月出版 / 估价：89.00元
PSN B-2015-445-8/8

河南蓝皮书
河南文化发展报告（2017）
著(编)者：卫绍生　2017年4月出版 / 估价：88.00元
PSN B-2008-106-2/8

河南商务蓝皮书
河南商务发展报告（2017）
著(编)者：焦锦淼 穆荣国　2017年6月出版 / 估价：88.00元
PSN B-2014-399-1/1

黑龙江蓝皮书
黑龙江经济发展报告（2017）
著(编)者：朱宇　2017年1月出版 / 定价：79.00元
PSN B-2011-190-2/2

黑龙江蓝皮书
黑龙江社会发展报告（2017）
著(编)者：谢宝禄　2017年1月出版 / 定价：79.00元
PSN B-2011-189-1/2

湖北文化蓝皮书
湖北文化发展报告（2017）
著(编)者：吴成国　2017年10月出版 / 估价：95.00元
PSN B-2016-567-1/1

湖南城市蓝皮书
区域城市群整合
著(编)者：童中贤 韩未名
2017年12月出版 / 估价：89.00元
PSN B-2006-064-1/1

湖南蓝皮书
2017年湖南产业发展报告
著(编)者：梁志峰　2017年5月出版 / 估价：128.00元
PSN B-2011-207-2/8

湖南蓝皮书
2017年湖南电子政务发展报告
著(编)者：梁志峰　2017年5月出版 / 估价：128.00元
PSN B-2014-394-6/8

湖南蓝皮书
2017年湖南经济展望
著(编)者：梁志峰　2017年5月出版 / 估价：128.00元
PSN B-2011-206-1/8

湖南蓝皮书
2017年湖南两型社会与生态文明发展报告
著(编)者：梁志峰　2017年5月出版 / 估价：128.00元
PSN B-2011-208-3/8

湖南蓝皮书
2017年湖南社会发展报告
著(编)者：梁志峰　2017年5月出版 / 估价：128.00元
PSN B-2014-393-5/8

湖南蓝皮书
2017年湖南县域经济社会发展报告
著(编)者：梁志峰　2017年5月出版 / 估价：128.00元
PSN B-2014-395-7/8

湖南蓝皮书
湖南城乡一体化发展报告（2017）
著(编)者：陈文胜 王文强 陆福兴 邝奕轩
2017年6月出版 / 估价：89.00元
PSN B-2015-477-8/8

湖南县域绿皮书
湖南县域发展报告 No.3
著(编)者：袁准 周小毛 黎仁寅
2017年3月出版 / 定价：79.00元
PSN G-2012-274-1/1

沪港蓝皮书
沪港发展报告（2017）
著(编)者：尤安山　2017年9月出版 / 估价：89.00元
PSN B-2013-362-1/1

吉林蓝皮书
2017年吉林经济社会形势分析与预测
著(编)者：邵汉明　2016年12月出版 / 定价：79.00元
PSN B-2013-319-1/1

吉林省城市竞争力蓝皮书
吉林省城市竞争力报告（2016~2017）
著(编)者：崔岳春 张磊　2016年12月出版 / 定价：79.00元
PSN B-2015-513-1/1

济源蓝皮书
济源经济社会发展报告（2017）
著(编)者：喻新安　2017年4月出版 / 估价：89.00元
PSN B-2014-387-1/1

健康城市蓝皮书
北京健康城市建设研究报告（2017）
著(编)者：王鸿春　2017年8月出版 / 估价：89.00元
PSN B-2015-460-1/2

江苏法治蓝皮书
江苏法治发展报告 No.6（2017）
著(编)者：蔡道通 龚廷泰　2017年8月出版 / 估价：98.00元
PSN B-2012-290-1/1

江西蓝皮书
江西经济社会发展报告（2017）
著(编)者：张勇 姜玮 梁勇　2017年10月出版 / 估价：89.00元
PSN B-2015-484-1/2

江西蓝皮书
江西设区市发展报告（2017）
著(编)者：姜玮 梁勇　2017年10月出版 / 估价：79.00元
PSN B-2016-517-2/2

江西文化蓝皮书
江西文化产业发展报告（2017）
著(编)者：张圣才 汪春翔
2017年10月出版 / 估价：128.00元
PSN B-2015-499-1/1

街道蓝皮书
北京街道发展报告No.2（白纸坊篇）
著(编)者：连玉明　2017年8月出版 / 估价：98.00元
PSN B-2016-544-7/15

街道蓝皮书
北京街道发展报告No.2（椿树篇）
著(编)者：连玉明　2017年8月出版 / 估价：98.00元
PSN B-2016-548-11/15

街道蓝皮书
北京街道发展报告No.2（大栅栏篇）
著(编)者：连玉明　2017年8月出版 / 估价：98.00元
PSN B-2016-552-15/15

街道蓝皮书
北京街道发展报告No.2（德胜篇）
著(编)者：连玉明　2017年8月出版 / 估价：98.00元
PSN B-2016-551-14/15

街道蓝皮书
北京街道发展报告No.2（广安门内篇）
著(编)者：连玉明　2017年8月出版 / 估价：98.00元
PSN B-2016-540-3/15

街道蓝皮书
北京街道发展报告No.2（广安门外篇）
著(编)者：连玉明　2017年8月出版 / 估价：98.00元
PSN B-2016-547-10/15

街道蓝皮书
北京街道发展报告No.2（金融街篇）
著(编)者：连玉明　2017年8月出版 / 估价：98.00元
PSN B-2016-538-1/15

街道蓝皮书
北京街道发展报告No.2（牛街篇）
著(编)者：连玉明　2017年8月出版 / 估价：98.00元
PSN B-2016-545-8/15

街道蓝皮书
北京街道发展报告No.2（什刹海篇）
著(编)者：连玉明　2017年8月出版 / 估价：98.00元
PSN B-2016-546-9/15

街道蓝皮书
北京街道发展报告No.2（陶然亭篇）
著(编)者：连玉明　2017年8月出版 / 估价：98.00元
PSN B-2016-542-5/15

街道蓝皮书
北京街道发展报告No.2（天桥篇）
著(编)者：连玉明　2017年8月出版 / 估价：98.00元
PSN B-2016-549-12/15

街道蓝皮书
北京街道发展报告No.2（西长安街篇）
著(编)者：连玉明　2017年8月出版 / 估价：98.00元
PSN B-2016-543-6/15

街道蓝皮书
北京街道发展报告No.2（新街口篇）
著(编)者：连玉明　2017年8月出版 / 估价：98.00元
PSN B-2016-541-4/15

街道蓝皮书
北京街道发展报告No.2（月坛篇）
著(编)者：连玉明　2017年8月出版 / 估价：98.00元
PSN B-2016-539-2/15

街道蓝皮书
北京街道发展报告No.2（展览路篇）
著(编)者：连玉明　2017年8月出版 / 估价：98.00元
PSN B-2016-550-13/15

经济特区蓝皮书
中国经济特区发展报告（2017）
著(编)者：陶一桃　2017年12月出版 / 估价：98.00元
PSN B-2009-139-1/1

辽宁蓝皮书
2017年辽宁经济社会形势分析与预测
著(编)者：曹晓峰　梁启东
2017年4月出版 / 估价：79.00元
PSN B-2006-053-1/1

洛阳蓝皮书
洛阳文化发展报告（2017）
著(编)者：刘福兴 陈启明　2017年7月出版 / 估价：89.00元
PSN B-2015-476-1/1

南京蓝皮书
南京文化发展报告（2017）
著(编)者：徐宁　2017年10月出版 / 估价：89.00元
PSN B-2014-439-1/1

南宁蓝皮书
南宁法治发展报告（2017）
著(编)者：杨维超　2017年12月出版 / 估价：79.00元
PSN B-2015-509-1/3

南宁蓝皮书
南宁经济发展报告（2017）
著(编)者：胡建华　2017年9月出版 / 估价：79.00元
PSN B-2016-570-2/3

南宁蓝皮书
南宁社会发展报告（2017）
著(编)者：胡建华　2017年9月出版 / 估价：79.00元
PSN B-2016-571-3/3

内蒙古蓝皮书
内蒙古反腐倡廉建设报告 No.2
著(编)者：张志华 无极　2017年12月出版 / 估价：79.00元
PSN B-2013-365-1/1

浦东新区蓝皮书
上海浦东经济发展报告（2017）
著(编)者：沈开艳 周奇　2017年2月出版 / 定价：79.00元
PSN B-2011-225-1/1

青海蓝皮书
2017年青海经济社会形势分析与预测
著(编)者：陈玮　2016年12月出版 / 定价：79.00元
PSN B-2012-275-1/1

人口与健康蓝皮书
深圳人口与健康发展报告（2017）
著(编)者：陆杰华 罗乐宣 苏杨
2017年11月出版 / 估价：89.00元
PSN B-2011-228-1/1

山东蓝皮书
山东经济形势分析与预测（2017）
著(编)者：李广杰　2017年7月出版 / 估价：89.00元
PSN B-2014-404-1/4

山东蓝皮书
山东社会形势分析与预测（2017）
著(编)者：张华 唐洲雁　2017年6月出版 / 估价：89.00元
PSN B-2014-405-2/4

山东蓝皮书
山东文化发展报告（2017）
著(编)者：涂可国　2017年11月出版 / 估价：98.00元
PSN B-2014-406-3/4

山西蓝皮书
山西资源型经济转型发展报告（2017）
著(编)者：李志强　2017年7月出版 / 估价：89.00元
PSN B-2011-197-1/1

陕西蓝皮书
陕西经济发展报告（2017）
著(编)者：任宗哲 白宽犁 裴成荣
2017年1月出版 / 定价：69.00元
PSN B-2009-135-1/5

陕西蓝皮书
陕西社会发展报告（2017）
著(编)者：任宗哲 白宽犁 牛昉
2017年1月出版 / 定价：69.00元
PSN B-2009-136-2/5

陕西蓝皮书
陕西文化发展报告（2017）
著(编)者：任宗哲 白宽犁 王长寿
2017年1月出版 / 定价：69.00元
PSN B-2009-137-3/5

上海蓝皮书
上海传媒发展报告（2017）
著(编)者：强荧 焦雨虹 2017年2月出版 / 定价：79.00元
PSN B-2012-295-5/7

上海蓝皮书
上海法治发展报告（2017）
著(编)者：叶青 2017年6月出版 / 估价：89.00元
PSN B-2012-296-6/7

上海蓝皮书
上海经济发展报告（2017）
著(编)者：沈开艳 2017年2月出版 / 定价：79.00元
PSN B-2006-057-1/7

上海蓝皮书
上海社会发展报告（2017）
著(编)者：杨雄 周海旺 2017年2月出版 / 定价：79.00元
PSN B-2006-058-2/7

上海蓝皮书
上海文化发展报告（2017）
著(编)者：荣跃明 2017年2月出版 / 定价：79.00元
PSN B-2006-059-3/7

上海蓝皮书
上海文学发展报告（2017）
著(编)者：陈圣来 2017年6月出版 / 估价：89.00元
PSN B-2012-297-7/7

上海蓝皮书
上海资源环境发展报告（2017）
著(编)者：周冯琦 汤庆合
2017年2月出版 / 定价：79.00元
PSN B-2006-060-4/7

社会建设蓝皮书
2017年北京社会建设分析报告
著(编)者：宋贵伦 冯虹 2017年10月出版 / 估价：89.00元
PSN B-2010-173-1/1

深圳蓝皮书
深圳法治发展报告（2017）
著(编)者：张骁儒 2017年6月出版 / 估价：89.00元
PSN B-2015-470-6/7

深圳蓝皮书
深圳经济发展报告（2017）
著(编)者：张骁儒 2017年7月出版 / 估价：89.00元
PSN B-2008-112-3/7

深圳蓝皮书
深圳劳动关系发展报告（2017）
著(编)者：汤庭芬 2017年6月出版 / 估价：89.00元
PSN B-2007-097-2/7

深圳蓝皮书
深圳社会建设与发展报告（2017）
著(编)者：张骁儒 陈东平 2017年7月出版 / 估价：89.00元
PSN B-2008-113-4/7

深圳蓝皮书
深圳文化发展报告(2017)
著(编)者：张骁儒 2017年7月出版 / 估价：89.00元
PSN B-2016-555-7/7

丝绸之路蓝皮书
丝绸之路经济带发展报告（2017）
著(编)者：任宗哲 白宽犁 谷孟宾
2017年1月出版 / 定价：75.00元
PSN B-2014-410-1/1

法治蓝皮书
四川依法治省年度报告 No.3（2017）
著(编)者：李林 杨天宗 田禾
2017年3月出版 / 定价：118.00元
PSN B-2015-447-1/1

四川蓝皮书
2017年四川经济形势分析与预测
著(编)者：杨钢 2017年1月出版 / 定价：98.00元
PSN B-2007-098-2/7

四川蓝皮书
四川城镇化发展报告（2017）
著(编)者：侯水平 陈炜 2017年4月出版 / 估价：85.00元
PSN B-2015-456-7/7

四川蓝皮书
四川法治发展报告（2017）
著(编)者：郑泰安 2017年4月出版 / 估价：89.00元
PSN B-2015-441-5/7

四川蓝皮书
四川企业社会责任研究报告（2016～2017）
著(编)者：侯水平 盛毅 翟刚
2017年4月出版 / 估价：89.00元
PSN B-2014-386-4/7

四川蓝皮书
四川社会发展报告（2017）
著(编)者：李羚 2017年5月出版 / 估价：89.00元
PSN B-2008-127-3/7

四川蓝皮书
四川生态建设报告（2017）
著(编)者：李晟之 2017年4月出版 / 估价：85.00元
PSN B-2015-455-6/7

四川蓝皮书
四川文化产业发展报告（2017）
著(编)者：向宝云 张立伟
2017年4月出版 / 估价：89.00元
PSN B-2006-074-1/7

体育蓝皮书
上海体育产业发展报告（2016～2017）
著(编)者：张林 黄海燕
2017年10月出版 / 估价：89.00元
PSN B-2015-454-4/4

体育蓝皮书
长三角地区体育产业发展报告（2016～2017）
著(编)者：张林 2017年4月出版 / 估价：89.00元
PSN B-2015-453-3/4

天津金融蓝皮书
天津金融发展报告（2017）
著(编)者：王爱俭 孔德昌
2017年12月出版 / 估价：98.00元
PSN B-2014-418-1/1

图们江区域合作蓝皮书
图们江区域合作发展报告（2017）
著(编)者：李铁 2017年6月出版 / 估价：98.00元
PSN B-2015-464-1/1

温州蓝皮书
2017年温州经济社会形势分析与预测
著(编)者：潘忠强 王春光 金浩
2017年4月出版 / 估价：89.00元
PSN B-2008-105-1/1

西咸新区蓝皮书
西咸新区发展报告（2016~2017）
著(编)者：李扬 王军 2017年6月出版 / 估价：89.00元
PSN B-2016-535-1/1

扬州蓝皮书
扬州经济社会发展报告（2017）
著(编)者：丁纯 2017年12月出版 / 估价：98.00元
PSN B-2011-191-1/1

长株潭城市群蓝皮书
长株潭城市群发展报告（2017）
著(编)者：张萍 2017年12月出版 / 估价：89.00元
PSN B-2008-109-1/1

中医文化蓝皮书
北京中医文化传播发展报告（2017）
著(编)者：毛嘉陵 2017年5月出版 / 估价：79.00元
PSN B-2015-468-1/2

珠三角流通蓝皮书
珠三角商圈发展研究报告（2017）
著(编)者：王先庆 林至颖
2017年7月出版 / 估价：98.00元
PSN B-2012-292-1/1

遵义蓝皮书
遵义发展报告（2017）
著(编)者：曾征 龚永育 雍思强
2017年12月出版 / 估价：89.00元
PSN B-2014-433-1/1

国际问题类

“一带一路”跨境通道蓝皮书
“一带一路”跨境通道建设研究报告（2017）
著(编)者：郭业洲 2017年8月出版 / 估价：89.00元
PSN B-2016-558-1/1

“一带一路”蓝皮书
“一带一路”建设发展报告（2017）
著(编)者：孔丹 李永全 2017年7月出版 / 估价：89.00元
PSN B-2016-553-1/1

阿拉伯黄皮书
阿拉伯发展报告（2016～2017）
著(编)者：罗林 2017年11月出版 / 估价：89.00元
PSN Y-2014-381-1/1

北部湾蓝皮书
泛北部湾合作发展报告（2017）
著(编)者：吕余生 2017年12月出版 / 估价：85.00元
PSN B-2008-114-1/1

大湄公河次区域蓝皮书
大湄公河次区域合作发展报告（2017）
著(编)者：刘稚 2017年8月出版 / 估价：89.00元
PSN B-2011-196-1/1

大洋洲蓝皮书
大洋洲发展报告（2017）
著(编)者：喻常森 2017年10月出版 / 估价：89.00元
PSN B-2013-341-1/1

德国蓝皮书
德国发展报告（2017）
著(编)者：郑春荣　2017年6月出版 / 估价：89.00元
PSN B-2012-278-1/1

东盟黄皮书
东盟发展报告（2017）
著(编)者：杨晓强 庄国土
2017年4月出版 / 估价：89.00元
PSN Y-2012-303-1/1

东南亚蓝皮书
东南亚地区发展报告（2016～2017）
著(编)者：厦门大学东南亚研究中心　王勤
2017年12月出版 / 估价：89.00元
PSN B-2012-240-1/1

俄罗斯黄皮书
俄罗斯发展报告（2017）
著(编)者：李永全　2017年7月出版 / 估价：89.00元
PSN Y-2006-061-1/1

非洲黄皮书
非洲发展报告 No.19（2016～2017）
著(编)者：张宏明　2017年8月出版 / 估价：89.00元
PSN Y-2012-239-1/1

公共外交蓝皮书
中国公共外交发展报告（2017）
著(编)者：赵启正 雷蔚真
2017年4月出版 / 估价：89.00元
PSN B-2015-457-1/1

国际安全蓝皮书
中国国际安全研究报告(2017)
著(编)者：刘慧　2017年7月出版 / 估价：98.00元
PSN B-2016-522-1/1

国际形势黄皮书
全球政治与安全报告（2017）
著(编)者：张宇燕
2017年1月出版 / 定价：89.00元
PSN Y-2001-016-1/1

韩国蓝皮书
韩国发展报告（2017）
著(编)者：牛林杰 刘宝全
2017年11月出版 / 估价：89.00元
PSN B-2010-155-1/1

加拿大蓝皮书
加拿大发展报告（2017）
著(编)者：仲伟合　2017年9月出版 / 估价：89.00元
PSN B-2014-389-1/1

拉美黄皮书
拉丁美洲和加勒比发展报告（2016～2017）
著(编)者：吴白乙　2017年6月出版 / 估价：89.00元
PSN Y-1999-007-1/1

美国蓝皮书
美国研究报告（2017）
著(编)者：郑秉文 黄平　2017年6月出版 / 估价：89.00元
PSN B-2011-210-1/1

缅甸蓝皮书
缅甸国情报告（2017）
著(编)者：李晨阳　2017年12月出版 / 估价：86.00元
PSN B-2013-343-1/1

欧洲蓝皮书
欧洲发展报告（2016～2017）
著(编)者：黄平 周弘 江时学
2017年6月出版 / 估价：89.00元
PSN B-1999-009-1/1

葡语国家蓝皮书
葡语国家发展报告（2017）
著(编)者：王成安 张敏　2017年12月出版 / 估价：89.00元
PSN B-2015-503-1/2

葡语国家蓝皮书
中国与葡语国家关系发展报告·巴西（2017）
著(编)者：张曙光　2017年8月出版 / 估价：89.00元
PSN B-2016-564-2/2

日本经济蓝皮书
日本经济与中日经贸关系研究报告（2017）
著(编)者：张季风　2017年5月出版 / 估价：89.00元
PSN B-2008-102-1/1

日本蓝皮书
日本研究报告（2017）
著(编)者：杨伯江　2017年5月出版 / 估价：89.00元
PSN B-2002-020-1/1

上海合作组织黄皮书
上海合作组织发展报告（2017）
著(编)者：李进峰 吴宏伟 李少捷
2017年6月出版 / 估价：89.00元
PSN Y-2009-130-1/1

世界创新竞争力黄皮书
世界创新竞争力发展报告（2017）
著(编)者：李闽榕 李建平 赵新力
2017年4月出版 / 估价：148.00元
PSN Y-2013-318-1/1

泰国蓝皮书
泰国研究报告（2017）
著(编)者：庄国土 张禹东
2017年8月出版 / 估价：118.00元
PSN B-2016-557-1/1

土耳其蓝皮书
土耳其发展报告（2017）
著(编)者：郭长刚 刘义　2017年9月出版 / 估价：89.00元
PSN B-2014-412-1/1

亚太蓝皮书
亚太地区发展报告（2017）
著(编)者：李向阳　2017年4月出版 / 估价：89.00元
PSN B-2001-015-1/1

印度蓝皮书
印度国情报告（2017）
著(编)者：吕昭义　2017年12月出版 / 估价：89.00元
PSN B-2012-241-1/1

印度洋地区蓝皮书
印度洋地区发展报告（2017）
著(编)者：汪戎　　2017年6月出版 / 估价：89.00元
PSN B-2013-334-1/1

英国蓝皮书
英国发展报告（2016~2017）
著(编)者：王展鹏　　2017年11月出版 / 估价：89.00元
PSN B-2015-486-1/1

越南蓝皮书
越南国情报告（2017）
著(编)者：谢林城
2017年12月出版 / 估价：89.00元
PSN B-2006-056-1/1

以色列蓝皮书
以色列发展报告（2017）
著(编)者：张倩红　　2017年8月出版 / 估价：89.00元
PSN B-2015-483-1/1

伊朗蓝皮书
伊朗发展报告（2017）
著(编)者：冀开远　　2017年10月出版 / 估价：89.00元
PSN B-2016-575-1/1

中东黄皮书
中东发展报告 No.19（2016~2017）
著(编)者：杨光　　2017年10月出版 / 估价：89.00元
PSN Y-1998-004-1/1

中亚黄皮书
中亚国家发展报告（2017）
著(编)者：孙力 吴宏伟　　2017年7月出版 / 估价：98.00元
PSN Y-2012-238-1/1

皮书序列号是社会科学文献出版社专门为识别皮书、管理皮书而设计的编号。皮书序列号是出版皮书的许可证号，是区别皮书与其他图书的重要标志。

它由一个前缀和四部分构成。这四部分之间用连字符“-”连接。前缀和这四部分之间空半个汉字（见示例）。

《国际人才蓝皮书：中国留学发展报告》序列号示例

从示例中可以看出，《国际人才蓝皮书：中国留学发展报告》的首次出版年份是2012年，是社科文献出版社出版的第244个皮书品种，是“国际人才蓝皮书”系列的第2个品种（共4个品种）。

❖ 皮书起源 ❖

“皮书”起源于十七、十八世纪的英国，主要指官方或社会组织正式发表的重要文件或报告，多以“白皮书”命名。在中国，“皮书”这一概念被社会广泛接受，并被成功运作、发展成为一种全新的出版形态，则源于中国社会科学院社会科学文献出版社。

❖ 皮书定义 ❖

皮书是对中国与世界发展状况和热点问题进行年度监测，以专业的角度、专家的视野和实证研究方法，针对某一领域或区域现状与发展态势展开分析和预测，具备原创性、实证性、专业性、连续性、前沿性、时效性等特点的公开出版物，由一系列权威研究报告组成。

❖ 皮书作者 ❖

皮书系列的作者以中国社会科学院、著名高校、地方社会科学院的研究人员为主，多为国内一流研究机构的权威专家学者，他们的看法和观点代表了学界对中国与世界的现实和未来最高水平的解读与分析。

❖ 皮书荣誉 ❖

皮书系列已成为社会科学文献出版社的著名图书品牌和中国社会科学院的知名学术品牌。2016 年，皮书系列正式列入“十三五”国家重点出版规划项目；2012~2016 年，重点皮书列入中国社会科学院承担的国家哲学社会科学创新工程项目；2017 年，55 种院外皮书使用“中国社会科学院创新工程学术出版项目”标识。

中国皮书网

www.pishu.cn

发布皮书研创资讯，传播皮书精彩内容
引领皮书出版潮流，打造皮书服务平台

栏目设置

关于皮书：何谓皮书、皮书分类、皮书大事记、皮书荣誉、
皮书出版第一人、皮书编辑部

最新资讯：通知公告、新闻动态、媒体聚焦、网站专题、视频直播、下载专区

皮书研创：皮书规范、皮书选题、皮书出版、皮书研究、研创团队

皮书评奖评价：指标体系、皮书评价、皮书评奖

互动专区：皮书说、皮书智库、皮书微博、数据库微博

所获荣誉

2008 年、2011 年，中国皮书网均在全国新闻出版业网站荣誉评选中获得“最具商业价值网站”称号；

2012 年，获得“出版业网站百强”称号。

网库合一

2014 年，中国皮书网与皮书数据库端口合一，实现资源共享。更多详情请登录 www.pishu.cn。

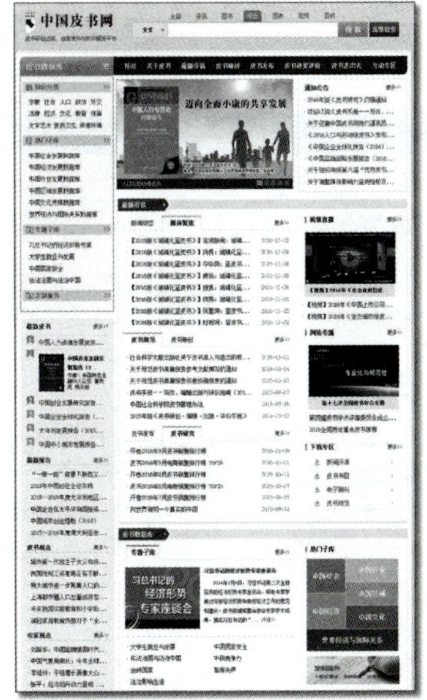

权威报告·热点资讯·特色资源

皮书数据库

ANNUAL REPORT(YEARBOOK) DATABASE

当代中国与世界发展高端智库平台

所获荣誉

- 2016年，入选“国家‘十三五’电子出版物出版规划骨干工程”
- 2015年，荣获“搜索中国正能量 点赞2015”“创新中国科技创新奖”
- 2013年，荣获“中国出版政府奖·网络出版物奖”提名奖
- 连续多年荣获中国数字出版博览会“数字出版·优秀品牌”奖

www.pishu.com.cn

成为会员

通过网址www.pishu.com.cn或使用手机扫描二维码进入皮书数据库网站，进行手机号码验证或邮箱验证即可成为皮书数据库会员（建议通过手机号码快速验证注册）。

会员福利

● 使用手机号码首次注册会员可直接获得100元体验金，不需充值即可购买和查看数据库内容（仅限使用手机号码快速注册）。

● 已注册用户购书后可免费获赠100元皮书数据库充值卡。刮开充值卡涂层获取充值密码，登录并进入“会员中心”—“在线充值”—“充值卡充值”，充值成功后即可购买和查看数据库内容。

数据库服务热线：400-008-6695
数据库服务QQ：2475522410
数据库服务邮箱：database@ssap.cn

图书销售热线：010-59367070/7028
图书服务QQ：1265056568
图书服务邮箱：duzhe@ssap.cn

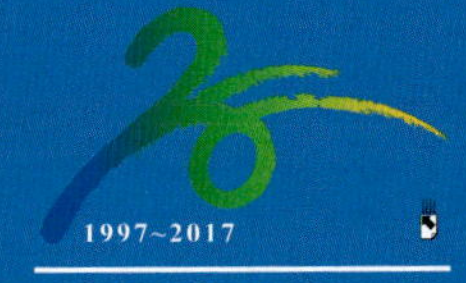

更多信息请登录

皮书数据库
http://www.pishu.com.cn

中国皮书网
http://www.pishu.cn

皮书微博
http://weibo.com/pishu

皮书博客
http://blog.sina.com.cn/pishu

皮书微信“皮书说”

请到当当、亚马逊、京东或各地书店购买，也可办理邮购

咨询/邮购电话：010-59367028　59367070

邮　　箱：duzhe@ssap.cn

邮购地址：北京市西城区北三环中路甲29号院3号楼
华龙大厦13层读者服务中心

邮　　编：100029

银行户名：社会科学文献出版社

开户银行：中国工商银行北京北太平庄支行

账　　号：0200010019200365434